高等教育房地产类专业精品教材

不动产经纪

主　编　张玉阳　刘永胜
副主编　吕正辉　姜　蕾　袁　媛　李鸣乐
参　编　叶　丹　郑会云　王　波　谭兴斌
　　　　申雪飞　袁文静
主　审　陈国胜　周国军

北京理工大学出版社
BEIJING INSTITUTE OF TECHNOLOGY PRESS

内 容 提 要

本书共 11 章，主要内容包括不动产经纪概述、不动产制度与政策、不动产市场与不动产、不动产市场营销、不动产价格与评估、不动产投资、不动产金融、不动产经纪信息的获取与利用、不动产买卖、不动产租赁、不动产经纪登记。

本书可作为高等院校房地产类、不动产经营及管理和经济管理类等相关专业学生的教材或参考用书，也可供相关领域的研究人员、不动产经营管理企业人员参考使用。

版权专有　侵权必究

图书在版编目（CIP）数据

不动产经纪 / 张玉阳，刘永胜主编. —北京：北京理工大学出版社，2020.12（2021.1 重印）

ISBN 978-7-5682-9327-3

Ⅰ.①不⋯　Ⅱ.①张⋯　②刘⋯　Ⅲ.①不动产—经纪—高等学校—教材　Ⅳ.① F293.3

中国版本图书馆 CIP 数据核字（2020）第 253000 号

出版发行 /	北京理工大学出版社有限责任公司
社　　址 /	北京市海淀区中关村南大街 5 号
邮　　编 /	100081
电　　话 /	（010）68914775（总编室）
	（010）82562903（教材售后服务热线）
	（010）68948351（其他图书服务热线）
网　　址 /	http://www.bitpress.com.cn
经　　销 /	全国各地新华书店
印　　刷 /	天津久佳雅创印刷有限公司
开　　本 /	787 毫米 × 1092 毫米　1/16
印　　张 /	17
字　　数 /	399 千字
版　　次 /	2020 年 12 月第 1 版　2021 年 1 月第 2 次印刷
定　　价 /	48.00 元

责任编辑 / 王晓莉
文案编辑 / 王晓莉
责任校对 / 周瑞红
责任印制 / 边心超

图书出现印装质量问题，请拨打售后服务热线，本社负责调换

编写委员会

组织编写　中国建设教育协会
　　　　　　中国房地产业协会

顾　　问　王凤君　胡安东　张永岳

主　　任　丁祖昱

副 主 任　严　安　宗　磊　张　燕　黄　英
　　　　　　张祖舜　董　琪

主　　编　张玉阳　刘永胜

副 主 编　吕正辉　姜　蕾　袁　媛　季鸣乐

参　　编　叶　丹　郑会云　王　波　谭兴斌
　　　　　　申雪飞　袁文静

主　　审　陈国胜　周国军

前　言

改革开放以来，不动产经纪伴随着不动产市场的兴起蓬勃发展，不动产经纪行业开始走进大众视野，而基于互联网、大数据技术的应用，我国不动产经纪行业交易与信息平台发展迅速。

不动产经纪行业是不动产业和现代服务业的重要组成部分，不动产经纪服务的核心要素是不动产经纪人。不动产经纪人的职业化和专业化决定了不动产经纪行业的发展水平，而目前我国不动产经纪人的职业化和专业化水平并不令人满意。

为推动不动产经纪职业培训和职业技能鉴定工作的开展，在不动产经纪从业人员中推行职业资格证书制度，在中国建设教育协会、中国房地产业协会的指导下，房教中国组织全国高校专家编写了本书。

本书力求体现"以职业活动为导向，以职业能力为核心"的指导思想，知识的应用型特色。本书针对即将步入职场的在校大学生、职场新人或基层员工进行编写，不动产理论和实务结合，重点突出，简单明了，方便实用。学习本书是高校大学生走向社会、融入不动产行业的捷径，能让大学生快速全面地熟悉不动产经纪的主要知识和流程，掌握和巩固专业技能，提高专业水平，为不动产行业输送合格的人才。

本书可作为高等院校房地产类、不动产经营及管理和经济管理类等相关专业学生的教材或参考用书，也可供相关领域的研究人员、不动产经营管理企业人员参考使用，也可作为不动产经纪培训教材。

本书由重庆第二师范学院张玉阳和杭州科技职业技术学院刘永胜担任主编，由杭州科技职业技术学院吕正辉、河南财政金融学院姜蕾、上海城建职业学院袁媛和季鸣乐担任副主编，重庆第二师范学院叶丹、郑会云、王波，重庆城市职业学院谭兴斌，房教中国申雪飞、袁文静参与编写。全书由上海易进文化发展有限公司陈国胜、房教中国周国军主审。

本书在编写中参考了相关内容的文献书籍和国家有关的法律、法规及规范等，北京格致正合管理咨询有限公司董琪等行业专家在编写过程中提出了许多宝贵的意见，并得到了易居企业集团的大力支持和协助，在此深表谢意。

本书受到重庆第二师范学院产教融合项目"应用型本科院校产教融合的策略研究——以重庆第二师范学院为例"（KY201707B）资助，是项目阶段性研究成果。

由于编者的理论水平和实践经验有限，书中错误及不妥之处在所难免，恳请各位专家和读者批评指正。

编 者

目　录

第一章　不动产经纪概述 ... 1

第一节　不动产经纪的概念 ... 1
一、经纪的概念 ... 1
二、相关概念辨析 ... 1
三、不动产经纪的相关概念 ... 2

第二节　不动产经纪的分类 ... 3
一、按经纪服务方式分类 ... 3
二、按不动产市场分类 ... 4
三、按不动产交易方式分类 ... 5

第三节　不动产经纪的特性和作用 ... 5
一、经纪和不动产经纪的特性 ... 5
二、不动产经纪的作用 ... 6

第二章　不动产制度与政策 ... 7

第一节　不动产管理法律的相关规定 ... 7
一、国有土地使用制度 ... 7
二、房地产成交价格申报制度 ... 7
三、房地产价格评估制度 ... 8
四、房地产价格评估人员资格认证制度 ... 8
五、不动产登记发证制度 ... 8

六、房地产行政管理体制 ··· 9

第二节　不动产法律体系 ··· 9
一、不动产法律的调整对象 ·· 9
二、不动产法律体系 ·· 10

第三节　不动产所有权制度 ··· 13
一、我国现行土地所有权制度 ··· 13
二、我国现行房屋所有权制度 ··· 15

第四节　建设用地使用权制度 ··· 18
一、国有建设用地使用权范围 ··· 18
二、国有建设用地使用权出让 ··· 19
三、国有建设用地使用权划拨 ··· 27
四、国有建设用地使用权租赁或入股 ··· 29
五、集体建设用地使用权 ··· 30

第五节　不动产经纪规范 ··· 31
一、不动产经纪执业规范 ··· 31
二、房地产经纪人职业资格考试 ·· 32
三、不动产经纪行业管理 ··· 32

第三章　不动产市场与不动产 ··· 34

第一节　不动产市场 ··· 34
一、不动产市场概述 ·· 34
二、不动产市场细分 ·· 35

第二节　不动产 ··· 35
一、土地 ·· 36
二、房产 ·· 38
三、特殊不动产 ·· 56
四、不动产的属性 ··· 56

第四章 不动产市场营销

第一节 不动产市场营销基础
一、不动产市场营销概述 ····60
二、不动产市场调查与分析 ····61
三、不动产商圈调查 ····66
四、不动产市场调查方法的分类和选择 ····67

第二节 不动产项目市场定位
一、市场细分 ····70
二、项目市场定位 ····70
三、不动产市场定位 ····72

第三节 不动产价格策划
一、不动产定价目标与原则 ····74
二、不动产定价策略及方法 ····75

第四节 不动产营销策略
一、不动产分销策略 ····78
二、不动产促销策略 ····79

第五章 不动产价格与评估

第一节 不动产价格
一、不动产价格的概念和特点 ····81
二、不动产价格的分类 ····83
二、不动产价格的影响因素 ····85

第二节 不动产评估
一、不动产评估的概念和特点 ····99
二、不动产评估原则 ····102
三、不动产评估方法 ····107

第六章 不动产投资 122

第一节 不动产投资概述 122
　　一、不动产投资的概念 122
　　二、不动产投资的特性 123
　　三、不动产投资的形式 124

第二节 不动产投资的价值观念 125
　　一、现金流量 125
　　二、货币的时间价值 126
　　三、利息的计算 126

第三节 不动产投资项目财务评价 126
　　一、财务评价的内容 126
　　二、财务评价的方法 127
　　三、财务评价的基本报表 127

第四节 不动产投资风险管理 128
　　一、不动产投资风险的特征 128
　　二、不动产投资风险的分类 129
　　三、不动产投资风险的分析方法 130
　　四、不动产投资风险的控制 130

第七章 不动产金融 132

第一节 个人住房贷款 132
　　一、个人住房贷款概述 132
　　二、个人住房贷款构成要素 133
　　三、个人住房贷款办理流程 135
　　四、个人住房贷款计算 136
　　五、个人住房贷款担保 138

第二节 住房公积金制度与住房公积金贷款 141

一、住房公积金制度概述 141

　　二、住房公积金的缴存、提取和管理 143

　　三、住房公积金贷款 145

第三节　房地产保险 146

　　一、房地产保险概述 147

　　二、房地产保险的构成要素 148

　　三、房地产保险的业务类型 154

　　四、房地产保险的运作 160

第八章　不动产经纪信息的获取与利用 163

第一节　房源信息的获取与利用 163

　　一、房源与房源信息 163

　　二、房源信息的获取方式 164

　　三、房源查勘与管理 166

　　四、房源信息的推广 168

第二节　客源信息的获取与利用 170

　　一、客源与客源信息 170

　　二、客源信息的获取方法 171

　　三、客源信息的管理 173

　　四、客源信息的利用 174

第三节　不动产经纪信息的线上管理与利用 175

　　一、不动产经纪信息计算机管理系统 175

　　二、不动产经纪业务的网络化运作 178

第九章　不动产买卖 181

第一节　不动产买卖市场概述 181

　　一、市场的概念 181

二、不动产市场的概念 ···181

三、不动产买卖市场的类型 ···181

四、不动产买卖市场的参与方 ·····································182

五、不动产市场的特征 ···183

第二节 土地交易市场及其管理 ···································185

一、土地交易市场及其分类 ···185

二、土地交易市场管理 ···186

第三节 房地产销售市场管理 ·······································188

一、房屋销售概述 ···188

二、房屋销售管理 ···189

三、房屋买卖合同 ···194

四、房屋买卖主体资格 ···199

五、新建商品房买卖流程 ···199

六、存量房买卖流程 ···204

第四节 不动产买卖环节税费 ·······································205

一、不动产交易环节的课税 ···205

二、房屋买卖环节费用 ···209

第十章 不动产租赁 ··212

第一节 不动产租赁市场概述 ·······································212

一、不动产租赁的含义 ···212

二、不动产租赁市场的类型 ···213

三、房屋租赁的特征 ···216

四、房屋租赁经纪业务 ···217

五、房屋租赁合同 ···218

第二节 不动产租赁管理规定 ·······································222

一、房屋出租条件 ···222

二、房屋转租条件 ··· 223

　　三、房屋租赁合同备案 ··· 223

　　四、房屋租赁的禁止行为 ··· 224

第三节　不动产租赁价格 ·· 225

　　一、不动产租金的内涵 ··· 225

　　二、影响房屋租金的主要因素 ··· 225

第四节　不动产租赁环节的税费 ·· 227

　　一、不动产租赁税收 ·· 227

　　二、房屋租赁中介费用 ··· 230

第十一章　不动产登记 ·· 231

第一节　不动产登记概述 ·· 231

　　一、我国不动产登记制度的发展和演变 ···································· 231

　　二、不动产范围和物权 ··· 232

　　三、不动产登记的概念和范围 ··· 233

　　四、不动产登记的作用 ··· 234

　　五、不动产登记机构 ·· 234

　　六、不动产登记的效力 ··· 236

第二节　不动产登记分类和程序 ·· 236

　　一、不动产登记的分类 ··· 236

　　二、不动产登记程序 ·· 239

第三节　不动产权利登记 ·· 242

　　一、一般规定 ·· 242

　　二、集体土地所有权登记 ··· 243

　　三、国有建设用地使用权及房屋所有权登记 ····························· 244

　　四、宅基地使用权及房屋所有权登记 ······································· 245

　　五、集体建设用地使用权及建筑物、构筑物所有权登记 ············· 245

  六、抵押权登记 246

第四节　不动产其他登记 248
  一、更正登记 248
  二、异议登记 249
  三、预告登记 249
  四、查封登记 250

第五节　不动产登记资料查询 251
  一、不动产登记资料查询概述 251
  二、不动产登记资料查询一般规定 251

第六节　不动产产权证书 253
  一、不动产产权证书填写内容 254
  二、收费标准 257

参考文献 258

第一章　不动产经纪概述

第一节　不动产经纪的概念

一、经纪的概念

经纪是经济活动中的一种中介服务活动，具体是指自然人、法人和其他经济组织通过居间、代理、行纪等服务方式，促成委托人与他人的交易，并向委托人收取佣金的经济活动。这种中介服务活动可以提高交易效率、降低交易成本，从而促进商品交易，是一种有偿的经济活动。

按服务市场不同，经纪可分为不动产经纪、保险经纪、证券经纪、期货经纪、演艺经纪、体育经纪和农产品经纪等。

二、相关概念辨析

（一）经纪与中介

日常生活中人们使用的"中介"往往泛指各种"居中介绍"或"撮合"。从经济含义角度理解，"中介"主要是指市场经济活动中直接或间接促成市场交易的各类经济活动的总称。经纪是"中介"中的一种特定经济活动，以是否成交来体现其活动成果。

（二）佣金与信息费

佣金与信息费不同（表1.1）。佣金是经纪服务委托人对经纪人提供的经纪服务的报酬。这种服务是经纪人为了满足委托人与第三方达成交易的具体目的而提供的。佣金数额是按成交额的某一比率来计算的。信息费（或称咨询费）是卖出信息商品的销售收入，是由单纯提供信息的中介服务机构所收取的。无论信息以何种介质为载体，也无论信息有何种用途，只要所售出的信息在质量上符合信息买卖双方事先达成的协议所规定的标准，即可收取信息费。

可见，一项活动是不是经纪，从它所获得报酬的形式就可以识别。如果某种活动的报酬形式是佣金，那么这种活动就是经纪，如果某种活动的报酬形式不是佣金，则该种活动就不是经纪。

表 1.1 佣金与信息费的辨析

概念辨析	性质	法律地位	种类	获取时间
佣金	服务报酬	受保护	法定佣金与自由佣金	完成经纪服务时获得
信息费	把信息作为商品卖出	达到买方要求	买卖双方约定	及时交付

三、不动产经纪的相关概念

（一）不动产的概念

不动产是相对于动产而言的，强调财产和权利载体在地理位置上的相对固定性，"房产"与"地产"是不动产的两种主要形式。

《不动产登记暂行条例》第二条指出"不动产是指土地、海域以及房屋、林木等定着物"。《房地产业基本术语标准》（JGJ/T 30—2015）中指出"房地产是指可开发的土地及其地上定着物、建筑物，包括物质实体和依托于物质实体上的权益"。由此可见，不动产和房地产都包含了土地、建筑物和地上定着物三要素。不同的学科领域，对不动产和房地产的关系描述不同。在我国房地产业中，对于不动产和房地产没有进行严格的区分。

从整体来看，不动产有以下三层含义：

（1）不动产是一种财产，包括自然财富和人力创造的财富。自然财富如土地、土壤与植物资源，人力创造的财富如建筑物。

（2）不动产的位置是不可移动的。土地作为不动产的基础是固定于地球的某一位置，一旦移动位置后，就会引起性质、形状的改变或者价值的降低。

（3）不动产的交易是权利的改变。不动产交易的标的是不动的土地、土地上的房屋及不可移动的资源物产，交易的载体是产权及其属性或权利关系。不动产的交易异于动产，是通过其权利的改变而完成的。

（二）不动产经纪的概念

不动产经纪是指不动产经纪机构和不动产经纪人员根据委托人的委托，为促成委托人与第三方进行不动产交易，提供的居间或代理等专业服务，并收取佣金等服务费用的经济活动。

不动产经纪是一种中介服务活动，旨在促成委托人与第三方完成不动产交易，没有第三方的不动产中介服务不属于不动产经纪。不动产经纪服务的委托人，是不动产经纪服务的需求者，主要包括不动产出卖人、购买人、出租人和承租人。不动产经纪的客体包括各种类型的不动产，不仅包括存量房（二手房），还包括新建商品房；不仅包括住宅，还包括商业用房、写字楼、工业用房等非住宅；不仅包括房屋，还包括不动产开发用地、不动产开发项目等。不动产经纪是一种有偿服务，不动产经纪机构可以依据有关法律法规、不动产经纪服务合同和其他服务合同，向不动产经纪服务的委托人收取不动产经纪服务费（佣金）。

现实工作中，为了更好地为委托人服务，不动产经纪机构和不动产经纪人员除了向委托人提供不动产交易相关信息、实地看房、代拟不动产交易合同、协助委托人与他人订立不动产交易合同服务等基本的不动产经纪服务外，还常常向委托人提供代办贷款、代办不动产登记等不动产经纪延伸服务（也称其他服务）。

第二节　不动产经纪的分类

一、按经纪服务方式分类

（一）经纪的服务方式

经纪主要有居间、代理和行纪三种服务方式。

1. 居间

居间是经纪行为中最原始的一种方式，是指经纪人向委托人报告订立合同的机会或者提供订立合同的媒介服务，撮合交易成功并向委托人收取佣金等经纪服务费用的经纪行为。其特点是经纪人在撮合交易成功之前与委托人之间一般没有明确的法律关系。

居间可分为指示居间和媒介居间。指示居间即居间人向委托人报告定约的机会；媒介居间即居间人根据委托人的要求，将交易目的相近或相符的双方委托人以媒介方式促成交易的行为。

2. 代理

经纪中的代理，是一种商事代理活动，是指经纪人在受托权限内，以委托人的名义与第三方进行交易，并由委托人承担相应法律责任的经纪行为。代理人根据与被代理人达成的经纪合同关系，从事合同规定的商品交易活动。代理活动中产生的权利和责任由委托人承担，经纪人只收取委托人的佣金。

3. 行纪

行纪是指经纪人受委托人的委托，以自己的名义与第三方进行交易，并承担规定的法律责任的经纪行为。行纪主要有以下两个特征：一是经委托人同意，或双方事先约定，经纪人可以以低于（或高于）委托人指定的价格买进（或卖出），并因此增加报酬；二是除非委托人不同意，对具有市场定价的商品，经纪人自己可以作为买受人或出卖人。从形式上看，行纪与自营很相似，但是除经纪人已买受委托物的情况外，大多数情况下经纪人都并未取得交易商品的所有权。它是依据委托人的委托而进行活动。从事行纪活动的经纪人拥有的权力较大，承担的责任也较重。在通常情况下，经纪人与委托人之间有长期固定的合作关系。行纪的适用范围较小，一般仅用于动产的代销等贸易活动。

（二）不动产经纪按服务方式分类

考虑到行纪不适用于不动产，因此，按照经纪的服务方式，不动产经纪分为不动产居间和不动产代理。

1. 不动产居间

不动产居间是指不动产经纪机构和不动产经纪人员按照不动产经纪服务合同约定，向委托人报告订立不动产交易合同的机会或者提供订立不动产交易合同的媒介服务，并向委托人收取佣金的经纪行为。在不动产居间活动中，不动产经纪机构和不动产经纪人员是中间人，既不能以一方的名义，也不能以自己的名义或为委托人的利益而充当与第三人订立合同的当事人。不动产经纪人员只能按照委托人的指示和要求从事居间活动。不动产居间是起源最早的不动产经纪方式。

在不动产经纪的实际运作中，不动产居间结合了指示居间和媒介居间两种方式。不动产经纪机构和不动产经纪人员不仅向委托人提供不动产的交易信息，包括交易数量、交易行情和交易方式等，使委托人能够选择符合自己交易目的的不动产，而且为委托人提供订立不动产交易合同的媒介服务。

2. 不动产代理

不动产代理是指不动产经纪人员按照不动产经纪服务合同约定，以委托人的名义与第三人进行不动产交易，并向委托人收取佣金的经纪行为。

不动产代理是以不动产经纪服务委托人确定委托代理权限和不动产经纪人员接受授权的不动产经纪服务合同而产生的，属于委托代理。因此，不动产经纪人员的代理行为受经纪服务合同规定的代理权限限制，合同未规定的内容，代理人无权处理。

根据委托人在不动产交易中的角色，不动产代理可进一步分为买方代理和卖方代理。不动产代理服务中的不动产经纪人员和委托人之间的法律关系更清晰，因此，不动产代理逐步取代了起源更早的不动产居间，成为许多国家和地区不动产经纪的主流方式。在不动产经纪的实际运作中，一些委托人和不动产经纪人员对"代理"一词存在误用，将不动产居间服务误称为双向代理。

3. 不动产居间与不动产代理的区别

不动产居间与不动产代理是两种不同的不动产经纪服务方式，在法律性质上有明显的差异。在不动产居间业务中，不动产经纪人员可以同时接受一方或相对两方委托人的委托，向一方或相对两方委托人提供居间服务。在不动产代理业务中，不动产经纪人员只能接受一方委托人的委托代理事务。

二、按不动产市场分类

根据不动产经纪所在市场不同，不动产经纪可分为新建商品房经纪与存量房经纪两大类。

（一）新建商品房经纪

新建商品房经纪，又称为一手房经纪，是指不动产经纪人员为促成不动产开发商与购房者的交易而提供的专业服务。这类经纪通常采取代理的方式，由不动产经纪人员代理不动产开发商出售或出租其开发的商品房，并向不动产开发商收取佣金。

（二）存量房经纪

存量房经纪，又称为二手房经纪。存量房经纪主要涉及住宅、商业地产、工业地产等多种类型不动产的买卖和租赁，既有采用居间方式进行的，也有采用代理方式进行的。在存量房代理经纪中，既有卖方代理又有买方代理。

三、按不动产交易方式分类

根据不动产交易方式不同，不动产经纪可分为不动产买卖经纪和不动产租赁经纪。

（一）不动产买卖经纪

不动产买卖经纪包括新建商品房销售代理、存量房买卖居间和代理，是目前我国不动产经纪的主要类型，并主要集中于住宅房地产市场。

（二）不动产租赁经纪

不动产租赁经纪的对象涉及住宅、办公楼、商业房地产、工业仓库等多种类型物业。

第三节　不动产经纪的特性和作用

一、经纪和不动产经纪的特性

（一）经纪的特性

经纪是一项专业中介服务活动，具有自身的特性，可以表现在以下三个方面。

1. 活动主体的专业性

在经纪中，活动主体借助自己的专业知识、技能和从业经验促成交易活动。不同行业或市场的经纪存在专业差别，经纪的主体通常专注于某一行业或市场，不跨行从业。

2. 活动地位的中介性

在经纪中，存在着可能实现委托人目的的第三主体，即委托人进行交易的相对人，这是发生委托行为的必要前提。不存在第三主体的委托事项，不属于经纪范畴。

3. 活动内容的服务性

在经纪中，活动主体只为促成交易而提供服务，不直接作为交易主体进行交易，对交易对象没有所有权、使用权和抵押权等，不存在买卖行为。

（二）不动产经纪的特性

不动产经纪与其他经纪一样，除了具有活动主体的专业性、活动地位的中介性和活动内容的服务性，还具有下面两个特性。

1. 活动范围的区域性

不动产经纪人员在一定时期内，只能专注于某一特定区域的不动产经纪市场。不动产经纪人员独自开展跨区域的活动比较困难，必须依靠各区域当地的不动产经纪人员。

2. 活动效果的社会性

在不动产交易活动中，普遍存在着信息不对称的现象。不动产经纪人员在开展经纪的过程中，如果利用自身的专业知识和不对称的信息谋取私利，则会发生巨额经济风险，导致负面社会影响。

二、不动产经纪的作用

（一）提高交易效率

不动产交易主体一般缺乏专业知识和实践经验，需要在信息搜寻、议价和手续办理等诸多环节上投入大量时间、精力和成本，交易效率低。不动产经纪人员可以通过集约化的信息收集、专业化的人员培训为不动产交易主体提供专业服务，提高不动产交易市场的运行效率。

（二）保障交易安全

不动产交易是一种复杂的不动产权益变化过程。不动产交易主体不规范的交易行为可能导致交易失败，给当事人带来重大财产损失，扰乱市场秩序。不动产经纪人员通过专业服务向不动产交易主体警示不规范行为、宣传法律法规、规范交易行为，从而保障交易安全，维护市场秩序。

（三）促进交易公平

在不动产交易中，容易出现信息不对称的现象。信息缺乏方受专业知识和交易经验的限制，较难识别交易中信息较充足方的隐瞒、欺骗等行为。这种情况下达成的交易有失公平。不动产经纪人员通过专业服务向交易主体提供丰富市场信息，减少信息不对称产生的影响，提供公平的交易环境。

第二章 不动产制度与政策

第一节 不动产管理法律的相关规定

一、国有土地使用制度

《中华人民共和国城市房地产管理法》（以下简称《城市房地产管理法》）规定，国家依法实行国有土地有偿、有限期使用制度，但是，国家在本法规定的范围内划拨国有土地使用权的除外。在计划经济时期，我国的城镇土地使用采用对土地实行行政划拨、无偿无限期使用、禁止土地使用者转让土地的制度。20 世纪 70 年代末期，我国开始经济体制改革和对外开放，传统的城市土地使用制度已不能适应改革开放的需要，亟须进行改革。《城市房地产管理法》、《中华人民共和国土地管理法》（以下简称《土地管理法》）均明确规定，国家实行国有土地有偿使用制度。国有土地有偿使用制度的实施，释放出土地作为生产要素的巨大活力，促进了国民经济的持续较快发展。

二、房地产成交价格申报制度

房地产成交价格不仅关系着当事人之间的财产权益，而且关系着国家的税费收益。因此，加强房地产交易价格管理，对于保护当事人合法权益和保障国家的税费收益，促进房地产市场健康有序发展，有着极其重要的作用。

《城市房地产管理法》规定："国家实行房地产成交价格申报制度。房地产权利人转让房地产，应当向县级以上地方人民政府规定的部门如实申报成交价，不得瞒报或者做不实的申报。"2001 年 8 月修改后发布的《城市房地产转让管理规定》（中华人民共和国建设部令第 96 号）中也规定："房地产转让当事人在房地产转让合同签订后 90 日内持房地产权属证书、当事人的合法证明、转让合同等有关文件向房地产所在地的房地产管理部门提出申请，并申报成交价格。""房地产管理部门核实申报的成交价格，并根据需要对转让的房地产进行现场查勘和评估。""房地产转让应当以申报的房地产成交价格作为缴纳税费的依据。成交价格明显低于正常市场价格的，以评估价格作为缴纳税费的依据。"这些规定为房地产成交价格申报制度提供了法律依据，如实申报房地产成交价格是交易当事人的法定义务，是房地产交易受法律保护的必要条件之一。

房地产权利人转让房地产、房地产抵押权人依法处分抵押房地产，应当向房屋所在地县级以上地方人民政府房地产管理部门如实申报成交价格。这一规定改变了原来计划经济体制下价格由国家确定或审批的管理模式，实行交易双方自愿成交定价，向房地产管理部门申报价格的制度。房地产管理部门在接到价格申报后，如发现成交价格明显低于市场正常价格，应当及时通知交易双方，并不要求交易双方当事人更改合同约定的成交价格，但交易双方应当按不低于房地产评估价格缴纳有关税费后，方为其办理房地产交易手续。如果交易双方对房地产评估价格有异议，可以要求重新评估。交易双方对重新评估的价格仍有异议，可以按照法律程序，向人民法院提起诉讼。房地产经纪人在代办有关交易手续时，应坚持如实申报，不可迁就当事人意愿瞒价申报，避免可能的房地产交易纠纷及由此引发的含税收征管在内的一系列法律责任，防范执业风险。对房地产成交价格进行申报管理，既可防止房地产交易价格失真，又能有效防止交易双方为偷逃税费对交易价格做不实的申报，保证国家的税费不流失。

三、房地产价格评估制度

《城市房地产管理法》规定："国家实行房地产价格评估制度。房地产价格评估，应当遵循公正、公平、公开的原则，按照国家规定的技术标准和评估程序，以基准地价、标定地价和各类房屋的重置价格为基础，参照当地的市场价格进行评估。""基准地价、标定地价和各类房屋重置价格应当定期确定并公布。具体办法由国务院规定。"

注：基准地价是指在城镇规划区范围内，对现状利用条件下不同级别或不同均质地域的土地，按照商业、居住、工业等用途，分别评估确定的某一估价期日上法定出让最高年期土地使用权区域平均价格。基准地价是目前区域平均价的最常见形式。

标定地价是政府根据管理需要，评估的某一宗土地在正常市场条件下于某一估价期日的土地使用权价格。标定地价是具体宗地在一定使用年期的价格，它是该类土地在该区域的标准指导价格。

四、房地产价格评估人员资格认证制度

《城市房地产管理法》规定："国家实行房地产价格评估人员资格认证制度。"

五、不动产登记发证制度

房屋与所占用的土地密不可分，房地产登记应当一并完成，但统一登记涉及行政管理体制改革，需要有一个过程。长期以来我国将房屋与土地实行分部门管理的体制，将登记机构与行政机关的设置与职能挂钩，导致我国房地产登记中，一般是土地使用权登记和房屋所有权登记在土地部门和房地产部门分别进行。

为整合不动产登记职责，规范登记行为，方便群众申请登记，保护权利人合法权益，根据《中华人民共和国物权法》等法律制定《不动产登记暂行条例》，由国务院于2014年11月24日发布，并于2019年进行修订。全国土地、房屋、草原、林地、海域等不动产统一登记，基本做到登记机构、登记簿册、登记依据和信息平台"四统一"。

六、房地产行政管理体制

《城市房地产管理法》规定，国务院建设行政主管部门、土地管理部门依照国务院规定的职权划分，各司其职，密切配合，管理全国房地产工作。县级以上地方人民政府房产管理、土地管理部门的机构设置及其职权由省、自治区、直辖市人民政府确定。

房地产经纪业务主要涉及房地产交易。

房地产交易管理是指政府及其房地产交易管理部门、其他相关部门以法律的、行政的、经济的手段，对房地产交易活动行使的指导、监督等管理活动，是房地产市场管理的重要内容。

房地产交易的管理机构是指履行房地产交易管理职能的政府部门或其授权的机构，包括国务院建设（房地产）行政主管部门，省、自治区、直辖市人民政府建设（房地产）行政主管部门，市、县人民政府建设（房地产）行政主管部门或其授权的机构，如房地产交易管理所、房地产市场管理处、房地产市场产权监理处、房地产交易中心等。

市、县房地产交易管理机构的主要工作任务如下：

（1）执行国家有关房地产交易管理的法律法规、部门规章，并制定具体实施办法；

（2）整顿和规范房地产交易秩序，对房地产交易、经营等活动进行指导和监督，查处违法行为，维护当事人的合法权益；

（3）办理房地产交易登记、鉴证及权属转移初审手续；

（4）协助财政、税务部门征收与房地产交易有关的税款；

（5）为房地产交易提供洽谈协议、交流信息、展示行情等各种服务；

（6）建立定期的市场交易信息发布制度，为政府宏观决策和正确引导市场发展服务。

第二节　不动产法律体系

一、不动产法律的调整对象

不动产法律有着特定的调整对象，既不是调整一般的民事关系，也不是调整普通的商品交易关系，它调整的是与不动产开发、交易和管理有关的各种社会关系，具体地说，不动产法律的调整对象包括不动产开发关系、不动产交易关系、不动产行政管理关系及物业管理关系等。

（1）不动产开发关系，是指不动产开发企业依法取得建设用地使用权并进行基础设施建设、房屋建造过程中产生的法律关系，包括两方面的内容：第一，获得建设用地使用权；第二，在获得建设用地使用权的土地上建造房屋。

（2）不动产交易关系，是指参与不动产买卖、租赁、抵押等不动产交易行为的各方当事人在不动产交易过程中产生的法律关系，主要包括不动产开发企业对特定不动产拥有的所有权关系、开发企业或所有权人将不动产出售给他人时所形成的转让关系、不动产权利人将不动产出租或抵押给他人所形成的租赁关系或抵押关系。

(3) 物业管理关系，是指物业所有者（业主）委托特定的物业服务企业对其所有的物业提供修缮、养护、保管、看管等活动时产生的法律关系。物业管理服务涉及面比较广泛，酒店、办公楼、住宅小区等都可以通过这种方式来进行管理。

(4) 不动产行政管理关系，是指不动产行政主管部门依据法律规定对不动产市场实施管理、监督、检查时发生的法律关系。这种法律关系同前几种关系不同，典型特征是其主体法律地位的不平等，是管理与被管理的关系。

二、不动产法律体系

不动产法律体系是指各种不同层次的调整不动产法律关系的法律法规，是由现行有效的不动产法律、行政法规、部门规章、地方性法规、地方性规章构成，按照一定的内在联系而组成的一整套有机、统一、完整的法律、法规体系。从立法层次上看，主要包括下列内容。

(一) 宪法

《中华人民共和国宪法》（以下简称《宪法》）是国家的根本大法。对于不动产法，《宪法》也做出了原则性规定，如《宪法》第十条明确了土地的所有权权属关系："城市的土地属于国家所有。农村和城市郊区的土地，除由法律规定属于国家所有的以外，属于集体所有；宅基地和自留地、自留山，也属于集体所有。"该条同时规定了关于土地的转让问题："任何组织或者个人不得侵占、买卖或者以其他形式非法转让土地。土地的使用权可以依照法律的规定转让。一切使用土地的组织和个人必须合理地利用土地"。还对土地征收或征用和利用作了原则性规定："国家为了公共利益的需要，可以依照法律规定对土地实行征收或者征用并给予补偿。"《宪法》具有最高的法律效力，无论是不动产立法或执法都必须遵循《宪法》规定的原则。

(二) 不动产法律

全国人民代表大会及其常务委员会颁布的法律，其效力仅次于宪法，是不动产法律体系中重要的法律规定，是制定有关不动产法规、规章的依据和基础。

1. 《城市房地产管理法》

《城市房地产管理法》于1994年颁布，1995年1月1日起施行，2007年第一次修正，2009年第二次修正，2019年第三次修正。制定《城市房地产管理法》的目的是"加强对城市房地产的管理，维护房地产市场秩序，保障房地产权利人的合法权益，促进房地产业的健康发展"。《城市房地产管理法》以城市规划为依据，对如何取得国有土地使用权，如何进行房地产开发、房地产交易和房地产权属登记管理等做出具体规定。该法是我国第一部全面规范房地产开发用地、房地产开发建设、房地产交易、房地产登记管理的大法，是房地产业立法、执法和管理的主要依据。

2. 与不动产相关的法律

(1)《中华人民共和国民法典》（以下简称《民法典》）。该法由中华人民共和国第十三届全国人民代表大会第三次会议于 2020 年 5 月 28 日通过，自 2021 年 1 月 1 日起施行。其中第二编物权，对物的归属和利用产生的民事关系进行了明确规定，使房地产领域涉及的权属界定、物权保护有了明确的法律依据，是保障房地产市场健康运行的重要法律基础。

（2）《中华人民共和国土地管理法》（以下简称《土地管理法》）。该法于 1986 年颁布，分别于 1998 年修订、2004 年与 2019 年修正。颁布《土地管理法》的目的是"加强土地管理，维护土地的社会主义公有制，保护、开发土地资源，合理利用土地，切实保护耕地，促进社会经济的可持续发展"。《土地管理法》是解决土地资源的保护、利用和配置，规范城市建设用地的征收或征用，即征收或征用农村集体所有的土地以及使用国有土地等问题的主要依据。

2019 年 8 月，修改后的《土地管理法》《城市房地产管理法》，依法保障农村土地征收、集体经营性建设用地入市、宅基地管理制度等改革在全国范围内实行，对促进乡村振兴和城乡融合发展具有重大意义。国务院及有关部门和各省、自治区、直辖市应当坚持土地公有制性质不改变、耕地红线不突破、农民利益不受损，加强组织领导，做好法律宣传，制定、完善配套法规、规章，确保法律制度正确、有效实施。

（3）《中华人民共和国城乡规划法》（以下简称《城乡规划法》）。该法于 2007 年 10 月 28 日颁布、2008 年 1 月 1 日起施行，并分别于 2015 年与 2019 年修正。颁布《城乡规划法》的目的是"加强城乡规划管理，协调城乡空间布局，改善人居环境，促进城乡经济社会全面协调可持续发展"。《城乡规划法》重点规范了城市建设用地布局、功能分区和各项建设的具体部署，控制和确定不同地段的土地用途、范围和容量，协调各项基础设施和公共设施建设。

（三）不动产行政法规

不动产行政法规是以国务院令形式颁布的，主要有《不动产登记暂行条例》《城市房地产开发经营管理条例》《国有土地上房屋征收与补偿条例》《物业管理条例》《中华人民共和国土地管理法实施条例》《城镇国有土地使用权出让和转让暂行条例》《住房公积金管理条例》等。

（四）地方性法规

地方性法规是指有立法权的地方人民代表大会及其常务委员会依据宪法、法律和行政法规的规定，制定的调整本行政区域内房地产法律关系的规范性文件，在本行政区域内有效，如《安徽省城市房地产交易管理条例》等。

地方性法规是由省、自治区、直辖市的人民代表大会及其常务委员会根据本行政区域的具体情况和实际需要，在不同法律、行政法规相抵触的前提下，效力不超出本行政区域范围，作为地方司法依据之一的规范性文件的总称。

省、自治区的人民政府所在地的市，经济特区所在地的市和国务院批准的较大市的人民代表大会及其常务委员会根据本市的具体情况和实际需要，在不与法律、行政法规和本省、自治区的地方性法规相抵触的前提下，可以制定地方性法规，报省、自治区的人民代表大会常务委员会批准后施行。

（五）行政规章和规范性文件

行政规章包括国务院部委制定的部门规章和有立法权的地方政府制定的政府规章，主要有《房地产开发企业资质管理规定》《商品房销售管理办法》《城市商品房预售管理办法》《城市房地产转让管理规定》《房地产经纪管理办法》《商品房屋租赁管理办法》《房地产估价机构管理办法》《城市房地产权属档案管理办法》《已购公有住房和经济适用住房上市出售管理暂行办法》《城市房地产抵押管理办法》《注册房地产估价师管理办法》《房产测绘管理办法》《城市危险房屋管理规定》《住宅室内装饰装修管理办法》《城市房屋白蚁防治管理规定》《住宅专项维修资金管理办法》《国有土地上房屋征收评估办法》等。

住房和城乡建设部《关于印发＜国有土地上房屋征收评估办法＞的通知》（建房〔2011〕77号）则不属于部门规章，是规范性文件。

规范性文件是指行政机关依法制定的具有普遍约束力的文件，具有约束和规范人们行为的性质，房地产规范性文件主要有《国务院关于坚决遏制部分城市房价过快上涨的通知》（国发〔2010〕10号）、《国务院办公厅关于促进房地产市场平稳健康发展的通知》（国办发〔2010〕4号）、《国务院办公厅关于进一步做好房地产市场调控工作有关问题的通知》（国办发〔2011〕1号）、《关于进一步加强房地产市场监管完善商品住房预售制度有关问题的通知》（建房〔2010〕53号）、《关于规范商业性个人住房贷款中第二套住房认定标准的通知》（建房〔2010〕83号）、《关于进一步贯彻落实国发〔2010〕10号文件的通知》（建房〔2010〕155号）、《关于印发＜物业承接查验办法＞的通知》（建房〔2010〕165号）、《关于进一步规范境外机构和个人购房管理的通知》（建房〔2010〕186号）、《关于印发＜住房公积金行政监督办法＞的通知》（建金管〔2004〕34号）、《关于住房公积金管理若干具体问题的指导意见》（建金管〔2005〕5号）、《关于试行住房公积金督察员制度的意见》（建稽〔2010〕102号）、《关于规范住房公积金个人住房贷款政策有关问题的通知》（建金〔2010〕179号）、《国土资源部 住房和城乡建设部关于进一步加强房地产用地和建设管理调控的通知》（国土资发〔2010〕151号）、《关于完善差别化住房信贷政策有关问题的通知》（银发〔2010〕275号）、《财政部、国家税务总局、住房和城乡建设部关于调整房地产交易环节契税个人所得税优惠政策的通知》（财税〔2010〕94号）、《财政部、国家税务总局关于调整个人住房转让营业税政策的通知》（财税〔2015〕39号）等。

（六）最高人民法院的司法解释

最高人民法院在审理不动产案件中，会对不动产领域的有关问题进行解释，或者对疑难问题进行研究并就此发布指导性文件，如《最高人民法院关于审理商品房买卖合同纠纷案件适用法律若干问题的解释》（法释〔2003〕7号）、《最高人民法院关于审理建设工程施工合同纠纷案件适用法律问题的解释》（法释〔2004〕14号）等，也是我国房地产法律体系的组成部分。

另外，有关不动产的技术规范，如《房地产估价规范》（GB/T 50291—2015）、《房地产市场信息系统技术规范》（JJ/T 115—2007）等，也可纳入广义的房地产法律体系的范畴。

不动产法律体系知识汇总见表2.1。

表 2.1　不动产法律体系知识汇总

法的渊源	制定主体	地位及法律效力	备注
宪法	国家最高权力机关	具有最高法律效力的法	宪法是国家的根本大法
不动产法律	全国人民代表大会及其常务委员会	地位和效力低于宪法而高于其他法	—
不动产行政法规	国务院依法制定，国务院令颁布	效力低于宪法、法律，高于地方性法规、规章	—
地方性法规、自治条例、单行条例	省、自治区、直辖市的人民代表大会及其常务委员会；省、自治区的人民政府所在地的市，经济特区所在地的市和国务院批准的较大市的人民代表大会及其常务委员会；民族自治地方的人民代表大会	效力不超出本行政区域范围	—
不动产部门规章	住房和城乡建设部、国土资源部等国务院部委制定	地位低于宪法、法律、行政法规，不得与它们相抵触	—
政府规章	省、自治区、直辖市和省、自治区的人民政府所在地的市，经济特区所在地的市和国务院批准的较大市的人民政府	除不得与宪法、法律、行政法规相抵触外，还不得与上级和同级地方性法规相抵触	—

第三节　不动产所有权制度

一、我国现行土地所有权制度

（一）土地实行社会主义公有制

《土地管理法》第二条规定："中华人民共和国实行土地的社会主义公有制，即全民所有制和劳动群众集体所有制。"

1. 国有土地

全民所有制的土地被称为国家所有土地，简称国有土地，其所有权由国务院代表国家行使。《土地管理法》规定："全民所有，即国家所有土地的所有权由国务院代表国家行使。"

关于国有土地的法律、法规规定如下：

（1）《宪法》规定。《宪法》明确规定，城市的土地属于国家所有。《宪法》第十条规定："任何组织或者个人不得侵占、买卖或者以其他形式非法转让土地。土地的使用权可以依照法律的规定转让。"在现阶段，按照国家有关规定，取得国有建设用地使用权的途径主要有下列四种：通过行政划拨方式取得；通过国家出让方式取得；通过房地产转让方式取得（如买卖、赠与或者其他合法方式）；通过土地或房地产租赁方式取得。

（2）《土地管理法》规定。《土地管理法》第九条明确规定："城市市区的土地属于国家所有。"这里所说的城市是指国家设立市建制的城市，不同于某些法律、法规中的城市含义。《中国城市统计年鉴》等使用的"市区"一词，指的是城市行政区划内除市辖县以外的区域，包括城区和郊区。

（3）《土地管理法实施条例》规定。《土地管理法实施条例》第二条进一步明确了国有土地的范围，其规定如下：城市市区的土地；农村和城市郊区中已经依法没收、征收、征购为国有的土地；国家依法征收的土地；依法不属于集体所有的林地、草地、荒地、滩涂及其他土地；农村集体经济组织全部成员转为城镇居民的，原属于其成员集体所有的土地；因国家组织移民、自然灾害等原因，农民成建制地集体迁移后不再使用的原属于迁移农民集体所有的土地。

《民法典》《土地管理法》《土地管理法实施条例》和《关于印发＜确定土地所有权和使用权的若干规定＞的通知》（〔1995〕国土〔籍〕字第26号）中，对国有土地所有权进行了如下规定：

①城市市区范围内的土地。《宪法》《民法典》都明确规定，城市的土地属于国家所有。

《宪法》第十条规定："城市的土地属于国家所有。"中华人民共和国废除了城市土地私有制和城市土地集体所有制。

《土地管理法》第九条更明确规定："城市市区的土地属于国家所有。"

《民法典》规定，城市的土地，属于国家所有。

②农村和城市郊区中已被国家依法没收、征收、征购为国有的土地属于国家所有。

③依法不属于集体所有的林地、草地、荒地、滩涂及其他土地。《民法典》规定，矿藏、水流、海域属于国家所有。法律规定属于国家所有的农村和城市郊区的土地，属于国家所有。森林、山岭、草原、荒地、滩涂等自然资源，属于国家所有，但法律规定属于集体所有的除外。

④被开发利用的国有土地。开发利用者依法只享有土地使用权。

⑤铁路线路、车站、货场用地及其他铁路用地。

⑥县级以上（含县级）公路线路用地。

⑦国家已办理征地手续的电力、通信设施用地。

⑧军事用地。

⑨河道内土地，除已分配给农民，国家未征用，且迄今仍归农民集体使用的土地。

⑩县级以上（含县级）水利部门直接管理的水库、渠道等水利工程用地。

⑪农村集体经济组织全部成员转为城镇居民的，原属于其成员集体所有的土地依法收归国家所有。

⑫因国家组织移民、自然灾害等原因，农民成建制地集体迁移后不再使用的原属于迁移农民集体所有的土地。

⑬寺庙、教堂等宗教用地。

⑭土地所有权有争议的，不能依法证明属于农民集体所有的争议土地。

⑮根据《中华人民共和国森林法》《中华人民共和国草原法》和《中华人民共和国渔业法》等有关法律和条例规定，农村中的国有土地还包括：名胜古迹、自然保护区等特殊土地（不包括区内集体所有的土地）；国营农、林、渔场拨给国家机关、部队、学校和非农业企业、事业单位使用的土地；国家拨给国家机关、部队、学校和非农业企业、事业单位使用的土地；国家拨给农村集体和个人使用的国有土地。

（4）《民法典》规定。依法取得建设用地使用权后，建设用地使用权人享有土地占有、使用和收益的权利，有权利在该土地上建造建筑物、构筑物及其附属设施。但不得改变土地用途，如需要改变的，应当依法经有关行政主管部门批准。建设用地使用权可以在土地的地表、地上或者地下分别设立。设立建设用地使用权，不得损害已设立的用益物权。建设用地使用权转让、互换、出资、赠与或者抵押的，当事人应当采取书面形式订立相应的合同。使用期限由当事人约定，但不得超过建设用地使用权的剩余期限。建设用地使用权转让、互换、出资或者赠与的，附着于该土地上的建筑物、构筑物及其附属设施一并处分。同样，建设物、构筑物及其附属设施转让、互换、出资或者赠与的，该建筑物、构筑物及其附属设施占用范围内的建设用地使用权一并处分。

2. 集体土地

劳动群众集体所有制的土地采取的是农民集体所有制的形式，该种所有制的土地被称为农民集体所有土地，简称集体土地。

农民集体的范围有下列三种：村农民集体；村内两个以上农村集体经济组织的农民集体；乡（镇）农民集体。《土地管理法》第十一条规定："农民集体所有的土地依法属于村农民集体所有的，由村集体经济组织或者村民委员会经营、管理；已经分别属于村内两个以上农村集体经济组织的农民集体所有的，由村内各该农村集体经济组织或者村民小组经营、管理；已经属于乡（镇）农民集体所有的，由乡（镇）农村集体组织经营、管理。"

农村和城市郊区的土地一般属于农民集体所有，即除法律规定属于国家所有的以外，属于农民集体所有。《宪法》第十条规定："农村和城市郊区的土地，除由法律规定属于国家所有的以外，属于集体所有；宅基地和自留地、自留山，也属于集体所有。"《宪法》第九条规定："矿藏、水流、森林、山岭、草原、荒地、滩涂等自然资源，都属于国家所有，即全民所有；由法律规定属于集体所有的森林和山岭、草原、荒地、滩涂除外。"

在实际生活中，由于历史原因，譬如城中村的存在等原因，国有土地与集体土地的区分比较复杂，房地产经纪人通过查阅不动产登记簿来鉴别是最可靠的方式。

注：《民法典》第一百四十七条规定，矿藏、水流、海域属于国家所有。

二、我国现行房屋所有权制度

（一）房屋所有权的概念

房屋所有权，是房屋所有人独占性地支配其所有的房屋的权利。房屋所有人在法律规定的范围内，可以排除他人的干涉，对其所有的房屋进行占有、使用、收益、处分。

（1）占有：占有是产权人对其房屋事实上的控制权；占有权是房屋所有权的基本内容，

没有占有，就谈不上所有权。然而占有并非就是所有，因为占有分所有人占有和非所有人占有、合法占有和非法占有、善意占有与非善意占有。

①所有人占有和非所有人占有。所有人占有即所有人在行使所有权过程中亲自控制自己的财产。非所有人占有则指所有人以外的其他人实际控制和管理所有物。

②有权占有和无权占有。有权占有，是指根据法律规定或合同约定而占有某标的物的权利。在此情况下对标的物进行占有的权利，称为本权，如所有权和用益物权。在有本权情况下的占有，即为有权占有。无权占有，是指无本权的占有。

③善意占有和恶意占有。这是对无权占有的再分类。善意占有是指非法占有人在占有时不知道或不应当知道其占有为非法。恶意占有则指非法占有人在占有时已经知道或应当知道其占有为非法。

（2）使用：是产权人按照房产的性能、作用对房屋加以利用的权利，使用权的行使必须符合下列条件：①无损于房屋的本质；②按照房屋的自然性能、经济性能和规定的土地用途使用；③遵守法律和公共道德，不损害公共利益和他人的合法利益。

（3）收益：是产权人收取房产所产生的利益的权利，如将房屋出租收取的租金、用房屋作为合伙入股取得红利等。

（4）处分：是产权人在事实上或法律上对房产进行处置的权利，如依法对自己所有的房地产出售、出租、抵押、赠与、拆除等。处分权是房屋产权的核心，是房屋产权最根本的权利。处分权一般只能由房屋产权人行使（法律上有特别规定的除外）。

房屋所有权是一种绝对权，即权利人不需要他人积极行为的协助就可以直接实现自己的权力。

房屋租赁，可以理解为房屋所有权人将房屋一定期限内的占有权、使用权有偿让渡给承租人从而使自己获得收益的行为。

（二）我国房屋所有权的特点

我国房屋所有权的特点：一方面由房屋本身的性质所决定；另一方面也由各国的房屋所有权法律制度所决定。我国房屋所有权具有以下特点：

（1）房屋的国家所有权、集体所有权和个人所有权同时并存，同等地受到宪法和法律的保护。

（2）房屋所有权的客体是具有一定结构、可供利用的房屋，而不是单指组成房屋的材料。未形成房屋或已拆毁的房屋的材料，不能称其为房屋所有权的客体。

（3）房屋所有权与其所依附的土地的使用权不可分离。房屋的所有权发生变更，土地的使用权也随之发生变更，反之亦然。

（4）国家所有的房屋广泛实行所有权与使用权的分离。国家享有所有权，国有企、事业单位和其他组织享有使用权。

（5）房屋所有权可以转让，但受到土地使用权转让的制约。由于房屋所有权与其所依附的土地使用权不可分离，因而，凡不可转让使用权的土地上的房屋，其所有权不能转让，非法转让土地使用权，会导致土地上房屋的转让无效。

（6）房屋所有权的设立与移转，需办理房屋所有权登记和转移登记手续。不办理房屋所有权登记或转移登记手续，不发生确定房屋所有权或移转房屋所有权的效力。

（三）房屋所有权的取得

房屋所有权的取得，分为原始取得和继受取得两种。

1. 原始取得

原始取得是指由于一定的法律事实，根据法律的规定，取得新建房屋、无主房屋的所有权，或者不以原房屋所有人的权利和意志为根据而取得房屋的所有权。

原始取得主要包括以下情形：依法建造房屋；依法没收房屋；收归国有的无主房屋；合法添附的房屋（如翻建、加层）。

2. 继受取得

继受取得又称传来取得，是指根据原房屋所有人的意思接受原房屋所有人转移的房屋所有权，是以原房屋所有人的所有权和其转让所有权的意志为根据的。

继受取得分为因法律行为继受取得和因法律事件继受取得两类。

（1）因法律行为继受取得房屋所有权是取得房屋所有权最普遍的方法，通常有以下几种形式：房屋买卖（包括拍卖）、房屋赠与、房屋相互交换。房屋所有权自所有权转移手续办理完毕后产生效力，即进行所有权登记后便取得房屋所有权。

（2）因法律事件继受取得房屋所有权，指因被继承人死亡（包括宣告死亡）的法律事件，继承人或受遗赠人依法取得房屋所有权。根据《民法典》的有关规定在有数个继承人的情况下，只要继承人未做放弃继承的意思表示，继承的房产如果未做分割，则应认为数个继承人对房产享有共同所有权。

（四）房屋所有权的消灭

房屋所有权的消灭，是指因某种法律事实的出现，原房产权利人失去对该房产占有、使用、收益和处分的权利。

引起房屋所有权消灭的法律事实有如下几种：

（1）房屋产权主体的消灭。如房屋所有权人（自然人）死亡或宣告死亡以及法人被终止而导致房产成为无主财产。

（2）房屋产权客体的消灭。包括自然灾害、爆炸、战争等引起房屋的毁灭以及自然损毁等。

（3）房产转让、受赠等引起原房产权利人对该房产权利的消灭。

（4）因国家行政命令或法院判决而丧失。如国家行政机关对房产所有权人的房产征用、征购、拆迁等，除依法给予相应的补偿外，原房产权利人的权利因征用、征购、拆迁而丧失。又如人民法院依照法律程序将一方当事人的房产判给另一方当事人所有，原房产权利人因判决发生法律效力而丧失该房屋的所有权。

（5）房产所有权人放弃所有权。

（五）建筑物区分所有权

自18世纪上半叶开始，英、法、德、意、瑞（士）等国先后进行了工业革命，城市和工业中心急剧发展。随着建筑材料和建筑技术的发展，高层建筑拔地而起，多个业主或承租人共同使用同一楼宇的现象出现，但与此相关的楼宇管理问题日益突出，要求建立建筑物区分所有权法律制度的呼声高涨。1804 年,《法国民法典》第六百四十四条的规定,开创了近代民法建立建筑物区分所有权制度的先河。

我国改革开放以来,随着住房制度的改革,大量商品房出现,在城市已形成了很多的住宅小区,业主的建筑物区分所有权已经成为私人不动产物权中的重要内容。

《民法典》第二百七十一条规定,业主对建筑物内的住宅、经营性用房等专有部分享有所有权,对专有部分以外的共有部分享有共有和共同管理的权利。第二百七十二条规定,业主对其建筑物专有部分享有占有、使用、收益和处分的权利。业主行使权利不得危及建筑物的安全,不得损害其他业主的合法权益。第二百七十三条规定,业主对建筑物专有部分以外的共有部分,享有权利,承担义务;不得以放弃权利为由不履行义务。业主转让建筑物内的住宅、经营性用房,其对共有部分享有的共有和共同管理的权利一并转让。

根据《民法典》规定,业主的建筑物区分所有权,包括三个方面的基本内容:

(1) 对专有部分的所有权。即业主对建筑物内属于自己所有的住宅、经营性用房等专有部分可以直接占有、使用,实现居住或者经营的目的;也可以依法出租、出借,获取收益和增进与他人感情;还可以用来抵押贷款或出售给他人。

(2) 对建筑区划内的共有部分享有共有权。即每个业主在法律对所有权未做特殊规定的情形下,对专有部分以外的走廊、楼梯、过道、电梯,外墙面、水箱、水电气管线等共有部分,对小区内道路、绿地、公用设施、物业管理用房以及其他公共场所等共有部分享有占有、使用、收益、处分的权利;对建筑区划内,规划用于停放汽车的车位、车库有优先购买的权利。

(3) 对共有部分享有共同管理的权利,即有权对共用部位与公共设备设施的使用、收益、维护等事项通过参加和组织业主大会进行管理。业主的建筑物区分所有权三个方面的内容是一个不可分离的整体。

在上述这三个方面的权利中,专有部分的所有权占主导地位,是业主对共有部分享有共有权以及对共有部分享有共同管理权的基础。如果业主转让建筑物内的住宅、经营性用房,其对共有部分享有共有和共同管理的权利则也一并转让。

第四节　建设用地使用权制度

一、国有建设用地使用权范围

国有建设用地使用权包括范围如下:

(1) 现有的属于国家所有的建设用地使用权,包括城市市区内土地、城市规划区外现有铁路、公路、机场、水利设施、军事设施、工矿企业使用的国有土地;国有农场内的建设用地等。

(2) 依法征收的原属于农民集体所有的建设用地和办理了农用地转用和征收的农民集体所有的农用地。

(3) 依法办理农用地转用的国有农用地。

二、国有建设用地使用权出让

(一) 国有建设用地使用权出让的概念及特征

国有建设用地使用权出让（以前称"国有土地使用权出让或国有土地出让"），是指国家将国有土地使用权在一定年限内出让给土地使用者，由土地使用者向国家支付土地使用权出让金的行为。

国有建设用地使用权出让金是指通过有偿有限期出让方式取得土地使用权的受让者，按照合同规定的期限，一次或分次提前支付的整个使用期间的地租。

国有建设用地使用权出让的特征一般包括以下内容：

（1）归属于土地一级市场。国有建设用地使用权出让，也称批租或土地一级市场，由国家垄断，任何单位和个人不得出让土地使用权。

（2）经出让取得土地使用权的单位和个人，在土地使用期内没有所有权，只有使用权，在使用土地期限内对土地拥有使用、占有、收益、处分权；土地使用权可以进入市场，可以进行转让、出租、抵押等经营活动，但地下埋藏物归国家所有。

（3）国有建设用地使用者只有向国家支付了全部土地使用权出让金后才能领取土地使用权证书。

（4）集体土地不经征收（成为国有土地）不得出让。

（5）国有建设用地使用权出让是国家以土地所有者的身份与土地使用者之间关于权利义务的经济关系，具有平等、自愿、有偿、有限期的特点。

(二) 国有建设用地使用权出让政策

1. 国有土地使用权出让方式

国有建设用地使用权出让必须符合土地利用整体规划、城市规划和年度建设用地计划，根据省、市人民政府下达的控制指标，拟订年度出让国有土地总面积方案，并且有计划、有步骤地进行。出让分每幅地块、面积、年限和其他条件，由市、县人民政府土地管理部门会同城市规划、建设、房地产管理部门共同拟订，按照国务院的规定，报有批准权的人民政府批准后，由市、县人民政府土地管理部门实施。

（1）出让方式的法律依据。关于建设用地使用权出让方式的法律依据主要包括以下四个方面：

①《民法典》规定，工业、商业、旅游、娱乐和商品住宅等经营性用地以及同一土地有两个以上意向用地者的，应当采取招标、拍卖等公开竞价的方式出让。

②《城市房地产管理法》第十三条规定，土地使用权出让，可以采取拍卖、招标或者双方协议的方式。商业、旅游、娱乐和豪华住宅用地，有条件的，必须采取拍卖、招标方式；没有条件，不能采取拍卖、招标方式的，可以采取双方协议的方式。

③《城镇国有土地使用权出让和转让暂行条例》规定，国有土地使用权出让可以采取拍卖、招标或者双方协议的方式。

④《招标拍卖挂牌出让国有建设用地使用权规定》。2007年9月，国土资源部根据原《中华人民共和国物权法》、《国务院关于加强土地调控有关问题的通知》（国发〔2006〕

31号）及相关法律法规的要求，发布了《招标拍卖挂牌出让国有建设用地使用权规定》（国土资源部令第39号），将工业用地出让纳入招标拍卖挂牌范围。即工业、商业、旅游、娱乐和商品住宅等经营性用地以及同一宗地有两个以上意向用地者的，应当以招标、拍卖或者挂牌方式出让。

招标、拍卖、挂牌公告应当包括下列内容：出让人的名称和地址；出让宗地的面积、界址、空间范围、现状、使用年期、用途、规划指标要求；投标人、竞买人的资格要求及申请取得投标、竞买资格的办法；索取招标拍卖挂牌出让文件的时间、地点及方式；招标拍卖挂牌时间、地点、投标挂牌期限、投标和竞价方式等；确定中标人、竞得人的标准和方法；投标、竞买保证金；其他需要公告的事项。

招标、拍卖或者挂牌出让国有建设用地使用权，应当遵循公开、公平、公正和诚信的原则。中华人民共和国境内外的自然人、法人和其他组织，除法律、法规另有规定外，均可申请参加国有建设用地使用权招标拍卖挂牌出让活动。出让人在招标拍卖挂牌出让公告中不得设定影响公平、公正竞争的限制条件。挂牌出让的，出让公告中规定的申请截止时间，应当为挂牌出让结束日前2天。对符合招标、拍卖、挂牌公告规定条件的申请人，出让人应当通知其参加招标、拍卖、挂牌活动。市、县人民政府国土资源行政主管部门应当根据土地估价结果和政府产业政策综合确定标底或者底价。标底或者底价不得低于国家规定的最低价标准。确定招标标底，拍卖和挂牌的起叫价、起始价、底价，投标、竞买保证金，应当实行集体决策。招标标底和拍卖挂牌的底价，在招标开标前和拍卖挂牌出让活动结束之前应当保密。

（2）招标出让方式。招标出让是指市、县人民政府国土资源行政主管部门（以下简称出让人）发布招标公告，邀请特定或者不特定的自然人、法人和其他组织参加国有建设用地使用权投标，根据投标结果确定国有建设用地使用权人的行为。

招标出让方式的特点是有利于公平竞争，适用于需要优化土地布局、重大工程的较大地块的出让。

投标、开标依照下列程序进行：

①投标人在投标截止时间前将标书投入标箱。招标公告允许邮寄标书的，投票人可以邮寄，但出让人在投标截止时间前收到的方为有效。标书投入标箱后，不可撤回。投标人应当对标书和有关书面承诺承担责任。

②出让人按照招标公告规定的时间、地点开标，邀请所有投标人参加。由投标人或者其推选的代表检查标箱的密封情况，当众开启标箱，点算标书。投标人少于三人的，出让人应当终止招标活动。投标人不少于三人的，应当逐一宣布投标人名称、投标价格和投标文件的主要内容。

③评标小组进行评标。评标小组由出让人代表、有关专家组成，成员人数为五人以上的单数。评标小组可以要求投标人对投标文件做出必要的澄清或者说明，但是澄清或者说明不得超出投标文件的范围或者改变投标文件的实质性内容。评标小组应当按照招标文件确定的评标标准和方法，对投标文件进行评审。

④招标人根据评标结果，确定中标人。按照价高者得的原则确定中标人的，可以不成立评标小组，由招标主持人根据开标结果，确定中标人。对能够最大限度地满足招标文件中规定的各项综合评价标准，或者能够满足招标文件的实质性要求且价格最高的投标人，应当确定为中标人。

（3）拍卖出让方式。拍卖出让是指出让人发布拍卖公告，由竞买人在指定时间、地点进行公开竞价，根据出价结果确定国有建设用地使用权人的行为。

拍卖出让是按规定时间、地点，利用公开场合由政府的代表者——土地行政主管部门主持拍卖（指定）地块的土地使用权（也可以委托拍卖行拍卖），由拍卖主持人首先叫底价，诸多竞报者轮番报价，最后一般出最高价者取得土地使用权。出让方用叫价的办法将土地使用权一般拍卖给出价最高者（竞买人）。

拍卖出让方式的特点是有利于公平竞争，它适用于区位条件好、交通便利和闹市区、土地利用上有较大灵活性的地块的出让。竞买人不足三人，或者竞买人的最高应价未达到底价时，应当终止拍卖。

拍卖会依照下列程序进行：

①主持人确定竞买人到场；

②主持人介绍拍卖宗地的面积、界址、空间范围、现状、用途、使用年期、规划指标要求、开工和竣工时间以及其他有关事项；

③主持人宣布起叫价和增价规则及增价幅度，没有底价的，应当明确提示；

④主持人报出起叫价；

⑤竞买人举牌应价或者报价；

⑥主持人确认该应价或者报价后继续竞价；

⑦主持人连续三次宣布同一应价或者报价而没有再应价或者报价的，主持人落槌表示拍卖成交；

⑧主持人宣布最高应价或者报价者为竞得人。

（4）协议出让方式。协议出让指政府作为土地所有者（出让人）与选定的受让方磋商用地条件及价款，达成协议并签订国有建设用地使用权出让合同，有偿出让土地使用权的行为。

协议出让方式的特点是自由度大，不利于公平竞争。但对一些缺乏竞争的行业仍然是土地使用权出让的方式之一。

适用范围：这种方式适用于公共福利事业和非营利性的社会团体、机关单位用地和某些特殊用地。应当以招标拍卖挂牌方式出让国有建设用地使用权而擅自采用协议方式出让的，对直接负责的主管人员和其他直接责任人员依法给予处分；构成犯罪的，依法追究刑事责任。

由于协议出让不适用于房地产开发建设用地，其程序在此不做详述。

（5）挂牌出让方式。挂牌出让国有建设土地使用权，是指出让人发布挂牌公告，按公告规定的期限将拟出让宗地的交易条件在指定的土地交易场所挂牌公布，接受竞买人的报价申请并更新挂牌价格，根据挂牌期限截止时的出价结果或者现场竞价结果确定国有建设用地使用权人的行为。挂牌时间不少于10个工作日，挂牌期间，土地管理部门可以根据竞买人竞价情况调整增价幅度。

挂牌依照下列程序进行：

①在挂牌公告规定的挂牌起始日，出让人将挂牌宗地的面积、界址、空间范围、现状、用途、使用年限、规划指标要求、开工时间和竣工时间、起始价、增价规则及增价幅度等，在挂牌公告规定的土地交易场所挂牌公布；

②符合条件的竞买人填写报价单报价；

③挂牌主持人确认该报价后，更新显示挂牌价格；

④挂牌主持人在挂牌公告规定的挂牌截止时间确定竞得人。

挂牌截止应当由挂牌主持人主持确定。挂牌期限届满，挂牌主持人现场宣布最高报价及其报价者，并询问竞买人是否愿意继续竞价。有竞买人表示愿意继续竞价的，挂牌出让转入现场竞价，通过现场竞价确定竞得人。

挂牌主持人连续三次报出最高挂牌价格，没有竞买人表示愿意继续竞价的，按照下列规定确定是否成交：

①在挂牌期限内只有一个竞买人报价，且报价不低于底价，并符合其他条件的，挂牌成交；

②在挂牌期限内有两个或者两个以上的竞买人报价的，出价最高者为竞得人；报价相同的，先提交报价单者为竞得人，但报价低于底价者除外；

③在挂牌期限内无应价者或者竞买人的报价均低于底价或者均不符合其他条件的，挂牌不成交。

（6）招标、拍卖或者挂牌具体规定。

①关于竞买保证金。以招标、拍卖或者挂牌方式确定中标人、竞得人后，中标人、竞得人支付的投标、竞买保证金，转作受让地块的定金。中标人、竞得人支付的投标、竞买保证金抵作土地出让价款；其他投标人、竞买人支付的投标、竞买保证金，出让人必须在招标拍卖挂牌活动结束后5个工作日内予以退还，不计利息。

②关于中标通知书、成交确认书。出让人应当向中标人发出中标通知书或者与竞得人签订成交确认书。中标通知书或者成交确认书应当包括出让人和中标人或者竞得人的名称，出让标的，成交时间、地点、价款以及签订国有建设用地使用权出让合同的时间、地点等内容。中标通知书或者成交确认书对出让人和中标人或者竞得人具有法律效力。

③承担责任。出让人改变竞得结果，或者中标人、竞得人放弃中标宗地、竞得宗地的，应当依法承担责任。

中标人、竞得人有下列行为之一的，中标、竞得结果无效；造成损失的，应当依法承担赔偿责任：提供虚假文件隐瞒事实的；采取行贿、恶意串通等非法手段中标或者竞得的。

国土资源行政主管部门的工作人员在招标拍卖挂牌出让活动中玩忽职守、滥用职权、徇私舞弊的，依法给予处分；构成犯罪的，依法追究刑事责任。

④签订国有建设用地使用权出让合同。中标人、竞得人应当按照中标通知书或者成交确认书约定的时间，与出让人签订国有建设用地使用权出让合同。

⑤出让人公布出让结果。招标拍卖挂牌活动结束后，出让人应在10个工作日内将招标拍卖挂牌出让结果在土地有形市场或者指定的场所、媒介公布。出让人公布出让结果，不得向受让人收取费用。

⑥领取国有建设用地使用权证书。受让人依照国有建设用地使用权出让合同的约定付清全部土地出让价款后，方可申请办理土地登记，领取国有建设用地使用权证书。未按出让合同约定缴清全部土地出让价款的，不得发放国有建设用地使用权证书，也不得按出让价款缴纳比例分割发放国有建设用地使用权证书。

2. 国有建设用地使用权出让年限

《城镇国有土地使用权出让和转让暂行条例》规定的各类用途的国有土地使用权出让最

高年限如下：

(1) 居住用地 70 年；

(2) 工业用地 50 年；

(3) 教育、科技、文化、卫生、体育用地 50 年；

(4) 商业、旅游、娱乐用地 40 年；

(5) 综合或其他用地 50 年。

3．土地使用权收回

国家收回土地使用权有多种原因，如使用权期间届满、提前收回等。

（1）土地使用权期间届满收回。《城市房地产管理法》规定，土地使用权出让合同约定的使用年限届满，土地使用者未申请续期或者虽申请续期但依照前款规定未获批准的，土地使用权由国家无偿收回。该土地上的房屋及其他不动产的归属，有约定的，按照约定；没有约定或者约定不明确的，依照法律、行政法规的规定办理。

依据《民法典》规定，住宅建设用地使用权期间届满的，自动续期。非住宅建设用地使用权期间届满后的续期，依照法律规定办理。经批准准予续期的，应当重新签订土地使用权出让合同，依照规定支付土地使用权出让金。

（2）提前收回国有土地使用权。国有土地使用权期间届满前，因公共利益需要提前收回该土地的，应当依法对该土地上的房屋及其他不动产给予补偿，并退还相应的出让金。

（3）因土地使用者不履行土地使用权出让合同收回。土地使用者不履行土地使用权出让合同而收回土地使用权有两种情况：一是土地使用者未如期支付地价款。土地使用者在签约时应缴地价款的一定比例作为定金，60 日内应支付全部地价款，逾期未全部支付地价款的，出让方依照法律和合同约定，收回土地使用权。二是土地使用者未按合同约定的期限和条件开发和利用土地，由县以上人民政府土地管理部门予以纠正，并根据情节可以给予警告、罚款，甚至无偿收回土地使用权，这是对不履行合同的义务人采取的无条件取消其土地使用权的处罚形式。

（4）司法机关决定收回土地使用权。因土地使用者触犯国家法律，不能继续履行合同或司法机关决定没收其全部财产，收回土地使用权。

4．国有建设用地使用权终止

（1）建设用地使用权因土地灭失而终止。土地使用权要以土地的存在或土地能满足某种需要为前提，因土地使用权灭失而导致使用人实际上不能继续使用土地，使用权自然终止。土地灭失是指由于自然原因造成原土地性质的彻底改变或原土地面貌的彻底改变，诸如地震、水患、塌陷等自然灾害引起的不能使用土地而终止。

（2）国有建设用地使用权因土地使用者的抛弃而终止。由于政治、经济、行政等原因，土地使用者抛弃使用的土地，致使土地使用合同失去意义或无法履行而终止土地使用权。

单纯从"《城镇国有土地使用权出让和转让暂行条例》规定"角度，不能选择"土地使用权转让"。

（三）国有建设用地使用权出让合同

国有建设用地使用权出让，应当签订书面出让合同。出让合同由市、县人民政府土地管理部门与土地使用者签订。出让合同有成片土地使用权出让合同，项目用地（宗地）土地使用权出让合同，划拨土地使用权和地上建筑物、其他附着物所有权因转让、出租、抵押而补办的土地使用权出让合同三类。

建设用地使用权出让合同主要包括下列三个内容：

（1）合同的正本、副本。主要内容有签约双方当事人；出让地块的位置、面积、界线等自然情况；地价款数额、定金、支付方式和期限；土地使用期限；动工及开发期限；取得土地使用权的方式及违约责任等。

（2）出让合同附件。主要内容有地块四至平面、界桩定点、土地利用要求、城市建设管理要求、建设要求、建筑面积、限高、绿化率、建筑比例等。

（3）补充合同。主要内容有双方在土地使用权出让格式合同中尚未包括的未尽事宜，合同文本需要变换的事项等。

注：2008年，国土资源部、国家工商行政管理总局制定了新的《国有建设用地使用权出让合同》示范文本，于2008年7月1日起执行。

1. 合同的主要内容

合同主要内容包括当事人的名称和住所；土地界址、面积等；建筑物、构筑物及其附属设施占用的空间；土地用途；土地条件；土地使用期限；出让金等费用及其支付方式；开发投资强度；规划条件；配套；转让、出租、抵押条件；期限届满的处理；不可抗力的处理；违约责任；解决争议的方法。

2. 合同附件

合同附件主要内容有宗地平面界址图；出让宗地竖向界线；市、县政府规划管理部门确定的宗地规划条件等。

（四）国有建设用地使用权出让管理

1. 管理权限

国有建设用地使用权的出让，由市、县人民政府负责，有计划、有步骤地进行。

国有建设用地使用权出让的地块、用途、年限和其他条件，由市、县人民政府土地管理部门会同城市规划和建设管理部门、房产管理部门共同拟订方案，按照国务院规定的批准权限批准后，由土地管理部门实施。

2. 出让金缴纳

土地使用者应当在签订国有建设用地使用权出让合同后60日内，支付全部出让金。逾期未全部支付的，出让方有权解除合同，并可请求违约赔偿。出让方应当按照合同规定，提供出让的土地使用权。未按合同规定提供土地使用权的，土地使用者有权解除合同，并可请求违约赔偿。土地使用者在支付全部土地使用权出让金后，应当依照规定办理登记，领取土地使用证，取得土地使用权。

3. 出让后土地使用管理

土地使用者应当按照土地使用权出让合同的规定和城市规划的要求，开发、利用、经营土地。未按合同规定的期限和条件开发、利用土地的，市、县人民政府土地管理部门应当予以纠正，并根据情节可以给予警告、罚款直至无偿收回土地使用权的处罚。

土地使用者需要改变土地使用权出让合同规定的土地用途的，应当征得出让方同意并经土地管理部门和城市规划部门批准，依照土地出让管理有关规定重新签订出让合同，调整国有建设用地使用权出让金，并办理登记（表 2.2）。

表 2.2　关于改变土地用途处置法律、法规依据

法律依据	主要规定
《民法典》第三百五十条	建设用地使用权人应当合理利用土地，不得改变土地用途；需要改变土地用途的，应当依法经有关行政主管部门批准
《土地管理法》第五十六条	建设单位使用国有土地的，应当按照土地使用权出让等有偿使用合同的约定或者土地使用权划拨批准文件的规定使用土地；确需改变该幅土地建设用途的，应当经有关人民政府自然资源主管部门同意，报原批准用地的人民政府批准。其中，在城市规划区内改变土地用途的，在报批前，应当先经有关城市规划行政主管部门同意
《城市房地产管理法》第十八条	土地使用者需要改变土地使用权出让合同约定的土地用途的，必须取得出让方和市、县人民政府城市规划行政主管部门的同意，签订土地使用权出让合同变更协议或者重新签订土地使用权出让合同，相应调整土地使用权出让金
《城镇国有土地使用权出让和转让暂行条例》第十八条	土地使用者需要改变土地使用权出让合同规定的土地用途的，应当征得出让方同意并经土地管理部门和城市规划部门批准，依照本章的有关规定重新签订土地使用权出让合同，调整土地使用权出让金，并办理登记
《协议出让国有土地使用权规定》第十六条	以协议出让方式取得国有土地使用权的土地使用者，需要将土地使用权出让合同约定的土地用途改变为商业、旅游、娱乐和商品住宅等经营性用途的，应当取得出让方和市、县人民政府城市规划部门的同意，签订土地使用权出让合同变更协议或者重新签订土地使用权出让合同，按变更后的土地用途，以变更时的土地市场价格补交相应的土地使用权出让金，并依法办理土地使用权变更登记手续

（五）国有闲置土地的处理

1999 年 4 月 28 日，国土资源部发布了《闲置土地处置办法》（国土资源部令第 5 号），自发布之日起施行。该办法明确了闲置土地的认定、国土资源管理部门对闲置土地处置方案的制定和实施、闲置土地处置方式等内容。

2012 年 5 月 22 日，国土资源部重新修订并出台了《闲置土地处置办法》（国土资源部令第 53 号）。

1. 闲置土地的认定

闲置土地，是指国有建设用地使用权人超过国有建设用地使用权有偿使用合同或者划拨决定书约定、规定的动工开发日期满一年未动工开发的国有建设用地。

已动工开发但开发建设用地面积占应动工开发建设用地总面积不足 $\frac{1}{3}$ 或者已投资额占总投资额不足 25%，中止开发建设满一年的国有建设用地，也可以认定为闲置土地。

2. 闲置土地的调查

市、县国土资源主管部门发现有涉嫌闲置土地的，应当在 30 日内开展调查核实，向国有建设用地使用权人发出《闲置土地调查通知书》。国有建设用地使用权人应当在接到《闲

置土地调查通知书》之日起30日内,按照要求提供土地开发利用情况、闲置原因以及相关说明等材料。

《闲置土地调查通知书》应当包括下列内容:国有建设用地使用权人的姓名或者名称、地址;涉嫌闲置土地的基本情况;涉嫌闲置土地的事实和依据;调查的主要内容及提交材料的期限;国有建设用地使用权人的权利和义务;其他需要调查的事项。

有下列情形之一,属于政府、政府有关部门的行为造成动工开发延迟的,国有建设用地使用权人应当向市、县国土资源主管部门提供土地闲置原因说明材料,经审核属实的,市、县国土资源主管部门应当与国有建设用地使用权人协商,选择处置方式;同时,市、县国土资源主管部门与国有建设用地使用权人协商一致后,应当拟订闲置土地处置方案,报本级人民政府批准后实施。

(1) 因未按照国有建设用地使用权有偿使用合同或者划拨决定书约定、规定的期限、条件将土地交付给国有建设用地使用权人,致使项目不具备动工开发条件的;

(2) 因土地利用总体规划、城乡规划依法修改,造成国有建设用地使用权人不能按照国有建设用地使用权有偿使用合同或者划拨决定书约定、规定的用途、规划和建设条件开发的;

(3) 因国家出台相关政策,需要对约定、规定的规划和建设条件进行修改的;

(4) 因处置土地上相关群众信访事项等无法动工开发的;

(5) 因军事管制、文物保护等无法动工开发的;

(6) 政府、政府有关部门的其他行为。

经调查核实,符合规定条件,构成闲置土地的,市、县国土资源主管部门应当向国有建设用地使用权人下达《闲置土地认定书》。《闲置土地认定书》下达后,市、县国土资源主管部门应当通过门户网站等形式向社会公开闲置土地的位置、国有建设用地使用权人名称、闲置时间等信息;属于政府或者政府有关部门的行为导致土地闲置的,应当同时公开闲置原因,并书面告知有关政府或者政府部门。

3. 闲置土地的处置方式

(1) 政府行为原因。对因属于政府、政府有关部门的行为造成动工开发延迟的情形造成土地闲置的,市、县国土资源主管部门应当与国有建设用地使用权人协商,选择下列方式处置:

①延长动工开发期限。从补充协议约定的动工开发日期起,延长动工开发期限最长不得超过一年。

②调整土地用途、规划条件。

③由政府安排临时使用。临时使用期限最长不得超过两年。

④协议有偿收回国有建设用地使用权。

⑤置换土地。

(2) 非政府行为原因。对非属于政府、政府有关部门的行为造成动工开发延迟的情形造成土地闲置,按照下列方式处理闲置土地:

①未动工开发满一年的,由市、县国土资源主管部门报经本级人民政府批准后,向国有建设用地使用权人下达《征缴土地闲置费决定书》,按照土地出让或者划拨价款的百分之二十征缴土地闲置费。土地闲置费不得列入生产成本。

②未动工开发满两年的，由市、县国土资源主管部门按照《土地管理法》第三十七条和《城市房地产管理法》第二十六条的规定，报经有批准权的人民政府批准后，向国有建设用地使用权人下达《收回国有建设用地使用权决定书》，无偿收回国有建设用地使用权。闲置土地设有抵押权的，同时抄送相关土地抵押权人。

国有建设用地使用权人对《征缴土地闲置费决定书》和《收回国有建设用地使用权决定书》不服的，可以依法申请行政复议或者提起行政诉讼。

三、国有建设用地使用权划拨

（一）国有建设用地使用权划拨的概念

土地使用权划拨是指县级以上人民政府依法批准，在用地者缴纳补偿、安置等费用后将该幅土地交其使用，或者将土地使用权无偿交给土地使用者使用的行为。

划拨土地使用权有以下含义：

（1）划拨形式。划拨土地使用权包括土地使用者缴纳拆迁安置、补偿费用（如城市的存量土地或集体土地）和无偿取得（如国有的荒山、沙漠、滩涂等）两种形式。

（2）无期限限制。除法律、法规另有规定外，划拨土地没有使用期限的限制，但未经许可不得进行转让、出租、抵押等经营活动。

（3）必须报批。取得划拨土地使用权，必须经有批准权的人民政府核准并按法定的程序办理手续。

（4）按划拨土地进行管理范围。在国家没有法律规定之前，在城市范围内的土地和城市范围以外的国有土地，除出让土地以外的土地，均按划拨土地进行管理。

（二）划拨国有建设用地使用权的范围

下列建设用地可由有批准权的人民政府依法批准，划拨土地使用权：

（1）国家机关用地和军事用地；

（2）城市基础设施和公益事业用地；

（3）国家重点扶持的能源、交通、水利等项目用地；

（4）法律、行政法规规定的其他用地。

依据《划拨用地目录》（国土资源部令第9号），下列建设用地可由县级以上人民政府依法批准，划拨土地使用权：

（1）国家机关用地。国家机关指国家权力机关，即全国人大及其常委会，地方人大及其常委会；国家行政机关，即各级人民政府及其所属工作或者职能部门；国家审判机关，即各级人民法院；国家检察机关，即各级人民检察院；国家军事机关，即国家军队的机关。以上机关用地属于国家机关用地。

（2）军事用地。指军事设施用地，包括军事指挥机关、地面和地下的指挥工程，作战工程；军用机场、港口、码头、营区、训练场、试验场；军用洞库、仓库；军用通信、侦察、导航观测台站和测量、导航标志；军用公路、铁路专用线、军用通信线路等输电、输油、输气管线；其他军事设施用地。

（3）城市基础设施用地。指城市给水、排水、污水处理、供电、通信、煤气、热力、道路、桥涵、市内公共交通、园林绿化、环境卫生、消防、路标、路灯等设施用地。

（4）公益事业用地。指各类学院、医院、体育场馆、图书馆、文化馆、幼儿园、托儿所、敬老院、防疫站等文体、卫生、教育、福利事业用地。

（5）国家重点扶持的能源、交通、水利等基础设施用地。指中央投资、中央和地方共同投资，以及国家采取各种优惠政策重点扶持的煤炭、石油、天然气、电力等能源项目；铁路、公路、港口、机场等交通项目；水库水电、防洪、江河治理等水利项目用地。

（6）法律、行政法规规定的其他用地。法律和法规明确规定可以采用划拨方式供地的其他项目用地。

（三）划拨国有建设用地使用权的管理

（1）划拨国有建设用地使用权可以转让。划拨土地的转让有两种规定：一是报有批准权的人民政府审批准予转让的，应当由受让方办理土地使用权出让手续，并依照国家有关规定缴纳土地使用权出让金；二是可不办理出让手续，但转让方应将所获得的收益中的土地收益上缴国家。

（2）划拨国有建设用地使用权可以出租。

①房产所有权人以盈利为目的，将划拨土地使用权的地上建筑物出租的，应当将租金中所含土地收益上缴国家。

②用地单位因发生转让、出租、企业改制和改变土地用途等不宜办理土地出让的，可实行租赁。

③租赁时间超过6个月的，应办理租赁合同，合同期限不得超过出让年限。

（3）划拨国有建设用地使用权可以抵押。划拨土地使用权抵押时，其抵押的金额不应包括土地价格，因抵押划拨土地使用权造成土地使用权转移的，应办理土地出让手续并向国家缴纳地价款才能变更土地权属。

（4）对未经批准擅自转让、出租、抵押划拨土地使用权的单位和个人，县级以上人民政府土地管理部门应当没收其非法收入，并根据情节处以罚款。

（5）国有企业改革中的划拨土地。对国有企业改革中涉及的划拨土地使用权，可分别采取国有土地出让、租赁、作价出资（入股）和保留划拨土地使用权等方式予以处置。

下列情况应采取土地出让或出租方式处置：国有企业改造或改组为有限责任或股份有限公司以及组建企业集团的；国有企业改组为股份合作制的；国有企业租赁经营的；非国有企业兼并国有企业的。

下列情况经批准可保留划拨土地使用权：

①继续作为城市基础设施用地，公益事业用地和国有重点扶持的能源、交通、水利等项目用地，原土地用途不发生改变，但改造或改组为公司制企业除外；

②国有企业兼并国有企业、非国有企业及国有企业合并后的企业是国有工业企业的；

③在国有企业兼并、合并中，一方属于濒临破产企业的；

④国有企业改造或改组为国有独资公司的。

其中第②、③、④项保留划拨土地方式的期限不超过五年。

（6）凡上缴土地收益的土地，仍按划拨土地进行管理。

（7）划拨土地使用权的收回。国家无偿收回划拨土地使用权有多种原因，主要有以下七种：

①土地使用者因迁移、解散、撤销、破产或其他原因而停止使用土地的；

②国家根据城市建设发展的需要和城市规划的要求收回土地使用权的；

③各级司法部门没收其所有财产而收回土地使用权的；

④土地使用者自动放弃土地使用权的；

⑤未经原批准机关同意，连续两年未使用的；

⑥不按批准用途使用土地的；

⑦铁路、公路、机场、矿场等核准报废的土地。国家无偿收回划拨土地使用权时，对其地上建筑物、其他附着物，根据实际情况应给原土地使用者适当补偿的。

四、国有建设用地使用权租赁或入股

国有建设用地有偿使用的方式，除国有建设用地使用权出让外，还有国有建设用地使用权租赁和国有建设用地使用权作价出资或入股两种方式。

1. 国有土地使用权租赁的概念

国有土地租赁是指国家将国有土地租给使用者使用，由使用者与县级以上人民政府土地行政管理部门签订一定年期的土地租赁合同，并支付租金的行为。

国有土地租赁是国有土地有偿使用的一种形式，是出让方式的补充。

对于目前大量存在的行政划拨土地而言，实行国有土地租赁是解决划拨土地从无偿使用过渡到有偿使用的一种有效方式。对因发生土地转让、场地出租、企业改制和改变土地用途后依法应当有偿使用的，可以实行国有土地租赁。

2. 国有土地租赁的方式

国有土地租赁，可以采用招标、拍卖或者双方协议的方式，有条件的，必须采取招标、拍卖方式。

3. 国有土地租赁的期限

国有土地租赁可以根据具体情况实行短期租赁和长期租赁。对短期使用或用于修建临时建筑物的土地，应实行短期租赁，短期租赁年限一般不超过五年；对需要进行地上建筑物、构筑物建设后长期使用的土地，应实行长期租赁，具体租赁期限由租赁合同约定，但最长租赁期限不得超过法律规定的同类用途土地出让最高年期。

4. 国有土地租赁合同

租赁期限六个月以上的国有土地租赁，应当由市、县土地行政主管部门与土地使用者签订租赁合同。土地租赁合同可以转让。

国有土地租赁合同的内容应当包括出租方、承租方、出租宗地的位置、范围、面积、用途、租赁期限、土地使用条件、土地租金标准、支付时间和支付方式、土地租金标准调整的时间和调整幅度、出租方和承租方的权利义务等。

5. 承租土地使用权的转租、转让或抵押

国有土地租赁，承租人取得承租土地使用权。承租人在按规定支付土地租金并完成开发建设后，经土地行政主管部门同意或根据租赁合同约定，可将承租土地使用权转租、转

让或抵押。承租土地使用权转租、转让或抵押，必须依法登记。

（1）承租土地使用权转租：承租人将承租土地转租或分租给第三人的，承租土地使用权仍由原承租人持有，承租人与第三人建立了附加租赁关系，第三人取得土地的他项权利。

（2）承租土地使用权转让：承租人转让土地租赁合同的，租赁合同约定的权利义务随之转给第三人，承租土地使用权由第三人取得，租赁合同经更名后继续有效。

（3）承租土地使用权抵押：地上房屋等建筑物、构筑物依法抵押的，承租土地使用权可随之抵押，但承租土地使用权只能按合同租金与市场租金的差值及租期估价，抵押权实现时土地租赁合同同时转让。

6. 承租土地使用权的收回

（1）国家因社会公共利益的需要，依照法律程序可以提前收回，但应对承租人给予合理补偿。

（2）承租人未按合同约定开发建设，未经土地行政主管部门同意转让、转租或不按合同约定缴纳土地租金的，土地行政主管部门可以解除合同，依法收回承租土地使用权。

（3）承租土地使用权期满，承租人可申请续期。未申请续期或者虽申请续期但未获批准的，承租土地使用权由国家依法无偿收回。

7. 国有土地使用权作价出资或入股

国有土地使用权作价出资或入股，是指国家以一定年期的国有土地使用权作价，作为出资投入改组后的新设企业，该土地使用权由新设企业持有，可以依照土地管理法律、法规关于出让土地使用权的规定转让、出租、抵押。

这种方式在目前的国有企业改制改组中采用较多，既解决了国有土地资产的流失问题，又为国有困难企业的改制改组创造了条件。这主要是针对现有国有企业使用的划拨土地使用权需要改制时适用。

五、集体建设用地使用权

因兴办乡镇企业和村民建设住宅需要，或因建设乡（镇）村公共设施和公益事业的需要，经依法批准，可以使用农民集体所有的土地，此类土地就是集体建设用地使用权。

在土地利用总体规划确定的城市和村庄、集镇建设用地规模范围内，为实施该规划而将农用地转为建设用地的，按土地利用年度计划分批次由原批准土地利用总体规划的机关批准。在已批准的农用地转用范围内，具体建设项目用地可以由市、县人民政府批准。

乡镇企业、乡（镇）村公共设施、公益事业、农村村民住宅等乡（镇）村建设，应当按照村庄和集镇规划，合理布局，综合开发，配套建设；集体建设用地，应当符合乡（镇）土地利用总体规划和土地利用年度计划，并依照有关法律的规定办理审批手续。

农村集体经济组织使用乡（镇）土地利用总体规划确定的建设用地兴办企业或者与其他单位、个人以土地使用权入股、联营等形式共同举办企业的，应当持有关批准文件，向县级以上地方人民政府土地行政主管部门提出申请，按照省、自治区、直辖市规定的批准权限，由县级以上地方人民政府批准；其中，涉及占用农用地的，依法办理审批手续。

农村村民一户只能拥有一处宅基地，其宅基地的面积不得超过省、自治区、直辖市规定的标准。

农村村民建住宅，应当符合乡（镇）土地利用总体规划，并尽量使用原有的宅基地和村内空闲地。

农村村民住宅用地，经乡（镇）人民政府审核，由县级人民政府批准；其中，涉及占用农用地的，依照《土地管理法》第四十四条的规定办理审批手续。农村村民出卖、出租住房后，再申请宅基地的，不予批准。

农民集体所有的土地的使用权不得出让、转让或者出租用于非农业建设；但是，符合土地利用总体规划并依法取得建设用地的企业，因破产、兼并等情形致使土地使用权依法发生转移的除外。

有下列情形之一的，农村集体经济组织报经原批准用地的人民政府批准，可以收回土地使用权：

（1）为乡（镇）村公共设施和公益事业建设，需要使用土地的；

（2）不按照批准的用途使用土地的；

（3）因撤销、迁移等原因而停止使用土地的。

依照前款第（1）项规定收回农民集体所有的土地的，对土地使用权人应当给予适当补偿。

宅基地因自然灾害等原因灭失的，宅基地使用权消灭。对失去宅基地的村民，应当重新分配宅基地。

第五节　不动产经纪规范

一、不动产经纪执业规范

我国的不动产经纪行业是一个既古老又现代的行业，历经千年发展，沉淀了很多行规。不动产经纪机构和人员除了遵守基本的法律法规之外，还应当遵守不动产经纪行业的行规行约，即不动产经纪执业规范。不动产经纪执业规范的适用对象包括不动产经纪机构和不动产经纪人员。房地产经纪执业规范是房地产经纪机构和房地产经纪人员践行职业使命、履行契约义务、承担专业责任的保障。

不动产经纪执业规范会引导不动产经纪机构和人员更好地开展不动产经纪并从中受益。不动产经纪执业规范的具体作用主要表现如下：

对不动产经纪人员来说，通过学习执业规范，可以明是非、知对错；通过遵守不动产经纪执业规范，能够校正执业行为，提高服务水平。对不动产经纪机构来说，可以依据执业规范制定企业内部的不动产经纪业务流程和不动产经纪服务标准，提高业务管理水平和服务规范化程度；不动产经纪执业规范作为行规，可以调整同行间的竞争合作关系，防止或者减少同行的不正当竞争，化解业内的矛盾纠纷；执业规范是行业自律必不可少的行规文件，通过行业自律实现行业自治，不仅管理成本低而且管理效果好，有利于促进不动产经纪行业持续健康发展。

不动产经纪执业规范的形成是一个约定俗成的过程。当不动产经纪行业发展到一定阶段后，众多从业者为了调整与客户、社会之间以及同业之间的关系，积极提倡规范执业行为时，便自发成立不动产经纪行业组织。不动产经纪行业组织应会员或者广大执业人员的要求，将约定俗成或者大家达成共识的行为规范和道德准则用文字固定下来，再通过公约、守则、规则、准则、规范、标准等自律性文件的方式予以发布。我国唯一全国性的不动产经纪执业规范是中国房地产估价师与房地产经纪人学会发布的《房地产经纪执业规则》。

不动产经纪执业规范主要依靠不动产经纪人员的理念、信念、习惯及行业自律来自觉遵守，同时通过行业组织自律管理、职业教育培训以及社会舆论监督来协助落实。合法、自愿、公平、平等、诚信是不动产经纪执业的基本原则，不动产经纪机构和人员进行不动产经纪必须恪守这些基本原则。

二、房地产经纪人职业资格考试

目前，不动产经纪人职业资格考试只开展了房地产经纪人职业资格考试，其他行业协会的不动产职业资格考试还在研究制定中，这里只简单介绍房地产经纪人职业资格考试。

设立房地产经纪人员职业资格的分级认证制度是国际通行做法。比如，美国的房地产经纪人和房地产销售员，我国香港地区的地产代理（个人）和营业员，我国台湾地区的房地产经纪人和经纪营业员。我国参照了国际上的通行做法，把房地产经纪人员职业资格分为房地产经纪人、房地产经纪人协理和高级房地产经纪人三个级别。我国设立房地产经纪专业人员水平评价类职业资格制度，政府及相关行业组织面向全社会提供房地产经纪专业人员能力水平评价服务，并纳入全国专业技术人员职业资格证书制度统一规划。房地产经纪人协理和房地产经纪人职业资格实行统一考试的评价方式。

通过房地产经纪人协理、房地产经纪人职业资格考试，取得相应级别职业资格证书的人员，表明其已具备从事房地产经纪专业相应级别专业岗位工作的职业能力和水平。房地产经纪专业人员职业资格是指由人力资源和社会保障部与住房和城乡建设部指定的专业水平评价组织进行评价，表明具有相应职业能力、可从事相应级别房地产经纪专业岗位工作的职业资格，包括房地产经纪人职业资格、房地产经纪人协理职业资格和高级房地产经纪人职业资格。房地产经纪专业人员职业资格的评价与管理工作由中国房地产估价师与房地产经纪人学会具体承担。

三、不动产经纪行业管理

不动产经纪行业管理是人民政府不动产经纪管理部门、不动产经纪行业组织对不动产经纪机构和不动产经纪人员、不动产经纪和不动产经纪行为实施的监督管理。不动产经纪行业管理的目的在于规范不动产经纪行为，协调不动产经纪相关当事人（如不动产经纪机构、不动产经纪人员、不动产经纪服务对象）责、权、利关系，维护相关当事人合法权益，促进不动产经纪行业持续健康发展。

行业管理制度的设计和行业管理政策的制定都应当有利于创造良好的行业生存发展环境，有利于建立、完善行业自我提高、不断进步的发展机制。不动产经纪行业管理应当完善行业管理的法律法规，提高从业人员的职业素养、职业道德水平和专业胜任能力，规范不动产经纪服务行为，改善不动产经纪行业的社会形象，引导行业持续健康有序发展。不动产商品的特殊性和不动产交易的复杂性都使得不动产经纪是专业性极强的经济活动，因此，应将不动产经纪行业与其他经纪行业分开，参照证券、保险经纪行业的模式实施专业管理。

不动产经纪行业管理主要有行政监管模式、行业自律模式、行政监管与行业自律相结合模式。其主要从行业的专业性、规范性和公平性方面进行管理。

目前我国不动产经纪行业管理涉及的行政部门较多，主要包括住建部、发改委、人社部、工商行政管理等部门。各部门按照职责分工开展不动产经纪的监督和管理。我国不动产经纪行业监管的方式主要有现场巡查、合同抽查、投诉受理等。

第三章 不动产市场与不动产

第一节 不动产市场

一、不动产市场概述

（一）不动产市场概念

不动产市场是从事房产、土地的出售、租赁、买卖、抵押等交易活动的场所或领域。房产包括作为居民个人消费资料的住宅，也包括作为生产资料的厂房、办公楼等。

微课：不动产市场

不动产市场是不动产业进行社会再生产的基本条件，并可带动建筑业、建材工业等诸多产业发展。不动产市场通过市场机制，及时实现不动产的价值和使用价值，可提高不动产业的经济效益，促进不动产资源的有效配置和房产建设资金的良性循环。住宅市场能引导居民消费结构合理化，有利于改善居住条件，提高居民的居住水平。因此，不动产市场是不动产行业体系中最有代表性，也是最重要的部分，处于主体地位。

（二）不动产市场的特点

不动产市场的供给和需求具有高度层次性和差别性。由于人口、环境、文化、教育、经济等因素的影响，不动产市场在各个区域间的需求情况各不相同，不动产市场供给和需求的影响所及往往限于局部地区，所以，不动产市场的微观分层特性也较为明显。具体表现在，土地的分区利用情况造成地区及一个城市的不同分区，不同分区内房产类型存在差异，同一分区内建筑档次也有不同程度的差异存在。

1. 多样性

不动产市场上进行交易的商品不仅有各种各样的、不同用途的建筑物，还包括与其相关的各种权利和义务关系的交易。交易方式不仅有买卖、租赁，还有抵押、典当及其他的让渡方式。

2. 双重性

由于不动产可以保值、增值，有良好的吸纳通货膨胀的能力，因而作为消费品的同时也可用作投资品。房产的投资性将随着收入的提高得到进一步的拓展。

3. 不平衡性

不动产市场供求关系的不平衡状态是经常会发生的。虽然价格和供求等市场机制会产生调整供求之间的非均衡态的作用，但随着诸多市场因素的发展变化，原有的均衡态将不断被打破，因此，不动产市场供求之间的不平衡性将长时期存在，而均衡始终只能是相对的。

4. 区域性

不动产市场不是一个全国统一市场，而是一个分散的、区域性分割的市场。我国地域辽阔，各地发展极不平衡。每个地区的收入水平、经济状况、地理环境和文化背景的差异，决定各自不动产市场的结构、供求关系和价格水平的不同。因而中央不可能像调节股票市场那样，直接调节区域性的不动产市场。不动产开发是地方经济和城市发展规划的一个有机部分。

不动产业是政府监管最严的行业之一。因为政府控制土地，它通过土地供应和城建规划，把住房发展纳入其中，从而直接控制该地区的住房发展模式。一个楼盘从选址、设计、建造、验收到销售，几乎每一个环节都要经过地方政府的严格审批和监督。显然，对不动产市场的微观调控已经是地方政府的职责范围。

二、不动产市场细分

（一）不动产一级市场

不动产一级市场又称土地一级市场（土地出让市场），是土地使用权出让的市场，即国家通过其指定的政府部门将城镇国有土地或将农村集体土地征用为国有土地后出让给使用者的市场。不动产一级市场是由国家垄断的市场。

（二）不动产二级市场

不动产二级市场，又称增量不动产市场，是指生产者或者经营者把新建、初次使用的房屋向消费者转移，主要是生产者或者经营者与消费者之间的交易行为。

（三）不动产三级市场

不动产三级市场，又称存量不动产市场，是购买不动产的单位和个人，再次将不动产转让或租赁的市场。也就是不动产再次进入流通领域进行交易而形成的市场，也包括房屋的交换。

第二节　不动产

对于不动产的概念，应该从两个方面来理解：房地产既是一种客观存在的物质形态，同时也是一项法律权利。作为一种客观存在的物质形态，不动产是房产和地产的总称，包括土地和土地上永久建筑物及其所衍生的权利。房产是指建筑在土地上的各种房屋，包括住宅商铺、厂房、仓库以及办公用房等。地产是指土地及其上下一定的空间，包括地下的各种基础设施、地面道路等。不动产可以有三种物质存在形态：即土地、建筑物、房地合一。在不动产拍卖中，其拍卖标的也可以有三种存在形态，即土地（或土地使用权）、建筑物和房地合一状态下的物质实体及其权益。法律意义上不动产本质是一种财产权利，这种财产权利是指寓含于不动产实体中的各种经济利益以及由此而形成的各种权利，如所有权、使用权、抵押权、典当权、租赁权等。

一、土地

土地是地球表面上由土壤、岩石、气候、水文、地貌、植被等组成的自然综合体，它包括人类过去和现在的活动结果。因此，从土地管理角度，可以将土地看成自然的产物，是人类过去和现在活动的结果。土地按照用途分为建设用地、农用地和未利用地。

不动产产品——土地

（一）建设用地

1. 建设用地的含义和特点

（1）建设用地的含义。建设用地通常是指用于建造建筑物、构筑物的土地，它利用的是土地的承载力。它是把土地作为生产基地、生活场所，而不是以取得生物产品为主要目的的用地，包括城乡住宅和公共设施用地、工矿用地、交通水利设施用地、旅游用地、军事设施用地等。直接为农业建设服务的用地（如打谷场、暖房、排灌站、渠道等）称为"农业建设用地"，其余称为"非农业建设用地"。

建设用地也有广义和狭义之分。狭义的建设用地是指通过工程的手段，为人类的生产、生活和一切社会经济活动提供操作场地和建筑空间的土地。广义的建设用地则是指一切不以取得生物产品为主要目的的土地，是已利用土地中的一切非农业生产用地。如采矿业中露天开采需要的土地、地下开采时采空区塌陷引起地面下沉不能继续耕种的土地、自然保护区用地等。

（2）建设用地的特点。相对于其他类型的用地而言，建设用地主要具有以下特点：

①建设用地的高度集约性。与农用地相比，建设用地占地面积较小，但单位用地面积上所投放的劳动力与资本比农用地要高得多，单位土地面积的直接经济产出也比农用地要高出很多，属于高度集约的土地利用。因而相对于农用地而言，建设用地可以通过投入更多的劳动和资本来替代较为稀缺的土地资源，节约集约利用土地，缓解土地供需紧张的矛盾。

②建设用地利用逆转的困难性。一般来讲，农业用地转变为建设用地较为容易，只要地质条件符合工程建设的要求，再加以必要的开发和配套建设就可以变为建设用地。但建设用地则不同，它是以利用土地的承载力为主，其上的建筑物和构筑物一旦建成就可以使用很长的年限，所以土地的用途较为稳定。正因如此，土地作为建设用地后想再转变为农用地就非常困难（即使可以，也要付出极大的代价）。因此，在决定将农用地转为建设用地前要十分谨慎，应充分论证，科学决策。

③建设用地的持续扩张性。随着经济社会的不断向前推进，人口的增加和城镇化速度的提高，建设用地呈现出快速扩张的态势。其扩张的对象是城镇周边的耕地，因此对农业构成了巨大的威胁。建设用地的扩张是持续增加的，而土地的供应是有限的，以有限的土地供给满足持续增加的需求，这就要求我们认真考虑如何更加有效地以有限的供应去满足持续增加的需求。

④建设用地的再生性。建设用地能够从现有的建设用地中经过再开发的手段重新获得。充分发挥和利用建设用地能再生的特性，才有可能使人们在建设用地需求不断增长的情况下，从不断开发的过程中，获得越来越多的操作场地和操作空间。

⑤建设用地位置的特殊性。农用地在利用的时候，更多考虑的是其肥力因素，而建设用地则不同。选择建设用地，区位十分重要，如商业用地多配置在交通便捷、人口密集、地质条件良好的城市繁华地段。当然，位置的优劣只是一个相对的概念，譬如临街的土地对于商业服务来说是很好的位置，但对居住来说可能并非最佳选择。

⑥建设用地的非生态利用性。建设用地是以土地的非生态附着物为主要利用方式，土地对于建设来说，是发挥地基和场所的作用，这一特性决定了在选择建设用地时，主要是考虑土地的非生态因素，而对于土地肥力等生态因素关系不大。因此，在建设用地与农用地发生争地矛盾时，应把土壤质量好的土地优先用于农业。

⑦建设用地的空间性与实体性。建设用地是整个建筑工程的一部分，整个建筑工程可用单层形式平摊在地面上，也可以用多层、高层、超高层建设的形式竖立于地面上，或向下发展，建立地下商场、地下铁路等。建设用地的空间性对于高效利用土地、节约用地，都是很有成效的。建设用地的实体性是指建设用地具有固定的形状，是一个工程实体，一旦形成就能直接为人类建设活动服务。建设用地的实体性是通过"营造结果"形成多种具有固定形状的工程实体，如建筑物、道路、机场等。

2. 建设用地的分类

与其他的事物一样，根据不同的分类标准，可以将建设用地分为不同的类型。

（1）按附着物的性质分类。

①建筑物用地。所谓建筑物，是指人们在内进行生产、生活或其他活动的房屋或场所，如工业建筑、民用建筑、农业建筑和园林建筑等。

②构筑物用地。所谓构筑物，是指人们一般不直接在内进行生产、生活或其他活动的建筑物，如水塔、烟囱、栈桥、堤坝、挡土墙和囤仓等。

建筑物和构筑物又统称建筑，因此，国外和我国港台地区又将建设用地称为建筑用地。这里所指的用于建筑物和构筑物的土地，实际上是建筑物的基地，与建筑用地只是名称上的差别，其含义是一样的。但这种分划有时从地域上很难划分清楚，如在同一区域内，既有建筑物，又有构筑物，还包括一部分空地或绿化用地，这都属于建设用地。

（2）按建设用地的利用状况分类。

①商服用地：含商业、服务业、金融、保险、办公等用途的用地。

②工矿仓储用地：指用于工业、仓储、矿山、堆场等的用地。

③住宅用地：指用于居民住宅、住宅配套的公共建设、路、电、水等的用地。

④交通运输用地：指用于机场、铁路、公路、港口、航道、水电站、水库等的用地。

⑤旅游用地：指用于专供游览参观的设施用地，包括风景名胜、游乐场等的用地。

⑥公共管理与公共服务用地：指用于机关团体、新闻出版、科研、教育、文化、医院等的用地。

⑦特殊用地：指用于监狱、军营、殡仪馆等的用地。

(3)按土地所有权分类。

①国有建设用地：指属于国家所有，即全民所有的用于建造建筑物、构筑物的土地，包括城市市区的土地、铁路、公路、机场、国有企业、港口等国家所有的建设用地。

②集体所有建设用地：包括农民宅基地、乡（镇）村公共设施、公益事业、乡村办企业使用农民集体所有土地中的建设用地。

（4）按建设用地服务于产业类型。

①非农建设用地：指一切非农业用途的建设用地，如城镇、工矿、交通、水利、村庄、乡企等用地。

②农业建设用地：指直接用于农业生产需要或规定用于农业生产配套的工程用地，如作物的暖房、育秧室、农用水泵、农用道路等建设所需使用的土地。

(5)按建设用地的来源分类。

①新增建设用地：指新近某一时点以后由其他非建设用地转变而来的建设用地。

②存量建设用地：指新近某一时点以前已有的建设用地。

(6)按建设用地的使用期限分类。

①永久性建设用地：是指一经建设使用后就不再恢复原来状态的土地。

②临时建设用地：是指在实施过程中，需要临时性使用的土地。

（二）农用地

所谓农用地是指直接用于农牧业生产的土地，包括耕地、园地、林地、牧草地及其他农用地。农用地的确定和类别划分是根据土地的土质状况、气候、灌溉条件及农牧业生产适应性，兼顾农牧业生产的效益状况而形成的相对合理的土地利用分类。其分类的主要依据是土地的自然属性，同时国家实现管理职能时，根据社会经济发展需要适当调整或规划部分土地为非农用地，是依法改变土地用途的行为。

建设用地与农业用地，在土地利用的相互关系上，存在着显著的、本质的差别。建设用地利用的结果，基本上是以非生态附着物的形式，如建筑物、道路、桥梁等存在于土地上；农业用地则是依赖于土地的肥力，直接从耕作层中生产农作物，它对土壤、气候等自然条件有十分严格的要求，具有生态利用性。因此，肥力低的土地难以用于农业生产，但可以作为建设用地，甚至可能是优质建设用地。

（三）未利用地

未利用地是指农用地和建设用地以外的土地，主要包括荒草地、盐碱地、沼泽地、沙地、裸土地、裸岩等。其中包括未利用土地、其他未利用地两个二级地类。

二、房产

（一）住宅

住宅地产满足人们的居住功能，为人们提供一个能够遮风挡雨的休憩之所。住宅的种类繁多，主要分为高档住宅、普通住宅、公寓式住宅、Townhouse、别墅等。住宅按楼体高度分

微课：不动产产品——房产

类,主要分为低层、多层、小高层、高层、超高层等;按楼体结构形式分类,主要分为砖木结构、砖混结构、钢混框架结构、钢混剪力墙结构、钢混框架-剪力墙结构、钢结构等;按楼体建筑形式分类,主要分为低层住宅、多层住宅、中高层住宅、高层住宅、其他形式住宅等;按住宅户型分类,主要分为普通平层式住宅、错层式住宅、复式住宅、跃层式住宅等;按住宅政策属性分类,主要分为廉租房、已购公房(房改房)、经济适用住房、住宅合作社集资建房等。这里我们主要介绍低层、多层、小高层、高层、超高层住宅。

根据《住宅设计规范》(GB 50096—2011),民用建筑高度与层数的划分,1~3层为低层住宅;4~6层为多层住宅;7~10层为中高层住宅(也称小高层住宅);11~30层为高层住宅;30层(不包括30层)以上为超高层住宅。

1. 低层住宅(别墅)

低层住宅主要是指(一户)独立式住宅、(二户)联立式住宅和(多户)联排式住宅。与多层和高层住宅相比,低层住宅最具有自然的亲合性(其往往设有住户专用庭院),适合儿童或老人的生活;住户间干扰少,有宜人的居住氛围。这种住宅虽然为居民所喜爱,但受到土地价格与利用效率、市政及配套设施、规模、位置等客观条件的制约,在供应总量上有限。这里单独介绍一下别墅。

别墅,改善型住宅,在郊区或风景区建造的供休养用的园林住宅,是居宅之外用来享受生活的居所,是第二居所而非第一居所。现在的普遍认识是,除居,住这个住宅的基本功能以外,更主要体现生活品质及享用特点的高级住所,现代词义中为独立的庄园式居所。别墅分为以下五种:独栋别墅、双拼别墅、联排别墅、叠加式别墅、空中别墅。

(1)独栋别墅。即独门独院,上有独立空间,下有私家花园领地,是私密性极强的单体别墅,表现为上下左右前后都属于独立空间,一般房屋周围都有面积不等的绿地、院落,如图3.1所示。这一类型是别墅历史最悠久的一种,私密性强,市场价格较高,也是别墅建筑的终极形式。

图3.1 独栋别墅

(2)双拼别墅。它是联排别墅与独栋别墅之间的中间产品,是由两个单元的别墅拼联组成的单栋别墅,如图3.2所示。在美国比较流行的2-PAC别墅是一种双拼别墅。其降低了社区密度,增加了住宅采光面,使其拥有了更宽阔的室外空间。双拼别墅基本是三面采光,外侧的居室通常会有两个以上的采光面,一般来说,窗户较多,通风不会差,重要的是采光和观景。

图3.2 双拼别墅

(3)联排别墅。即Townhouse,位置往往在靠近城市交通方便的郊区,高度一般不超过五层,邻居之间有共用墙,有天有地,有自己的院子和车库,但独门独户,如图3.3所示。联排别墅由三个或三个以上的单元住宅组成,有统一的平面设计和独立的门户。在西方,联排别墅的主人是中产阶级或新贵阶层。在中国,它们则属于高消费人

图3.3 联排别墅

群。Townhouse 别墅是大多数经济型别墅采取的形式之一。

（4）叠加式拼别墅。它是 Townhouse 的叠拼式的一种延伸，介于别墅与公寓之间，由多层的复式住宅上下叠加在一起组合而成，下层有花园，上层有屋顶花园，一般为四层带阁楼建筑，如图 3.4 所示。这种开间与联排别墅相比，独立面造型可丰富一些，同时一定程度上克服了联排别墅长进深的缺点。稀缺性、私密性较单体别墅要差，定位也多是第一居所。叠拼户型比联排别墅的优势在于布局更为合理，不存在联排进深长的普遍缺陷；而且，叠下有半地下室，叠上有露台，虽然没有联排的见天见地，但是优势不减，甚至更为灵动而宜人。

图 3.4　叠加式别墅

（5）空中别墅。空中别墅发源于美国，称为"Penthouse"，即"空中阁楼"，原指位于城市中心地带，高层顶端的豪宅，如图 3.5 所示。一般理解是建在公寓或高层建筑顶端具有别墅形态的大型复式或跃式住宅。与普通别墅相比，具有地理位置好、视野开阔、通透等优势，给人高高在上、饱览都市风景的感觉，显示了强大的市场竞争力。空中别墅还有层高优势：一般住宅的层高是 2.7～2.9 m，空中别墅的标准是 3 m 多，从 3.1 m、3.3 m 到 3.6 m 不等，比普通房高几十厘米，意味着通风更顺畅，采光度很好。

图 3.5　空中别墅

2. 多层住宅

多层住宅主要是借助公共楼梯垂直交通，是一种最具有代表性的城市集合住宅。它与中高层（小高层）和高层住宅相比，有一定的优势：

（1）在建设投资上，多层住宅不需要像中高层和高层住宅那样增加电梯、高压水泵、公共走道等方面的投资。

（2）在户型设计上，多层住宅户型设计空间比较大，居住舒适度较高。

（3）在结构施工上，多层住宅通常采用砖混结构，因而多层住宅的建筑造价一般较低。

但多层住宅也有不足之处，主要表现如下：

（1）底层和顶层的居住条件不算理想，底层住户的安全性、采光性差，厕所易溢粪返味；顶层住户因不设电梯而上下不便。此外屋顶隔热性、防水性差。

（2）难以创新。由于设计和建筑工艺定型，多层住宅在结构上、建材选择上、空间布局上难以创新，形成"千楼一面、千家一样"的弊端。如果要有所创新，需要加大投资，又会失去价格成本方面的优势。

多层住宅的平面类型较多，基本类型有梯间式、走廊式和独立单元式。

3. 小高层住宅

一般而言，小高层住宅主要指 7～10 层高的住宅，从高度上说具有多层住宅的氛围，但又是较低的高层住宅，故称为小高层。对于市场推出的这种小高层，似乎是走一条多层与高层的中间之道。这种小高层较之多层住宅有它自己的特点：

（1）建筑容积率高于多层住宅，节约土地，房地产开发商的投资成本较多层住宅有所降低。

（2）这种小高层住宅大多采用钢筋混凝土结构，从建筑结构的平面布置角度来看，则大多采用板式结构，在户型方面有较大的设计空间。

（3）由于设计了电梯，楼层又不是很高，增加了居住的舒适感。但由于容积率的限制，与高层相比，小高层的价格一般比同区位的高层住宅高，这就要求开发商在提高品质方面花更大的心思。

4．高层住宅

高层住宅是城市化、工业现代化的产物，依据外部形体可将其分为塔楼和板楼。

（1）高层住宅的优点：高层住宅土地使用率高，有较大的室外公共空间和设施，眺望性好，建在城区具有良好的生活便利性，对买房人有很大吸引力。

（2）高层住宅的缺点：高层住宅，尤其是塔楼，在户型设计方面增大了难度，在每层内很难做到每个户型设计的朝向、采光、通风都合理。而且高层住宅投资大，建筑的钢材和混凝土消耗量都高于多层住宅，要配置电梯、高压水泵，增加公共走道和门窗，另外要从物业管理收费中为修缮维护这些设备付出经常性费用。

高层住宅内部空间的组合方式主要受住宅内公共交通系统的影响。按住宅内公共交通系统分类，高层住宅分单元式和走廊式两大类。其中单元式又可分为独立单元式和组合单元式，走廊式又分为内廊式、外廊式和跃廊式。

5．超高层住宅

超高层住宅多为30层以上。超高层住宅的楼地面价最低，但其房价不低。这是因为随着建筑高度的不断增加，其设计的方法理念和施工工艺较普通高层住宅和中、低层住宅会有很大的变化，需要考虑的因素会大大增加。例如，电梯的数量、消防设施、通风排烟设备和人员安全疏散设施会更加复杂，同时其结构本身的抗震和荷载也会大大加强。另外，超高层建筑由于高度突出，多受人瞩目，因此在外墙面的装修上档次也较高，造成其成本很高。若建在市中心或景观较好的地区，虽然住户可欣赏到美景，但对整个地区来讲不协调。因此，许多国家并不提倡多建超高层住宅。

（二）商铺

1．商铺的概念

商铺，由"市"演变而来，《说文解字》将"市"解释为"集中交易之场所"，也就是今日之商铺。唐宋是中国封建社会鼎盛时期，唐都城长安是当时东西文化、商贸交流的中心，长安东西两市，商贾云集，店肆无数，商业十分繁荣。北宋商铺和市场是分开的，首都东京（开封）是当时最大的商业中心城市。据历史记载：（东京）东大街至新宋门，鱼市、肉市、漆器、金银铺最为集中，西大街至新郑门有鲜果市场、珠宝玉器行，皇城东华门外，无所不有。《清明上河图》翔实地记录了古代商铺、商业街市的境况（图3.6）。

图3.6　清明上河图（片段）

根据以上对商铺历史的回顾，我们可以对"商铺"做以下定义，即商铺是专门用于商业经营活动的房地产，是经营者为消费者提供商品交易、服务及感受体验的场所。广义的商铺，其概念范畴不仅包括零售商业，还包括娱乐业、餐饮业、旅游业所使用的房地产，营利性的展览馆厅、体育场所、浴室，以及银行、证券等营业性的有建筑物实物存在的经营交易场所。和过去商铺的定义相比有相同的地方，即商铺首先是商品交易的场所；区别之处是现代商铺的概念不仅包含了交易功能，而且包含了服务功能和感受体验的功能。

商铺作为交易的场所，很容易理解，从百货、超市、专卖店到汽车4S店都是规模不等的商品交易场所。对于绝大多数人来讲，理解这一点很容易。

商铺作为提供服务的场所，简单举例很容易理解，比如餐饮设施、美容美发设施等。消费者在这种商铺里，通过得到经营者提供的服务，享受服务的品质。

商铺作为提供感受体验的场所，比如电影城、KTV量贩、健身设施等，消费者在这类商铺里充分感受经营者创造的特别的情境、设施、氛围等，从中得到美感、娱乐、健康等，而经营者在此过程中实现收益。

从商铺的概念我们可以发现，商铺已经经历了很大的发展，已经从最初的经营物品商品，增加到经营服务商品、体验商品的层面。很显然，以上不同经营商品的形态将直接影响商铺的位置、交通条件、定位、大小、空间、结构、装修方法、风格、商品类型、配套条件等。在此，对商铺的概念做足够的分析，有利于商铺投资者在投资过程中做初步的判断。

2. 商铺分类

从商铺的概念可以看出，其范围极为宽泛，不对它进行有效分类无法深入进行相关研究，更不要说对商铺投资进行专业的分析。本部分将对商铺进行分类，便于理解和后面对商铺投资进行探讨。

商铺的形式多种多样，在各种商业区、各种住宅区、各种专业市场，以及大型购物中心等商业房地产里面，随处可见商铺——商业设施就是由大大小小的商铺组成的。尽管都是商铺，但很显然，不同地方、不同类型的商铺，其商业环境、运营特点、投资特点都会显著不同。在此对商铺进行必要分类，有助于对商铺的个性化了解，以及便于后面对其进行投资分析。

（1）按照开发形式进行分类。

①商业街商铺。商业街指以平面形式按照街的形式布置的单层或多层商业房地产，其沿街两侧的铺面及商业楼里面的铺位都属于商业街商铺，具体如图3.7所示。

图3.7 商业街商铺

商业街在国内取得了良好的发展，其中包括建材、汽车配件、服装精品街、酒吧街、美容美发用品街等。上述以某类商品为经营内容的商业街起步较早的，大多数目前已经取得了成功，有些项目的经营情况却并不好。当然也有不少商业街采取各类商品混业经营的方式，商业街的命名只体现地点特征，这类商业街取得成功的较少。与商业街的发展紧密联系的就是商业街商铺，商业街商铺的经营情况完全依赖于整个商业街的经营状况：运营良好的商业街，其投资者大多数已经收益丰厚；运营不好的商业街，自然令投资商、商铺租户、商铺经营者都面临损失。

②市场类商铺。在这里，我们所说的"市场"是指各种用于某类或综合商品批发、零售、经营的商业楼宇，有些是单层建筑，大多是多层建筑。这类市场里面的铺位即我们所谈的市场类商铺，如图 3.8 所示。

图 3.8　市场类商铺

市场类商铺在零售业中所占比重比较大，在全国各地都有大量从事某种商品经营的专业批发和零售市场，比如，服装市场、图书交易市场、电子市场、家用电器市场、家具城、建材城等。

③社区商铺。社区商铺指位于住宅社区内的商用铺位，其经营对象主要是社区的居民。社区商铺的表现形式主要是 1～3 层商业楼或建筑底层，或者商业用途裙房，如图 3.9 所示。社区商铺打破原来以铺位形式为主要形式的特点，铺面形式逐渐成为社区商铺的主流。按照消费者的消费行为，将商业房地产分为物品业态、服务业态和体验业态，结合社区商铺的特点，社区商铺可以按照商铺的投资形式分类，分为零售型社区商铺和服务型社区商铺两类。

图 3.9　社区商铺

④住宅底层商铺。住宅底层商铺，指位于住宅等建筑物底层（包括地下 1、2 层及地上 1、2 层，或其中部分楼层）的商用铺位，如图 3.10 所示。

住宅底层商铺是目前市场极为关注、投资者热衷的商铺投资形式，很多房地产开发商充分认可住宅底层商铺的巨大价值，不仅避免了过去住宅底层不好卖的尴尬局面，而且获得了更大的投资收益。对于住宅底层商铺的投资者来讲，鉴于住宅底层商铺上面建筑将会带来的稳定的客户流，住宅底层未来的客户基础将相对可靠，换言之，投资者的投资风险相对较小。

图 3.10　住宅底层商铺

⑤购物中心商铺。购物中心商铺指各种类型购物中心里面的铺位，如图 3.11 所示。各种类型购物中心的运营好坏对里面商铺的经营状况影响直接而深远。目前，国内有很多这类正在运营的项目，另外也有不少大型 Shopping Mall 项目在国内多个大中城市开发建设。

图 3.11　购物中心商铺

⑥商务楼、写字楼商铺。商务楼、写字楼商铺指诸如酒店、商住公寓、俱乐部、会所、展览中心、写字楼等里面作为商业用途的商业空间，如图 3.12 所示。这类商铺的规模相对较小，但商业价值很值得关注。

⑦交通设施商铺。交通设施商铺指位于地铁站、火车站、汽车客运站、飞机场等交通设施里面及周围的商

图 3.12　商务楼、写字楼商铺

铺，如图3.13所示，以及道路两侧各类中小型商铺。

以上是按照商铺的开发形式对商铺进行的划分。该种分类方式便于投资者对商铺项目的类型从开发形式的角度进行理解，便于对不同开发形式的商铺建立基于开发观念的理解。

（2）按照投资价值分类。商铺作为房地产中新兴的典型投资形式，其投资收益能力以及其投资价

图3.13　交通设施商铺

值对于商铺置业投资者来讲，无疑属于最关心的问题。所投资的商铺如果投资价值不高，对于商铺投资者来讲，至少意味着短期的失败。对于街区商业的定价应该是住宅的2～3倍，而对于核心商圈的商铺价格来说，其售价可以达到住宅的3～5倍。

鉴于商铺投资价值的重要性，下面按照商铺的投资价值对商铺进行分类，便于投资者从投资收益的角度去判断投资方向，以及投资目标。

①都市型商铺。都市型商铺指位于城市商业中心地段的商铺。鉴于其特殊的位置以及所在地区自身的商业价值，通常，都市型商铺的客流量长期比较稳定，换言之，该类商铺的商业运营收益水平较高。商铺的商业运营水平自然将体现出商铺的租金收益能力，都市型商铺的投资收益稳定，而且收益比较高。如北京王府井大街、西单商业街、上海南京路、杭州湖滨路步行街等，其所在地区的商铺都属于典型的都市型商铺。

都市型商铺多用作物品业态的经营，体验业态和服务业态占的比重相对比较小，这比较符合商业价值原则。在客流量很高的地区，单位面积商业价值很高，只有物品业态才能够实现这一目标。但随着电子商务的发展，体验业态和服务业态的占比将会增加。

②社区型商铺。社区型商铺和社区商铺属于同样的概念。商铺所在社区通常都要经过从无到有的过程，从不成熟到成熟的过程。实际上，一个社区成熟的过程就是价值提升的过程：一个新的社区就好像证券市场的原始股，只要项目定位准确，发展环境良好，社区成熟所带来的商铺价值提升毋庸置疑。

需要指出的是，社区型商铺价值增长的特点并不代表商铺的价格将永远增长。也许有些投资者不能理解其中的原因，社区型商铺价值提升的同时，也存在商铺价值提早被透支的情况。有些操作策划能力很强的开发商在商铺投资市场不成熟的阶段，通过对商铺项目良好的包装，来达到提高市场预期的目的，最终商铺销售创新高，比如单价最初仅1.5万元/m^2的商铺，最高可以卖到2.5万元/m^2，事实上，最高售价相当于该商铺5年以后，甚至10年以后的价值，如果商铺投资者在这种氛围下进行投资，其投资安全性降低，其投资收益是商铺增值加上商铺租金，极有可能缩减到只有商铺租金收入。

③便利型商铺。便利型商铺指用于以食品、日常生活用品等经营为主的，位于社区周边、社区里面、写字楼里、写字楼周边等地方的，补充大百货商场不足的小面积商铺。之所以称其为便利型商铺是因为其所经营的商品均属于"便利"类型，如写字楼里面的小超市、公寓社区里的小超市、住宅社区的干洗店等都属于该种类型。

便利型商铺鉴于其功能性特点和所处位置特点，其经营收益并不低，属于商铺市场细分的类型。目前在国内有很多从事便利型商铺经营的零售商，日本的7-11就属于典型的便利店运营商，其市场规模极大。

便利型商铺，通常面积不是很大，从经营的角度也不需要很大，这无疑降低了对投资

者资金实力的要求，另外，鉴于其适应性较强，所以出租、转让、转租都比较容易。

④专业街商铺。专业街商铺指经营某类特定商品的商业街或专业市场里面的商铺。该类商铺的价值和商业街或专业市场所经营的产品关系密切。比如北京中关村海龙电子市场属于专业经营计算机整机、计算机配件、数码产品、存储设备、网络设备、计算机耗材、软件等的专业市场。

⑤其他商铺。其他商铺，指除上述四大类商铺以外的商铺，包括百货、超市、购物中心、商品批发市场、非专业类商业街等里面的商铺。这类商铺通常由大型投资机构、开发商进行投资开发，主要采取出租经营的方式，散户可投资的空间相对较小，加上这类项目专业性较高，投资风险不易控制。从投资收益的角度，如果该类商铺的投资商、开发商、管理商足够专业，对项目定位、市场规模、市场策略的判断足够准确，那么该类商铺的投资收益会很高。

(3) 按照商铺的位置形式分类。按照商铺的位置形式，商铺可分为铺面房和铺位。铺面房，是指临街有门面，可开设商店的房屋，俗称店铺或街铺。铺位，一般只是指大型综合百货商场、大卖场、专业特色街、购物中心等整体商用物业中的某一独立单元或某些独立的售货亭、角等，俗称店中店。物业本身属性的不同必然导致其差异性的存在。

3. 商铺的特点

(1) 收益性强，但具有不确定性。商铺属于经营性房地产，其主要特点是能够用以获得收益。住宅地产的收益源于售价和建造成本之差，房屋交割完毕后，交易也就结束了，其现金流是确定并且是一次性的。而商铺的收益不但有销售收入，还有租金，同时随着商业经营的开展还会产生递延的附加值。租金是贯穿整个地产生命周期的一个持续现金流，随着周边环境的不断变化，其租金也是改变的，因而其具有不确定性和高收益性。

(2) 经营内容多，业态多样。在同一宗商铺特别是大体量商业房地产中，往往会有不同的经营业态和内容，例如一部分经营商品零售、一部分经营餐饮、一部分经营娱乐等。不同的经营内容（或者说不同的用途）一般会有不同的收益水平，因此对商铺投资分析时需要区分其不同的经营内容，根据不同经营内容分别进行投资测算，例如，应在市场调查分析的基础上测算不同经营内容商铺的收益水平，并对各种商业经营业态采取不同的收益率。

(3) 出租、转租经营多，产权分散复杂。商铺往往是销售给个体业主或公司，业主又常常将其拥有的房地产出租给别人经营或自营，有的承租人从业主手上整体承租后又分割转租给第三者，造成商铺产权分散、复杂，因此在进行商铺投资分析时要调查清楚产权状况，分清房地产产权人和承租人的身份。

(4) 装修高档且复杂。为了营造舒适宜人的购物消费环境，商铺通常会有相对高档的装修，而且形式各异，估价时需要准确单独估算其价值。另外，商业用房装修升级快，对有些经营者而言，买下或承租别人经营的商业用房后，为了保持或建立自己的经营风格或品牌效应，一般会重新装修。因此在投资时应充分分析现有装修状况能否有效利用，如无法利用应考虑追加装修投入对投资价值的影响。

(5) 垂直空间价值衰减性明显。商铺的价值在垂直空间范围内表现出明显的衰减性。一般来说，商业物业的价值以底层为高（高层商业物业顶层有景观等因素，比较特殊），向上的方向其价值呈现快速的衰减，越到后面，价值衰减则越慢。这是因为底层对于消费者而言具有最便捷的通达度，不需要借助于垂直方面的交通工具。而向上的楼层需要借助垂直交通工具，通达的便捷度随之减弱。

（三）写字楼

1. 写字楼的概念

写字楼原意是指用于办公的建筑物，或者是由办公室组成的大楼。作为收益性物业，写字楼也常常被用来全部出租，以收回投资和取得利润。

写字楼即办公用房，是机关、企业、事业单位行政管理人员，业务技术人员等办公的业务用房。现代办公楼正向综合化、一体化方向发展。由于城市土地紧俏，特别是市中心区地价猛涨、建筑物逐步向高层发展，许多中小企事业单位难以独立修建办公楼，因此，房地产综合开发企业修建办公楼，分层出售、出租的业务迅速兴起。写字楼原意是指用于办公的建筑物，或者说是由办公室组成的大楼，1971年，Rhodes 和 Kan 提出："写字楼的作用是集中进行信息的收集、决策的制定、文书工作的处理和其他形式的经济活动管理。"从这个意义上讲，写字楼是指国家机关、企事业单位用于办理行政事务或从事业务活动的建筑物，其使用者包括营利性的经济实体和非营利性的管理机构，是随着经济的发展，为满足公司办公、高效率工作需要而产生的。

2. 写字楼分类

（1）按照写字楼物业开发目的分类。按照写字楼物业的开发目的分类，写字楼物业大体上可以分为出租出售型写字楼和公司总部型写字楼两大类型。

①出租出售型写字楼。出租出售型写字楼是市场上的主体。写字楼发展商在项目规划之初，通过大量市场调查，确定开发项目的明确客户群，有针对性地进行设计，兼顾办公、会议、休闲、培训等功能，市场需求层次清晰。

②公司总部型写字楼。公司总部型写字楼就是大型企业，特别是金融、保险业的区域性总部。通常是公司自己置地，自己委托建筑设计。他们大多喜欢建在城市中心地带，但不一定能拿到土地自己开发。因而寻找购买建成或在建的项目，作为公司地区总部。这种总部往往有特殊的要求，如需要底层有营业大厅、证券交易等特殊功能，这种类型的地产要求开发商在项目初期就要针对其要求进行设计。

（2）按照物业档次分类。信息革命、知识革命和经济全球化浪潮的兴起，大量外资企业涌入，加之本土企业的不断成长壮大，对写字楼的需求不断增大，办公型物业从火爆、迷茫逐步走向成熟，对于办公物业的等级评定标准更是令人迷惑，"甲级""5A""第四代"等字眼令人迷惑，"甲级""5A""第四代"是界定办公物业等级的不同角度，三个概念基本代表了评定写字楼等级的基本方向，"甲级"从综合品质角度出发评定写字楼的等级；"5A"是从硬件配置角度评定；而"第四代"则是从写字楼发展角度出发指定标准，三个评定方法各有特点，但消费人群不明白各个评定方法，从而造成概念的混乱。

"甲级写字楼"是一种通行叫法，是外资发展商开发涉外写字楼过程中，逐步引进并流行起来的词汇，将写字楼按照其综合质素不同，可以划分为甲、乙、丙等几个等级，就中国的办公楼市场而言，一般分为高档物业（甲级写字楼）、中档物业（乙级写字楼）、低档物业（丙级写字楼）。而高档物业又可细分为两个部分：顶级和甲级写字楼。顶级写字楼与国际写字楼标准相符，甲级是按照本地市场现行标准划分的。所谓甲级写字楼主要是参照了四星级酒店或五星级酒店的评级标准,是房地产业内的一种习惯称谓。由于写字楼物业在不同的市场各不相同,写字楼的分类标准通常是基于每个市场上的相对质量,如在一些小城市还没有顶级写字楼与国际写字楼。

对超大城市(如北京、上海、深圳)的办公物业进行划分时,除要考虑楼宇品质外,还要充分考虑城市交通和城市规划(CBD 布局)的因素,具体来说物业等级和等级标准可按照表 3.1 划分和界定。

表 3.1 写字楼等级划分标准

指标	顶级写字楼	甲级写字楼	乙级写字楼	丙级写字楼
区位	位于主要商务区的核心区	位于主要商务区	主要商务区的辐射区域或较好的区域位置	主要商务区的辐射区域或一般区域位置
交通状况	极佳的交通,可达性好,临近城市交通主干道及交通枢纽	可达性好,临近交通主干道	可达性好,有交通线路到达,交通较方便	基本满足交通可达性要求,有交通线路可到达
建筑规模	50 000 m² 以上	10 000~50 000 m²	无具体标准	无具体标准
装修标准	外立面采用石材、玻璃幕墙等高档材料。大堂、电梯厅、洗手间等公共部分装修达到五星级以上酒店装修标准	外立面采用高档材料。大堂、电梯厅、洗手间等公共部分装修达到四星级以上酒店装修标准	外立面采用面砖或瓷砖,大堂地面为地砖,墙面为瓷砖或高级漆,公共部分地面为地砖或铺中档地毯,卫生间采用合资或国产中高档洁具	无具体标准
设备及办公空间	标准层净高不低于 2.7 m,公共空间可灵活分割,功能多样。国际知名品牌中央空调、楼宇自控,有安全报警、综合布线等	有名牌中央空调、楼宇自控,有安全报警、综合布线等	有中央空调系统、无楼宇自控、有安全报警	有中央空调系统、安全报警,无楼宇自控,无综合布线
配套设施	配套商务、生活休闲娱乐设施,如会议室、邮局、银行、员工餐厅、停车位充足等	配套商务、生活设施,如会议室、邮局、银行、员工餐厅等,车位足	无具体标准	无具体标准
客户情况	全球 500 强等国内外知名企业	国内外大中型知名企业	国内中小企业、创展型企业	国内中小型、初创型企业
物业公司	世界顶级物管、国家一级资质物业公司	国家一级物业公司	无具体标准	无具体标准

①顶级物业(国际写字楼)。

a. 楼宇品质:建筑物的物理状况和品质均是一流,建筑质量达到或超过有关建筑条例或规范的要求；建筑物具有灵活的平面布局和高使用率（达到70%的使用率）；楼层面积大，大堂和走道宽敞，从垫高地板到悬挂顶棚的净高度不少于2.6 m。

　　b．装饰标准：外立面采用高档次的国际化外装修如大理石外墙和玻璃幕墙，采用进口高标准的大理石、铝板、玻璃幕墙等材料；有宽敞的大理石大堂和走廊；公共部分的地面应为大理石、花岗岩、高级地砖或铺高级地毯，墙面应为大理石或高级墙纸或高级漆，应有吊顶，电梯间应为不锈钢、大理石；卫生间安置进口名牌洁具，如科马、科勒、美标、TOTO等。

　　c．配套设施：应有配套商务、生活设施，如会议室、邮局、银行、票务中心、员工餐厅等，专用地上、地下停车场，停车位充足，满足日常生活的商店，适合商务会餐的饭店、宾馆、午间放松或娱乐设施，其他如公园、运动设施和图书馆。

　　d．电梯系统：良好的电梯系统，电梯设施先进并对乘客和商品进行分区，一般每4 000 m^{2}一部电梯，平均候梯时间30 s左右。

　　e．设备标准：应有名牌中央空调，中央空调系统高效；有楼宇自控；有安全报警；有综合布线。

　　f．建筑规模：超过50 000 m^2。

　　g．客户类型：国外知名公司的租户组合；知名的跨国、国内外大公司、财团。

　　h．物业服务：由经验丰富且一流的知名品牌公司管理，配备实用的计算机物业管理软件，实现办公物业管理计算机化，建立办公管理信息系统，办公物业各系统实现连通和统一的管理，24小时的维护维修及保安服务。

　　i．交通便利：位于重要地段，极佳的可接近性，临近两条以上的主干道。有多种交通工具和地铁直达。

　　j．所属区位：位于主要商务区的核心区。

　　k．智能化：5A。

　　l．开发商的背景：经验丰富并且资金雄厚。在项目开发的早期年份具有财务弹性，并且具有大规模房地产投资的丰富经验，这些开发商或是海外公司，如来自美国、马来西亚、韩国，或是具有海外经营成功经验的优质国有企业。

　　②高档物业（甲级写字楼）。

　　a．楼宇品质：建筑物的物理状况优良，建筑质量达到或超过有关建筑条例或规范的要求；其收益能力能与新建成的办公楼建筑媲美。

　　b．装饰标准：外立面采用大理石、高级面砖、铝板、玻璃幕墙等材料；有大堂，大堂地面应为大理石、花岗岩、天然石材等，墙面应为大理石、花岗岩或高级墙纸等材料，应有吊顶，柱应为大理石、不锈钢等材料；公共部分的地面应为大理石、花岗岩、高级地砖或铺高级地毯，墙面应为高级墙纸或高级漆，应有吊顶，电梯间应有不锈钢、大理石或木门套；卫生间安置进口名牌洁具，如科马、科勒、美标、TOTO等。

　　c．配套设施：应有配套商务、生活设施，如会议室、邮局、银行、票务中心、员工餐厅等，专用地上、地下停车场，停车位充足。

　　d．设备标准：应有名牌中央空调；有楼宇自控；有安全报警；有综合布线。

　　e．建筑规模：10 000～50 000 m^2。

　　f．客户进驻：有知名的国内外大公司，客户大多是进行研发、技术服务、电子商务或知名品牌代理等方面的业务。

　　g. 物业服务：由经验丰富的知名公司管理，完善的物业服务包括24 h的维护维修及保安服务。

　　h. 交通便利：有多种交通工具直达。

　　i. 所属区位：位于主要商务区或副中心区。

　　j. 智能化：5A。

③中档物业（乙级写字楼）。

　　a. 楼宇品质：建筑物的物理状况良好，建筑质量达到有关建筑条例或规范的要求；但建筑物的功能不是最先进（有功能陈旧因素影响），有自然磨损存在，收益能力低于新落成的同类建筑物。

　　b. 装饰标准：外立面采用面砖或瓷砖；有大堂，大堂地面为地砖，墙面为瓷砖或高级漆，有吊顶；公共部分的地面为地砖或铺中档地毯，墙面刷白；卫生间采用合资或国产中高档洁具等。

　　c. 配套设施：有专用地上、地下停车场。

　　d. 设备标准：有中央空调系统；无楼宇自控；有安全报警；无综合布线。

　　e. 建筑规模：无限制。

　　f. 客户进驻：客户多为国内的中小公司，从事销售代理、产品研发。

　　g. 物业服务：有物业公司服务。

　　h. 交通便利：有交通线路到达，交通较方便。

　　i. 所属区位：副中心区或较好的城区位置。

④低档物业（丙级写字楼）。

　　a. 楼宇品质：物业已使用的年限较长，建筑物在某些方面不能满足新的建筑条例或规范的要求；建筑物存在较明显的物理磨损和功能陈旧，但仍能满足较低收入承租人的需求。

　　b. 装饰标准：外立面采用涂料；无大堂；公共部分的地面为普通地砖或水磨石；卫生间采用普通国产洁具。

　　c. 配套设施：无。

　　d. 设备标准：分体空调；无楼宇自控；无安全报警；无综合布线。

　　e. 规模：无限制。

　　f. 客户进驻：客户基本是小型私企，从事简单的销售业务。

　　g. 物业服务：可有一般性的物业服务（如卫生、收发、值班）。

　　h. 交通便利：有交通线路到达。

　　i. 所属区位：一般城区位置。

（3）按照写字楼物业功能分类。从功能上，写字楼楼宇区分为单一功能的办公楼及包括办公在内多种用途的办公综合楼。在发达国家，第二次世界大战结束后的许多城市在强调功能分区建筑理论的潮流引导下，为追求建筑的纯粹性，将中心商务区绝对化。在美国的许多城市，单一功能的写字楼是中心商务区中占大多数的建筑形态。美国纽约的曼哈顿形成了两个中心商务区：一个是以下城的华尔街为中心的金融区，晚上一片萧条；另一个是以中城洛克菲勒中心建筑群体为核心的办公、商业、居住综合区，夜幕降临后仍灯火通明。其原因是前者只强调了中心商务区的首要功能，忽视了中心商务区作为城市生活的一个整体所必须具有的其他功能。相反，后者则重视城市生活的多功能性，使商业发展与城市生活融为一体。这是我国城市今后发展中应当汲取的经验。

由于对现代建筑潮流和对现代城市中心功能的重新认识，办公综合楼建筑形态现在得到大量发展，包含有办公功能的多种用途的办公综合楼的数量显著增加。

①单一功能的写字楼。世界最高的100座高楼中，单一功能的写字楼所占比例约为80%，多用途办公综合楼仅占约20%。美国芝加哥的西尔斯大厦、美国纽约的帝国大厦、中国香港的中国银行总部均为著名的单一功能的高层写字楼。与多用途办公综合楼相比，单一功能的写字楼优点在于结构及机电设备系统比较简单，建造速度相对较快，造价成本相对较低，物业管理比较容易。

②多用途办公综合楼。多用途办公综合楼是以写字楼为主体，附带有其他用途的综合楼建筑单体和综合楼群。开发商都深知，有了写字楼就需要吸引公司和企业来租用或卖楼，有了诸多公司在写字楼营业就会有许多客户来联系业务，无论是公司内部成员还是客户，都需要有住宿的地方，这就要求有饭店或公寓，他们还需要有餐厅和购物娱乐的去处。如果将这些综合性需要都合在一起建在同一个大楼或同一个建筑群中，就形成了办公综合楼或办公综合群体。

a. 办公综合楼具有聚合效应，优势互补。现在我国各大中城市正在加紧建设，城市交通经常堵塞，在这种公共交通还不便捷的环境下，许多公司租楼或购楼时就更喜爱综合楼，因为办公综合楼给使用者带来了极大的便利，规模越大，综合的内容越多，带来的便利也就越大。

b. 办公综合楼节约了土地资源和能源、减轻了城市的交通压力。公司的商业活动及人们8h以外的活动都可能在综合楼或者综合体内进行，这样也减轻了城市的交通压力。由于综合楼内既包括了人民工作时间所需的场所，又有休息、娱乐的地方，因此综合楼内的多种设施可以得到更为合理的使用，从而节约了土地资源和能源。例如，单一功能写字楼的停车场，下班后会有许多车位空置，但综合楼的大型停车场，不仅白天可供上班的人使用，晚间还可供住在综合楼公寓或酒店的居住者停车，提高了使用率。

③商业综合体。商业综合体是综合楼的高级形态，又称综合性建筑或复合型建筑，是集写字楼、公寓、酒店、商场、会议、展览及娱乐建筑于一身的微型城市；其特点是功能协同、空间紧凑、品质突出。建筑综合体因其规模宏大、功能齐全而被称为"城中之城"，在城市规划建设中扮演着非同寻常的角色，如曼哈顿的洛克菲勒中心、东京的阳光城、北京的国贸中心等都属于大型建筑综合体。它是创新活动基地、文化交流之地、财富荟萃之地，是地标性建筑，反映城市风貌和经济实力，聚集着大批的精英阶层和成熟的公司企业，是高档办公、居住、消费、娱乐活动场所。

3. 写字楼的发展趋势

（1）建筑设计。

①外形设计亮点。在目前推出的写字楼项目中，外观设计特色主要体现在三个方面。其一是外立面的灯光设计，如北京中关村金融中心除顶部灯光外，沿其独特的弧线立面线条布有泛光设计，自上而下逐渐退晕，强调间接照明的柔和色调；又如深圳世界金融中心采用了楼体照明系统和顶部智能化变光系统。

其二是不再片面追求建筑物高度，开始关注差异化的外观设计。如上海企业天地的外观设计从 20 世纪 30 年代风靡上海的 Art Deco 装饰风格中汲取灵感，营造了一种历史和现代交融的文化氛围。Art Deco 装饰风格在外滩建筑群中被大量采用。又如北京总部基地和东莞的星河传说 IEO 国际街区的写字楼外观设计，将写字楼单体建筑面积缩小，一个单体表现一个或一类企业的个体形象。

其三是外观造型设计，如北京中关村金融中心的双曲面立面；融科资讯独特的 V 形建筑设计，使办公空间享有更多与绿色环境的接触面。该项目同时利用建筑底层架空和设置柱廊，营造空间流通感。A、B、C 座整体连通，以采光井引入阳光。A 座首层、二层与顶层后退，底层形成一排柱廊，顶层则形成屋顶花园。C 座南北两塔底层双层挑空，让出许多绿地空间，享受更多自然气息。再如北京中环世贸中心 U 形敞开式建筑体形设计，使可视景观的建筑面积大大增加。U 形敞开式设计多用于与广场相连的建筑，它可以扩大建筑的视觉空间，造成更为强烈的视觉效果，使广场更开阔、更伸展，使得楼内空间更舒展、自然，具有流动性、开放性等特点。又如中美节能示范楼的外观设计采用十字形建筑外形，十字形建筑方案比同面积的矩形建筑节能 10%。此外，还有广州的中泰国际和深圳的中洲中心都有将板楼设计风格引入写字楼。在一些典型项目中，有多个项目的建筑设计公司为美国 SOM 设计事务所，其设计的写字楼项目如图 3.14～图 3.16 所示。

图 3.14　中关村金融中心

图 3.15　企业天地

图 3.16　安联大厦

②结构设计创新。结构设计有特色的项目包括深圳蓝牙水晶、北京 LG 大厦、上海企业天地和深圳世界金融中心。

深圳蓝牙水晶，就是由建筑师、生态工程师、结构工程师合作，从功能、结构、设备、建材各个方面协作完成的一个智能生态化的建筑设计，如图 3.17 所示。LG 大厦特别的环形无柱平面设计，配合 12～15 m 进深，起到充分引入光线、开阔视野的效果。上海企业天地在楼宇的中部核心筒处加上了重负荷载，大大增加了标

图 3.17　深圳蓝牙水晶

准层的载重能力，有利于某些特殊行业的办公需求，如律师的办公室中书籍多，重量大，一些公司的保险柜重量也较大，均对承重有特殊要求。世界金融中心的十字式核心筒设计，将公共设施全部集中于核心筒内，办公面积实用率提高，中高层单位还能在核心筒内得到更多空间。此外，该项目由于采用了劲性钢筋结构设计和施工新工艺，确保办公区在 12 m 跨度下所有的空间均能在无柱状态中，自由间隔。

③公共区域设计。在北京、上海和广州、深圳四地新推出的写字楼产品中，公共区域的设计和装饰装修成为提升写字楼整体品质的重要方面。这些公共区域主要包括大堂、候客区、中庭、走廊、休闲区、卫生间和电梯间。比如北京锦秋国际的大堂高度为 9.6 m，设计有玻璃空中走廊，使空间更加生动流畅；融科资讯 A 座设有高达 8 m 的双层中庭，形成人与阳光、自然的交融空间；融科资讯 C 座顶层配有空中花园，入口处灵秀的水景更是点睛之笔；深圳国际商会中心大堂高 18 m，共 3 000 m²。在公共区域的生态环境营造方面，广州写字楼相对比较多地采用水系景观，如中信广场和中泰国际。

④办公舒适度。写字楼办公单元的舒适度主要体现在三个方面：其一是单元空间尺度；其二是自然采光和通风；其三是配套设施和内部装修。

从单元空间尺度看，主要表现在加大标准层面积、柱距、层高和进深。如上海企业天地标准层面积超过 2 000 m²，上海花旗大厦标准层面积达到 2 600 m²。这样有利于大型公司在一层上设立，而不需要租用多层。柱距有达到 9～12 m，如上海嘉华中心，以此实现无强制的空间分割，使得入驻企业可以根据自身特点分隔办公空间。无论是存量写字楼还是新建的顶级写字楼均把净高作为衡量写字楼品质的重要标准，新建甲 A 级写字楼层高为 2.7～2.8 m，如上海金贸大厦净高 2.8 m。

从自然采光和通风看，中美节能示范楼找到光照好且能量散失小的最佳点，室内开间大，自然光线和自然通风效果好。通常办公室临窗区域存在炫目的现象，而室内离窗远的地方则光线不足。中美节能示范楼在窗户上设计了一个反光板，把光巧妙地反射到室内各个角落，近处不刺眼，最远处的光也适合读书看报，上班就不用开灯了。上海企业天地利用透明玻璃采光，照明亮度达到 750 lx，一般的写字楼在 450 lx 左右。

从配套设施和内部装修看，顶级写字楼为入驻企业提供预留水井道和烟道，便于其建造内部卫生间、沐浴间和茶室等，如企业天地。上海来福士广场选用暖色调和木厅材料装修办公空间，给使用者一种温暖的办公环境。尽管这样使成本提高，但是突出了写字楼品质，租户反映良好。广州珠江新城 CBD 区域内的勤建商务大厦推出了复式的办公空间和内部空中花园。

（2）建筑材料。写字楼外墙材料主要采用玻璃幕墙、铝合金、石材和遮阳板。顶级和部分甲级写字楼玻璃幕墙采用门窗式中空 Low-E 单层镀膜或双层镀膜钢化玻璃。该种玻璃幕墙具有低污染、低辐射、折射率高、隔声隔热好等特点。北京融科资讯 C 座采用的双层玻璃幕墙，前后层玻璃间隔 60 cm，配有自由开启百叶。LG 大厦引入全自动感应的大型绿色落地玻璃窗，采用来自美国 Interpane 公司的 6+12A+6 隔绝低辐射的 Azurlite 玻璃，隔绝紫外线与室外噪声，避免灼热。北京中环世贸中心采用 Low-E 高通透中空单镀玻璃和断热冷桥幕墙，结合局部开放式的幕墙构造系统实现玻璃幕墙透明度高、传热系数低的特点。在中环世贸中心标准层中，可开启窗占有效幕墙面积的 1/4（一般为 1/8～1/12），可开启窗采用目前世界上最先进的下旋式开启方式，即在靠近地面位置向内开启，使得新鲜空气自下而上更容易到达人的头部，使人的呼吸更舒适、顺畅。由于春秋两季室内外温差不大，可不使用中央空调系统调节室内温度及空气质量，直接采用自然通风。

写字楼外墙遮阳板主要材料为铝和陶瓷玻璃，多为水平设置。广州的发展中心大厦采用的德国进口旋转遮阳板垂直设置。北京锦秋国际南立面和东立面装有大截面梭形铝百叶，西立面采用外挑的彩釉玻璃遮阳板，解决西晒问题，这是国内首先使用的。中关村金融中心采用单元式玻璃幕墙，通透的低辐射玻璃大大降低了紫外线辐射与光污染，连廊幕墙装置了感应式遮阳百叶，避免强光照射。

(3) 电梯。写字楼电梯品质主要体现在数量、速度、载重和轿厢三个方面，在数量上，顶级写字楼能够实现2层一部电梯的数量配置，如深圳华润大厦。从地区比较上看，上海写字楼电梯配置相对较多，广州和深圳相对较少，就连广州中信广场也会出现上班高峰排起长队等候电梯的现象。在速度上，高速客用电梯可达到 6 m/s。从分区上看，低区约 5 m/s，中区约 7 m/s，高区 7～8 m/s。配置较高的写字楼电梯平均等候时间为 30～45 s，高峰时间约 45 s。在载重上，顶级写字楼的客用电梯容量均在 20 人以上。在轿厢尺寸上，新建写字楼与存量写字楼相比有明显改进，加大了电梯轿厢的高、宽、深，尤其是在宽度与深度方面有明显提升，宽×深×高达到 2.7 m×2.2 m×3 m。深圳地王大厦轿厢高度和广州金利来大厦轿厢进深超过同类写字楼项目。写字楼电梯品牌主要有三菱（进口，合资）、德国 OTIS、合资 OTIS、日立、东芝、蒂森、迅达（深圳华润大厦）、G&C（中信泰富广场）和 Schindler（如企业天地）。

(4) 空调通风系统。现阶段写字楼采用的空调系统仍以中央空调系统、离心式冷水机组和风机盘管方式为主。设计室内温度多为夏季 24 ℃～26 ℃，冬季 24 ℃～26 ℃；相对湿度一般为 30%～55%。部分写字楼中央空调系统不能根据使用者数量的变化进行调整，能耗比较大，不能根据个人的需要调节温度和湿度，舒适度不佳。

写字楼空调通风系统的改善主要体现在三个方面：其一是两套空调系统分时控制；其二是空调开启和温度分区控制；其三是地下送风。所谓两套空调系统是一套运用冷冻水的空调系统，加一套运用冷却水的系统。下班后等空调需求较少的时段，可以采用冷却水制冷系统。而空调开启和温度分区控制，则主要通过引入 VAV 系统（变风量风机盘管系统）。比如融科资讯采用集中式全空气风机盘管，内外分区控制。其 C 座采用模块式再分区，分为内区、外区南向、外区北向三个区域，可满足不同负荷特点分别供应冷热的要求。用户计算机房专用空调：独立 24 h 空调冷却水供应。

(5) 智能化配置。

①楼宇控制。在楼宇控制系统（BAS）方面，主流品牌包括德国西门子、美国江森和 Honeywell。楼宇控制系统是利用先进的计算机控制技术和计算机网络通信技术，对大厦内各类机电设备实现有机的管理和监控，达到降低设备的运行能耗，节约运行成本，延长设备使用时间，提高工作效率，降低人员开支等效果。例如，在空调系统中，可以通过 BA 系统综合各空调负荷参数，控制适中的室内环境，合理开启各空调末端设备，同时主机综合各点制冷需求，控制主机开启台数，根据主机需要合理开停配套水泵台数，从而实现全系统的节能要求，另外，BA 系统可以有效监视各设备的运行状态，自动轮流开停每台设备，使得设备的磨损程度趋于平衡。又如对公共照明系统的管理，可以通过 BA 系统控制大厦内若干处照明的开停时间。实现无人值守便可按要求开停照明，从而减少用电浪费，

并提高控制的准确性，合理性。

②通信。在通信方面，顶级和部分甲级写字楼达到光纤主干，12～24芯光纤通信电缆，超5类、6类线，百兆到用户端口。以被誉为中关村"信息化样板园区"的融科资讯为例，其直接与中国电信骨干节点相连，带宽622 M，并可扩容至2.5 G，随时满足客户带宽需求，并引入无线上网设施，可以在楼下咖啡厅、大堂茶座，甚至楼顶花园，满足移动办公的现实需求，无线传输速率11 M。

③布线。甲A级写字楼大多采用综合布线系统。以融科资讯的布线系统为例，其语音采用三类大对数电缆，数据采用6芯多模光纤，C座数据采用18芯多模光纤。A座将楼宇自控管理系统（BAS）、火灾报警及联动控制系统（FAS）、停车场管理系统（CPS）、安全防范系统（SAS）各子系统通过楼宇综合布线系统进行联网，实现相互联动控制，具有良好的可扩展性，开放的通信接口和通用的通信协议，为将来扩展为IBMS提供可能性。

④照明和安保消防。在写字楼照明智能化控制方面，中美节能示范楼的室内灯是自动控制的二级开关，能根据室外亮度控制室内灯光。当室内光线充分时，开灯，灯也不会亮。LG大厦采用全隐蔽、高输出、低眩光的荧光灯提供照明，使计算机屏幕消除反光现象，消除视觉疲劳。照明监控系统由中央系统统一管理，客户通过电话、Internet、开关实现温度和照明的加班预设置。大多数甲A写字楼的消防报警系统都实现消防泵栓、人工泵和警铃联动。保安系统主要是闭路电视，停车场采用智能卡管理和车位引导。LG大厦智能停车设施采用自动缴费装置和停车引导设施，自动显示车位信息。固定车辆采用RFID卡出入。

（6）商业和商务配套。商业和商务配套方面分成三种情况。其一是单独写字楼，则在写字楼低区，一般在1层设有咖啡吧以及休息区、银行、健身中心，在地下1层设有餐饮娱乐配套中心。以融科资讯为例，其商业和商务配套包括：A座——俏江南餐厅、中国银行、多功能会议厅、邮局、瑞尔齿科、派力蒙咖啡、意大利西餐厅等；C座——4 000 m² 健身中心、阳光泳池、美容美体、茶餐厅、专卖店、银行、商务中心、会议室、高档餐饮。其二是写字楼与商铺结合。该种模式又可细分为两种情况。若商铺面积不大，则以销售高档奢侈品为主，如企业天地低区两层的专卖店；若商铺面积较大，则可能形成业态丰富的购物中心，比如恒隆广场，在1层和2层设立了国际名牌专卖店，在3层配置了美容服饰店，4层安排了时尚家居中心，5层为商务中心。其三是附楼或者裙房支持，如金贸大厦的裙房总建筑面积32 270 m²，地下1层为小吃广场，地面层设有会议厅、宴会厅和影剧场等；地上3～6层为大型购物、娱乐中心。裙房的设计为金贸大厦提供了良好的商务配套。广州和深圳写字楼多具备1～2层或多层底商和百货商场，如中信广场、中泰国际、地王大厦、华润大厦等，这可能是岭南建筑底商的传承。相比于北京和上海，深圳和广州个别区域写字楼外部、周边的商务配套不理想，尤其是两地的CBD区。

（7）交通组织。交通组织表现出三大特征，其一是充分利用外部配套的交通基础设施建设，如地铁、立体车库和广场停车场等，如北京中关村金融中心利用中关村广场地下一层国内首次采用的贯通所有建筑的交通环廊组织内外部交通。中关村广场所有建筑物2层通过连廊和平台相互连通，成为全天候的2层步行系统，先进的立体交通系统整体实现了社区的人车分流。

其二是充分利用地下资源。在地下设有由计算机停车管理系统控制停车库，分层（一般为地下一层与地下二层）分区（可以分成面包车停放区与轿车停放区）。有些写字楼直接将地下通道与地铁相连。由于深圳写字楼批地面积都相对较小，很难看到写字楼项目具备开阔的广场，项目与项目之间比较局促。因此，较多运用地下停车和地下交通组织。

其三是人车分流设计，如中环世贸中心规划的出发点是各出入口独立、商业办公分流、人车分流，同时留有一定的改造余地。机动车入口设置在建筑用地东侧及南侧。东侧机动车入口主要为北侧两栋超高层建筑服务，南侧机动车入口为南侧两栋超高层建筑服务。进入北侧两栋高楼的办公人流可从建筑群北侧广场直接进入，进入南侧两栋超高层建筑的办公人流从建筑群南侧城市道路直接进入。商业人流可通过北侧两栋超高层间的独立门厅直接进入地下商业区。机动车停车位主要布置在地下，地上车位主要供访客临时使用。又如总部基地由于建筑密度和容积率比较小，停车场就设置在单体建筑的周围，按照每 10 000 m² 建筑面积 100 辆车位的标准设计。按照庭院围合的方式组织交通，每个庭院至少有两个机动车入口，形成庭院内交通环路，庭院外通过四车道的主干道和公路连接。

（四）工业厂房

1. 工业厂房的含义

工业厂房，顾名思义，是用于工业生产过程中的房屋。工业厂房除了用于生产的车间，还包括其附属建筑物，如配电房、供水房、排污和设备物资储存等配套房屋，都属于工业厂房的范畴，或工业厂房的一部分。

2. 工业厂房分类

（1）按所有者分类：

①开发区所有的厂房，通常是标准厂房。

②开发区内的企业所有的厂房，包括外资企业和内资企业的部分或者全部厂房，也包括在某个开发区境内专业从事厂房建设和租赁的公司的厂房。

（2）按产权证分类：

①拥有合法产权的厂房。

②没有产权的厂房（通常是因没有土地产权证而导致，其中又包括已经接受违章建设处罚和没有接受违章建设处罚两种）。

（3）按照厂房的结构和配套分类：

工业厂房按照厂房的结构和配套可分为单层/多层、有无行车设施、有无配电设施、有无供水设施、有无排污设施。

（4）按照产品生产特点，工业厂房大致可分为以下三种类型：

①一般性生产厂房：正常环境下生产的厂房。

②爆炸和火灾危险性生产厂房：正常生产电子散热器或储存有爆炸和火灾危险物的厂房。

③处在恶劣环境下的生产厂房：多尘、潮湿、高温或有蒸汽、振动、烟雾、酸碱腐蚀性气体或物质、有辐射性物质的生产厂房。

3. 工业厂房的特点

工业厂房按其建筑结构形式可分为单层工业建筑和多层工业建筑。

单层厂房在满足一定建筑模数要求的基础上视工艺需要确定其建筑宽度（跨度）、

长度和高度。厂房的跨度 B：一般为 6、9、12、15、18、21、24、27、30、36（m）等。厂房的长度 L：少则几十米，多则数百米。厂房的高度 H：低的一般 $5 \sim 6 \, m$，高的可达 $30 \sim 40 \, m$，甚至更高。厂房的跨度和高度是厂房照明设计中考虑的主要因素。

多层工业建筑的厂房绝大多数见于轻工、电子、仪表、通信、医药等行业，此类厂房楼层一般不是很高，其照明设计与常见的科研实验楼等相似，多采用荧光灯照明方案。机械加工、冶金、纺织等行业的生产厂房一般为单层工业建筑，并且根据生产的需要，更多的是多跨度单层工业厂房，即紧挨着平行布置的多跨度厂房，各跨度视需要可相同或不同。

另外，根据工业生产连续性及工段间产品运输的需要，多数工业厂房内设有起重机，其起重量轻的可为 $3 \sim 5 \, t$，重的可达数百吨（目前机械行业单台起重机起重量最大可达 $800 \, t$）。因此，工厂照明通常采用装在屋架上的灯具来实现。

三、特殊不动产

特殊不动产是指用于特殊用途的不动产。如赛马场、高尔夫球场、加油站、飞机场、车站、码头、高速公路、桥梁、隧道等物业，常称为特殊物业。此类不动产交易量极少，经营的内容通常要得到政府的特殊许可。对这类不动产的投资多属于长期投资，投资者靠日常经营活动的收益来回收投资、赚取投资收益。

四、不动产的属性

（一）自然属性

不动产的自然属性，主要是针对土地的自然特性而言，包括土地面积的有限性、土地位置的固定性、土地质量的差异性（多样性）、土地永续利用的相对性（土地功能的永久性）等。

（1）土地面积的有限性。土地是自然的产物，人类不能创造土地。广义土地的总面积，在地球形成后，就由地球表面积所决定。人类虽然能移山填海，扩展陆地；或围湖造田，增加耕地，但这仅仅是土地用途的转换，并没有增加土地面积。

（2）土地位置的固定性。土地最大的自然特性是地理位置的固定性，即土地位置不能互换，不能搬动。人们通常可以搬运一切物品，房屋及其他建筑物虽然移动困难，但可拆迁重建。只有土地固定在地壳上，占有一定的空间位置，无法搬动。这一特性决定了土地的有用性和适用性随着土地位置的不同而有着较大的变化，这就要求人们必须因地制宜地利用土地；同时，这一特性也决定了土地市场是一种不完全的市场，即不是实物交易意义上的市场，而只是土地产权流动的市场。

（3）土地质量的差异性（多样性）。不同地域，由于地理位置及社会经济条件的差异，不仅土地构成的诸要素（如土壤、气候、水文、地貌、植被、岩石）的自然性状不同，而且人类活动的影响也不同，从而使土地的结构和功能各异，最终表现在土地质量的差异上。

（4）土地永续利用的相对性（土地功能的永久性）。土地作为一种生产要素，"只要处理得当，土地就会不断改良"。在合理使用和保护的条件下，农用土地的肥力可以不断提高，非农用土地可以反复利用，永无尽期。土地的这一自然特性，为人类合理利用和保护土地提出了客观的要求与可能。土地是一种非消耗性资源，它不会随着人们的使用而消失，相对于消耗性资源而言，土地资源在利用上具有永续性。土地利用的永续性具有两层含义：第一，作为自然的产物，它与地球共存亡，具有永不消失性；第二，作为人类的活动场所和生产资料，可以永续利用。其他的生产资料或物品，在产生过程或使用过程中，会转变成另一种资料、物品，或逐渐陈旧、磨损，失去使用价值而报废。土地则不然，只要人们在使用或利用过程中注意保护它，是可以年复一年地永远使用下去的。但是，土地的这种永续利用性是相对的。只有在利用过程中维持了土地的功能，才能实现永续利用。

（二）经济属性

1. 区位选择的极端重要性

位置固定性或不可移动性，是不动产资产最重要的一个特性。对于股票、债券、黄金、古玩以及其他有形或无形的财产来说，如果持有人所在地没有交易市场，那么他可以很容易地将其拿到其他有此类交易市场的地方去进行交易。然而，不动产就截然不同了，它不仅受地区经济的束缚，还受到其周围环境的影响。所谓"不动产的价值就在于其区位"，不动产不能脱离周围的环境而单独存在，就是强调了区位对不动产置业投资的重要性。

不动产资产的不可移动性，要求不动产所处的区位必须对开发商、置业投资者和租客都具有吸引力。也就是说能使开发商通过开发投资获取适当的开发利润，使置业投资者能获取合理、稳定的经常性收益，使租客能方便地开展其经营活动以赚取正常的经营利润并具备支付租金的能力时，这种投资才具备了基本的可行性。

2. 适宜于长期投资

土地不会毁损，投资者在其上所拥有的权益通常为40～70年，而且拥有该权益的期限还可以根据法律规定延长；地上建筑物及其附属物也具有很好的耐久性。因此不动产具有寿命周期长的特点，不动产置业投资是一种长期投资。

不动产同时具有经济寿命和自然寿命。经济寿命是指在正常市场和运营状态下，房地产的经营收益大于其运营成本，即净收益大于零的持续时间；自然寿命则是指房地产从地上建筑物建成投入使用开始，直至建筑物由于主要结构构件和设备的自然老化或损坏，不能继续保证安全使用的持续时间。

自然寿命一般要比经济寿命长得多。从理论上来说，当不动产的维护费用高到没有租客问津时，干脆就让它空置在那里。但实际情况是，如果房地产的维护状况良好，其较长的自然寿命可以令投资者从一宗置业投资中获取多个经济寿命，因为如果对建筑物进行一些更新改造、改变建筑物的使用性质或目标租客的类型，投资者就可以用比重新购置另外一宗不动产少得多的投资，继续获取可观的收益。

3. 适应性

适应性，是指为了适应市场环境的变化，投资者调整房地产使用功能的方便程度。房地产本身并不能产生收益，也就是说房地产的收益是在使用过程中产生的。由于这个原因，置业投资者及时调整房地产的使用功能，使之既适合房地产市场的需求特征，又能增加置业投资的收益。例如公寓内的租客希望获得洗衣服务，那就可以通过增加自助洗衣房、提供出租洗衣设备来解决这一问题。

按照租客的意愿及时调整房地产的使用功能十分重要，这可以极大地增加对租客的吸引力。对置业投资者来说，如果其投资的房地产适应性很差，则意味着他面临着较大的投资风险。例如对于功能单一、设计独特的餐馆物业，其适应性就很差，因为不太可能不花太多的费用来改变其用途或调整其使用功能，在这种情况下，万一租客破产，投资者必须花费很大的投资才能使其适应新租客的要求。所以，投资者一般很重视房地产的适应性这一特点。

4. 各异性

各异性，是指房地产市场上不可能有两宗完全相同的不动产。由于受区位和周围环境的影响，土地不可能完全相同；两栋建筑物也不可能完全一样，即使是在同一条街道两旁同时建设的两栋采用相同设计形式的建筑物，也会由于其内部附属设备、临街情况、物业管理情况等的差异而有所不同，而这种差异往往最终反映在两宗物业的租金水平和出租率等方面。

此外，业主和租客也不希望他所拥有或承租的物业与附近的另一物业雷同。因为建筑物所具有的特色甚至保持某一城市标志性建筑的称号，不仅对建筑师有里程碑或纪念碑的作用，对扩大业主和租客的知名度、增强其在公众中的形象和信誉，都有重要作用。从这种意义上来说，每一宗物业在房地产市场中的地位和价值不可能与其他物业完全一致。

5. 变现性差

变现性差是指不动产投资无损变现的能力差，这与不动产资产的弱流动性特征密切相关。不动产资产流动性差的原因，一方面，由于不动产的各种特征因素存在显著差异，购买者也会存在对种种特征因素的特定偏好，因此通常需要进行搜寻才能实现不动产与购买者偏好的匹配；另一方面，对于同一不动产物业而言，不同买方和卖方的心理承受价格都存在差异，因此只有经过一段时间的搜寻和讨价还价，实现买卖双方心理承受价格的匹配，才能达成交易。而不动产价值量大的特点所导致的买卖双方交易行为的谨慎，以及不动产市场交易分散、信息不对称等特点，又进一步延长了寻找的时间。在不动产价格下跌严重时，不动产的变现性差往往会使不动产投资者因为无力及时偿还贷款而"弃房断供"。

（三）社会属性

1. 政策影响性

政策影响性，是指不动产投资容易受到政府政策的影响。由于不动产在社会经济活动中的重要性，各国政府均对房地产市场倍加关注，经常会有新的政策措施出台，以调整房地产开发建设、交易和使用过程中的法律关系和经济利益关系。而房地产不可移动等特性的存在，使房地产很难避免这些政策调整所带来的影响，如某地住房限购限贷政策："原则上对已有1套住房的当地户籍居民家庭、能够提供当地一定年限纳税证明或社会保险缴纳证明的非当地户籍居民家庭，限购1套住房；对已拥有2套及以上住房的当地户籍居民家庭、拥有1套及以上住房的非当地户籍居民家庭、无法提供一定年限当地纳税证明或社会保险缴纳证明的非当地户籍居民家庭，暂停在本行政区域内向其售房；对贷款购买第二套住房的家庭，首付款比例不低于60%，贷款利率不低于基准利率的1.1倍。人民银行各分支机构可根据当地人民政府新建住房价格控制目标和政策要求，在国家统一信贷政策的基础上，提高第二套住房贷款的首付款比例和利率。"政府的土地供给、住房、金融、财政税收等政策的变更，均会对房地产的市场价值，进而对房地产投资产生影响，如"调整个人转让住房营业税政策，对个人购买住房不足5年转手交易的，统一按销售收入全额征税；对出售自有住房按规定应征收的个人所得税，通过税收征管、房屋登记等历史信息能核实房屋原值的，应依法严格按转让所得的20%计征"。

2. 专业管理依赖性

专业管理依赖性，是指房地产投资离不开专业化的投资管理活动。房地产置业投资，需要投资者考虑租客、租约、维护维修、安全保障等问题，即便置业投资者委托了专业物业资产管理公司，也要有能力审查批准物业管理公司的管理计划，与物业管理公司一起制定有关的经营管理策略和指导原则。此外，房地产投资还需要估价师、会计师、律师等提供专业服务，以确保置业投资总体收益的最大化。

3. 相互影响性

相互影响性，是指不动产价值受其周边物业、城市基础设施与市政公用设施和环境变化的影响。政府在道路、公园、博物馆等公共设施方面的投资，能显著地提高附近住宅的价值。例如城市快速轨道交通线的建设，使沿线房地产大幅升值，大型城市改造项目的实施，也会使周边房地产价值大大提高。从过去的经验来看，能准确预测到政府大型公共设施的投资建设并在附近预先投资的房地产商或投机者，都获得了巨大的成功。

第四章 不动产市场营销

第一节 不动产市场营销基础

一、不动产市场营销概述

（一）市场营销的概念

市场营销又称为市场学、市场营销学，是指企业通过向顾客提供能满足其需要的产品和服务，促使顾客消费企业提供的产品和服务，进而实现企业目标的经营理念和战略管理活动。

（二）不动产市场营销的概念

不动产市场营销是不动产开发企业以企业经营方针、目标为指导，通过对企业内、外部经营环境、资源的分析，找出机会点，选择营销渠道和促销手段，将物业与服务推向目标市场，直至在市场上完成商品房的销售、取得效益、达到目标的经营过程。不动产市场营销是在对市场的深刻理解的基础上的高智能策划，它贯穿不动产开发经营的全过程，由市场调查、方案制定和产品设计、价格定位、广告推广、售后服务以及信息反馈等组成。不动产市场营销不是简单的销售部门或营销管理部门的业务，而是一个涉及财务支持、产品研发创新、成本控制、人力资源管理等部门业务共同参与的有机活动。

（三）不动产市场营销的特征

不动产市场营销的特征与不动产市场的特征息息相关，也是由不动产商品和不动产市场的特殊性决定的。不动产市场具有区域性、交易复杂性、不完全竞争市场、供给存在滞后性、与金融市场关联度高、受到较多的政府行政干预等特点，决定了不动产市场营销的特征。

1. 市场营销方案受到区域环境影响

不动产市场营销中介帮助不动产开发商、存量房业主将其不动产销售（出租）给最终购买者，由于不动产市场具有很强的区域性，不动产市场营销受不动产市场的微观环境和宏观环境的影响。就不动产市场的宏观环境而言，不动产市场营销中介需要充分把握所在区域的城市规划、市政基础设施、商业设施、教育设施、人口状况、收入变化等因素，并根据区域环境制定适宜的营销方案。

2. **不动产市场营销消耗时间较长**

不动产价值大,通常消费者多次到实地考察后才会确定交易意向。一次不动产购买行为有时会耗时3～6个月,甚至一年之久。不动产市场营销者需要和潜在购买者(承租人)经过多次接触沟通,让购买者(承租人)完全认同该房屋价值后才能实现成功营销。这对不动产市场营销者的能力及素质都有较高要求。

3. **具有动态性**

对于新建商品房而言,不动产开发周期长,从申请立项到建成销售,需要少则一年长则数年的时间。不动产开发商及不动产销售团队,要根据外部环境的动态变化情况及时调整营销计划和方案。存量房销售也是如此。不动产市场营销中介尽管设计了存量房的营销计划,但是购房者的房屋需求有时会因为宏观经济环境、自然环境、心理状态、经济收入等条件的变化而变化。例如,某购房者经不动产经纪人撮合在1月份看中的一套房产,向卖方交了定金,但在3月份时因为家庭经济变故而取消房屋交易。

4. **营销方案和营销策略受消费者心理预期影响较大**

与一般商品相比,消费者心理预期对不动产市场营销活动的影响较大。目前,不动产市场的消费者对经济及市场认识相对薄弱,加上买卖双方信息不对称,消费者往往不能对经济形势发展趋势及个人资金效用得失做出客观、合理的分析判断。此外,不动产市场消费者对价格变动心理承受能力相对较弱。不动产市场营销中介应充分考虑消费者和不动产开发商对不动产市场的非理性预期。一些不动产交易者,在不了解不动产市场真实供求、不动产真实开发成本的情况下,对未来不动产市场发展无法正确预期。他们根据市场噪声,以过度自信的投机心理,对不动产资产的未来价格产生错误的预期,购买房产并导致不动产泡沫的产生和持续。针对不动产开发商而言,他们的非理性看涨预期和未来不确定性显著地推动了不动产项目延迟销售,以"捂盘惜售"行为造成商品房供应的人为短缺,进一步推高了房价。

5. **受政策法律影响大**

不动产市场交易活动产生的不动产转移,主要是不动产产权的转移,而不是不动产商品的实体流动。不动产产权的流动过程和对流动行为的监控需要法律的保障。不同形态的产权转移、不同产权关系的变更,涉及的法律条款不同。不动产市场营销系统是一个开放的系统,系统环境要素对不动产市场营销系统具有重大影响,它可能为不动产市场营销活动提供机会、条件和激励,也可能对不动产市场营销活动产生制约,形成障碍。从政策角度看,国家当期发布的财政政策、货币政策、不动产产业政策对不动产业的发展都会产生一定的影响,针对市场的不动产营销策略也应随着市场政策环境的变化而变化。

二、不动产市场调查与分析

(一)不动产市场调查与分析的内涵

不动产市场调查是利用某种调查方式和方法,系统地搜集有关市场、商品、顾客行为、销售等方面的数据与资料并加以整理,以识别、定义市场机会和可能出现的问题,制定、优化营销组合并评估其效果。

不动产经纪人员在开展不动产市场调查活动时，应首先确定调查的问题和调研目标，然后制定调研计划并执行调研计划，最终对收集来的数据和资料进行分析和研究，写出不动产市场分析报告。

不动产市场分析与地区经济分析、市场营销分析、可行性分析和投资分析既有区别也有联系。地区经济分析主要考虑当地经济中决定所有类型不动产需求的基本因素，主要的变量是人口、住户数、就业和收入。不动产市场分析研究目标物业的市场状况，包括竞争者分析和潜在消费者需求分析。市场营销分析是更广泛意义上的不动产市场分析的组成部分，侧重于发掘客户的偏好，分析不动产项目与客户需求的匹配度。不动产市场调查的内容可以分为两大方面：宏观环境和微观环境。

（二）不动产市场宏观环境调查

不动产企业的生存发展是以适应不动产市场环境为前提的。对不动产企业来说，外部环境大多是不可控因素，不动产企业的生存与营销活动必须与之相协调和适应。不动产市场外部环境主要调查的内容如下。

1. 经济环境

（1）国民经济增长和就业。国民经济呈周期性发展，国民经济增长直接影响国民就业。在我国，国民经济每增长一个百分点就关系到上百万人的就业。

（2）居民家庭收入。收入是影响居民购买不动产的直接因素，因此，不动产调查必须搜集居民收入的有关资料。居民收入应从三个方面进行分析：第一，居民平均收入水平。不动产是几十万元甚至价值更高的商品，没有相应的收入水平，是难以加入购房者队伍的。根据国外经验，当家庭年收入相当于不动产总价的1/5时，即具备了购买不动产的能力。第二，收入差距。收入差距是反映居民收入真实水平的重要指标，在收入总量不变的情况下，收入差距越大，意味着现有的收入集中度越高，即少部分人拥有了大部分收入。收入差距对不动产购买市场需求的影响是十分强烈的：一方面在总收入偏低的情况下，收入差距太小，即大家收入都很低，则大家都无力买房，因此收入有一定差距，对促进不动产这样高价格的商品销售是有利的；但另一方面，收入差距不能过大，收入过度集中在少部分人手中，绝大部分人的家庭无力购买不动产，市场必然萎缩。第三，预期收入和预期支出。市场经济条件下，居民未来的就业、收入都是不确定的，要受国家经济和行业经济的影响。住房、医疗、教育制度已经改革，城镇居民预期支出增加。同时收入水平直接决定着居民的消费结构发展。消费结构层次的高低表现为恩格尔系数的大小，即食品支出占总消费支出的比例大小。吃饭和穿衣是最基本的消费，只有吃得好、穿得好以后，人们才可能向住得好发展。收入提高并不一定买房子，只有消费达到一定水平，住房才有可能进入人们的购买计划。消费结构发展也应该是不动产调查的重要内容。

（3）有关金融财税政策。不动产属于大规模的投资品，购买不动产需要大量资金，住房贷款能提前使消费者使用不动产，但利率水平的高低直接影响消费者购房的积极性。不动产属于财产，因此是征税的对象，同时政府也运用税收手段积极调节不动产供求。目前，对不动产购买决策影响重大的有关税种主要是所得税、财产税等。

2. 人口环境

定量的人口是市场营销活动的基础。人口与不动产市场紧密相连，人口和家庭的数量及其增长直接影响不动产的需求，人口结构尤其是年龄结构往往决定着不动产市场的产品结构和产品需求类型。

3. 政治法律环境

不动产市场营销在很大程度上受到政治和法律因素的影响和制约，包括国家法律、法规的健全与完善程度，国家政局的稳定程度；国家、省、市有关不动产开发经营的方针政策；有关不动产开发经营的法律规定；有关城市建设规划、城市发展战略等。

4. 自然环境和文化环境

我国幅员辽阔，各地气候不同，自然条件应属不动产调查的范围。例如，东北地区和南方地区的卧室都比较小，东北地区卧室小是为了节省保暖用的燃料，南方地区卧室小是因为南方人衣着、被褥比较简单。而上海的卧室则不宜过小，因为上海四季比较分明，卧室内需放衣柜，以备更换衣物。

文化是人类需要和欲望的最基本的决定因素，也是影响消费者行为最重要的环境因素。文化背景影响消费者的购买目标、购买方式，这里所说的文化背景主要是指一个国家、地区或民族的传统文化，如风俗习惯、伦理道德观念、价值观念等。人们在不同的社会文化背景下成长和生活，各有其不同的观念和信仰。文化环境包含的范围很广泛，主要涉及以下几方面：

（1）教育程度和职业。它与消费者的收入、社交、居住环境及消费习惯均有密切的关联性。从购买习惯来看，通常受教育程度越高的消费者购买时的理性程度越高，他们对房屋的设计方案、房间大小与分隔、功能与环境等要求与一般人不尽相同。

（2）家庭单位与人数。现代家庭，是社会的细胞，也是商品房购买的主体，单位家庭的平均人数不断下降，小家庭越来越多，房屋市场需求量越来越大，为不动产业的发展带来了机遇。

（3）价值观念。在特定的社会中，人们抱有许多持久不变的核心信仰和价值观。

5. 不动产供求状况

在不动产的需求方面，不动产企业需要掌握以下内容：

（1）居民家庭人均住房面积。通过人均住房面积可以了解不动产的未来需求量。人均面积越少，市场潜在需求量越大；反之，则越小。

（2）大多数居民表示愿意接受的房价。如有调查显示，在某二线城市多数居民可能接受的新建住宅价格是每平方米 12 000 元。不动产价格层次，即各类不动产的价格，是企业定价的重要依据。

（3）销售情况比较好的不动产，即市场上比较受欢迎的不动产种类和房型。

在不动产的供应方面，不动产企业需要掌握以下内容：

（1）可供销售面积。其包括可供销售总面积（建筑面积），存量可供销售面积，今年新增销售面积，销售面积增长率；各类不动产的可供销售面积，存量可供销售面积，今年新增销售面积和各类不动产销售面积的增长率。

（2）不动产销售情况。其包括近年的不动产销售情况，去年和今年的不动产销售率，即实际销售面积占可销售面积的比例，以及销售面积增长率（与同期比）；空置不动产面积及不动产空置率，各类不动产的销售情况和空置状况。

（3）今年不动产新开工楼盘数、新开工项目总建筑面积。

(4)不动产建筑的设计、材料、高新技术在不动产建设中的利用,如目前的宽带接入、智能化楼宇系统等。

(三)不动产市场微观环境调查

微观环境即区域环境,是不动产的一个组成部分,而且是起决定性作用的部分。同样的建筑耸立在不同的区域(地方),其品位和价值可能有天壤之别。因此,不动产市场调查的区域调查部分实际上是产品自身调查,它比宏观环境调查更具针对性,更有实用价值。

1. 软环境

城市的格局通常是历史形成的,城市内不同区域的不同历史背景对区域内不动产价值产生强烈的影响。不动产的市场调查要通过调查和分析了解项目开发区域的基本特征。例如,此地是市中心还是湖滨风景区,是商业中心区或临近商业中心区还是高等学府集中区,是经济开发区还是城乡接合部或郊区等。人们都希望生活在安静、祥和的环境中,一些住宅小区内部建设得非常宁静、优美、卫生、环保等,但周围环境十分杂乱。环境污染已经引起人们的高度重视,因为被污染的环境直接威胁人们的生命安全。拟开发的小区附近是否有尚未治理的臭水沟,是否有产生废水、废气、噪声的工业企业。这些将影响购房者的购买信心,必须做好这方面的调查。

2. 硬环境

出行交通是否便利是影响不动产价格的因素之一,交通是否便利就是指住房离车站距离的远近,住房附近有几个公交车站,是否在地铁站附近等。不动产市场调查必须调查清楚项目开发区域的交通,包括公交站点、地铁站等有多少,具体的距离长度(多少米)。这些资料不仅对投资决策是必不可少的,而且对未来项目的销售推广也极为重要。

学校、商店和医院等市政配套设施。是否有供子女上学的理想的学校往往是购房者决策时考虑的重要因素之一。开发商成片开发时投资建设学校,以吸引买者,这方面调查需要相当详细。商业网点对不动产开发也相当重要。人们衣、食、住、行都离不开商店。市场调查必须包括开发项目附近的各种商业网点配套情况,在商店缺少的情况下,可以预留沿街房屋用于招商。医院对老年人是至关重要的,医院的建立又是十分困难的。不动产调查必须了解项目周边医院配置情况,包括周边医院的等级,是否有老年护理医院,医院与开发项目的距离有多远等,如果医院配置不够满意,还需到有关街道调查投资兴办低层次医疗机构的可能性。

城市规划涉及开发项目环境的未来变化。规划是十分重要的,因为未来环境变化可能使项目升值,也可能使项目贬值。

3. 竞争态势

(1)区域不动产供求平衡的总体情况。区域内是否有已建成而尚未售完的不动产?是否有在建尚未竣工的楼宇?包括已经立项和还未立项的地盘,是否有尚未开发但不久将要开发的地盘?现在已经可供销售,包括预售的总建筑面积为多少?以后两三年内陆续增加的可供销售面积是多少?待本项目进入销售时,区域内不动产销售总面积将为多少?

(2)区域内产品近远期的组合供应量。各类不动产的供应量,包括多层建筑、高层建筑(包括高层小区)、小高层、花园别墅以及商务用楼等;各类可供销售不动产目前的总建筑面积,已开工今后将推出销售的面积、规划已立项的建筑面积等;主力不动产,即占最大比例的不动产的建筑是什么，总建筑面积多少，拟开发的不动产是否属于本区域的主力不动产类型，是否存在建筑类型上的空白可以填补，或者是否存在某种类型不动产供应偏少的现象。同时，要了解房型配比情况，具体包括：本区域开发、销售的不动产，各种房型（如两室一厅一卫、两室一厅两卫、三室一厅一卫、三室两厅两卫、四室户、五室户、复式住宅等）的配比情况；商用楼是固定格局商住楼还是自由分割的纯粹办公楼，目前和近远期的供应量各为多少。

（3）不动产销售情况。包括各类不动产的销售比例情况，哪些不动产销售增长情况好，哪些不理想。空置不动产的情况，空置的主要是什么不动产。销售反映的是需求状况，通过区域内不动产的销售情况调查，应该掌握本区域不动产需求是否旺盛，各类不动产的需求情况，主力销售不动产是什么，即哪种建筑、房型、楼层、价位的不动产需求量最大。

（4）不动产价格情况。经过调查应该了解本区域的基本价位，具体包括各类不动产的价格水平，哪些不动产项目价格偏高，哪些不动产价格比较合理，哪些不动产价格偏低（主要是为了促销）。经过测算应该了解本区域已经销售不动产的经营利润率大致是多少。市场调查还必须包括对区域内不动产公司采用的定价策略的调查，应该了解哪些策略是成功的，哪些策略没有收到应有的效果。价格调查是确定未来本企业开发不动产价格的重要依据。

（5）租赁分析。包括出租率、类型、房型、租金等。商务楼盘是主要用于租赁经营的不动产，因此，对于这些楼盘来说，出租率高低是至关重要的。我国的一些大城市已出现高收入者两次、三次购买住宅的现象。高收入者拥有两三处，甚至更多处的住宅已经不是个别现象。购买不动产已成为一种重要的投资手段。我国的大城市（如京、津、沪及一些省会城市），是全省、地区乃至全国的经济中心，一些国内外大企业汇集在这里，来自国内外常驻工作人员比较多，这就促进了大城市租赁市场的繁荣。由于一些不动产购买者的购买目的就是出租以获取收益，不动产市场调查中，租赁调查分析就成了一个重要部分。租赁调查包括开发项目区域是否存在租赁需求；这种需求是否旺盛；房客的来源是什么；国内外房客的比例；租金水平如何；周围各种建筑、各种档次楼盘的租金水平高低（与城市其他区域比较）；受欢迎的或者出租率比较高的建筑、楼层、房型等是什么；主要竞争对手是谁。

（四）不动产市场状况调查

1. 不动产市场需求调查

不动产市场需求既可以是特定不动产市场需求的总和，也可以指对某一不动产企业不动产和服务的需求数量。市场需求由购买者、购买欲望、购买能力组成。购买者是需求的主体，是需求行为的实施者；购买欲望是需求的动力，是产生需求行为的源泉；购买能力是需求的实现条件，是需求行为的物质保障。购买者、购买欲望、购买能力共同构成需求的主体。不动产企业为了使其产品适销对路，必须事先了解消费者的构成、购买动机和购买行为特征，真正做到按照消费者的实际需求来进行企业的生产经营活动。

2. 不动产市场供给调查

不动产市场供给是指在某一时期内为不动产市场提供不动产的总量。实际上也是对不动产市场竞争状况进行的调查，包括一般行情调查、市场竞争对手和竞争产品调查、市场反响调查、市场价格调查、不动产相关企业情况调查等。

3. 不动产促销策略调查

不动产促销策略调查的主要内容包括不动产企业促销方式，广告媒介的比较、选择；不动产广告的时空分布及广告效果测定；不动产广告媒体使用情况的调查；不动产商品广告计划和预算的拟订；不动产广告代理公司的选择；人员促销的配备状况；各种营业推广活动的租售绩效。

4. 不动产营销渠道调查

不动产营销渠道执行的功能是把商品从生产者转移到消费者。不动产营销对渠道的依赖性不少于一般商品营销。对不动产营销渠道的调查主要包括不动产营销渠道的选择、控制与调整情况；不动产市场营销方式的采用情况、发展趋势及其原因；租售代理商的数量、素质及其租售代理的情况；不动产租售客户对租售代理商的评价。

三、不动产商圈调查

（一）商圈的概念

商圈的概念据学术界的考证，普遍认为起源于德国地理学家克里斯泰勒1893年发表的《南德的中心地》一书，在这本书中第一次提出了城市发展中的"中心地理论"。该理论的要点是，以中心地为圆心，以最大的商品销售和餐饮服务辐射能力为半径，形成商品销售和餐饮服务的中心地。根据学者研究，"商圈"应当是指具有一定辐射范围的商业集聚地。

商圈分析的目的在于取得该商圈潜在消费者收入、人口统计和心理特征方面的相关信息，了解其所需商品和服务的类型与规模，并进而确定应该采取的营销战略和具体手段。

针对商圈内的人口密度、消费能力以及人潮、交通流量等，可将新建商品房的商圈划分为以下类型：

（1）邻里中心型：大约半径为1 km，一般称为"生活商圈"；

（2）大地区中心型：通常指公交路线可能延伸到达的地区，其覆盖面则比生活商圈更广，一般称为"地域商圈"；

（3）副城市中心型：通常指公交路线集结的地区，可以转换而形成交通辐射地区；

（4）城市中心型：又可以称为中央商务区（CBD），其覆盖范围包括整个都市四周，车潮或人潮流量来自四面八方。

商圈资料的另一重要组成部分是商圈内各种物业的比例和基本销售状况。对于不同物业，其调查的侧重点也有所不同。一般来说，物业类型主要分为住宅不动产、商业不动产和工业厂房三大类，在城市商圈中主要考虑住宅和商业不动产。

存量房经纪业务商圈是指某一不动产经纪人从事存量房经纪业务和服务对象的地域范围。在不动产经纪人从事存量房业务的地域范围之内的，称为存量房经纪业务有效商圈。存量房经纪业务商圈也可以以购（租）房者来划分范围，比如高端的租赁市场，先确定租赁者之后，再确定房源地理范围和具体的房源信息。存量房经纪业务有效商圈有一个逐渐细化的过程，当不动产经纪人花在有效商圈的时间和精力逐渐增加，该不动产经纪人对该有效商圈的了解就会深化，对该商圈的把控能力也会随之加强。一般来说，不动产经纪机构都会逐步确定门店的商圈范围。为进一步确定不动产经纪人在本商圈的市场占有率情况，可以通过分析楼盘交易量、楼盘市场占有率、商圈交易量、商圈市场占有率、门店市场占有率等数据进一步确认。存量房经纪业务有效商圈还有一个逐渐扩大的过程，当不动产经纪人对有效商圈的把控能力提高之后，就应逐渐扩大有效商圈，以提高市场占有率。

（二）商圈调查的内容

商圈调查内容主要是根据不动产经纪人所服务客户的需求而设定的。不动产经纪人服务的客户在购房过程中所要了解的内容也就是不动产经纪人商圈调查的内容。不同的客户有不同的需求，即使是同一客户在不同时期的需求也是不一样的。因此，不动产经纪人必须全面地进行商圈调查，以满足不同客户以及相同的客户在不同时期的需求。根据调查内容的深入程度，可将商圈调查分为初步调查、深入调查和个案调查三种。

1. 初步调查

初步调查是搜集商圈范围内各个楼盘的基本信息，调查生活配套设施状况，主要内容如下：

（1）楼盘名称、坐落位置、楼盘的竣工日期及开发企业；
（2）每个楼盘的总面积、主要户型、共计套数；
（3）每个楼盘的开盘价格、目前的市场售价、主要房型的出租价格；
（4）每个楼盘的主要入住业主来源情况、入住率、绿地率、有无会所；
（5）在有效商圈周边的生活配套设施：银行、学校、超市、邮局、菜市场、交通线路、主要道路干线、轨道交通等；
（6）有效商圈内的标志性建筑等。

2. 深入调查

深入调查的市场，即目标市场，是指不动产经纪人在有效商圈内确定的开展营销业务的一个或几个楼盘，不动产经纪人需要对这些楼盘信息进行更加深入的调查和分析。通过对目标市场的调查，可以扩大不动产经纪人在该楼盘的影响力和市场占有率。不动产经纪人对目标市场的调查内容包括：不动产开发企业的地址、公司名称和联系方式；物业的类型、物业服务公司名称、物业服务费的收费标准；具体的开盘时间、价格、交房时间；主要房型、建筑面积、车位情况及管理费用；该楼盘的建筑规划平面图；该楼盘的优、劣势分析；附近楼盘的价格对比、成交活跃性调查；商圈内主要竞争对手的成交情况分析。

3. 个案调查

不动产经纪人在开展具体业务时，需加强对个案进行调查，包括客户来源情况、成交价格和现有市场均价比较、客户购房目的等。通过对客户来源情况的调查，可以调整不动产经纪人在开发客户时的工作重点；通过对历史成交价格和现有市场价格的比较，可以初步明确该楼盘的价格走势等。

四、不动产市场调查方法的分类和选择

（一）市场调查方法的分类

1. 按照调查的侧重点划分

定性调查和定量调查是市场调查的一个重要分类，从词义上不难看出两者的侧重点所

在：定性调查重点在于"性质",而定量调查重点在于"数量"。在市场调查的实际操作中,定量调查与定性调查及其信息具有互补性,一项特定的市场营销决策可能要求两种方法的共同应用。

2. 按照选择调查对象方式划分

(1) 全面普查。全面普查是指对调查对象总体所包含的全部单位进行调查。对不动产市场在售项目的户型结构、面积进行全面普查,可获得全面的数据,正确反映客观实际,效果明显。如果对一个城市的人口、年龄、家庭结构、职业、收入情况进行了系统的调查了解,对不动产开发将是十分有利的。但由于全面普查工作量很大,要耗费大量的人力、物力、财力,调查周期又较长,一般只在较小范围内采用。

(2) 重点调查。重点调查是以有代表性的区位或消费者作为调查对象,进而推导出一般结论。采用这种调查方式,由于被调查的对象数目不多,企业可以用较少的人力、物力、财力,在较短时间内完成。如调查高档住宅需求情况,可选择一些购买大户作为调查对象,这些大户对住宅需求量占整个高档商品住宅需求量的绝大多数,从而可推断出整个市场对高档住宅的需求量。

3. 按照抽样方法划分

(1) 随机抽样。随机抽样在市场调查中占有重要地位,在实际工作中应用也很广泛。随机抽样最主要的特征是从母体中任意抽取样本,每个样本有相等的被选择的机会,这样的事件发生的概率是相等的。因此可以根据调查样本来推断母体的情况。它又可以分为三种:简单随机抽样、分层随机抽样和分群随机抽样。

(2) 非随机抽样。非随机抽样是指市场调查人员在选取样本时并不是随机选取,而是先确定某个标准然后选取样本,这样,每个样本被选择的机会并不是相等的。非随机抽样也分为三种具体方法:就便抽样、判断抽样、配额抽样。

4. 按照调查方法划分

(1) 访问法。访问法又可以分为以下几种:

①问卷访问法。这是一般耐用消费品最常用的市场调查方法。通过科学设计调查表及问卷,有效地运用个人访问技巧来达到调查的目的。

②实地调查法。这是不动产市场调查最常用的调查方法,是指到楼盘或现场实地,明确调查目的,按需要调查的要素展开调查,描述不动产实际状况和采集相关信息。

③座谈会。按照抽样原则,召集符合要求的人员,包括相关产品建筑、销售、使用人员、潜在消费者,由调查员主持,以座谈会的形式来实现调查目的。通常每场座谈会人数在8人左右,并通过座谈会讨论产生新的思路,但是被访问者的思想容易互相影响。

④深度访谈。深度访谈通常采用一对一的方式,对被访者展开深入的挖掘,让被访者自由地表达,以便把真实的感受、动机挖掘出来,深度访谈过程中,通常是用录像机记录而不是用纸记录。

⑤电话调查。这种方法是市场调查人员借助电话来了解消费者意见的一种方法,如定期询问重点住户对房产的设计、设备、功能、环境、质量、服务的感觉如何,有什么想法,并请他们提出一些改进措施等。

目前,随着互联网的日益发展,通过网络进行调查也逐渐成为一种重要的调查方法。

（2）观察法。这种方法是指调查人员不与被调查者正面接触，而是在旁边观察。这样做使得被调查者没有压力，表现得自然，因此调查效果也较理想。观察法有以下三种形式：

①实地观察法。公司派人到现场对调查对象进行观察，例如，可派人到不动产交易所或工地观察消费者选购房产的行为和要求，调查消费者对本公司的信赖程度。

②实际痕迹测量法。调查人员不是亲自观察购买者的行为，而是观察行为发生后的痕迹。例如，要比较在不同报纸杂志上刊登广告的效果，可在广告下面附一个回执单，请顾客剪下来寄回，根据这些回条，便可以知道在哪一家报纸杂志上刊登广告的效果较好。

③行为记录法。在取得被调查者同意之后，调查人员用一定装置记录调查对象的某一行为。例如，在某些家庭电视机里装上一个监听器，可以记录电视机什么时候开、什么时候关，收看了哪些台，各收看了多长时间等。这样，可以帮助营销管理人员决定在哪一家电视台、在什么时间播放广告效果最好。调查人员采用观察法，主要是为了获得那些被观察者不愿或不能提供的信息。有些购买者不愿透露他们某些方面的行为，通过观察法便可以较容易地了解到。但观察法只能观察事物的表面现象，不能得到另外一些信息，如人们的感情、态度、行为动机等，因此，调查人员通常将观察法与其他方法组合起来使用。

（3）实验法。实验法是指将调查范围缩小到一个比较小的规模，进行实验后得出一定结果，然后推断出样本总体可能的结果。例如，调查广告效果时，可选定一些消费者作为调查对象，对他们进行广告宣传，然后根据接受的效果来改进广告词语、声音等。实验法是研究因果关系的一种重要方法，例如，研究广告对销售的影响，在其他因素不变的情况下销售量增加，就可以看成完全是广告的影响造成的。当然，市场情况受多种因素影响，在实验期间，消费者的偏好、竞争者的策略，都可能有所改变，从而影响实验的结果。虽然如此，实验法对于研究因果关系能提供使用访问法和观察法所无法得到的材料，其运用范围较为广泛。

（二）市场调查方法的选择

不动产市场调查是通过准确地了解和把握市场供求等情况来发挥作用的。准确性是市场调查的第一要求，这个要求就使得市场调查从描述调查问题开始，到调查方式的选择到具体的调查过程和最后的分析都需要非常讲究。

在具体的调查方法的选取方面，不动产市场调查需要根据不同的阶段和内容，采用不同的调查方法（表4.1）。例如，在一般市场调查中，问卷方法是普遍采用的重要方法之一；在不动产市场调查活动中，由于问卷访问需要甄别的难度较大，且被访问人员不愿配合等问题，问卷法只作为辅助手段，实地调查法是重要且广泛采用的方法。

表 4.1　根据不同阶段选择不同的市场调查方法

调查阶段	项目定位阶段	市场推广阶段	销售阶段	三级市场
市场调查常用方法	实地调查法、座谈会	实地调查法、座谈会、二手资料调查	实地调查法、座谈会、成交客户文件调查	实地调查法、二手资料调查

第二节 不动产项目市场定位

一、市场细分

市场细分的概念是美国市场营销学家温德尔·史密斯于20世纪50年代中期提出的。菲利普·科特勒定义市场细分是由在一个市场上有相似需求的客户所组成的。尽管客户的需求、动机、购买行为具有多样性，但可以根据某些因素将具有类似需求、动机、购买行为的客户归为一类。市场细分是指按照消费者在市场需求、购买动机、购买行为和购买能力等方面的差异，运用系统方法将整个市场划分为个数不同的消费群（子市场），然后选择合适的子市场作为公司服务的目标市场的过程。

市场细分具体包括以下三个基本点：

（1）市场细分的基础是消费者需求的差异性或异质性，即是细分消费者而不是细分市场；

（2）市场细分的方法是求大同存小异，即在每个不同的市场之间，消费者的需求存在明显的差异，但是在每个细分市场内，消费者需求差异较小；

（3）市场细分的目的是选择最有利的子市场作为企业的目标市场。市场细分，有助于发现新的市场机会，对于企业开展有针对性的营销活动、提高竞争力具有积极的作用。

不动产市场本质上是一种社会关系，并非纯物质。从这个角度看，不动产消费者的购买动机呈现多样性的特征，体现在消费者的不同的购买意向、影响消费者购买动机的不同因素、消费者购买动机的不同类型等方面。

二、项目市场定位

市场细分后，不动产开发商进入目标市场选择阶段。在这个阶段中，开发商要在市场细分的基础上，对各细分市场做出评价，并结合自身资源能力，最终对本企业选择进入哪些目标市场或为多少个目标市场服务做出决策。

（一）不动产目标市场

不动产目标市场是不动产企业为满足现实或潜在的消费需求而开拓的特定市场。

一般来说，一个好的不动产目标市场应具备以下几个条件：

（1）可盈利性，该不动产目标市场应具有一定的吸引力，能够使企业获得一定的销售额和利润。某一细分市场可能具备理想的规模和发展特征，然而从盈利的角度来看，它未必有吸引力。

（2）可成长性。该目标市场不但有尚未满足的有效需求，而且有一定的发展空间，能够支持企业的长期发展。目标市场应当具有一定的规模和发展潜力。

（3）可进入性。该不动产企业具备开拓市场的能力，同时该市场也没有被竞争者完全占领或控制。

企业的资源条件是否适合在某一细分市场经营也是重要的考虑因素，应选择企业有条件进入并能充分发挥其资源优势的细分市场作为目标市场。另外，目标市场的竞争程度也是重要的考虑因素，应选择竞争激烈程度低的细分市场作为目标市场。这样，不动产企业才会立于不败之地。

（二）选择不动产目标市场时应考虑的因素

1. 不动产企业的资源或实力

一般来说，如果企业资源条件好或者实力较强，目标市场的选择范围较大，既可以选择进入部分目标市场，也可以选择进入全部目标市场。如果企业资源或实力有限，就应该考虑采取集中性目标市场策略，以取得在目标市场上的优势。就不动产企业而言，土地与资金是不动产业的两个稀缺资源要素，不动产企业在这两个重要资源上的实力强弱以及企业在市场运营方面的能力决定了该企业选择不动产目标市场的范围和空间。

（1）土地资源。土地是从事不动产业的首要资源。在我国，地价是构成不动产成本的主要因素，因此，获得优质低价的土地就成为不动产开发最为关键的因素。随着不动产市场的规范化，大量土地通过公开拍卖或招标获得，因此，土地获得的能力越来越多地取决于公司的资金实力，现有的通过各种非市场化渠道获得土地的能力所起的作用将逐渐减弱。

（2）资本规模。不动产作为资金密集型行业，具有进入门槛较高、运作周期较长、回款速度较慢的特点，企业自有资金的实力是决定企业运作不动产成败的关键因素。企业在资本规模上的优势将会带来明显的规模经济。

这种规模经济表现在以下几个方面：

①大规模项目的开发，使企业可通过集团购买，以量大的优势降低成本；

②配套完善的社区规划，更容易吸引消费者；

③不动产企业可以进行市场组合，从而降低风险，使企业抵御市场风险的能力大大增强；

④不动产企业可连续开发多个项目，可避免因不动产开发周期长而导致的资金周转困难；

⑤企业资金实力强，开发规模大，更容易形成市场信赖品牌。

（3）市场经营能力。不动产目标市场的选择必须具有一定的前瞻性，这就要求不动产企业能够了解消费者的需求动向，准确地把握市场，并为客户提供最多的让渡价值。鉴于此，不动产企业必须具备人才、品牌、文化和相应的持续创新能力、产品设计能力、职业管理能力、客户感召能力、市场推广能力、价值驱动能力和客户服务能力等。它们之间互相作用、相互影响，形成企业的综合能力，对本企业不动产目标市场的选择发挥着各自不同的作用。

2. 市场同质性

市场同质性是指各细分市场在顾客需求、购买行为等方面的相似程度。目前，消费需求多样化趋势日益明显，不动产细分市场逐渐成形。不动产消费市场比较突出的三个特点如下：

（1）多层次性。在同一商品市场上，不同消费者群体由于社会阶层、收入水平和文化素养的差异，其需求也会呈现出多层次性的特点。例如，有人需要一室一厅，有人需要二室一厅、三室二厅甚至别墅等。

（2）多变性和差异性。由于各种因素的影响，消费者对房屋有多种多样的需求，随着科技的发展，消费水平的提高，消费者需求在总量、结构和层次上也将不断发展，日益多样化，如刚性需求者会进化为改善型需求者，改善型需求也会有投资性需求。需求的变化，导致客户群的差异也越发明显，这就要求在进行目标市场的选择时应敏锐地抓住消费者的需求差异与变化。

（3）消费者需求的可诱导性。消费者需求的产生，有时是自发的，生而有之，有时是与外界的刺激诱导有关。宏观经济政策的变动、社会交际的启示、广告宣传的诱导等，都会使消费者的需求发生变化，使潜在的需求变为现实的需求，使微弱的购买欲望变成强烈的购买欲望，因此，应该准确估计消费者潜在的可诱导的需求。

3. 不动产生命周期

产品生命周期是指产品的市场寿命。一种产品进入市场后，它的销售量和利润都会随时间推移而改变，呈现一个由少到多、由多到少的过程，就如同人的生命一样，由导入（诞生）、成长到成熟，最终走向衰退，这就是产品的生命周期。例如，健康养老地产目前而言就是成长型的产品，而小户型（一般是指 50 m² 以下的住房），由于总价低，投资门槛低，前些年很受欢迎，现在市场饱和了，产品就走向衰退期了。一般而言，企业推出新产品或成长期的产品时，其应当采取无差异性的市场策略，迅速占领市场，降低成本；当推出产品进入成熟期时，企业宜采用差异性市场策略，开发新产品、新功能，开拓新市场；当推出产品进入衰退期时，企业应当采取集中性的市场策略，集中力量开发少数有利可图的产品。

4. 不动产市场竞争状况

不动产目标市场的选择，还应当关注各个子市场的竞争状况。针对不同的竞争态势以及竞争者的市场营销策略，做出相应的目标市场选择和营销策略。例如，若竞争对手采用差异性营销策略，企业应用差异性或集中性营销策略与之抗衡；若竞争对手较弱，企业可以采取无差异性目标市场策略。此外，还应当避免同竞争对手采取相同的策略，防止两败俱伤。目标市场的竞争情况一般包括以下几个方面：

（1）竞争对手有哪些？有多少竞争者？是否会引来新的竞争者？
（2）竞争对手实力如何？其卖点及定位是什么？
（3）竞争对手的市场定位如何？供应商以及合作者力量的强弱。
（4）竞争对手的竞争策略是什么？
（5）买方实力的强弱。

三、不动产市场定位

（一）市场定位

目标市场选定以后，不动产企业必须进行市场定位，为自己或者产品在市场上树立一定的特色，塑造预定的形象，并争取目标顾客的认同，它需要向目标市场说明，本企业与现有的及潜在的竞争者有什么区别。不动产市场定位是勾画不动产企业形象和所提供的价值的行为，以使目标顾客理解和正确认识本公司有别于其竞争者的象征。在市场营销过程中，市场定位离不开不动产，故又称为产品定位。

不动产项目市场定位的概念可以表述如下：

不动产开发经营者经过研究市场、技术和资金投入状况等一系列与不动产生产有关的前提条件，利用科学方法，构思出不动产项目产品方案，从而在产品市场和目标客户中确定其与众不同的价值地位，这一过程就是不动产的项目市场定位。

（二）不动产定位方法

不动产企业研究建立产品结构和经营范围战略，决定开发和销售何种不动产为客户服务，并制定满足他们利益和需求的产品策略是不动产企业的一项重大决策。不动产是指用于满足人们生产、生活、工作、投资需要的房产和地产产品、人造空间和自然环境以及各种相关的服务，具有整体产品的特征。它包含三个层次的产品概念，首先是核心产品即实质产品层次，是指不动产为消费者提供最基本的效用和利益，如满足生活居住需求、办公经营需求、投资获利、资产增值需求等。其次是形式产品即核心产品的基本载体，是核心产品所展示的全部外部特征，如位置、建筑风格、质量、户型、自然环境等。最后是延伸产品，即消费者通过不动产的消费而得到的附加服务和附加利益，如销售服务、物业服务、社区文化等。三个产品层次中，核心产品是基础，但其价值必须通过形式产品得到提升与实现，延伸产品是差异化营销的竞争重点。

产品定位是指企业针对一个或几个目标市场的需求并结合企业所具有的资源优势，为目标客户群体提供满足其欲望和需求产品的过程。确定产品定位的出发点和依据主要有以下四个方面：

（1）根据产品特色定位。以不动产特色进行定位，如某办公用房强调所处的区域优势和优良的物业管理。住宅小区则要突出结构合理，设施配套，功能齐全，环境优雅。

（2）根据利益定位。这种定位方法注重强调消费者的利益，如有的不动产定位侧重于"经济实惠""价廉物美"，有的侧重于"增值快速""坐拥厚利"，而有的则强调"名流气派""高档享受"。

（3）根据使用者定位。不动产企业的经营者们常常试图把他们的产品指引给适当的使用者或某个分市场，以便根据该分市场的看法创建恰当的形象，如有些企业把普通住宅定位于"工薪阶层理想的选择"。

（4）根据竞争需要定位。如果企业所选择的目标市场已有强劲有力的竞争对手，则可以根据竞争需要进行定位，一般有两种策略。

①与现有竞争者并存，就是将自己的产品位置确定在现有的竞争产品的旁边。从实践看，一些实力不太雄厚的中小不动产企业大多选用此种策略。采用这种策略必须具备两个条件：首先，目标市场区域内有一定量还未得到满足的需求；其次，企业开发的产品要有一定的竞争实力能与竞争对手相抗衡。

②逐步取代现有竞争者，就是将竞争者赶出原有的位置并取而代之，占有它们的市场份额。这种策略主要为实力雄厚的不动产大企业所选用，同样必须具备两个条件：首先新开发的产品必须明显优于现在的产品；其次，企业必须做大量的宣传营销工作，以冲淡

对原有产品的印象和好感。事实上，许多不动产企业进行市场定位的依据往往并不只是一个，而是多个结合使用，因为作为市场定位所体现的企业及其产品的形象必须是一个多维的、丰富的立体。

（三）不动产品牌策划

在不动产市场竞争日益激烈而且复杂化的今天，如何才能求得生存和发展是每个企业都在探索的话题。以战略角度来看，在其他条件相差不大的情况下，品牌（楼盘品牌和企业品牌）的树立就成为决胜的关键。不动产品牌推广是一项系统工程，是从规划设计开始就贯穿整个开发过程的品牌积累的创新工程，其通过品牌推广有利于充实不动产项目的内涵，增加项目的附加值。

1. 楼盘品牌策略

楼盘品牌是企业的无形资产，成功的楼盘品牌策略可以增加该项目的知名度、认知度、美誉度和附加值。楼盘品牌策略就是通过产品本身的高品质（如零能耗住宅、被动式住宅）、区位、生活方式等方面创造新概念，对其加以宣传来树立产品形象。其最直接的体现方式是楼盘的名称和标志。

2. 企业品牌策略

21世纪以来，几乎所有的不动产企业都把企业品牌置于至高无上的地位。良好的品牌战略可以对内提高员工尽职度，对外提高客户忠诚度，给企业带来高额的经济效益和显赫的声誉、荣誉及社会地位。企业品牌战略就是将企业的品牌转化为名牌，赢得客户对品牌企业产品的忠诚度。目前不动产经纪行业经过20多年的发展，几个大品牌不动产经纪机构成为市场主体，树立了口碑和专业形象。消费者更加愿意购买不动产经纪服务，特别是品牌不动产经纪机构的服务。

第三节 不动产价格策划

价格策划是不动产市场营销组合中非常重要并且独具特色的组成部分。价格通常是影响不动产交易成败的关键因素，同时是不动产市场营销组合中最难以确定的因素。在激烈竞争的市场环境下，不动产价格涉及的因素相当复杂，如何制定消费者可接受的价格，同时达到企业的利润目标，并不是一件简单的事情。

一、不动产定价目标与原则

不动产定价是不动产营销一个关键环节。产品价格具有动态性，受多种因素的影响。同时，国家颁布的各项法律规定也约束着不动产定价，例如，经济适用住房的价格是在政府规定的利润和税费减免的额度内确定的。不动产企业的定价目标必须服从市场营销目标，市场营销目标必须服从企业的经营总目标。具体来说，定价目标大致包括以下几种。

（一）利润最大化目标

最大利润目标即不动产企业以获取最大利润为定价目标。利润最大化取决于合理价格所推动的销售规模，而利润最大化的定价目标并不意味着企业要制定最高单价。为了追求利润最大化，需要提高不动产的单价，但是当单价过高时，项目的销售量会下滑，而销售量的下降可能会带来项目总利润的减少。另外，当提高了不动产价格水平后，为了提高销售量，需要投入更大的广告和营销费用，从而引起销售成本大幅度增加。成本的加大，也有可能减少了总利润。最大利润目标的实现并不意味着企业将房价定得最高，也不是将不动产开发项目的开发规模做得最大，而应该是一个合适的价格和规模。其中最为合理的价格和规模就是要求将开发项目的边际收益等于边际成本时的价格与规模。

（二）市场占有率目标

市场占有率是指在一定时期内某类产品市场上，不动产企业产品的销售量占同一类产品销售总量的比例，或销售收入占同一类产品销售收入的比例。市场占有率是不动产企业经营状况和产品竞争力状况的综合反映，关系到不动产企业在市场中的地位和兴衰。研究表明，市场占有率与平均收益率呈正相关关系，即企业在较小的市场上占较大的市场份额，比在较大的市场上占据较小的市场份额能获得更大的收益。为了提高企业的市场占有率，刚刚进入新市场的企业采用渗透定价法，以较低的价格、优质的产品或服务，吸引消费者选择自己的产品；或采用快速渗透定价法，即加大广告宣传费用投入，以较低的价格进入市场；市场中的原有企业在新的项目推出后，快速降价，利用先进入者的优势，排挤新进入企业，都是选择了市场占有率定价目标。

（三）树立企业形象目标

树立企业形象目标是指以树立企业形象为定价目标，不太关注利润和市场占有率，一般很少企业采用，只有少数企业在少数项目上偶尔采用，一般是新企业，或老企业到新城市需要树立形象时采用，或不动产项目刚开盘时采用。

另外，在某些特殊时期，不动产企业也需要制定临时性定价目标。如：政策调控背景下，不动产市场行情急转直下时，企业就要以保本销售或尽快脱手变现为定价目标；为了应对竞争者的挑战，企业也可能以牺牲局部利益遏制对手为定价目标。但是一旦出现转机，过渡性定价目标就应转变为长远定价目标。

二、不动产定价策略及方法

（一）不动产定价策略

确定不动产价格，需要考虑的基本因素包括消费者需求、成本和竞争者价格。可以采取的定价策略有两种：一种是"成本＋竞争"；一种是"消费者需求＋竞争者价格"。第一种定价策略重点考虑本项目的成本、利润和风险；第二种定价策略重点考虑消费者潜在的对价格的承受程度，以满足消费者的需求为原则。这两种定价策略定价流程不仅适用于新建商品房，也适用于存量房。

在不动产经纪业务中，如果采用"成本＋竞争"定价策略帮助存量房业主确定委托销售价格，首先需要了解业主购买屋的原始价、装修房屋总价、税费总额、家具和电器总价值，然后调查同类房屋目前市场上销售价格，再了解业主期望的利润总额，加总后得到存量房销售价格。如果采用"消费者需求＋竞争者价格"定价策略协助业主确定委托价格，首先告知已经掌握的与业主房屋类似房屋的销售价格，其次与业主共同比较业主房屋与其他房屋的优势和劣势，比较差异化，分析消费者对业主房屋的出价水平，再比较业主房屋的总成本和预期利润，最终得出委托销售价格。

针对存量房定价，一般地由于存量房交易价格确定主要受到三个因素影响——原始房屋的购买价格（包括装修费用）、买卖双方购买（销售）动机以及不动产市场环境条件和税费标准，所以相比较于新建商品房定价，存量房定价方法比较简单，更多地采用市场比较法，即将同类房屋近期销售价格作为比较价格，确定待销售存量房的价格。

（二）不动产定价方法

1. 成本导向定价法

成本导向定价法是以产品的成本为中心，制定对企业最有利的价格的一种定价方法。不动产成本导向定价法主要有四种。

（1）成本加成定价法。这是一种最简单的定价方法，即在产品单位成本的基础上，加上预期利润作为产品的销售价格。采用这种定价方式，一要准确核算成本（平均成本），二要确定恰当的利润百分比（加成率）。

（2）变动成本定价法。变动成本定价法即在定价时只计算变动成本，而不计算固定成本，在变动成本的基础上加上预期的边际贡献。用公式表示为：单位产品价格＝单位产品变动成本＋单位产品边际贡献。

（3）盈亏平衡定价法。盈亏平衡定价法即根据盈亏平衡点原理进行定价。盈亏平衡点又称保本点，是指一定价格水平下，企业的销售收入刚好与同期发生的费用相等，收支相抵、不盈不亏时的销售量；或在一定销售量前提下，使收支相抵的价格。

（4）目标利润定价法。目标利润定价法是根据企业的总成本和估计的总销售量确定一个目标利润，作为定价的标准。

2. 需求导向定价法

需求导向定价法是指企业在定价时不再以成本为基础，而是以消费者的认知价值、需求强度及对价格的承受能力为依据，以市场占有率、品牌形象和最终利润为目标，真正按照有效需求来策划不动产价格。需求导向定价在实际运用中又有认知价值和差异需求两种不同的形式。

（1）认知价值定价法。认知价值定价法也称理解价值定价法、觉察价值定价法，是根据购买者对不动产的认知价值定价，以消费者对产品价值的感受及理解程度作为定价的基本依据。认知价值的形成一般基于购买者对有形产品、无形服务及公司商业信誉的综合评价，它包括实际情况与期望情况的比较、待定物业与参照物业的比较等一系列过程。品牌形象好的物业往往能获得很高的评价。只要实际定价低于购买者的认知价值，即物超所值，购买行为就很容易发生。这种"以消费者为中心"营销理念运用的关键在于与潜在购买者充分沟通，掌握调查数据，并对其进行整理分析。把买方的价值判断与卖方的成本费用相比较，定价时更应侧重考虑前者。因为消费者购买产品时总会在同类产品之间进行比较，选购那些既能满足其消费需要，又符合其支付标准的产品。消费者对产品价值的理解不同，会形成不同的价格限度。这个限度就是消费者宁愿付房款也不愿失去这次购买机会。如果价格刚好定在这一限度内，消费者就会顺利购买。为了加深消费者对产品价值的理解程度，从而提高其愿意支付的价格限度，定价时首先要搞好产品的市场定位，拉开与市场上同类产品的差异，突出产品的特征，并综合运用各种营销手段，加深消费者对产品的印象，使消费者感到购买这种产品能获得更多的相对利益，从而提高他们接受价格的限度，企业则据此提出一个可销价格，进而估算在此价格水平下产品的销量、成本及盈利状况，最后确定实际价格。

（2）需求差异定价法。需求差异定价法是以不同时间、地点、产品及不同消费者的消费需求强度差异为定价的基本依据，针对每种差异决定其在基础价格上是加价还是减价。

3. 竞争导向定价法

竞争导向定价是以企业所处的行业地位和竞争定位而制定价格的一种方法，通过研究竞争对手的产品价格、生产条件、服务状况等，以竞争对手的价格作为定价的依据，确定自己产品的价格。其主要特征是随竞争状况的变化确定和调整价格水平，主要有随行就市定价和主动竞争定价等方法。

（1）随行就市定价法。这是竞争导向定价方法中使用最为普遍的一种。定价原则是使本企业产品的价格与本行业的平均价格水平保持一致。这种定价方法的目的是：a. 易为消费者接受；b. 试图与竞争者和平相处，避免有害的价格战；c. 一般能为企业带来合理、适度的盈利。这种定价适用于竞争激烈的均质产品，在完全寡头垄断竞争条件下也很普遍。

（2）主动竞争定价法。与随行就市定价法相反，它不是追随竞争者的价格，而是根据本企业产品的实际情况及与竞争对手的产品差异状况来确定价格。因而价格有可能高于、低于市场价格或与市场价格一致。一般为实力雄厚或产品独具特色的企业所采用。

其定价步骤如下：

①定价时将市场上的竞争产品价格与企业估算价格进行比较，分为高于、一致及低于三个价格层次。

②将本企业产品的性能、质量、成本、式样、产量与竞争者进行比较，分析造成价格差异的原因。

③根据以上综合指标确定本企业产品的特色、优势及市场定位，在此基础上，按定价所要达到的目标，确定产品价格。

④跟踪竞争产品的价格变化，及时分析原因，相应调整本企业产品价格。

4. 比较定价法

比较定价法就是把不动产项目与其周边几个同等竞争对手的项目进行全方面对比，根据对比情况对本项目进行定价。一般选取多个相似不动产项目，即用途相同、规模相当、档次相当、建筑结构相同、处于同一供需圈的实例，通过综合比较，可以给出目标产品的定价。

第四节 不动产营销策略

一、不动产分销策略

不动产分销是指将不动产和服务由生产商转移到消费者的过程。分销渠道是指旨在促进产品和服务的实体流转及其所有权由生产商转移到消费者的各种营销机构及其相互关系所构成的一种有组织的体系。营销渠道在不动产和服务的营销策略中起到关键性作用，关系到不动产的产权人能否将产品转移到最终客户，并实现收益。

（一）不动产分销的功能

不动产分销渠道的起点是开发商、房屋出售（租）者，终点是不动产和服务的消费者，中间环节包括批发商、零售商、代理商和经纪人等。就不动产销售而言，分销商可以是不动产所有权人，即不动产开发商或不动产产权人，也可以是专门从事不动产销售代理的不动产经纪机构。建立专门的分销渠道进行不动产销售的好处：一是减少了潜在消费者搜寻产品的次数，提高了形成交易的效率；二是通过分销商的标准化销售行为，提高了不动产交易的标准化程度；三是便于不动产销售方找到交易对象。

（二）不动产分销渠道的类型

市场营销系统中涉及很多个主体，包括供应商、市场营销中介和消费者。中介是产品和服务从供应商达到消费者的桥梁。在不动产领域，不动产分销渠道通常有两种：一种是直销，另一种是委托中间商进行销售。由于不动产位置固定性、价格高、信息不对称和异质性等特点，同时开发商需要控制分销渠道达到控制不动产销售过程的目的，消费者对不动产一次性购买行为，又促使其希望直接从不动产的生产者或所有者那里直接购买到产品，使得不动产分销渠道通常为短渠道，而不像日用百货等标准化商品可以通过多个批发商、代理商和零售商多个中间环节进行销售。

1. 直销

直销是一种销售渠道最短的途径，就是不动产由开发商、不动产产权人、不动产服务供应商（如物业服务企业）直接转移到最终用户，通过直接销售形式完成不动产和服务的交易过程。由于不动产具有位置固定性的特点，直销一般只能销售给本地客户，或者从其他区域来到本地市场进行购买的消费者。

不动产开发商或不动产权利人采用直销是一种简单快捷的销售方式，销售方可以根据收益情况控制销售价格、销售进度。但由于缺乏销售的专业知识和技能，信息发布渠道不畅，容易降低销售速度。

2. 利用中间商进行销售

不动产开发商、不动产权利人或不动产服务商委托不动产经纪机构进行产品的销售，将其转移到最终用户。选择合适的经纪机构销售不动产，直接影响产品的销售状况。委托经纪机构进行产品销售,其优势在于经纪机构和经纪人提供专业化服务、标准化的销售模式,拥有大批掌握销售技能和不动产专业知识的不动产经纪人员,从而扩大了销售半径,提高了销售速度,及时获得市场对产品的反馈,帮助不动产开发商快速回笼资金。

3. 多重分销

多重分销是指通过多个营销渠道将不动产和服务销售到同一个目标市场。例如,在某些存量房房屋代理协议中,存量房产权人既委托不动产经纪机构代理销售,同时合同也约定产权人可以自行销售。当产权人自行销售成功后,产权人只支付经纪机构一些成本费用。

二、不动产促销策略

促销是指生产者为了将自己的产品传递给消费者而做的一系列旨在告知、劝说和影响消费者最终购买产品的行为。消费者获得不动产信息的渠道包括人员推销、媒体广告、直接邮寄、公共关系等。整合这些促销信息渠道的目的在于建立一种统一的、以客户为中心的信息发布模式,为每一个细分市场确定最佳的媒介形式,使潜在消费者从任何一个来源获得的信息都能反映产品特征、企业品牌或组织特征。

(一)不动产促销目标

营销者采取多种途径发布不动产交易信息,使消费者注意到产品信息,激发其对不动产产品产生浓厚兴趣,然后使消费者确信该不动产或服务能够满足其需求,使消费者产生购买欲,最后通过人员推销、广告宣传等促销手段使消费者做出购买不动产的决策行动。不动产促销的目标包括以下几个方面:

第一,提供不动产信息。通过促销活动,销售方告知消费者关于本产品的质量、数量、价格、地段等信息,以及不动产开发商、投资商、建设商、设计师、物业服务机构、营销策划单位等资讯。消费者则通过这些信息评价该不动产的品质。

第二,增加消费者对产品的需求量。有效的促销信息,吸引了首次购买不动产客户的注意力,也就是所谓的吸引消费者的"眼球",激发了其对新产品的兴趣。另外,促销增加了老客户的选择性需求的兴趣。

第三,通过提炼卖点实现不动产的差异化特征。促销信息强调了本产品的差异性,让客户了解本产品与众不同的特质,从而使价格策略更加灵活。

第四,进一步提升了不动产价值。通过广告向消费者解释了不动产或服务的各种功效,使消费者愿意承担为购买这些卓越的效用而支付的更高价格,这为更高的市场定价提供了可能。

第五,稳定销售。通过各种促销手段的有效整合,将吸引潜在购买者的信息传递到购房者或承租者,让他们确信购买该不动产是物有所值的。即使在城市规划、配套设施、交通环境等方面完全相同的两个竞争性项目,也能通过促销使目标消费者认识到它们在价格、质量、档次和其他方面的不同之处,使项目更有竞争性,牢牢锁住目标客户,稳定销售。

(二)不动产促销策略组合

不动产促销策略组合是对促销组合中的各个要素进行精心设计,对促销方式进行选择、搭配和运用，以满足不动产营销的目的，实现组织运营战略目标。营销者需要对不同要素进行优化组合来实现促销目的。促销组合包括广告、公共关系、人员推销、销售促进、直复营销等。

不动产广告是当前不动产促销中最主要，也是最重要的一个手段。广告促销最重要的目标就是提高企业形象。广告推广渠道分为传统媒体和网络两种形式。传统媒体包括广播电台、电视台、报纸、杂志、信函、车身、路牌等。不同媒体对消费者的吸引有不同的特征，不同的广告，媒介不同，其广告费用、广告设计、广告策略和广告效果也不同。因此，广告宣传中，广告媒介的选择是十分重要的。需要在对广告计划、项目特点、资金实力、销售进度等综合协调的基础上，确定广告媒介。

人员推广是不动产企业的推销人员通过主动与消费者进行接触和洽谈，向消费者宣传介绍本企业的不动产，达到促进不动产销售的活动。人员促销的优点如下：

（1）通过不动产销售人员与消费者直接接触，可以向消费者传递企业和不动产的有关信息；

（2）通过与消费者的沟通，可以了解消费者的需求，便于企业进一步满足消费者的需求；

（3）通过与消费者的接触，可以与其建立良好的关系，使消费者也能发挥介绍和推荐不动产的作用。

人员促销也存在一些局限性：

（1）人员促销与其他促销方式比较，成本较高，是广告费用的 2～5 倍；

（2）这种促销方式对人员的素质要求非常高，只有对促销人员进行深入的不动产专业知识和沟通能力的培养，才能建立一支优秀的不动产销售团队；

（3）在不动产市场范围受到限制的情况下，采用人员促销将受到很大限制。

公共关系推广是企业利用公共媒体刊登非付费的有关企业的新闻故事、特写报道、公益事件或正面新闻等，促进消费者对企业更加信任，吸引潜在客户。当然，当公共媒体出现企业的负面新闻时，也会造成公众不再信任企业产品的情况。企业与购买者之间创造更亲密的工作关系和相互依赖伙伴关系，可以发展双方的连续性效益，提高品牌的忠诚度。为了配合公共关系，不动产开发企业或不动产经纪机构可通过企业整合本身的资源，举办一些创意性的活动或事件，使之成为大众关心的话题，吸引媒体报道与消费者参与，达到提升企业及楼盘形象的目的。

不动产促销手段包括打折、试住、送物业服务、送家具、送汽车、送教育等。促销是广告、人员推销、公共关系之外的旨在刺激消费者购买和提升销售效率的活动。促销只是一种短期激励行为，需要与其他销售手段相结合，目的在于强化、补充或者支持整个促销计划、完成全部销售目标。

直复营销主要是采用直邮、产品目录、电话营销、网络营销等方式直接对具体的客户进行传播和发送不动产信息的一种促销手段。这种手段是针对特定的客户，不动产销售人员与客户之间具有互动性，可以建立一对一的客户关系。但是由于按照手机号码号段向客户群发不动产广告信息或拨打电话是受到限制的，基本上电话营销、短信营销在不动产经纪行业是被禁止使用的，除非得到客户的允许。

第五章 不动产价格与评估

第一节 不动产价格

一、不动产价格的概念和特点

（一）不动产价格的概念

对于不动产估价而言，主要是从量上把握不动产的交换价值，因此可将不动产价格定义为在某个时点上为取得他人不动产而获得相应权益所支付的代价。此定义有三层含义：第一，不动产价格随市场供求关系变动，因此不动产价格是指某个时点状态下的价格；第二，不同的不动产权益对应不同价格；第三，这种代价一般以货币形式支付，但也可以实物或劳务等其他形式支付，如以知识产权作价入股的一方，能够以股权形式享有包含合资方不动产在内的总资产所带来的部分利益。

微课：不动产价格

（二）不动产价格的特点

不动产价格是由不动产的有用性、稀缺性和有需求三者有机结合而形成的。在现实生活中，各种不动产价格的高低以及同一不动产价格的变动，都是由这三者程度的不同及其变化引起的。价格通过市场供求关系反映出来。例如，不动产经纪供给的变动可以改变某类不动产的稀缺程度，从而引起该类不动产价格变化；某不动产的功能贬值将使该不动产的效用降低，从而引起该不动产价格下降；不同时期对同类不动产的需求发生变化，在供给条件不变的情况下，也会引起该类不动产价格变化。

1. 不动产价格具有明显的权利价格特征

由于不动产本身空间的固定性和不可移动性，不像其他商品一样通过买卖可以转移到任何地点使用，而是一种权利关系的转移，因而不动产价格实质上是权利价格。

不动产权利包括不动产所有权和他项权利，这种权利体系称为"权利束"，即不动产权利是由一束权利组成的，不动产所有权是最完全、最充分的权利，由此派生出租赁权、抵押权、典当权。同时，由于不动产使用价值的多样性，对于同一种不动产，不同的人所需要的用途是不一样的，相应所需要的权利也就不一定相同，因而可以分享同一不动产的不同权利，这就形成不同权利价格，例如所有权价格、租赁权价格等。

2. 作为不动产价格基础的价值具有特殊性

一般商品都是人类劳动的产品，商品的价值量是由生产该商品的社会必要劳动时间来决定的。而不动产的物质构成包含土地，原始土地本身是非劳动产品，其价格是地租的资本化，只有加工在土地上的劳动才能以社会必要劳动时间来计量，因此，不动产不完全是劳动产品，不动产价格也不完全是由社会必要劳动时间决定的。如前所述，不动产价格只能说基本上是不动产价值的货币表现。

由于土地是稀缺资源，不能再生，因而土地价格受到供求关系的影响特别大，市场需求的无限性和土地供给的有限性，必然拉动地价上涨，由此导致不动产价格也呈现出长期上升的趋势。

3. 不动产价格具有特殊的形成机制

不动产价格受到不动产需求量变动的影响特别大。一方面，不动产的个别性使每一宗不动产都是唯一的，不可能因某宗不动产价格上升就大量生产一模一样的不动产商品，因而任何一宗不动产的供给都是缺乏弹性的；另一方面，不动产建设周期长和地区性的特点，也使供给有明显的滞后性，在一定时期供求关系不可能随时调整，一旦供过于求或供不应求，都要经过相当长时间（短则一、二年，长则三、四年）才能调整过来，不动产商品的供给弹性小，因而不动产均衡价格（指市场供给和市场需求相平衡时的价格）的形成主要是由需求量的变动所决定的。

当需求量增加，供给量不能相应增加时，不动产价格便呈现出上升趋势。同时，不动产价格受到不动产效用及其长期发展趋势的影响也特别明显。不仅不同的不动产有不同的效用，而且即使同宗不动产，由于所处地段、房型、楼层、朝向等的区别，也具有不同的使用价值，这就直接决定了它们之间的价格差异。再者，不动产又是超耐用商品，使用时间特别长，未来的供求变动对价格变动趋势会产生相当大的影响。购房者投资置业，总是希望所购置的不动产能保值增值，因此，在购房时不只是考虑当前，而是更多地考虑未来的不动产发展趋势，因而价格预期的心理因素，就成为影响不动产价格长期走势的一个不可忽视的因素。

4. 不动产价格具有显著的个别性

这里所说的个别性是指每宗不动产都有其不同于其他不动产的价格。其原因主要是不动产物质实体具有个别性。由于不动产空间的固定性、不可移动性，不动产实际的价值和使用价值是各不相同的，因而其价格也具有个别性。

例如，一个按同一建筑设计方案所建筑的住宅小区，其中每一幢楼都有不同的具体位置，因而在出入方便程度、景观条件、受噪声影响程度等方面都各不相同，房价也必然有所差别；再如，同一幢楼中还有不同楼层，不同朝向、位置的区别，所以房价也会有差别。正是由于每一套住宅都有自身独特的内在价值，因而表现出不同的市场价格。认识这一特性，对于不动产开发企业的定价决策和具体操作有着十分重要的指导意义。

5. 不动产价格具有多种表现方式

一般商品的交易方式主要是买卖，售价比较单一。而不动产是价值量大的超耐用品，交易方式多种多样，其中不动产买卖和租赁在交易量和市场范围方面占主要地位，此外还有抵押、典当、作价入股等。在这些不同的交易方式中，不动产价格也有不同的表现方式，如售卖价、租赁价、抵押价、典当价等。

6. 不动产价格总水平具有上升趋势

一般商品的价格随供求关系的变动而上下浮动，总趋势是随着劳动生产率的提高、单位产品成本的降低而趋于下降。而一个城市或地区的不动产价格总水平，虽然受供求关系影响会出现周期性上下起伏，但从一个较长时期看却呈现出上升趋势。

此外，一个城市或地区房价还同经济发展水平密切相关，随着经济发展和收入水平的提高，房屋的内在品质和外部环境不断改善，于是房价相应上升。综合上述因素，从长期发展趋势看，不动产价格总水平趋于上升，这是同一般商品价格所不同之处。

二、不动产价格的分类

从实质上说，不动产价格体现的是不动产权益的交换价值，而不动产权益的多样性必然导致不动产价格的多样性。另外，对于不同的行为和方式，或者对于不同的目的，不动产表现出不同的经济价值。如有的是市场交易的结果；有的是作为政府课税的计税依据；有的是作为投保价值；有的是政府征用的补偿依据；还有的是特定时期政策或制度的产物。即使是市场交易的结果，有时却并不满足公开市场条件，如交易范围窄的抵押行为等。此外，有时不动产价格只是指不动产个别组成部分的价格。因此，分清不动产的价格种类，明确各种不动产价格的含义和作用，是实现正确估价的基础和前提。

（一）按价格的形成形式分类

1. 成交价格

成交价格指交易双方实际成交的价格，是一种事实或真实价格。成交价格既可能是正常的，也可能是不正常的，它随着交易双方的心态、对不动产权益和状态的了解、对市场把握的程度、讨价还价的能力，以及购买方偏好等的不同而不同。

2. 市场价格

市场价格指某特定时期某种不动产在市场上的平均水平价格，是该类不动产大量成交价格的统计结果，反映该类不动产在此时期内的平均价格水平。对各种不动产来说，每个时期都有它们各自的市场价格。

3. 理论价格

理论价格指经济学理论对市场模拟而形成的价格。在经济学理论中，一般通过理性经纪人等一系列假设，同时在假定商品和生产要素价格已知时对消费者和厂商各自行为进行研究的基础上，进一步研究不同市场结构下均衡价格是如何决定的，由此得出的均衡价格即理论价格。因此，理论价格不是真实价格，但它揭示了市场供求关系对价格形成的影响，而且市场机制本身具有实现均衡的趋势，因此理论价格可以指导市场价格的形成。

4. 公开市场价值

在美国不动产相关著作中，经常使用公开市场价值（简称为市场价值）的概念，其定义为在竞争和公开市场条件下最可能形成的价格。

5. 评估价格

评估价格是估价人员针对某种估价目的，对某不动产在某时点的客观合理价格或价值进行估算和判定的结果。评估价格又被称为评估价、评估值、评估额或估价结果，也可根据所采用估价方法的不同而采用不同的称呼。如在估价中采用市场比较法得出的价格通常称为比准价格，采用成本法得出的价格通常称为积算价格，采用收益法得出的价格通常称为收益价格。

6. 政府指导价和政府定价

政府指导价和政府定价是政府为实现宏观调控和对某些物品实行特别政策而制定的价格，由政府有关部门按照定价权限和范围制定。

政府指导价一般采用规定基准价及浮动幅度的形式，政府定价通常表现为直接规定价格。此外，政府对价格的干预还可以采用制定最高和最低限价，或者规定成本构成和利润率等其他形式。

在我国，不动产价格中具有政府指导价性质的主要有基准地价、标定地价、房屋重置价格以及经济适用房销售价格，而具有政府定价性质的主要是城镇住房制度改革中对出售公有住房实行的标准价和成本价。

（二）按实物形态分类

1. 土地价格

土地价格简称地价，仅指不动产中土地部分的价格。在我国，根据土地性质和开发程度的不同，习惯上将土地分为生地、毛地和熟地三种，土地使用权有偿出让时的相应价格分别称为生地价格、毛地价格和熟地价格。根据土地使用权取得市场的不同，土地价格可分为出让价格和转让价格；根据价格表示单位的不同，土地价格可分为总地价、单位地价和楼面地价。此外，在某些特别场合，还存在一种补地价。

2. 建筑物价格

建筑物价格仅指不动产中建筑物部分的价格，不含建筑物占用范围内的土地价格。其中建筑物单价是以单位建筑面积表示的建筑物价格。建筑物转让时，实质上是房屋建筑所有权的转让。

3. 不动产价格

此处专指建筑物连同所占用土地的整体价格。在我国，一般称为房价，指土地使用权与房屋建筑所有权的整体价格。不动产单价通常指单位建筑面积不动产价格，也可能是单位建筑物使用面积不动产价格。因同一宗不动产的建筑物使用面积小于建筑面积，但总价格相同，所以单位使用面积价格高于单位建筑面积价格。面积单位一般采用平方米，但在我国香港和台湾地区，习惯上分别采用平方英尺和坪。此外，不动产也包括在建工程，即已完成的部分建筑物连同所占用土地作为不动产整体项目转让，但不包括尚未完成的土地开发项目，后者可划归于土地部分。

不动产价格按不动产交易付款方式的不同，可以分为实际价格和名义价格。按不动产交易标的状况的不同，可以分为现房价格和期房价格。按不动产销售的习惯，还可以分为起价、标价、成交价、均价等。

实际价格指在成交日期一次付清的价格，或根据此时的折现率将所有现实和未来支付折算到这一日期的支付总额。

（三）按不同的经纪行为分类

1. 买卖价格

买卖价格指通过市场买卖交易方式转移不动产产权的价格，一般指不动产所有权的让与和取得价格。在我国既可以指有偿出让土地使用权的买卖价格，也可以指土地使用权和房屋所有权同时转让的价格。

2. 租赁价格

租赁价格指不改变不动产归属关系，由出租人将不动产按双方商定的租约出租给承租人使用，承租人向出租人支付的租金。土地租金称为地租，不动产整体出租称为房租。我国目前的房租有市场租金（反映市场供求关系）、商品租金（包括折旧费、维修费、管理费、贷款利息、房产税、保险费、地租和利润8项因素）、成本租金（包括商品租金的前5项因素）、准成本租金和福利租金。应注意的是，已形成租赁关系的不动产转让时，一般只是业主发生变化，原租约有关约定在租赁期限内继续有效，租金保持不变或根据原租约规定变化。

3. 抵押价值

抵押价值指以抵押贷款方式将不动产作为债权担保时的价值。不动产作为债权担保的条件是对不动产设定抵押权，进行他项权利登记。抵押价值的实质是当债务人不履行债务，抵押权人依法以折价、拍卖、变卖等方式处置抵押不动产时，该不动产所能实现的客观合理价格折算到设定抵押权时的价值。

4. 保险价值

保险价值指对有可能因自然灾害或意外事故而遭受损失的建筑物投保时，为确定投保金额提供参考依据而评估的价值。

5. 课税价值

课税价值指为政府课税目的，由不动产估价专业人员估定作为不动产课税依据的价值。课税价值根据国家税法规定确定。在美国和日本，课税价值一般以不动产市场价值的一定比例确定。

6. 征用价值

征用价值指政府为了公共利益的需要，征用不动产时确定的补偿金额。在我国，一般指征用农民集体土地的补偿金额，也包括收回国有土地使用权时，对未到期土地使用权的权利人和地上建筑物的所有人及使用人的补偿和安置费用。

三、不动产价格的影响因素

（一）一般因素

影响不动产价格的一般因素指对不动产价格水平高低及其变动具有普遍性、一般性和共同性影响的因素。这些因素对不动产价格的影响是整体性和全方位的，覆盖面是整个地区。一般因素包括社会因素、经济因素和制度（行政）因素三大项（表5.1）。

微课：不动产价格影响因素

表5.1 一般因素细目表

社会因素	经济因素	制度（行政）因素
人口状况	经济发展状况	土地制度
城市化及公共设施条件	储蓄、消费及投资水平	住房制度
教育及社会福利状况	财政与金融状况	城市规划

续表

社会因素	经济因素	制度（行政）因素
不动产交易惯例	物价、居民收入及就业水平	建筑规范
生活方式等状况	税收负担状况	不动产有关税制
心理因素	技术革新及产业结构状况	地价政策
国内政治状况	城市交通体系状况	交通管制
社会治安状况	国际化状况	行政隶属关系变更
国际政治状况	国际经济状况	

1. 社会因素

影响不动产价格的社会因素，主要有人口状况、城市化及公共设施条件、教育及社会福利状况、生活方式等状况、心理因素、国内政治状况、社会治安状况、不动产投机和国际政治状况。

（1）人口状况。

①人口数量。不动产价格与人口数量的关系非常密切。当人口数量增加时，对不动产的需求就会增加，不动产价格也就会上涨；而当人口数量减少时，对不动产的需求就会减少，不动产价格也就会下跌。

②人口素质。人们的文化教育水平、生活质量和文明程度，可以引起不动产价格的变化。人类社会随着文明发达、文化进步，公共服务设施日益完善和普遍，同时对居住环境也必然力求宽敞舒适，凡此种种都足以增加对不动产的需求，从而导致不动产价格升高。如果一个地区中居民的素质低、构成复杂、社会秩序欠佳，人们多不愿意在此居住，则该地区的不动产价格必然降低。

③家庭人口规模。这里所说的家庭人口规模，是指全社会或某一地区的家庭平均人口数。家庭人口规模发生变化，即使人口总量不变，也将引起居住单位数的变动，从而引起需用住房数量的变动，随之导致不动产需求的变化而影响不动产价格。一般来说，随着家庭人口规模小型化，即家庭平均人口数的下降，家庭数量增多，所需住房的总量将增加，不动产价格有上涨的趋势。

（2）城市化。城市化又称城镇化、都市化，是当今重要的社会、经济现象之一，但由于人们对城市的概念理解不一，对城市化的解释和度量方法也相差很大。在有关城市化的各种定义中，一种较为主要的提法是：人口向城市集中的过程即城市化。综合不同学科，城市化一词有以下4个含义：

①城市对农村影响的传播过程；

②全社会人口接受城市文化的过程；

③人口集中的过程，包括集中点的增加和每个集中点的扩大；

④城市人口占全社会人口比例提高的过程。一般来说，城市化意味着人口向城市地区集中，造成对城市不动产的需求不断增加，从而会带动城市不动产价格上涨。

（3）政治安定状况。政治安定状况是指有不同政治观点的党派、团体的冲突情况，现行政权的稳固程度等。一般来说，政治不安定则意味着社会可能动荡，这会影响人们投资、置业的信心，从而会造成不动产价格低落。

（4）社会治安状况。社会治安状况是指偷窃、抢劫、强奸、绑架、杀人等方面的刑事犯罪情况。不动产所处的地区如果经常发生此类犯罪案件，则意味着人们的生命财产缺乏保障，因此会造成不动产价格低落。

（5）不动产投机。不动产投机是指不是为了使用而是为了再出售（或再购买）而暂时购买（或出售）不动产，利用不动产价格的涨落变化，以期从价差中获利的行为。不动产投机是建立在对未来不动产价格预期的基础上的。关于不动产投机对不动产价格的影响，普遍认为它会引起不动产价格上涨。显然不动产投机有许多危害，但这种认识是不够全面的。一般来说，不动产投机对不动产价格的影响可能出现3种情况：引起不动产价格上涨；引起不动产价格下跌；起着稳定不动产价格的作用。

至于不动产投机具体会导致怎样的结果，要看当时的实际情况，包括投机者的素质和心理等。当不动产价格节节上升时，那些预计不动产价格还会进一步上涨的投机者纷纷抢购，哄抬价格，造成一种虚假需求，无疑会促使不动产价格进一步上涨。而当情况相反时，那些预计不动产价格会进一步下跌的投机者纷纷抛售不动产，则会促使不动产价格进一步下跌。另外，当投机者判断失误，或者被过度的热烈（乐观）或恐慌（悲观）的气氛或心理所驱使时，也可能造成不动产价格的剧烈波动。但在某些情况下，不动产投机行为可能起着稳定不动产价格的作用：当不动产价格低落时，怀有日后不动产价格会上涨心理的投机者购置不动产，以待日后不动产价格上涨时抛出，这样就会出现：当不动产需求较小的时候，投机者购置不动产，造成不动产需求增加，使不动产价格稳定；而在不动产价格上涨时，投机者抛售不动产，增加不动产供给，从而平抑不动产价格。

（6）心理因素。心理因素对不动产价格的影响有时是不可忽视的。影响不动产价格的心理因素主要有下列几个：购买或出售心态；个人欣赏趣味（偏好）；时尚风气；接近名家住宅心理；讲究吉祥号码等，如讲究门牌号码、楼层数字等。

不动产需求者遍寻适当的不动产，当选定了合意的不动产后，如该不动产的拥有者无出售之意，则不动产需求者必须以高出正常价格为条件才可能改变其惜售的原意，因此，如果达成交易，成交价格自然会高于正常价格。

有时不动产购买者出于自身的急迫需要，在与竞争对手争夺中只求得到不动产，从而会抬高价格。

不动产拥有者偶然发生资金调度困难，急需现金周转，无奈只能出售不动产变现，这时的成交价格多会低于正常价格。有债务纠纷的不动产，债务人为达到快速脱身的目的，会贱售不动产。

（7）国际因素。现代社会，国际交往频繁，某个国家或地区的政治、经济、文化等，常常影响其他国家和地区。国际经济、军事、政治等环境如何，对不动产价格也有影响。影响不动产价格的国际因素主要有世界经济状况、国际竞争状况、政治对立状况和军事冲突状况。

①世界经济状况。世界经济状况，特别是周边国家和地区的经济状况，对不动产价格有很大的影响。如果世界经济发展良好，一般有利于不动产价格上涨。

②国际竞争状况。不动产是不可移动的,不像汽车、小麦等可以移动的商品能在国与国之间进行贸易,开展竞争,从而价格相互影响。所以,这里所说的国际竞争,主要是指国与国之间为吸引外来投资而展开的竞争。当竞争激烈时,为吸引投资者通常会采取低地价政策,从而会使不动产价格低落;但如果在其他方面采取优惠政策,吸引了大量外来投资者进入,则对不动产的需求会增加,从而会导致不动产价格上涨。

③政治对立状况。如果国与国之间发生政治对立,则不免会出现经济封锁、冻结贷款、终止往来等,这些一般会导致不动产价格下跌。

④军事冲突状况。一旦发生战争,则战争地区的不动产价格会陡然下落,而那些受到战争威胁或者影响的地区,不动产价格也会有所下降。因为不动产不可移动,一旦发生战争,避难时无法随身携带;如果遇到空袭或其他战争上的破坏,则繁华城市有可能瞬间化为废墟,所以,在遭受战争威胁时,人们争相出售不动产,供多于求,不动产价格势必大幅度下跌。

2. 经济因素

影响不动产价格的经济因素,主要有经济发展状况、储蓄、消费、投资水平,财政收支及金融状况、利率、物价(特别是建筑材料价格)、建筑人工费、居民收入。这些因素对不动产价格的影响都较复杂,下面仅说明其中几个。

(1) 经济发展。经济发展的一般定义包括物质福利的改善,尤其是对于那些收入最低者来说;根除贫困,以及与此相关联的文盲、疾病和过早死亡;改变投入与产出的构成,包括把生产的基础结构从农业转向工业活动;以生产性就业普及于劳动适龄人口而不是只由少数具有特权的人来组织经济活动;以及相应地使有着广大基础的集团更多地参与经济方面和其他方面的决定,从而增进自己的福利。

经济发展预示着投资、生产活动活跃,对厂房、写字楼、商店、住宅和各种娱乐设施等的需求增加,由此会引起不动产价格上涨,尤其是引起地价上涨。例如,20世纪80年代亚太地区的日本、新加坡、韩国和中国的台湾、香港地区,经济持续高速增长,地价也相应地大幅度上涨(尽管从事后的亚洲金融危机来看,这种经济发展带有很大泡沫成分,有人甚至称其为泡沫经济)。

日本在第二次世界大战后共出现过三次地价暴涨,虽然引起这三次地价暴涨的原因很多,但不可否认它也是与日本经济的迅速发展密切相关的。第一次地价暴涨出现于1956—1962年,正值日本重化学工业化时期,太平洋沿海工业化区域的地价暴涨现象较为突出,而它的波及范围扩大到大城市周围地区的住宅用地。第二次地价暴涨出现于1967—1974年,正值日本开展地区开发和工业布局区向原有工业区外围延伸的时期,这次地价暴涨以大城市周围地区和主要地方城市的变动幅度最大。第三次地价暴涨出现于1984—1989年,是在日本向信息化转变和东京向世界性金融中心城市过渡的时期发生的。短短几年之内,东京因此变成了具有国际意义的银行中心,东京的交易所在这期间能与纽约的华尔街媲美,这把国际银行吸引到东京。数量众多的生产和商业企业在此期间也在东京开设了分支机构,因为尽管有贸易壁垒,繁荣兴旺的日本还是为其提供了良好的销售机会。

(2) 利率。从收益法可以看出,不动产价值与报酬率负相关;从求取报酬率的累加法可以看出,报酬率与利率正相关。所以,不动产价格与利率负相关,利率下降,不动产价格会上升;利率上升,不动产价格会下降。

决定利率水平的因素主要有下列几个:

①平均利润率。利息是来自利润的一部分。企业借款是为了获取利润,如果利率高于利润率,企业就要将其利润全部付给贷款人,从而就不会去借款。因此,平均利润率构成了利率的最高界限。但利率也不会等于零,否则就不会有人把钱借给他人。所以,利率介于平均利润率与零之间。

②资金供求状况。利率是资金的价格,它同任何商品的价格要受供求状况影响一样,要受借贷市场上资金供求状况的影响。当借贷资金的供给大于需求时,利率会下降;反之,利率会上升。随着资金供求状况的变化,利率在平均利润率与零之间波动。

③预期通货膨胀率。在信用货币条件下,特别是在纸币制度下,通货膨胀使借贷资金本金贬值,给借贷资金所有者带来损失。为了弥补这种损失,贷款人往往会在一定的预期通货膨胀率的基础上确定利率,以保证其本金和实际利息额不受损失。当预期通货膨胀率上升时,贷款人会要求提高贷款利率;反之,利率一般会相应下调。

④国家经济政策。利率是国家调节社会经济活动的重要经济杠杆,必定受国家的控制和调节。国家根据经济状况和经济政策目标,通过中央银行制定的准备金率和再贴现率影响市场利率,进而调节经济,实现其目的。如中央银行采用货币紧缩政策时,往往会提高再贴现率,从而引起市场利率上升;当采用货币扩张政策时,又会降低再贴现率,从而引起市场利率下降。

⑤国际利率水平。在国际经济联系日益密切的当代,国际利率水平及变化趋势对国内利率也有重要影响。这种影响是通过资本在国际的流动实现的。

⑥国际收支状况。当一国国际收支持续出现大量逆差时,为了弥补国际收支逆差,需要利用资本项目大量引进外资。此时,该国金融管理当局就会提高本国利率;反之,当出现大量顺差时,为了控制顺差,金融管理当局可能会降低利率,以减少资本项目的外汇流入。

(3)物价。不动产价格是物价的一种,但与一般物价的特性不同,在此将它们区别开来进行比较。不动产价格与一般物价的关系非常复杂。通常,物价的普遍波动表明货币购买力的变动,即币值发生变动。此时物价变动,不动产价格也随之变动,如果其他条件不变,则物价变动的百分比相当于不动产价格变动的百分比,而两者的动向也应一致,表示不动产价格与一般物价之间的实质关系未变。

不论一般物价总水平是否变动,其中某些物价的变动也可能会引起不动产价格的变动,如建筑材料价格、建筑人工费的上涨,会增加不动产的开发建设成本,从而可能推动不动产价格上涨。

从宏观来看,地价上涨与一般物价上涨的因果关系,在日本存在着下列两种看法:一种看法认为存在地价上涨—抵押力量增大—信用膨胀—物价上涨因果关系;另一种看法则认为存在货币量的增加—物价上涨—地价上涨关系。

从较长时期来看,不动产价格的上涨率要高于一般物价的上涨率和国民收入的增长率。但在不动产价格中,土地价格、建筑物价格和房地产价格,或者不同类型不动产的价格,其变动幅度不是完全同步的,有时甚至不是同方向的。

(4)居民收入。通常,居民收入的真正增加(非名义增加,名义增加是指在通货膨胀情况下的增加),意味着人们的生活水平将随之提高,其居住与活动所需的空间会扩大,从而会增加对不动产的需求,导致不动产价格上涨。至于对不动产价格的影响程度,要看现有的收入水平及边际消费倾向的大小。所谓边际消费倾向,是指收入每增加一个单位所引起的消费变化。

如果居民收入的增加,是衣食都较困难的低收入者的收入增加,虽然其边际消费倾向较大,但其增加的收入大部分甚至全部会首先用于衣食等基本生活的改善,这对不动产价格的影响不大。

如果居民收入的增加,是中等收入者的收入增加,因其边际消费倾向较大,且衣食等基本生活已有了较好的基础,其所增加的收入大部分甚至全部会用于提高居住水平,这自然会增加对居住不动产的需求,从而会促使居住不动产价格上涨。

如果居民收入的增加,是高收入者的收入增加,因其生活上的需要已达到应有尽有的地步,边际消费倾向甚小,所以,其增加的收入大部分甚至全部可能用于储蓄或其他投资,这对不动产价格的影响就不大。不过,如果他们利用剩余的收入从事不动产投资或投机,例如,购买不动产用于出租或将持有不动产当作保值增值的手段,则会引起不动产价格上涨。

3. 行政因素

影响不动产价格的行政因素,是指那些影响不动产价格的制度、政策、法律法规、行政行为等方面的因素,主要有不动产制度、不动产价格政策、行政隶属变更、特殊政策、城市发展战略、城市规划、土地利用规划、税收政策、交通管制。

(1) 不动产制度。不动产制度对不动产价格的影响也许是最大的。例如,在传统土地使用制度下,严禁买卖、出租或者以其他形式非法转让土地,可能使地租、地价根本不存在。对住房实行低租金、实物分配,必然造成住房的租金、价格低落。而改革土地使用制度和住房制度,推行住宅商品化、社会化,就使不动产价格显现出来,以反映客观的市场供求状况。

(2) 不动产价格政策。不动产价格政策是指政府对不动产价格高低的态度以及采取的干预方式、措施等。政府对不动产价格干预的方式,可能是直接制定价格,也可能是通过其他一些措施或手段来调节价格。

不动产价格政策可以分为两类:一类是高价格政策;一类是低价格政策。所谓高价格政策,一般是指政府对不动产价格放任不管,或者有意通过某些措施来抬高不动产价格;低价格政策,一般是指政府采取种种措施来抑制不动产价格上涨。因此,高价格政策促进不动产价格上涨,低价格政策造成不动产价格下落。但值得注意的是,低价格政策并不意味着造成不动产价格的绝对水平低下;同理,高价格政策也不意味着造成不动产价格的绝对水平很高。

抑制不动产价格的措施是多种多样的,它们影响不动产价格低落的速度和幅度不尽相同。抑制不动产价格的措施主要有以下几种:

①制定最高限价,规定不动产交易时不得突破此价格;

②制定标准价格,作为不动产交易时的参考;

③政府在不动产价格高涨时抛出一定量的不动产,特别是通过土地供应,以增加不动产的供给,从而平抑不动产价格;

④征收不动产交易税或增值税;

⑤建立一套不动产交易管理制度。

(3) 行政隶属变更。可以想象,由于行政隶属变更,将某个非建制镇升格为建制镇,或将某个建制镇升格为市,或将某个市由原来的较低级别升为较高级别,例如,县级市升格为地级市,省辖市升格为直辖市,无疑会促进该地区的不动产价格上涨。同样,如果将原属于某一较落后地区的地方划归另一较发达地区管辖,也会促进这一地方的不动产价格上涨;相反,则会导致这一地方的不动产价格下落。

(4) 特殊政策。在一些地方建立经济特区,实行特殊的政策、特殊的体制、特殊的对外开放措施,往往会提高该地区的不动产价格。例如,深圳变为经济特区,海南岛成为海南省并享受特区政策;中央决定开发开放上海浦东,都曾使这些地方的不动产价格大幅度上涨。

(5) 城市发展战略、城市规划、土地利用规划。城市发展战略、城市规划、土地利用规划对不动产价格都有很大影响,特别是城市规划对用途、建筑高度、容积率等的规定。就规定用途来看,不同用途对土地条件的要求不同;反过来,在土地条件一定的情况下,规定用途对土地价格有着很大的影响,具体表现在两个方面:就某一块土地而言,它会降低地价;从总体上看,由于有利于土地的健康协调利用,因此有提高地价的作用。但是,如果规定用途不妥,缺乏科学的理论和方法,也会两败俱伤,既降低单块土地的价格,也会降低整片土地的利用率,从而使地价下降。规定用途对地价的影响在城市郊区表现得特别明显:如果城市的发展已使郊区某些农用地很适合于转变为城市建设用地,但如果政府规定只能维持现有的农业用途,则地价必然很低,而如果一旦允许改变用途,则地价会成倍上涨。

(6) 税收政策。不同的税种、税率及其征收环节,对不动产价格的影响是不同的。可将税收分为不动产开发环节的、不动产交易环节的和不动产保有环节的税收。另外,考察税收政策对不动产价格的影响,必须注意课税的转嫁问题。如果某种对不动产的课税可以通过某种途径部分或全部地转嫁出去,那么它对不动产价格的影响就小,甚至不起作用。

直接或间接地对保有不动产课税,实际上是减少了利用不动产的收益,因而会导致不动产价格低落;相反,降低甚至取消对保有不动产课税,会导致不动产价格上升。

(7) 交通管制。某些不动产所处的位置看起来交通便利,但实际上并不便利,这可能是受到了交通管制的影响。对不动产价格有影响的交通管制,主要有严禁某类车辆通行,实行单行道、步行街等。

交通管制对不动产价格的影响结果如何,要看这种管制的内容和不动产的使用性质。对于某些类型的不动产来讲,实行某种交通管制也许会降低该类不动产的价格,但是对于另一些类型的不动产来讲,实行这种交通管制则可能会提高该类不动产的价格。例如,在住宅区内的道路上禁止货车通行,可以减少噪声、汽车尾气污染和行人行走的不安全感,因此会提高不动产价格。

(二) 区域因素

区域因素指不动产所在区域由于本身特性而对不动产价格产生影响的因素。区域因素包括两方面:一是不动产所在区域的自然条件及经济地理位置与前述一般因素相结合而形成的地区社会经济地位及由此决定的不动产供求状况对不动产价格的影响;二是城市内各种不同类别用地地域由于本身特性而对不动产价格产生影响的因素,如环境因素。

影响不动产价格的环境因素,是指那些对不动产价格有影响的不动产周围的物理性状因素。这方面的因素主要有大气环境、声觉环境、水文环境、视觉环境和卫生环境。

(1) 大气环境。大气就是空气,是人类赖以生存、片刻也不能缺少的物质。空气质量的好坏,对人体健康十分重要。不动产所处的地区有无难闻气味、有害物质和粉尘等,对不动产价格有很大影响。尤其是化工厂、屠宰厂、酱厂、酒厂、厕所等都可能造成空气污染,因此,凡接近这些地方的不动产价格较低。

(2)声觉环境。汽车、火车、飞机、工厂、人群(如周围是否有农贸市场)等,都可能形成噪声。对于住宅、旅馆、办公、学校、科研等类不动产来说,噪声大的地方,不动产价格较低;噪声小、安静的地方,不动产价格通常较高。

(3)水文环境。地下水、沟渠、河流、江湖、海洋等的污染程度如何,对其附近的不动产价格也有很大影响。如靠打水井来解决饮水的地区,地下水的质量或其受到的污染程度,对该地区的不动产价格有更大的影响。

(4)视觉环境。不动产周围安放的东西是否杂乱,如电线杆、广告牌、标示牌等的竖立状态和设计是否美观,建筑物之间是否协调,公园、绿化等形成的景观是否赏心悦目,都会对不动产价格有影响。

(5)卫生环境。清洁卫生状况,包括垃圾堆放情况,对不动产价格也有影响。

(三)个别因素

个别因素指不动产由于各自条件的差异而影响其价格的因素。这是由不动产的个别性所决定的,并由此影响同类不动产的不同价格。个别因素可细分为宗地条件和建筑物类别的影响。

与土地有关的因素主要有宗地的自然条件、局部区位条件及环境状况。自然条件包括宗地的地形、地势、地质状况,宗地的面积、形状及与道路街面的方位关系。用作住宅的宗地更侧重于日照、通风、干湿条件、兴建住宅的合适朝向等。局部区位条件及环境状况包括宗地所处的地段位置,离街面的距离,连接街面的道路系统,街面的幅宽、构造等状态,交通设施状况,相邻不动产及周围情况,上下水道、电力、燃料设施状况,景观和绿化状况,噪声及污染程度,对宗地利用的若干限制条件等。其中,用于住宅的宗地侧重于附近购物是否方便快捷,周围的公共设施和公益设施是否完备,污水等排污处理和环卫设施的状况等。用于商业的宗地强调与商业地域中心的接近程度以及对顾客流动状态的适合性。而用于工业的宗地则侧重于与干线道路、铁路、港湾、机场等交通运输设施的位置关系。与建筑物有关的因素包括建筑物用途类别、建筑结构、层数及质量等。从功能和质量上看,包括面积、层高、建筑构造、材质、装修档次、外观、内部设计及设施的配置、施工质量及安全要求、建筑物的造型、感观,以及与周围环境的适应性等。

1. 土地实物因素

(1)土地面积。两块位置相当的土地,如果面积相差较大,单价会有所不同。一般来说,面积过小而不利于利用的土地,单价较低。但在特殊情况下可能有例外,如面积过小的土地与相邻土地合并后会大大提高相邻土地的利用价值,则面积过小土地的拥有者可能以"奇货可居"的心态待价而沽,而相邻土地的拥有者为求其土地得到有效利用,可能不惜以高价取得。

土地面积如果过大,单价也可能较低。因为面积较大,总价较高,会减少潜在购买者数量。另外,面积过大的土地在利用时通常需要拿出较多的土地用于道路等基础设施建设,从而会减少可利用的土地面积。

土地面积大小的合适度因不同地区、不同消费习惯而有所不同。例如,某个地区的不动产市场如果普遍接受高层楼房,则在该地区较大面积土地的利用价值要高于较小面积土地的利用价值，因此较大面积土地的单价会高于较小面积土地的单价。相反，如果该地区的不动产市场仅能接受体量较小的建筑，则较大面积土地的单价会低于较小面积土地的单价。

（2）土地形状。土地形状是否规则，对地价有一定的影响。形状规则的土地，主要是指正方形、长方形（但长和宽的比例要适当）的土地。由于形状不规则的土地一般不能有效利用，相对于形状规则的土地来说，其价格一般较低。通常为改善形状不规则土地的利用，多采取土地调整或重划措施。土地经过调整或重划之后，利用价值提高，地价立即随之上涨，这从另一方面说明了土地形状对地价的影响。

（3）地形、地势。地面的高低起伏、平坦程度等会影响不动产的开发成本、利用价值或景观等，从而影响其价格。一般来说，平坦的土地，价格较高；高低不平的土地，价格较低。但是，如果土地过于平缓，往往不利于地面水的汇集和排除。

在其他状况相同的情况下，地势高的不动产的价格一般高于地势低的不动产的价格。因为地势低不仅下雨时容易积水、潮湿，而且会影响建筑物的气势、可视性。地势和可视性对写字楼都很重要，可视性对商铺很重要。把地势与当地的降水量结合起来，可以较好地看到地势对不动产价格的影响。地势虽然低洼，但如果降水量不大，则不易积水，从而地势对不动产价格的影响不大；反之，降水量大，地势对不动产价格的影响就大。

（4）地质。地质状况是指地基承载力和稳定性，地下水位和水质，有无不良地质现象等。其中，地基承载力是指土地可负荷物品的能力，特别是指在保证地基稳定的条件下，建筑物的沉降量不超过允许值的地基承载能力。不同的土地，有不同的承载力，对农地来说，由于一般情况下地基承载力都能满足要求，所以通常不考虑地基承载力因素。但对建设用地特别是城市建设用地来说，地基（工程地质）状况对地价的影响较大，尤其是在现代城市建设向高层化发展的情况下。

对建设用地来说，一般情况下，地质坚实，承载力较大，有利于建筑使用，地价就高；反之，地价则低。但不同的建筑物，如平房、多层建筑、高层建筑，对地基承载力有不同的要求，因此地基承载力对地价的影响程度也有所不同。

现代建筑技术在一定程度上可以克服地基承载力小、地基不稳定等问题，因此，地价与地基（工程地质）状况关系的实质是地基（工程地质）状况的好坏关系到开发成本的高低。建造同样的建筑物，地基（工程地质）状况好的，需要的地基加固处理等费用低，从而地价高；相反，则地价低。不同地震烈度的建筑抗震设防要求也可以说明这个问题。

（5）土壤。这里主要说明土壤的污染情况、自然酸碱性和肥力对不动产价格的影响。土壤受到污染的土地，地价会降低；房屋所在土地的土壤如果受到污染，房价会降低；酸性土壤对混凝土有很大的破坏作用，碱性土壤不利于植物生存。这些问题虽然目前在技术上都可以解决，但需要增加处理费用，增加不动产开发或使用过程中的成本，从而会降低地价或房价。

（6）土地开发程度。一宗土地的基础设施完备程度和场地平整程度，对其价格的影响是显而易见的：熟地的价格要高于生地的价格；"七通一平"土地的价格要高于"五通一平"土地的价格，"五通一平"土地的价格要高于"三通一平"土地的价格。

2. 建筑物实物因素

（1）建筑规模。建筑物的面积、体积、开间、进深、层高、室内净高、层数、高度等规模因素，关系到建筑物的形象、使用性等，对不动产价格有所影响。总体而言，规模过小或过大都会降低其单价。但要注意，不同用途、不同地区，对建筑规模的要求是不同的。如住宅，在住宅单价较高的情况下，因小面积的总价低，买得起的人较多，单价通常高于大面积的单价。此外，人们对建筑物的需要，本质上是对建筑物内部立体空间的需要，而不仅是对面积的需要，因此层高或室内净高对不动产价值也有影响。层高或室内净高过低的建筑物会使人有压抑感，从而其价值一般较低。但层高或室内净高也有一个合适的度，过高不仅会增加造价，而且会增加使用中的能耗，从而会降低不动产价值。

（2）建筑结构。对建筑物最重要、最基本的要求是安全。不同结构的建筑物的稳固性和耐久性不同，因此其价值会有所不同，特别是在地震多发地区。如钢筋混凝土结构、砖混结构、砖木结构的建筑物，价值一般是从高到低。不同结构的建筑物的造价一般不同，这通常也会反映到其价值上。

（3）设施设备。随着经济发展和生活水平提高，要求建筑物内安装完善的设施设备，因此建筑的设施设备是否齐全、完好，例如是否有电梯、中央空调、集中供热、宽带及其性能等，对不动产价值有很大的影响。当然，不同用途和档次的建筑物，对设施设备的要求有所不同。一般来说，设施设备齐全、完好的，价值会高；反之，价值会低。

（4）装饰装修。房屋按照装饰装修状况，可分为精装修房、粗装修房和毛坯房三大类，其价格一般是从高到低。当然，装饰装修是否适合人们的需要，其品位、质量等如何，是非常重要的因素。某些"糟糕"的装饰装修不仅不能提高不动产价值，还会降低不动产价值，因为购置后还需要花费代价将其"铲除"。

（5）空间布局。空间布局关系到建筑物的使用，对不动产价值有较大的影响。不同用途的建筑物，如住宅、商场、写字楼等，对空间布局的要求不尽相同。一般来说，平面布置合理、交通联系方便、有利于使用的建筑物，价值就高；反之，价值就低。尤其是住宅，平面设计中功能分区是否合理、使用是否方便是决定其价值高低的重要因素之一。

（6）防水、保温、隔热、隔声、通风、采光、日照。通风、采光、日照既有实物因素性质，又有区位因素性质（对应于朝向、楼层）。将它们与防水、保温、隔热、隔声放在一起，是为了便于叙述和理解，建筑物应满足防水、保温、隔热、隔声、通风、采光、日照等要求。对建筑物防水的基本要求是屋顶或楼板不漏水，外墙不渗雨。对建筑物保温、隔热的基本要求：冬季能保温，夏季能隔热、防热。对建筑物隔声的基本要求：防止噪声和保护私密性，能阻隔声音在室内与室外之间、上下楼层之间、左右隔壁之间、室内各房间之间传递。对建筑物通风的基本要求：能够使室内与室外空气之间流通，保持室内空气新鲜。对建筑物采光、日照的基本要求：白天室内明亮，室内有一定的空间能够获得一定时间的太阳光照射，采光和日照对住宅都很重要。采光对办公楼比较重要。

因此，上述诸方面是否良好，对不动产价格有较大影响。以日照为例，有自然状态下的日照和受到人为因素影响下的日照。自然状态下的日照长短，主要与所在地区的纬度高低和气候条件有关。日照在一个地区基本上是相同的，因此主要是考察受到人为因素影响下的日照长短。受到人为因素影响下的日照长短，主要与朝向、周围建筑物或者其他物体（如山体、树木）的高度、距离（如建筑间距）等有关。一般来说，受到周围建筑物或者其他物体遮挡的不动产价格（尤其是住宅价格），要低于无遮挡情况下的相似的不动产价格。日照对不动产价格的影响还可以从住宅的朝向对其价格的影响中看到。

（7）外观。建筑物外观包括建筑式样、风格、色调、可视性等，对不动产价格有较大的影响。凡是建筑物外观新颖、优美，可给人以舒适的感觉，则价格会高；反之，单调、呆板，很难引起人们的享受欲望甚至令人压抑、厌恶，特别是在外形上会让人产生不好的联想，则价格会低。

（8）新旧程度。建筑物的新旧程度是一个综合性因素，包括建筑物的年龄、维护情况、完损状况、工程质量等。总的来说，建筑物越新，价值就高；反之，价值就低。

3. 不动产权益因素

拥有一宗不动产，实际上就拥有了一定范围内的空间。但拥有者在该空间范围内并不能随心所欲地利用，而要受到许多方面的限制。这些限制除了来自建筑技术（包括建筑施工技术、建筑材料性能）及拥有者的经济实力外，还有一些其他限制（以下均是指这类限制）。因为不动产是构成环境的重要因素，其利用不是预立的，存在"外部性"，会影响周围和社会公众的利益。一宗不动产利用所受限制的种类和程度，对其价值有很大的影响。进行不动产评估，应调查不动产利用所受的各种限制及其内容和程度，只有这样才能评估出正确的价值。对不动产利用的限制可归纳为3个方面：不动产权利及其行使的限制；不动产使用管制；相邻关系的限制。

（1）不动产权利及其行使的限制。拥有的不动产权利是所有权还是使用权、地役权、抵押权、租赁权，以及这些权利是否完整、清晰等，价值会有很大的差异，以地役权为例，对供役地而言，是他人在该土地上享有的一种有限的使用权，字面上的意思是该土地为他人服役。供役地在给他人方便时，土地所有权人或土地使用权人有可能要遭受某些损失，在这种情况下，地役权的存在会降低供役地的价值。

以共有的不动产为例，如果共有人较多，对于不动产的维护、修缮、处分等很难形成共识，部分共有人如果不堪其烦而转让其在共有的不动产中享有的份额，这时的成交价格多会低于正常价格。

此外，权利所对应的实质内容对价值也有很大的影响。例如，地下矿、埋藏物等是否自动地归属于土地拥有者，各个国家和地区的规定不一。在中国内地，虽然境内外的公司、企业、其他组织和个人，除法律另有规定者外，均可以通过政府出让方式取得土地使用权，进行土地开发、利用、经营，但取得的土地使用权不包含地下资源、埋藏物和市政公用设施，例如，《中华人民共和国城镇国有土地使用权出让和转让暂行条例》（1990年5月19日中华人民共和国国务院令第55号，以下简称《城镇国有土地使用权出让和转让暂行条例》）第二条规定："国家按照所有权与使用权分离的原则，实行城镇国有土地使用权出让、转让制度，但地下资源、埋藏物和市政公用设施除外。"

（2）不动产使用管制。世界上绝大多数国家和地区对不动产利用，特别是土地利用，都有或多或少的限制。对不动产评估来说，有意义的使用管制主要是农用地转为建设用地，以及对土地用途、容积率、建筑密度、绿地率、建筑高度等的规定。

就规定用途来看，居住商业办公、工业等不同用途对土地位置等的要求不同；反过来，在土地位置等一定的情况下，规定用途（例如，是用于商业、办公、居住还是工业或绿化）对地价有着很大的影响。规定用途对地价的影响在城市郊区表现得特别明显：

在城市发展已使郊区某些农用地很适合转变为城市建设用地的情况下,如果政府规定只能维持现有的农业用途,则地价必然较低,而如果一旦允许改变用途,则地价会大幅度上涨。

容积率的高低对地价也有很大的影响,在估价时必须搞清楚容积率的确切内涵,在城市规划中,地下建筑面积通常不计容积率。在实际中,容积率分为包含地下建筑面积的容积率和不包含地下建筑面积的容积率。在补交出让金等费用方面,有的地方政府规定地下建筑面积不补交或者只按照地上建筑面积的出让金等费用水平的一定比例(如1/3)补交。这些规定对地价都有很大的影响。

(3)相邻关系的限制。相邻关系是指不动产的相邻权利人依据法律法规规定或者按照当地习惯,相互之间应当提供必要的便利或者接受必要的限制而产生的权利和义务关系。特别是从义务方面来看,相邻关系是对不动产所有权、使用权的一种限制,因此相邻关系的存在对不动产价格有一定的影响。

一方面,相邻关系要求不动产权利人应当为相邻权利人提供必要的便利,包括:应当为相邻权利人用水、排水提供必要的便利;对相邻权利人因通行等必须利用其土地的,应当提供必要的便利;对相邻权利人因建造、修缮建筑物以及铺设电线、电缆水管、暖气和燃气管线等必须利用其土地、建筑物的,应当提供必要的便利。另一方面,相邻关系要求不动产权利人在自己的不动产内从事工业、农业、商业等活动及行使其他权利时,不得损害相邻不动产和相邻权利人,包括:在自己的土地上建造建筑物,不得违反国家有关工程建设标准,妨碍相邻建筑物的通风、采光、日照;不得违反国家规定弃置固体废物,排放大气污染物、水污染物、噪声、光、电磁波辐射等有害物质;挖掘土地、建造建筑物、铺设管线以及安装设备等,不得危及相邻不动产的安全。

4. 不动产区位因素

各种生产、生活活动都需要不动产,并对其区位有一定要求。不动产区位的优劣,直接关系到不动产所有者或使用者的经济收益、生活便利或社会影响,因此,不动产的区位不同,例如,是坐落在城市还是乡村,是位于城市中心还是边缘地带,是临街还是不临街,价格会有很大的差异。尤其是城市土地,其价格高低为区位优劣所左右。

不动产区位优劣的形成:一是先天的自然条件,二是后天的人工影响。在实际估价中,关键要搞清楚什么样的区位为优,什么样的区位为劣。不动产区位优劣的判定标准,虽然因不同的用途而有所不同,但在一般情况下,凡是位于或接近经济活动的中心、要道的通口、行人较多、交通流量较大、环境较好、配套设施较完备位置的不动产,价格一般较高;反之,处于闭塞街巷、郊区僻野的不动产,价格一般较低。较具体地说,居住不动产的区位优劣,主要是看其交通条件、配套设施完备程度、周围环境。其中,别墅的要求是接近大自然,周围环境良好(如有青山、碧水、蓝天),居于其内又可保证一定的生活私密性。商业不动产的区位优劣,主要是看其繁华程度、临街状况、交通条件等。办公不动产的区位优劣,主要是看其商务氛围、交通条件等。工业不动产的区位优劣,通常需要视产业的性质而定,一般来说,凡是有利于原料和产品的运输,便于动力取得和废料处理的区位,价格必有趋高的倾向。

不动产的区位不仅指地球上某一特定的自然地理位置,还指与其相联系的社会经济位置,是与该特定位置相联系的自然因素和人文因素的总和。不动产的自然地理位置虽然固定不变，但其社会经济位置会发生变化。这种变化可能是由于城市规划的制定或修改，交通建设或改道造成的，也可能是由于其他方面的建设引起的。当不动产的区位由劣变为优时，其价值会上升；反之，其价值会下降。

不动产区位因素是一个综合性因素，可分解为位置、交通、外部配套设施、周围环境等因素。在不动产价格影响因素中，判定一个因素是否属于区位因素，可以把实际上不可移动的不动产想象成动产那样是可以移动的，然后假设移动它。不动产移动之后会发生变化的因素，就属于区位因素；反之，则不属于区位因素。下面对几种主要区位因素对不动产价格的影响予以分析说明。

（1）位置。

①方位。分析一宗不动产的方位，首先是看该不动产在某个较大区域（如城市）中的位置。例如，该不动产是位于城市的上风、上游地区，还是下风、下游地区。由于自然、历史等原因，一些城市形成了所谓的不同特色区域，如过去的北京城有"东贵、西富、南贱、北贫"之说，成都市有"西贵、南富、东穷、北匪"之说，因此，区位还包括不动产是位于其中"高贵"地区，还是"贫贱"地区。一般来说，位于上风、上游、"高贵"地区的不动产价格，高于位于下风、下游、"贫贱"地区的不动产价格。

其次是看该不动产在某个较小区域中的位置。例如，位于十字路口拐角处的不动产，要看是位于十字路口的哪个角。中国由于处在北半球的地理位置，对位于十字路口拐角处的不动产来说，如果不考虑周围的情况，其位置优劣及价格高低依次为西北角、东北角、西南角、东南角。

类似的还有位于街道、水流或山坡某侧的不动产，位于不同侧的价格会有所不同。有资料表明，同一街道的商业不动产，因位于向阳面与背阳面的不同，价格有差异。因为位于向阳面与背阳面的不同会影响来往的行人数量，从而影响顾客的数量，进而影响收益的高低。例如，据美国南部商业区同一街道地价调查的结果，通常背阳面的地价高于向阳面的地价二至三成。

②与相关场所的距离。距离是衡量不动产区位优劣最常见、最简单的指标。由于工作、购物、子女就学、就医、健身等的需要，人们通常希望居住地与工作地近些，同时要便于购物、子女就学、就医、健身等，办公、商业、工业、农业等活动，都有相应的要求。因此一宗不动产与其相关的主要场所，如市中心、汽车客运站、火车站、机场、码头、公园、学校、医院、政府机关、工作地、居住地等的距离，对其价格有较大的影响。一般地说，距离较近的不动产，价值要高些。

距离可分为空间直线距离、交通路线距离、交通时间距离和经济距离。空间直线距离是最简单、最基础的距离，但在路网不够发达和地形复杂的地区（如山地城市），它往往会失去意义。交通路线距离是指通过道路等来连接的距离，有时受路况（包括路面、交通流量等状况）、交通管制等的影响，虽然距离不远，但通达性可能不好，特别是在时间对人们越来越宝贵的情况下。

交通时间距离从理论上讲更为科学，但在实际中往往被误用，原因主要是测量所用的交通工具、所处时段不能反映真实的交通时间。例如，大城市的某些不动产广告所称的商品房交通方便、15分钟车程即可到达，可能是在交通流量很小的夜间、用速度很快的高级小轿车测量的，而对依靠公共汽车上下班的购房者来说，在上下班时段可能需要

1小时才能到达。因此，在使用交通时间距离时应采用该不动产有代表性的使用者适用的交通工具和出行时段来测量。另外，有些不动产虽然来往所需要的交通时间较短，但要经过较高收费的道路或桥梁、隧道等，这样即使节省了交通时间，但可能并不经济。经济距离是更科学但较复杂的一种距离，它是把交通时间、交通费用统一用货币来衡量，以反映距离。

③临街状况。分析临街状况对不动产价格的影响，首先要弄清楚是否临街、临什么样的街以及是如何临街的，然后结合不动产用途和土地形状进行，一般来说，不临街住宅的位置要好于临街住宅，而商业用途的不动产相反。商业用途不动产的临街状况主要有一面临街或前后两面临街，或者为街角地；长方形土地是长的一边临街还是短的一边临街，梯形土地是宽的一边临街还是窄的一边临街，三角形土地是一边临街还是一顶点临街，商业用途不动产的临街状况不同，价值会有所不同，甚至有很大差异。

④朝向。对住宅而言，朝向是很重要的位置因素，住宅的朝向主要影响采光和日照。中国处在北半球，南向是阳光最充足的方位，一般认为"南方为上，东方次之，西又次之，北不良"，因此，住宅最好是坐北朝南。在实际估价中，对住宅的朝向应尽量细化以后再予以分析，如分为南北向、南向、东南向、西南向、东西向、东向、西向、东北向、西北向、北向。

⑤楼层。当为某幢房屋中的某层、某套时，楼层是重要的位置因素，因楼层影响通达性、通风、采光、日照、视野、景观、空气质量、安宁程度、安全、室内温度、自来水洁净（是否有通过水箱、水池等供水的二次污染），以及顶层是否可独享屋面使用权，底层是否可独享室外一定面积空地的使用权等。住宅楼层的优劣通常按总层数和有无电梯来区分。一般来说，没有电梯的传统多层住宅的中间楼层较优，顶层和底层较劣。有电梯的中高层住宅、高层住宅，城市一年四季空气中悬浮层以上的楼层较优，三层以下较劣。对某层商业用房来说，楼层是十分重要的位置因素，例如，商业用房的地下层，地上一层、二层、三层等之间的价格或租金水平差异很大。一般来说，地上一层的价格或租金最高，其他层的价格或租金较低，一般不到地上一层价格或租金的60%。

（2）交通。交通出行的便捷、时耗、成本等因素，直接影响不动产价格，交通因素包括道路状况、出入可利用的交通工具、交通管制情况、停车方便程度以及交通收费情况等。下面主要分析开辟新的交通线路和交通管制情况对不动产价格的影响。

开辟新的交通线路，如新建道路、通公共汽车、建地铁或轻轨，可以改善沿线地区特别是站点周边地区的交通条件，一般会使这些地区的不动产升值。具体导致的不动产升值程度，可从以下方面分析：一是从不动产类型看，对交通依赖程度越高的不动产，其升值幅度会越大。二是从不动产位置看，离道路或站点越近的不动产，其升值幅度会越大。但如果离道路或站点过近，尤其是住宅，由于人流增加导致的喧闹以及交通工具运行的噪声等，也有一定的负面影响。三是从影响发生的时间看，对不动产的升值作用主要发生在交通项目立项之后、完成之前。在立项之前因开辟新的交通线路有较大的不确定性，对不动产的升值作用还难以显现；在完成之后因对不动产价格的影响基本释放出来，对不动产的升值作用一般会停止。

（3）外部配套设施。对于不动产开发用地，外部基础设施完备状况是特别重要的。对于已建成的房屋特别是住宅，外部公共服务设施完备状况是特别重要的。一般来说，外部配套设施完备，特别是周边有教育质量高的中小学、医疗水平高的医院以及有购物中心、休闲娱乐场所的住宅，其价格就高；反之，其价格较低。

此外，不动产所在地区的绿地率、容积率、建筑密度、建筑间距等反映其环境状况，它们的高低或大小对不动产价格也有影响。

（四）其他因素

影响不动产价格的因素除了上面列举的三大类之外，还有一些其他因素，如某些重要政治人物的健康与生死状况，有时人们预期其会影响时局，从而会引起不动产价格的涨落。

第二节　不动产评估

一、不动产评估的概念和特点

不动产评估就是对不动产的"客观合理价格"或"价值"进行估算和判定的活动。不动产价格从某种意义上讲是客观存在的，不以个别人的主观意志为转移，是由市场决定，即由市场参与者集体的价值判断所形成。因此，不动产评估是估价人员模拟市场形成价格的机制和过程，将客观存在的不动产价格或价值揭示、显现出来。

微课：不动产评估

不动产评估受到政府和社会的高度重视表现在以下四个方面：第一，不动产评估成为国家法定制度。不动产价格评估和不动产价格评估人员资格认证形成制度。第二，不动产评估师实行了国家统一执业资格考试。从 1995 年起，取得不动产评估师资格的唯一途径是通过全国不动产评估师执业资格考试。第三，不动产评估执业制定了国家统一标准。1999 年建设部会同国家质量技术监督局联合发布了中华人民共和国国家标准《房地产估价规范》（GB/T 50291—1999），自 1999 年 6 月 1 日起施行，2015 年，又发布了《房地产估价规范》（GB/T 50291—2015），其内容包括总则、估价原则、估价程序、估价方法、不同估价目的下的估价、估价结果、估价报告、估价职业道德等。第四，不动产评估行业成立了全国自律性组织。1994 年 8 月成立了中国不动产评估师学会（简称为CIREA）。

（一）不动产评估的概念

从专业估价的角度来讲，不动产评估是指专业估价人员，根据估价目的，遵循估价原则，按照估价程序，选用适宜的估价方法，并在综合分析影响不动产价格因素的基础上，对不动产在估价时点的客观合理价格或价值进行估算和判定的活动。

现对上述不动产评估概念中的一些关键术语解释如下。

1. 专业估价人员

专业估价人员是指经不动产评估人员资格教学基本合格，由有关主管部门审定注册，专门从事不动产评估的人员。

一名合格的不动产专业估价人员，必须具有不动产评估方面的扎实的理论知识、丰富的实践经验和良好的职业道德。具有扎实的理论知识和丰富的实践经验，是对估价能力的要求；具有良好的职业道德，是对估价诚实程度的要求。在此特别要强调职业道德的重要性。

2．估价目的

估价目的是指一个具体估价项目的估价结果的期望用途，或者说，完成后的估价报告拿去做什么用，是为了满足何种涉及不动产的经济活动或者政府、民事行为的需要。不同的估价目的源于对估价的不同需要。估价目的可以划分为土地使用权出让，不动产转让（包括买卖、交换、赠与、抵债等）、租赁、抵押、典当、保险、课税，农民集体土地征用补偿，城市房屋拆迁补偿、损害赔偿、分割、合并、纠纷、涉案，企业合资、合作、合并、兼并、分立、买卖、租赁经营、承包经营、改制、上市、破产清算，不动产评估纠纷，涉案中的不动产评估复核或鉴定等。

不同的估价目的将影响估价结果。估价目的也限制了估价报告的用途。针对不同的估价目的所采用的价值标准，分为公开市场价值标准和非公开市场价值标准两类。采用公开市场价值标准时，要求评估的客观合理价格或价值应是公开市场价值。公开市场价值，是指在公开市场上最可能形成的价格。而公开市场，是指在该市场上交易双方进行交易的目的，在于最大限度地追求经济利益，并掌握必要的市场信息，有较充裕的时间进行交易，对交易对象具有必要的专业知识，交易条件公开且不具有排他性。

3．估价原则

估价原则是指人们在不动产评估的反复实践和理论探索中，在对不动产价格形成和运动的客观规律认识的基础上，总结出的一些简明扼要的、在估价活动中应当遵循的法则或标准。

4．估价程序

估价程序是指不动产评估全过程中的各项具体工作，按照其内在联系性所排列出的先后次序。

5．估价方法

不动产评估有四种基本方法，即比较法、成本法、收益法、假设开发法。除此之外还有一些其他估价方法，如长期趋势法、路线价法、公示地价修正系数法等。在评估一宗不动产的价值时，一般要求同时采用两种或两种以上的方法。

6．影响不动产价格的因素

从大的方面来说，影响不动产价格的因素有环境、人口、经济、社会、行政、心理、国际等。在不同地区、不同时期，各种因素影响不动产价格变动的方向和幅度是不尽相同的。

7．估价时点

估价时点是指评估价值对应的日期，即在该日期上估价对象才有该价值，通常用公历年、月、日表示。

8．客观合理价格或价值的估算和判定

客观合理价格或价值是估价对象在某种估价目的特定条件下形成的正常价格，它能为当事人或社会一般人所信服和接受。

(二)不动产评估的特点

1. 不动产评估是评估不动产的价值而不是价格

中国在 20 世纪 80 年代开始恢复不动产评估活动时,为了避免与传统政治经济学中的价值内涵——"劳动价值"相混淆而引起一些不必要和无意义的争论或者产生误解,特别是当时人们对本质上不是劳动产物的土地,否认它有价值或者对它是否有价值存在很大的分歧,从而采用了"价格评估"的称谓而未采用"价值评估"的称谓。

价格是价值的外在表现,围绕着价值上下波动,是实际发生、已经完成并且可以观察到的事实,它因人而异,时高时低。现实中由于定价决策、个人偏好或者交易者之间的特殊关系和无知等,时常会出现"低值高价"或者"高值低价"等价格背离价值的情况。因此,为了表述上更加科学、准确,也为了与国际上通行的估价理念、理论相一致,便于对外交流沟通,应当强调不动产评估本质上是评估不动产的价值而不是价格。

2. 不动产评估应是模拟市场定价而不是替代市场定价

估价与定价(pricing)有本质不同。估价是提供关于价值的专业意见,为相关当事人的决策提供参考依据。定价往往是相关当事人自己的行为,如卖方要价、买方出价或者买卖双方的成交价等。交易当事人出于某种目的或者需要,可以使其要价、出价或者成交价低于或高于不动产的价值。

例如,根据国家产业政策,政府为了鼓励某些产业发展,在向其提供土地时可以给予价格优惠;或者为了限制某些产业发展,可以对其实行高地价政策。至于私人之间的让利交易更为常见。

3. 不动产评估是提供价值意见而不是做价格保证

估价行业外的人通常认为,估价机构和估价师提供的评估价值,应是在市场上可以实现的。否则,估价机构和估价师应当赔偿由此造成的损失。实际上,不动产评估是不动产评估师以"不动产价格专家"的身份发表自己对估价对象价值的见解、看法或观点,即估价结果是一种专业意见,而不应被视为估价机构和估价师对估价对象在市场上可实现价格的保证。

虽然估价是提供价值意见而不是做价格保证,但并不意味着估价机构和估价师可以不负任何责任。可以把估价专业意见的作用分为性质不同的两类:一是咨询性或参考性的;二是鉴证性或证据性的。

为估价委托人自己使用而提供的估价,即估价报告是供委托人自己使用,例如评估投资价值为委托人确定投标报价提供参考,估价报告是一种"私人产品",这种估价通常是属于咨询性或参考性的。

为估价委托人向第三方证明或者说服第三方而提供的估价,即估价报告是给委托人以外的特定第三方特别是给众多的不特定的第三方使用,例如评估市场价值为上市公司的关联交易提供参考依据,估价报告具有"公共产品"性质,这种估价通常是属于鉴证性或证据性的。在这两类起着不同作用的估价中,估价机构和估价师都要承担一定的法律责任。其中在起着鉴证性或证据性作用的估价中承担的法律责任,一般要大于在起着咨询性或参考性作用的估价中承担的法律责任。

4. 不动产评估都有误差但误差应在合理范围内

从估价行业外的人来看,合格的估价师对同一估价对象的评估价值应是相同的;对于为交易提供价值参考依据的估价，评估价值是否正确还应当用事后的实际成交价格来检验。但在实际中，评估价值与实际成交价格常常有一定的差异甚至差异很大；即使是聘请合格的估价师对同一估价对象在同一估价目的、同一估价时点下的价值进行重新评估，不同的估价师得出的评估价值往往也不相同。这就产生了估价准确性的问题。

5. 不动产评估既是科学也是艺术

正确的不动产价值分析、测算和判断必须依靠科学的估价理论和方法，但又不能完全拘泥于这些理论和方法，还必须依靠不动产评估师的实践经验。因为不动产市场是地区性市场，各地的不动产市场行情和价格影响因素可能各不相同，而且影响不动产价格的因素众多，其中许多因素对不动产价格的影响难以准确把握和量化，从而不动产价值不是简单地套用某些数学公式或者数学模型就能够测算出来的，数学公式或者数学模型中的一些参数、系数等，有时也要依靠不动产评估师的实践经验做出判断。

此外，每种估价方法都是从某个角度或者某个方面建立起来的，它们或多或少存在一些局限性。在估价实务中要求采用两种以上估价方法进行估价，就是出于对不同估价方法局限性的调整和综合平衡的考虑。针对不同的估价对象，如何选用合适的估价方法，如何对不同估价方法测算出的结果进行取舍、调整得出最终的估价结果，这个过程是不动产评估师对不动产市场规律的把握，对估价理论和方法的掌握以及其实务操作能力的综合体现。最终的估价结果是否客观合理，也依赖于不动产评估师综合判断艺术水平的高低。因此，可以说不动产评估不仅是科学，也是艺术。

二、不动产评估原则

人们在不动产评估的反复实践和理论探索中，逐渐认识了不动产价格形成和运动的客观规律，在此基础上总结出一些简明扼要的、在估价活动中应当遵循的法则或标准。这些法则或标准就是不动产评估原则。

对不动产评估总的要求是独立、客观、公正，这应作为不动产评估的最高原则。同时在具体估价作业中应当遵循的原则主要有合法原则、最高最佳使用原则、替代原则、估价时点原则、公平原则、谨慎原则。不动产评估原则是使不同的估价人员对估价的基本前提具有认识上的一致性，对同一估价对象在同一估价目的、同一估价时点下的估价结果具有近似性。每一位估价人员都应正确地理解不动产评估原则，以此作为估价时的指南。

（一）合法原则

合法原则要求不动产评估应以估价对象的合法权益为前提进行。合法权益包括合法产权、合法使用、合法处分等方面。遵循合法原则，具体来说应当做到下列几点：

（1）在合法产权方面，应以不动产权属证书和有关证件为依据。现行的土地权属证书有《国有土地使用证》《集体土地所有证》《集体土地使用证》和《土地他项权利证明书》四种，房屋权属证书有《房屋所有权证》《房屋共有权证》和《房屋他项权证》三种。当县级以上地方人民政府由一个部门统一负责房产管理和土地管理工作的，可能制作、颁发统一的不动产权证书。统一的不动产权证书有《不动产权证》《不动产共有权证》和

《不动产他项权证》三种。在合法产权方面具体来说包括：农民集体所有的土地不能当作国家所有的土地来估价，行政划拨的土地不能当作有偿出让的土地来估价，临时用地不能当作长久用地来估价，违法占地不能当作合法占地来估价，临时建筑不能当作永久建筑来估价，违法建筑不能当作合法建筑来估价，产权有争议的不动产不能当作产权无争议的不动产来估价，手续不完备的不动产不能当作手续完备的不动产来估价，部分产权的不动产不能当作完全产权的不动产来估价，共有的不动产不能当作独有的不动产来估价等。

（2）在合法使用方面，应以城市规划、土地用途管制等为依据。例如，如果城市规划规定了某宗土地的用途、建筑高度、容积率、建筑密度等，那么，对该宗土地进行估价就必须以其使用符合这些规定为前提。西方所谓的城市规划创造土地价值，在一定程度上反映了这一要求。

（3）在合法处分方面，应以法律、行政法规或合同（如土地使用权出让合同）等允许的处分方式为依据。处分方式包括买卖、租赁、抵押、典当、抵债、赠与等。以抵押为例：

①法律、行政法规规定不得抵押的不动产，就不能作为以抵押为估价目的的估价对象，或者说这类不动产没有抵押价值。

②《城市房地产管理法》第五十一条规定："设定房地产抵押权的土地使用权是以划拨方式取得的，依法拍卖该房地产后，应当从拍卖所得的价款中缴纳相当于应缴纳的土地使用权出让金的款额后，抵押权人方可优先受偿。"因此，在评估土地使用权是以划拨方式取得的不动产的抵押价值时，不应包含土地使用权出让金。

（4）在其他方面，评估出的价格必须符合国家的价格政策。例如，评估政府定价或政府指导价的不动产，应遵循政府定价或政府指导价。如售房的价格，要符合政府有关该价格测算的要求；新建的经济适用住房的价格，要符合国家规定的价格构成和对利润率的限定；农地征用和城市房屋拆迁补偿估价，要符合政府有关农地征用和城市房屋拆迁补偿的法律、行政法规。

（二）最高最佳使用原则

最高最佳使用原则要求不动产评估应以估价对象的最高最佳使用为前提进行。最高最佳使用是指法律上许可、技术上可能、经济上可行，经过充分合理的论证，能使估价对象的价值达到最大的一种最可能的使用。可见，最高最佳使用必须符合4个标准：法律上许可；技术上可能；经济上可行；价值最大化。而且这些标准通常有先后次序。另外，最高最佳使用不是无条件的最高最佳使用，而是在法律（包括法律、行政法规、城市规划、土地使用权出让合同等）许可范围内的最高最佳使用，这也是合法原则的要求。

不动产评估为什么要遵循最高最佳使用原则？这是因为在现实不动产经纪中，每个不动产拥有者都试图充分发挥其不动产的潜力，采用最高最佳的使用方式，以取得最大的经济利益。这一估价原则也是不动产利用竞争与优选的结果。所以，在估价中不仅要遵循合法原则，而且要遵循最高最佳使用原则。最高最佳使用具体包括3个方面：最佳用途；最佳规模；最佳集约度。寻找最高最佳使用的方法，是先尽可能地设想出各种潜在的使用方式，然后从下列4个方面依次筛选：

（1）法律上的许可性。对于每一种潜在的使用方式，首先检查其是否为法律所允许。如果是法律不允许的，应被淘汰。

（2）技术上的可能性。对于法律所允许的每一种使用方式，要检查它在技术上是否能够实现，包括建筑材料性能、施工技术手段等能否满足要求。如果是技术上达不到的，应被淘汰。

（3）经济上的可行性。对于法律上允许、技术上可能的每一种使用方式，还要进行经济可行性检验。经济可行性检验的一般做法：针对每一种使用方式，首先估计其未来的收入和支出流量，然后将此未来的收入和支出流量用现值表示，再将这两者进行比较。只有收入现值大于支出现值的使用方式才具有经济可行性，否则应被淘汰。

（4）价值是否最大。在所有具有经济可行性的使用方式中，能使估价对象的价值达到最大的使用方式，才是最高最佳的使用方式。

最高最佳使用原则要求评估价值应是在合法使用方式下，各种可能的使用方式中，能够获得最大收益的使用方式的估价结果。例如，某宗不动产，城市规划规定既可用作商业用途，也可用作居住用途，如果用作商业用途能够取得最大收益，则估价应以商业用途为前提；反之，应以居住用途或者商业与居住混合用途为前提。但当估价对象已做了某种使用，则在估价时应根据最高最佳使用原则对估价前提做下列之一的判断和选择，并应在估价报告中予以说明：

（1）保持现状前提。认为保持现状、继续使用最为有利时，应以保持现状、继续使用为前提进行估价。现有建筑物应予保留的条件：现状不动产的价值大于新建不动产的价值减去拆除现有建筑物的费用及建造新建筑物的费用之后的余额。

（2）装修改造前提。认为装修改造但不转换用途再予以使用最为有利时，应以装修改造但不转换用途再予以使用为前提进行估价。对现有建筑物应进行装修改造的条件：预计装修改造后不动产价值的增加额大于装修改造费用。

（3）转换用途前提。认为转换用途再予以使用最为有利时，应以转换用途后再予以使用为前提进行估价。转换用途的条件：预计转换用途所带来的不动产价值的增加额大于转换用途所需的费用。

（4）重新利用前提。认为拆除现有建筑物再予以利用最为有利时，应以拆除现有建筑物后再予以利用为前提进行估价。

（5）上述情形的某种组合。最常见的是第三种转换用途与第二种装修改造的组合。

（三）替代原则

替代原则要求不动产评估结果不得明显偏离类似不动产在同等条件下的正常价格。类似不动产是指与估价对象处在同一供求范围内，并在用途、规模、档次、建筑结构等方面与估价对象相同或相近的不动产。同一供求范围是指与估价对象具有替代关系，价格会相互影响的不动产所处的区域范围。替代原则对于具体的不动产评估，指明了下列两点：

（1）如果附近有若干相近效用的不动产存在着价格，则可以依据替代原则，由这些相近效用的不动产的价格推算出估价对象的价格。在通常情况下，由于估价人员很难找到各种条件完全相同、可供直接比较的不动产的价格做依据，因此，实际上是寻找一些与估价对象具有一定替代性的不动产作为参照物来进行估价，然后根据其间的差别对价格做适当的调整修正。

（2）不能孤立地思考估价对象的价格，要考虑相近效用的不动产的价格牵制。特别是作为同一个估价机构，在同一个城市、同一估价目的、同一时期，对不同位置、档次的不动产的估价结果应有一个合理的价格差，尤其是好的不动产的价格不能低于差的不动产的价格。

（四）估价时点原则

估价时点原则要求不动产评估结果应是估价对象在估价时点时的客观合理价格或价值。影响不动产价格的因素是不断变化的，不动产市场是不断变化的，不动产价格自然也是不断变化的。在不同的时间，同一宗不动产往往会有不同的价格（实际上，不动产本身也是随着时间而变化的，如建筑物变得陈旧过时）。因此，不动产价格具有很强的时间性，每一个价格都对应着一个时间。如果没有了对应的时间，价格也就失去了意义。但是，估价不是求取估价对象在所有时间上的价格，这既无必要，也不大可能。

估价通常仅是求取估价对象在某个特定时间上的价格，而且这个特定时间不是估价人员可以随意假定的，必须依据估价目的来确定，这个特定时间就是估价时点。确立估价时点原则的意义在于：估价时点是评估不动产价格的时间点，例如，运用比较法评估不动产的价格时，如果选用的可比实例的成交日期与估价时点不同（通常都是这种情况），就需要把可比实例的成交价格调整到估价时点上，如此，可比实例的成交价格才能作为估价对象的价格。

在实际估价中，通常将"估价作业期"（估价的起止年月日，即正式接受估价委托的年月日至完成估价报告的年月日）或估价人员实地查勘估价对象期间的某个日期定为估价时点，但估价时点并非总是在此期间，也可因特殊需要将过去或未来的某个日期定为估价时点。因此，在估价中要特别注意估价目的、估价时点、估价对象状况和不动产市场状况的内在联系。各种情形举例说明如下：

（1）估价时点为过去的情形，多出现在不动产纠纷案件中，特别是对估价结果有争议而引发的复核估价。例如，某市某大厦强制拍卖的拍卖底价评估结果争议一案，原产权人对估价机构的估价结果有异议，引发了对该估价结果究竟是否合理的争论。此时衡量该估价结果是否合理，要回到原估价时点（原估价时点是2006年3月11日），相应地，估价对象的产权性质、用地性质、建筑物状况以及不动产市场状况等，也都要以原估价时点2006年3月11日时的状况为准。否则的话，就无法检验该估价结果是否合理。而且任何其他估价项目的估价结果在事后来看也都可能是错误的，事实上可能并没有错误，只是过去的估价结果不适合现在的情况，因为估价对象状况和不动产市场状况可能发生了变化。

（2）估价时点为现在，估价对象为历史状况下的情形，多出现于不动产损害赔偿案件中。例如，建筑物被火灾烧毁后，确定其损失程度和损失价值，要根据其过去的状况（现在已不存在了）和损毁后的状况的对比来评估。

（3）估价时点为现在，估价对象为现时状况下的情形，是估价中最常见、最大量的，包括在建工程估价。

（4）估价时点为现在，估价对象为未来状况下的情形，如评估不动产的预售或预购价格。

（5）估价时点为未来的情形，多出现于不动产市场预测、为不动产投资分析提供价值依据的情况中，特别是预估不动产在未来建成后的价值。在假设开发法中，预计估价对象开发完成后的价值就属于这种情况。现状为在建工程的不动产，可能同时存在着下列3种估价：估价时点为现在，估价对象为现时状况下的估价，即该在建工程在现在这个样子的价值是多少；估价时点为现在，估价对象为未来状况下的估价，如该在建工程经过一段时间后将建成，而现在预售或预购它的价值是多少；估价时点为未来，估价对象为未来状况下的估价，如该在建工程经过一段时间后将建成，且在建成时的价值是多少。

（五）公平原则

公平原则要求不动产评估人员应站在中立的立场上，求出一个对各方当事人来说都是公平合理的价值。评估出的价值如果不够公平合理，必然会损害当事人中某一方的利益，也有损于不动产评估人员、估价机构以至于整个估价行业的社会声誉和权威性。例如，为不动产买卖目的进行的估价，如果评估价值比客观合理的价格高，则卖者得利，买者受损；为不动产抵押目的进行的估价，如果评估价值比客观合理的价格高，则抵押人得利，抵押权人受损；为城市房屋拆迁补偿目的进行的估价，如果评估价值比客观合理的价格低，则拆迁人得利，被拆迁人受损；为不动产课税目的进行的估价，如果评估价值比客观合理的价格低，则纳税人得利，政府受损，这对于其他的纳税人来说也有失公平。

为评估出公平合理的价值，估价人员首先应本着下列假设进行估价：各方当事人均是理性的、精明的。其次，估价人员应以各方当事人的角色或心态来考虑价格，又称"换位思考"：在交易中，各方当事人的心态是不同的，如买者的心态是出价不能高于其预期使用该不动产所能带来的收益或重新购建价格或相同不动产的价格，卖者的心态是不愿意以低于他对该不动产已投入的成本或相同不动产的价格出售。最后，估价人员以专家的身份来反复、精细地权衡评估价值：先假设评估价值的高低不是与自己无关，即如果将自己分别设想为各方当事人的角色，评估价值的高低会对自己有什么影响，假如自己是买者会怎样，是卖者又会怎样，并谨记"己所不欲，勿施于人"的道理。在此基础上自然就会权衡出一个对各方当事人来说均为公平合理的价值。

为评估出公平合理的价值，估价人员还必须有良好的职业道德，不能受任何私心杂念的影响；如果与估价对象有利益关系或是当事人的近亲属，应当回避；必须了解不动产供求状况和影响不动产价格的各种因素，不断提高估价理论水平、丰富估价经验并遵循严谨的估价程序。

（六）谨慎原则

谨慎原则是在评估不动产抵押价值时应遵循的一项原则。谨慎原则要求在存在不确定因素的情况下做出估价相关判断时，应保持必要的谨慎，充分估计抵押不动产在抵押权实现时可能受到的限制、未来可能发生的风险和损失，不高估假定未设立法定优先受偿权下的价值，不低估不动产估价师知悉的法定优先受偿款。

虽然说只要所担保的债权不超过抵押时抵押物的价值即不违法，但由于需要处分抵押物的时间与抵押估价时点一般相隔较长,而且抵押担保的范围包括主债权及利息、违约金、损害赔偿金和实现抵押权的费用,届时抵押不动产的价值有可能下跌,其他相关的不确定因素也较多,为确保抵押贷款的清偿,拟接受抵押担保的债权人对变现风险高度关注,所以不动产抵押价值评估还应遵循谨慎原则。

理解谨慎原则的关键,是要弄清"在存在不确定因素的情况下"。在实际估价中,不动产估价师如果面临的是确定因素,则不存在谨慎问题,应依据确定因素进行估价。如果面临的是不确定因素,当对该因素的乐观、保守(或悲观)和折中判断或估计会导致对抵押价值的相对偏高、偏低和居中估计时,则应采取导致对抵押价值相对偏低的估计。例如,采用收益法评估收益性不动产的抵押价值,当估计未来的收益可能会高也可能会低时,遵循谨慎原则应采用保守的较低的收益估计值,相比之下,一般的不动产价值评估是采用既不偏高也不偏低的居中收益估计值。

三、不动产评估方法

(一)比较法

比较法是选取一定数量的可比实例,将它们与估价对象进行比较,根据其间的差异对可比实例成交价格进行处理后得到估价对象价值或价格的方法。该方法适用于同类不动产数量较多、经常发生交易且具有一定可比性的不动产,如住宅,特别是数量较多、可比性较好的存量成套住宅、写字楼、商铺、标准厂房、不动产开发用地等。下列不动产难以采用比较法估价:同类数量很少的不动产,如特殊厂房、机场、码头、博物馆、教堂、寺庙、古建筑等;很少发生交易的不动产,如学校、医院、行政办公楼等;可比性很差的不动产,如在建工程等。

比较法估价需要在价值时点的近期有较多类似不动产的交易。不动产市场不够活跃或类似不动产交易较少的地区,难以采用比较法估价。不动产市场总体上较活跃的地区,在某些情况下比较法也可能不适用,如可能由于某些原因导致在一段较长时期很少发生不动产交易。

目前,获取不动产真实成交价格以及估价所必要的交易不动产状况等信息,是运用比较法估价的难点。尽管如此,以下情况不能成为不采用比较法估价的理由:估价对象所在地存在较多类似不动产的交易,而由于不动产估价机构和不动产估价师没有努力去搜集和积累交易实例,造成不能采用比较法估价。

1. 搜集交易实例

搜集的交易实例信息应满足比较法运用的需要,宜包括下列内容:交易对象基本状况;交易双方基本情况;交易方式;成交日期;成交价格、付款方式、融资条件、交易税费负担情况;交易目的等。

运用比较法估价需要拥有估价对象所在地的大量、真实成交的不动产交易实例。只有这样,才能掌握估价对象所在地的不动产市场行情,保证评估出的估价对象价值或价格不会超出合理的范围;才能选择出符合一定数量和质量要求的可比实例,保证根据这些可比实例的成交价格测算出的估价对象价值或价格更加准确而不会出现较大误差。因此,不动产估价机构和不动产估价师应努力搜集较多的交易实例。

不动产估价机构应建立不动产买卖、租赁等交易实例库。建立不动产交易实例库不仅是比较法的需要，而且是从事不动产估价及相关咨询业务的一项基础性工作，也是形成不动产估价机构核心竞争力的重要手段之一。建立不动产交易实例库有利于交易实例资料的保存和在需要时查找、调用，能有效提高估价工作效率。

2. 选取可比实例

可比实例的选取应符合下列规定：可比实例应从交易实例中选取且不少于3个；可比实例的交易方式应适合估价目的；可比实例应与估价对象不动产相似；可比实例的成交日期应接近价值时点，与价值时点相差不宜超过1年，且不得超过2年；可比实例的成交价格为正常价格或可修正为正常价格；在同等条件下，应选取位置与估价对象较近、成交日期与价值时点较近的交易实例为可比实例。

可作为比较法估价的价格依据的，应是交易实例的成交价格。挂牌价等非成交价格，只能作为估价的参考，不能作为估价的依据。

针对实际估价中选取可比实例的随意性，或者为了达到高估或低估的目的，明显有更合适的可比实例不选取，本条规定在同等条件下应选取位置与估价对象较近、成交日期与价值时点较近的交易实例。

下列特殊交易情况下的交易实例，不宜选为可比实例：利害关系人之间的交易；对交易对象或市场行情缺乏了解的交易；被迫出售或被迫购买的交易；有人为哄抬价格的交易；对交易对象有特殊偏好的交易；相邻不动产合并的交易；受迷信影响的交易。

可比实例及其有关信息应真实、可靠，不得虚构。应对可比实例的外部状况和区位状况进行实地查勘，并应在估价报告中说明可比实例的名称、位置及附位置图和外观照片。

选取可比实例后，应建立比较基础，对可比实例的成交价格进行标准化处理。标准化处理应包括统一财产范围、统一付款方式、统一融资条件、统一税费负担和统一计价单位，并应符合下列规定：统一财产范围应对可比实例与估价对象的财产范围进行对比，并应消除因财产范围不同造成的价格差异；统一付款方式应将可比实例不是成交日期或一次性付清的价格，调整为成交日期且一次性付清的价格；统一融资条件应将可比实例在非常规融资条件下的价格，调整为在常规融资条件下的价格；统一税费负担应将可比实例在交易税费非正常负担下的价格，调整为在交易税费正常负担下的价格；统一计价单位应包括统一为总价或单价、楼面地价，统一币种和货币单位，统一面积或体积内涵及计量单位等。不同币种之间的换算宜按国务院金融主管部门公布的成交日期的市场汇率中间价计算。

3. 建立比较基础

建立比较基础的目的，是对可比实例的成交价格进行标准化处理，以统一可比实例成交价格的内涵和形式，使可比实例成交价格与估价对象价值或价格之间、各个可比实例的成交价格之间的口径一致、相互可比。

可比实例与估价对象的财产范围不同主要有3种情况：一是含有非不动产成分。例如，估价对象是"纯粹"的不动产，而选取的可比实例是有附赠家具、家电、汽车，附带入学指标、户口指标、特许经营权等的交易实例；或相反。二是带有债权债务的不动产。例如，估价对象是"干净"的不动产，而选取的可比实例是设立了抵押权、地役权，有拖欠建设工程价款，或由买方代付卖方欠缴的水电费、燃气费、通信费（如电话费、上网费、有线电视收看费等）、供暖费、物业服务费、房产税等费用和税金的交易实例；或相反。三是不动产的实物范围不同。例如，估价对象为土地，而选取的可比实例是含有类似土地的不动产交易实例；估价对象是一套封阳台的住宅，而选取的可比实例是未封阳台的住宅；估价对象是一套不带车位的住宅，而选取的可比实例是一套带车位的住宅。

在统一计价单位方面，价格有总价、单价，土地还有楼面地价；币种有人民币、美元、港元等；货币单位有元、万元、亿元等。采用单价的，有单位面积、单位体积、每延长米（如围墙、道路）、每个（如车位）、每间等的价格。采用面积的，有建筑面积、套内建筑面积、使用面积等；面积计量单位有平方米、公顷、平方英尺、亩等。

4. 进行交易情况修正

当满足要求的交易实例少于 3 个时，在掌握特殊交易情况且能量化其对成交价格影响的情况下，可将特殊交易情况下的交易实例选为可比实例，但应对其进行交易情况修正。修正时，应消除特殊交易情况造成的可比实例成交价格偏差，将可比实例的非正常成交价格修正为正常价格。

5. 进行市场状况调整

进行市场状况调整时，应消除成交日期的市场状况与价值时点的市场状况不同造成的价格差异，将可比实例在其成交日期时的价格调整为在价值时点的价格，并应在调查及分析可比实例所在地同类不动产价格变动情况的基础上，采用可比实例所在地同类不动产的价格变动率或价格指数进行调整，且价格变动率或价格指数的来源应真实、可靠。

6. 进行不动产状况调整

不动产状况调整应消除可比实例状况与估价对象状况不同造成的价格差异，包括区位状况调整、实物状况调整和权益状况调整。

进行区位状况调整时，应将可比实例在自身区位状况下的价格调整为在估价对象区位状况下的价格，且调整的内容应包括位置、交通、外部配套设施、周围环境等，单套住宅的调整内容还应包括所处楼幢、楼层和朝向。

进行实物状况调整时，应将可比实例在自身实物状况下的价格调整为在估价对象实物状况下的价格。土地实物状况调整的内容应包括土地的面积、形状、地形、地势、地质、土壤、开发程度等；建筑物实物状况调整的内容应包括建筑规模、建筑结构、设施设备、装饰装修、空间布局、建筑功能、外观、新旧程度等。建筑功能包括防水、保温、隔热、隔声、通风、采光、日照等。

进行权益状况调整时，应将可比实例在自身权益状况下的价格调整为在估价对象权益状况下的价格，且调整的内容应包括规划条件、土地使用期限、共有情况、用益物权设立情况、担保物权设立情况、租赁或占用情况、拖欠税费情况、查封等形式限制权利情况、权属清晰情况等。

进行区位、实物和权益状况调整时，应将可比实例与估价对象的区位、实物和权益状况因素逐项进行比较，找出它们之间的差异，量化状况差异造成的价格差异，对可比实例的价格进行相应调整。调整的具体内容和比较因素，应根据估价对象的用途等情况确定。因不同用途的不动产，影响其价值或价格的区位、实物和权益状况因素有所不同，所以在实际估价中，应根据估价对象的用途确定调整的具体内容和比较因素。

交易情况修正、市场状况调整和不动产状况调整，可根据具体情况，基于总价或单价，采用金额、百分比或回归分析法，通过直接比较或间接比较，对可比实例成交价格进行处理。这是对修正、调整方法的规定。总价调整是基于总价对可比实例成交价格进行调整。单价调整是基于单价对可比实例成交价格进行调整。金额调整是采用金额对可比实例成交价格进行调整。百分比调整是采用百分比对可比实例成交价格进行调整。直接比较调整是以估价对象状况为基准，将可比实例状况与估价对象状况进行比较，根据两者差异情况对可比实例成交价格进行调整。间接比较调整是设定某种标准不动产，以该标准不动产状况为基准，将估价对象状况和可比实例状况分别与其进行比较，根据两者差异情况对可比实例成交价格进行调整。

进行交易情况修正、市场状况调整、区位状况调整、实物状况调整、权益状况调整时，应符合下列规定：分别对可比实例成交价格的修正或调整幅度不宜超过20%，共同对可比实例成交价格的修正和调整幅度不宜超过30%；经修正和调整后的各个可比实例价格中，最高价与最低价的比值不宜大于1.2；当幅度或比值超出本条规定时，宜更换可比实例；当因估价对象或市场状况特殊，无更合适的可比实例替换时，应在估价报告中说明并陈述理由。

这里的修正和调整，不包括建立比较基础。"单项"是指交易情况修正、市场状况调整、区位状况调整、实物状况调整、权益状况调整五项中的任何一项。"综合"是指该5项合在一起。调整幅度不宜超过20%和30%，是指不宜超过可比实例经建立比较基础后的成交价格的20%和30%。

7. 求取比较价值

对经修正和调整后的各个可比实例价格，应根据它们之间的差异程度、可比实例不动产与估价对象不动产的相似程度、可比实例资料的可靠程度等情况，选用简单算术平均、加权算术平均等方法计算出比较价值。

（二）成本法

成本法是测算估价对象在价值时点的重置成本或重建成本和折旧，将重置成本或重建成本减去折旧到估价对象价值或价格的方法。

新近开发完成的不动产（简称新开发的不动产）、可以假设重新开发的现有不动产（简称旧的不动产）、正在开发的不动产（在建工程）、计划开发的不动产（如期房），都可以采用成本法进行估价。对很少发生交易而限制了比较法运用，又没有经济收入或没有潜在经济收入而限制了收益法运用的不动产，如学校、医院、图书馆、体育场馆、公园、行政办公楼、军队营房等以公益、公用为目的的不动产，特别适用成本法估价。化工厂、钢铁厂、发电厂、油田、码头、机场之类有独特设计或只针对特定使用者的特殊需要而开发建设的不动产，以及单独的建筑物或其装饰装修部分，通常也是采用成本法进行估价。

在不动产保险（包括投保和理赔）和不动产损害赔偿中，往往也是采用成本法进行估价。因为在保险事故发生后或其他损害中，不动产的损毁通常是建筑物的局部，需要将其恢复到原状；对发生建筑物全部损毁的，有时也需要采取重建方式来解决。另外，在不动产市场不够活跃或同类不动产交易较少的地区难以采用比较法估价时，通常只好采用成本法进行估价。

成本法一般适用于测算可独立开发建设的整体不动产的价值或价格。当采用成本法测算局部不动产的价值或价格时，例如，测算某幢住宅楼中某套住宅的价值，通常是先测算该整幢住宅楼的平均价值，然后在此基础上进行楼层、朝向、装饰装修等因素调整后才可得到该套住宅的价值。在实际估价中，根据估价对象的开发建设方式，还可能需要先测算整个"小区"的平均价值，然后调整到"楼幢"的平均价值，再在此基础上进行楼层、朝向、装饰装修等因素调整后得出该套住宅的价值。采用成本法测算开发区中某宗土地的价值或价格，通常也与此类似。

1. 选择具体估价路径

成本法估价时，对包含土地和建筑物的估价对象，应选择具体估价路径，并应符合下列规定：

（1）应根据估价对象状况和土地市场状况，选择房地合估路径或房地分估路径，并应优先选择房地合估路径；

（2）当选择房地合估路径时，应把土地当作原材料，模拟不动产开发建设过程，测算不动产重置成本或重建成本；

（3）当选择房地分估路径时，应把土地和建筑物当作各自独立的物，分别测算土地重置成本、建筑物重置成本或重建成本。

要注意房地合估路径中把土地当作原材料的土地重置成本与房地分估路径中把土地当作独立的物的土地重置成本是不同的。另外，在选择房地分估路径时，要注意土地和建筑物的成本构成划分及相互衔接，防止漏项或重复计算。

2. 测算重置成本或重建成本

测算不动产重置成本或重建成本，应符合下列规定：

（1）重置成本和重建成本应为在价值时点重新开发建设全新状况的不动产的必要支出及应得利润；

（2）不动产的必要支出及应得利润应包括土地成本、建设成本、管理费用、销售费用、投资利息、销售税费和开发利润。不动产重置成本或重建成本构成，实际上就是不动产价格构成。

运用成本法估价的一项基础工作，是要弄清估价对象的价格构成。在现实中，特别是目前在土地供应、不动产开发经营和相关税费等制度、政策、规则尚不完善、不明晰、不统一、时常发生变化的情况下，不动产价格构成很复杂，不同时期、不同地区、不同用途或不同类型的不动产，其价格构成可能不同。不动产价格构成还可能因不同的单位和个人对构成项目划分的不同而有所不同。但在实际运用成本法估价时，不论估价对象的价格构成多么复杂，首先最为关键的是要模拟估价对象所在地的不动产开发经营过程，深入调查从取得土地到房屋竣工验收乃至完成租售的全过程中所需要做的各项工作（一般要经过获取土地、前期工作、施工建设、竣工验收、商品房租售等阶段），在该全过程中发生的各项成本、费用、税金等必要支出及其支付或缴纳的标准、时间和依据，以及正常的开发利润，进而整理出这些成本、费用、税金和利润等的清单，做到既不遗漏，也不重复。然后在此基础上结合估价对象的实际情况，确定估价对象的价格构成，进而测算出各个构成项目的金额。

测算土地成本和土地重置成本，可采用比较法、成本法、基准地价修正法等方法，并应符合下列规定：

（1）土地成本和土地重置成本应为在价值时点重新购置土地的必要支出，或重新开发土地的必要支出及应得利润；

（2）重新购置土地的必要支出应包括土地购置价款和相关税费，重新开发土地的必要支出及应得利润应包括待开发土地成本、土地开发成本、管理费用、销售费用、投资利息、销售税费和开发利润；

（3）除估价对象状况相对于价值时点应为历史状况或未来状况外，土地状况应为土地在价值时点的状况，土地使用期限应为自价值时点起计算的土地使用权剩余期限。

测算建筑物重置成本或重建成本，可采用单位比较法、分部分项法、工料测量法等方法，或利用政府或其有关部门公布的房屋重置价格扣除其中包含的土地价值且进行适当调整，并应符合下列规定：

（1）对一般的建筑物，或因年代久远、已缺少与旧建筑物相同的建筑材料、建筑构配件和设备，或因建筑技术、工艺改变等使得旧建筑物复原建造有困难的建筑物，宜测算重置成本；

（2）对具有历史、艺术、科学价值或代表性的建筑物，宜测算重建成本；

（3）建筑物重置成本和重建成本应为在价值时点重新建造全新建筑物的必要支出及应得利润；

（4）建筑物的必要支出及应得利润应包括建筑物建设成本、管理费用、销售费用、投资利息、销售税费和开发利润；

（5）利用政府或其有关部门公布的房屋重置价格扣除其中包含的土地价值且进行适当调整测算建筑物重置成本或重建成本的，应了解该房屋重置价格的内涵。

单位比较法、分部分项法、工料测量法测算的建筑物重置成本或重建成本，一般是越来越精确的。

3. 测算折旧

各项必要支出及应得利润的测算，应符合下列规定：

（1）各项必要支出及应得利润应为正常客观的支出和利润；

（2）销售税费和开发利润不应作为投资利息的计算基数；

（3）作为投资利息计算基数的各项必要支出的计息期，应分别自其发生时起至建设期结束时止；

（4）开发利润应在明确其计算基数和相应开发利润率的基础上，为其计算基数乘以开发建设类似不动产的相应开发利润率。

开发利润率有多种，如成本利润率、投资利润率、销售利润率等。不同的开发利润率，不仅内涵不同，而且计算口径不同。因此，在测算开发利润时，应搞清楚开发利润率的含义，并据此采用相应的计算基数；或者反过来，当确定了计算基数后，应选用相应的开发利润率。

建筑物折旧应为各种原因造成的建筑物价值减损，并应等于建筑物在价值时点的重置成本或重建成本减去建筑物在价值时点的市场价值，包括物质折旧、功能折旧和外部折旧。

测算建筑物折旧，可选用年龄—寿命法、市场提取法、分解法。采用年龄—寿命法测算建筑物折旧后价值时，可选用下列方法：

（1）直线法：

$$V=C-(C-S)\cdot\frac{t}{N}$$

（2）成新折扣法：

$$V=C\cdot q$$

式中　V——建筑物折旧后价值（元或元/m²）；
　　　C——建筑物重置成本或重建成本（元或元/m²）；
　　　S——建筑物预计净残值（元或元/m²）；
　　　t——建筑物有效年龄（年）；
　　　N——建筑物经济寿命（年）；
　　　q——建筑物成新率（%）。

建筑物有效年龄应根据建筑物的施工、使用、维护和更新改造等状况，在建筑物实际年龄的基础上进行适当加减调整得出。

建筑物有效年龄是根据价值时点的建筑物实际状况判断的建筑物年龄。建筑物实际年龄是建筑物自竣工时起至价值时点止的年数。建筑物有效年龄可能大于或小于建筑物实际年龄，其大小的影响因素主要有建筑物的施工、使用、维护和更新改造等状况。

建筑物经济寿命应自建筑物竣工时起计算，可在建筑物设计使用年限的基础上，根据建筑物的施工、使用、维护、更新改造等状况及周围环境、不动产市场状况等进行综合分析判断后确定。非住宅建筑物经济寿命晚于土地使用期限结束，且出让合同等约定土地使用权期间届满后无偿收回土地使用权及地上建筑物的，测算建筑物折旧时，应将建筑物经济寿命替换为自建筑物竣工时起至土地使用权期间届满之日止的时间。

采用市场提取法测算建筑物折旧时，应先从交易实例中选取不少于3个含有与估价对象中的建筑物具有类似折旧状况的建筑物作为可比实例，再通过这些可比实例的成交价格减去土地重置成本得到建筑物折旧后价值，然后将建筑物重置成本或重建成本减去建筑物折旧后价值得到建筑物折旧。

采用分解法测算建筑物折旧时，应先把建筑物折旧分成物质折旧、功能折旧、外部折旧等各个组成部分，并应分为可修复折旧和不可修复折旧两类，再分别测算出各个组成部分，然后相加得到建筑物折旧。修复成本小于或等于修复所能带来的不动产价值增加额的，应作为可修复折旧；否则，应作为不可修复折旧。对可修复折旧，应测算修复成本并将其作为折旧额。

测算建筑物折旧时，应到估价对象现场，观察、判断建筑物的实际新旧程度，并应根据建筑物的建成时间和使用、维护、更新改造等情况确定折旧额或成新率。

4. 计算成本价值

成本价值的计算，应符合下列规定：

（1）对估价对象为包含土地和建筑物的不动产的，房地合估路径的成本价值应为不动产重置成本或重建成本减去建筑物折旧，房地分估路径的成本价值应为土地重置成本加建筑物重置成本或重建成本减去建筑物折旧；

（2）对估价对象为土地的，成本价值应为重新开发土地的必要支出及应得利润；

（3）对估价对象为建筑物的，成本价值应为建筑物重置成本或重建成本减去建筑物折旧。

在建工程和新近开发完成的不动产,采用成本法估价时可不扣除折旧,但对存在减价因素的,应予以相应的减价调整。新近开发完成的不动产包括新开发的房地、新开发的土地和新建成的建筑物。在建工程和新近开发完成的不动产虽然不存在一般意义上的折旧,但应考虑存在的减价因素予以适当减价调整。减价因素包括选址不当、规划设计不合理、工程施工质量欠佳、周围环境被破坏、不动产市场不景气等。例如,采用成本法评估某个在建工程的市场价值,虽然该在建工程实实在在投入了较多费用,或无论谁来开发建设都需要这么多支出,但在不动产市场不景气的情况下应予以减价调整。成本法测算出的价值,宜为房屋所有权和土地使用权且不存在租赁、抵押、查封等情况下的价值。当估价对象的权益状况与此不相同时,应对成本法测算出的价值进行相应调整。这种情况下的调整一般是减价调整,个别情况下是加价调整。

(三)收益法

收益法是预测估价对象的未来收益,利用报酬率或资本化率、收益乘数将未来收益转换为价值得到估价对象价值或价格的方法。将未来收益转换为价值,类似根据利息倒推出本金,称为资本化。该方法适用于估价对象或其同类不动产通常有租金等经济收入的收益性不动产,包括住宅、写字楼、商店、酒店、餐馆、游乐场、影剧院、停车场、汽车加油站、标准厂房(用于出租的)、仓库(用于出租的)、农地等。这些估价对象不限于其目前是否有收益,只要其同类不动产有收益即可。例如,估价对象目前为自用或空置的住宅,虽然目前没有收益,但因同类住宅以出租方式获取收益的情形很多,所以可将该住宅设想为出租的情况下来运用收益法估价。即先根据有租赁收益的同类住宅的有关资料,采用比较法测算该住宅的租金水平、空置率和运营费用等,再利用收益法估价。收益法一般不适用于行政办公楼、学校、公园等公用、公益性不动产的估价。

1. 选择具体估价方法

收益法估价时,应区分报酬资本化法和直接资本化法,并应优先选用报酬资本化法。报酬资本化法估价时,应区分全剩余寿命模式和持有加转售模式。当收益期较长、难以预测该期限内各年净收益时,宜选用持有加转售模式。

(1)选用全剩余寿命模式进行估价时,收益价值应按下式计算:

$$V=\sum_{i=1}^{n}\frac{A_i}{(1+i)^i}$$

式中　V——收益价值(元或元/m²);
　　　A_i——未来第 i 年的净收益(元或元/m²);
　　　Y_i——未来第 i 年的报酬率(%);
　　　n——收益期(年)。

(2)选用持有加转售模式进行估价时,收益价值应按下式计算:

$$V=\sum_{i=1}^{t}\frac{A_i}{(1+Y_i)^i}+\frac{V_t}{(1+Y_t)^t}$$

式中　V——收益价值(元或元/m²);
　　　A_i——期间价值(元或元/m²);
　　　V_t——期末转售收益(元或元/m²);

Y_i——未来第 i 年的报酬率（%）；

Y_t——期末报酬率（%）；

t——持有期（年）。

（3）选用直接资本化法进行估价时，收益价值应按下式计算：

$$V = \frac{NOI}{R}$$

式中　V——收益价值（元或元/m²）；

NOI——未来第一年的净收益（元或元/m²）；

R——资本化率（%）。

根据将未来收益转换为价值的方式不同，或者说资本化类型的不同，收益法分为报酬资本化法和直接资本化法。报酬资本化法是预测估价对象未来各年的净收益，利用报酬率将其折现到价值时点后相加得到估价对象价值或价格的方法，它实质上是一种折现现金流量分析（Discounted Cash Flow analysis，DCF），即不动产的价值或价格等于其未来各年的净收益的现值之和。直接资本化法是预测估价对象未来第一年的收益，将其除以资本化率或乘以收益乘数得到估价对象价值或价格的方法。

报酬资本化法又分为"全剩余寿命模式"和"持有加转售模式"，并鉴于收益期一般较长，通常难以准确预测该期限内各年净收益的情况，倡导采用"持有加转售模式"来估价，即利用持有期、期间收益和期末转售收益，选用相应的收益法公式来估价。

2. 测算收益期或持有期

收益期是预计在正常市场和运营状况下估价对象未来可获取净收益的时间。具体是自价值时点起至估价对象未来不能获取净收益时止的时间。土地使用权包括建设用地使用权、土地承包经营权、宅基地使用权、地役权等。土地使用权剩余期限是自价值时点起至土地使用期限（或承包期、利用期限）结束时止的时间。建筑物剩余经济寿命是自价值时点起至建筑物经济寿命结束时止的时间。建筑物经济寿命是建筑物自竣工时起至其对不动产价值不再有贡献时止的时间，可在建筑物设计使用年限的基础上，根据建筑物的施工、使用、维护和更新改造等状况，以及周围环境、不动产市场状况等进行综合分析判断后确定。

收益期应根据土地使用权剩余期限和建筑物剩余经济寿命进行测算，并应符合下列规定：

（1）土地使用权剩余期限和建筑物剩余经济寿命同时结束的，收益期应为土地使用权剩余期限或建筑物剩余经济寿命；

（2）土地使用权剩余期限和建筑物剩余经济寿命不同时结束的，应选取其中较短者为收益期，并应对超出收益期的土地使用权或建筑物按相关规定处理；

（3）评估承租人权益价值的，收益期应为剩余租赁期限。

持有期应根据市场上投资者对同类不动产的典型持有时间及能预测期间收益的一般期限来确定，并宜为 5～10 年。这是借鉴国外和我国香港地区不动产估价中通常确定的持有期长度，给出了 5～10 年的参考值。

3. 测算未来收益

净收益可通过租赁收入测算的，应优先通过租赁收入测算，并应符合下列规定：

（1）应根据租赁合同和租赁市场资料测算净收益，且净收益应为有效毛收入减去由出租人负担的运营费用；

（2）有效毛收入应为潜在毛租金收入减去空置和收租损失，再加租赁保证金或押金的利息等各种其他收入，或为租金收入加其他收入；

（3）运营费用应包括不动产税、房屋保险费、物业服务费、管理费用、维修费、水电费等维持不动产正常使用或营业的必要支出，并应根据合同租金的内涵决定取舍，其中由承租人负担的部分不应计入；

（4）评估承租人权益价值的，净收益应为市场租金减去合同租金。

净收益不可直接通过租赁收入测算的，应根据估价对象的用途等情况，选择下列方式之一测算：

（1）商服经营型不动产，应根据经营资料测算净收益，且净收益应为经营收入减去经营成本、经营费用、经营税金及附加、管理费用、财务费用及应归属于商服经营者的利润；

（2）生产型不动产，应根据产品市场价格和原材料、人工费用等资料测算净收益，且净收益应为产品销售收入减去生产成本、销售费用、销售税金及附加、管理费用、财务费用及应归属于生产者的利润；

（3）自用或尚未使用的不动产，可比照有收益的类似不动产的有关资料按相应方式测算净收益，或通过直接比较调整得出净收益。

期间收益也是净收益，因此净收益的测算包含了期间收益的测算。

收益性不动产获取收益的方式，可分为出租和经营两大类。据此，测算净收益的途径可分为两种：一是通过租赁收入测算净收益，如存在大量租赁实例的住宅、写字楼、商铺、停车场、标准厂房、仓库等类不动产；二是通过经营收入测算净收益，如酒店、影剧院、娱乐中心、汽车加油站、高尔夫球场等类不动产。在英国，将前一种情况下的收益法称为投资法，后一种情况下的收益法称为利润法。有些不动产既有大量租赁收入又有经营收入，如商铺、餐馆、农地等。在实际估价中，只要是能够通过租赁收入测算净收益的，宜通过租赁收入来测算净收益。因此，通过租赁收入测算净收益的收益法是收益法的典型形式。

收益法估价中收入、费用或净收益的取值，应符合下列规定：

（1）除有租约限制且评估出租人权益价值或承租人权益价值中的租金收入外，都应采用正常客观的数据；

（2）有租约限制且评估出租人权益价值的，已出租部分在租赁期间应按合同租金确定租金收入，未出租部分和已出租部分在租赁期间届满后应按市场租金确定租金收入；

（3）评估出租人权益价值或承租人权益价值时，合同租金明显高于或明显低于市场租金的，应调查租赁合同的真实性，分析解除租赁合同的可能性及其对收益价值的影响。

有租约限制的，评估出租人权益价值时根据合同租金估价，是基于租赁合同及合同租金真实的事实。但在实际中，出现了为高评估价对象价值或价格，估价委托人伪造租赁合同或虚报租金的现象。另外，也有合同租金明显高于或明显低于市场租金的真实情况，但这种租赁关系可能不牢固。针对这些情况，本处规定在合同租金明显高于或明显低于市场租金的情况下，应关注租赁合同的真实性、解除租赁合同的可能性及其对收益价值的影响。

计算净收益时，价值时点为现在的，应调查估价对象至少最近3年的各年实际收入、费用或净收益等情况。利用估价对象的资料得出的收入、费用或净收益等数据，应与类似不动产在正常情况下的收入、费用或净收益等数据进行比较。当与正常客观的数据有差异时，应进行分析并予以修正。

期末转售收益应为持有期末的不动产转售价格减去转售成本。持有期末的不动产转售价格可采用直接资本化法、比较法等方法来测算。持有期末的转售成本应为转让人负担的销售费用、销售税费等费用和税金。

测算净收益时，应根据净收益过去、现在和未来的变动情况，判断确定未来净收益流量及其类型和对应的收益法公式，并应在估价报告中说明判断确定的结果及理由。未来净收益流量的常规类型可分为以下几种：一是每年基本上不变；二是每年基本上按某个比率递增；三是每年基本上按某个数额递增；四是每年基本上按某个比率递减；五是每年基本上按某个数额递减。

4. 确定报酬率或资本化率、收益乘数

（1）报酬率宜选用下列方法确定。

①市场提取法：选取不少于3个可比实例，利用其价格、净收益等数据，选用相应的收益法公式，测算报酬率。

②累加法：以安全利率加风险调整值作为报酬率。安全利率可选用国务院金融主管部门公布的同一时期一年定期存款年利率或一年期国债年利率；风险调整值应为承担额外风险所要求的补偿，并应根据估价对象及其所在地区、行业、市场等存在的风险来确定。

③投资收益率排序插入法：找出有关不同类型的投资及其收益率、风险程度，按风险大小排序，将估价对象与这些投资的风险程度进行比较，判断、确定报酬率。

（2）资本化率宜采用市场提取法确定。其中的综合资本化率还可根据具体情况，选用下列方法确定：

①根据不动产的购买资金构成，将抵押贷款资本化率与权益资金资本化率的加权平均数作为综合资本化率，按下式计算：

$$R_0 = M \cdot R_M + (1-M) \cdot R_e$$

式中　R_0——综合资本化率（%）；

　　　M——贷款价值比（%）；

　　　R_M——抵押贷款资本化率（%）；

　　　R_e——权益资金资本化率（%）。

贷款价值比是抵押贷款额与不动产价值的百分比。抵押贷款资本化率也称为抵押贷款常数，是第一年还本付息额与抵押贷款额的百分比。权益资金资本化率是权益资金（自有资金）所要求的正常收益率。

②根据不动产中土地和建筑物的价值构成，将土地资本化率与建筑物资本化率的加权平均数作为综合资本化率，按下式计算：

$$R_0 = L \cdot R_L + B \cdot R_B$$

式中　R_0——综合资本化率（%）；

　　　L——土地价值占房地价值的比率（%）；

R_L——土地资本化率（%）；

B——建筑物价值占房地价值的比率（%）；

R_B——建筑物资本化率（%）。

土地价值占房地价值的比率（L）与建筑物价值占房地价值的比率（B）之和应为100%。

5. 计算收益价值

（1）利用土地和建筑物共同产生的净收益计算土地价值时，可按下式计算：

$$V_L = \frac{A_0 - V_B \cdot R_B}{R_L}$$

式中　V_L——土地价值（元或元/m²）；

A_0——土地和建筑物共同产生的净收益（元或元/m²）；

V_B——建筑物价值（元或元/m²）。

（2）利用土地和建筑物共同产生的净收益计算建筑物价值时，可按下式计算：

$$V_B = \frac{A_0 - V_L \cdot R_L}{R_B}$$

收益价值的计算，应符合下列规定：

（1）对土地使用权剩余期限超过建筑物剩余经济寿命的不动产，收益价值应为按收益期计算的价值，加自收益期结束时起计算的剩余期限土地使用权在价值时点的价值；

（2）对建筑物剩余经济寿命超过土地使用权剩余期限，且出让合同等约定土地使用权期间届满后无偿收回土地使用权及地上建筑物的非住宅不动产，收益价值应为按收益期计算的价值；

（3）对建筑物剩余经济寿命超过土地使用权剩余期限，且出让合同等未约定土地使用权期间届满后无偿收回土地使用权及地上建筑物的不动产，收益价值应为按收益期计算的价值，加建筑物在收益期结束时的价值折现到价值时点的价值。

自收益期结束时起计算的剩余期限土地使用权在价值时点的价值，可根据具体情况，选用下列方法计算：

（1）先分别测算自价值时点起计算的剩余期限土地使用权和以收益期为使用期限的土地使用权在价值时点的价值，再将两者相减；

（2）先预测自收益期结束时起计算的剩余期限土地使用权在收益期结束时的价值，再将其折现到价值时点。

土地使用权剩余期限超过建筑物剩余经济寿命的不动产的收益价值计算举例如下：某宗收益性不动产的建筑物剩余经济寿命为30年，建设用地使用权剩余期限为40年，测算该不动产现在的价值，可先测算该不动产30年收益期的价值，然后加30年后的10年使用期限建设用地使用权在现在的价值。该30年后的10年使用期限建设用地使用权在现在的价值，等于现在40年使用期限的建设用地使用权的价值减去现在30年使用期限的建设用地使用权的价值。

（四）假设开发法

假设开发法是求得估价对象后续开发的必要支出及折现率或后续开发的必要支出及应得

利润和开发完成后的价值,将开发完成后的价值和后续开发的必要支出折现到价值时点后相减,或将开发完成后的价值减去后续开发的必要支出及应得利润得到估价对象价值或价格的方法。该方法在形式上是测算新开发的不动产(如新建商品房)价值的成本法的"倒算法"。两者的主要区别:成本法中的土地价值为已知,需要求得的是开发完成后的不动产价值;而在假设开发法中,开发完成后的不动产价值已事先通过预测得到,需要求得的是土地价值。

假设开发法适用于具有开发或再开发潜力且开发完成后的价值可以采用比较法、收益法等成本法以外的方法测算的不动产,包括可供开发的土地(包括生地、毛地、熟地,典型的是各种不动产开发用地)、在建工程(或称为不动产开发项目),可重新开发、更新改造或改变用途的旧房(包括改建、扩建、重新装饰装修等。如果是拆除重建,则属于毛地的范畴)。

1. 选择具体估价方法

假设开发法估价时,应选择具体估价方法,并应符合下列规定:

(1)应根据估价对象所处开发建设阶段等情况,选择动态分析法或静态分析法,并应优先选用动态分析法;

(2)动态分析法应对后续开发的必要支出和开发完成后的价值进行折现现金流量分析,且不另外测算后续开发的投资利息和应得利润;

(3)静态分析法应另外测算后续开发的投资利息和应得利润。

估价对象所处开发建设阶段,是指估价对象的规划条件尚未明确、已经明确,建筑设计方案已确定,项目已开工等。不动产开发期限一般较长,土地成本和后续的建设成本、管理费用、销售费用、销售税费以及开发完成后的价值等所发生的时间通常不同,特别是大型不动产开发项目。因此,运用假设开发法估价应考虑资金的时间价值。但考虑资金的时间价值有两种方式:一是折现现金流量分析的方式,这种方式下的假设开发法称为动态分析法;二是测算后续开发的利息和利润(也称为投资利息、开发利润)的方式,这种方式下的假设开发法称为静态分析法。

2. 选择估价前提

估价对象所处开发建设状态,是指估价对象是在正常开发建设,还是半停工或已停建、缓建等。在运用假设开发法评估待开发不动产价值时,面临着待开发不动产是继续由其业主(拥有者或不动产开发企业)开发,还是要被其业主自愿转让给他人开发,或要被人民法院强制拍卖、变卖给他人开发。在这三种情形下,测算出的后续开发经营期的长短和后续开发的必要支出的数额是不同的,从而计算出的待开发不动产价值是不同的。

例如,估价对象为某个不动产开发企业开发的商品房在建工程,在运用假设开发法测算其价值时,要搞清楚该在建工程是仍然由该不动产开发企业续建完成,还是将由其他不动产开发企业续建完成,特别是该在建工程是否要被人民法院强制拍卖。假如测算该商品房在建工程的后续建设期,通过比较法得到类似商品房的正常建设期为3年,该在建工程的正常建设期为2年,则在该在建工程由现不动产开发企业续建完成的情况下,其后续建设期为1年。但如果该在建工程要被人民法院强制拍卖,则还应加由现不动产开发企业转为其他不动产开发企业的"换手"的正常期限,如需要办理有关变更等交接手续,相当于产生了一个新的"前期"。如果"换手"的正常期限为0.5年,则该在建工程的后续建设期为1.5年。在"换手"的情况下，不仅会有一个新的"前期"，通常还会发生新的"前期费用"，因此在测算后续开发的必要支出时，还应加这部分"前期费用"。

假设开发法的估价前提应根据估价目的、估价对象所处开发建设状态等情况，并应经过分析，选择下列前提之一：业主自行开发前提；自愿转让开发前提；被迫转让开发前提。

3. 选择最佳开发经营方式

选择最佳开发经营方式时，应先调查估价对象状况、估价对象所在地的不动产市场状况等情况，再据此确定未来开发完成后的不动产状况及其经营方式。

运用假设开发法估价的关键之一，是要把握住两头：一是待开发不动产状况；二是未来开发完成后的不动产状况。然后假设将待开发不动产状况"变成"未来开发完成后的不动产状况，需要做哪些工作，完成这些工作需要多长时间，需要哪些必要支出，相应要获得多少利润。现实中的待开发不动产状况和未来开发完成后的不动产状况是多种多样的。待开发不动产状况可分为可供开发的土地，在建工程，可重新开发、更新改造或改变用途的旧房三大类。可供开发的土地又可分为生地、毛地、熟地三类。未来开发完成后的不动产状况，包括不动产类型、用途、规模和档次等。未来开发完成后的不动产状况，对生地和毛地的估价对象来说，有熟地和新房两类；对熟地、在建工程和旧房的估价对象来说，只有新房一类。新房又可分为毛坯房、粗装修房和精装修房。另外，未来开发完成后的不动产状况不一定是纯粹的不动产，还可能包含家具、机器设备等动产和特许经营权等权利。

未来开发完成后的不动产经营方式，包括出售、出租、自营等。

4. 测算后续开发经营期

后续开发经营期应根据估价对象状况、未来开发完成后的不动产状况、未来开发完成后的不动产经营方式、类似不动产开发项目相应的一般期限、估价前提、估价对象所处开发建设状态、未来不动产市场状况等进行测算。

为了测算后续开发的各项必要支出和开发完成后的价值发生的时间及金额，便于进行折现现金流量分析或者测算后续开发的利息和利润，需要测算后续开发经营期。后续开发经营期的起点是（假设）取得估价对象（待开发不动产）的时间（价值时点），终点是未来开发完成后的不动产经营结束的时间。测算考虑的因素包括估价对象状况、未来开发完成后的不动产状况、未来开发完成后的不动产经营方式、类似不动产开发项目相应的一般期限、估价前提、估价对象所处开发建设状态、未来不动产市场状况等。

5. 测算后续开发的必要支出

后续开发的必要支出应根据估价对象状况、未来开发完成后的不动产状况、未来开发完成后的不动产经营方式、估价前提、估价对象所处开发建设状态等来确定，并应符合下列规定：

（1）后续开发的必要支出应为将估价对象开发成未来开发完成后的不动产所必须付出的各项成本、费用和税金，动态分析法的构成项目包括后续开发的建设成本、管理费用、销售费用、销售税费等，静态分析法的构成项目还包括后续开发的投资利息。当估价前提为自愿转让开发和被迫转让开发时，构成项目还应包括估价对象取得税费。

（2）动态分析法中折现前后续开发的必要支出应为预计其在未来发生时的金额，静态分析法中后续开发的必要支出可为假设其在价值时点发生时的金额。

估价前提为业主自行开发的，后续开发的必要支出一般不包括估价对象取得税费。

6. 测算开发完成后的价值

开发完成后的价值测算，应符合下列规定：

（1）不应采用成本法测算；

（2）当采用比较法测算时，应先测算开发完成后的不动产单价，再将该单价乘以未来开发完成后的不动产面积或体积等得出开发完成后的不动产总价值；当未来开发完成后的不动产中有不同用途或档次等较大差别时，应分别测算不同部分的单价，再将它们乘以相应的面积或体积等后相加得出开发完成后的不动产总价值。

开发完成后的价值如果采用成本法测算，则形式上的假设开发法实际上为成本法，因此假设开发法中不应采用成本法来测算开发完成后的价值。

采用比较法测算开发完成后的价值时，应先测算开发完成后的不动产单价，并且当未来开发完成后的不动产中有不同用途或档次等较大差别时，应分别测算不同部分的单价，这是为了避免实际估价中对开发完成后的价值测算过于粗略。

静态分析法中开发完成后的价值，可为假设未来开发完成后的不动产在价值时点的价值。

7. 确定折现率或测算后续开发的应得利润

动态分析法中的折现率，应为类似不动产开发项目所要求的收益率。

静态分析法中后续开发的投资利息的计算基数，应包括估价对象价值或价格和后续开发的建设成本、管理费用、销售费用。当估价前提为自愿转让开发和被迫转让开发时，计算基数还应包括估价对象取得税费。各项计算基数的计息期，应分别自其发生时起至建设期结束时止。

静态分析法中后续开发的应得利润，应在明确其计算基数和相应开发利润率的基础上，为其计算基数乘以类似不动产开发项目的相应开发利润率。

开发利润率有成本利润率、投资利润率、销售利润率等多种。不同种类的开发利润率的内涵不同，计算口径也不同。因此，在测算开发利润时，应搞清楚开发利润率的含义，并据此采用相应的计算基数；或者反过来，当确定了计算基数后，应选用相应的开发利润率。

8. 计算开发价值

动态分析法中折现前开发完成后的价值测算，应符合下列规定：

（1）应为未来开发完成后的不动产在其开发完成时的价值，但当能预计未来开发完成后的不动产预售或延迟销售时，应为在预售或延迟销售时的价值；

（2）应根据类似不动产未来市场价格变动趋势进行预测。

动态分析法的开发价值，应为开发完成后的价值和后续开发的必要支出分别折现到价值时点后相减；静态分析法的开发价值，应为开发完成后的价值减去后续开发的必要支出及应得利润。

第六章 不动产投资

第一节 不动产投资概述

一、不动产投资的概念

（一）不动产的概念和特点

1. 不动产的概念

不动产是指土地以及建筑物等土地定着物，是实物、权益和区位三者的综合体。从自然属性的角度来考察不动产时，不动产自然体包括土地、建筑物及其他附着物；从经济属性的角度来考察不动产时，不动产是一种重要的资产，存在于一定的社会关系中，是生产力的组成部分。

2. 不动产的基本特点

根据不动产的概念，可以从自然属性和经济属性两方面描述不动产的基本特点。自然属性包括不可移动、独一无二和寿命长久，经济属性包括价值量大、供给有限、用途多样、保值增值、相互影响、易受限制和难以变现。

（二）投资和不动产投资

1. 投资

投资是一定经济主体为了获取预期不确定的效益而将现期的一定收入转化为资本的活动。投资活动具备5个基本要素，包括投资主体、投资目的、投资资金、投资客体和投资方式。

（1）投资主体。投资主体是指从事投资活动，具有一定资金来源并拥有投资决策权、享受投资收益、承担投资风险的法人或自然人。

（2）投资目的。投资目的就是投资的动机。一般认为，投资主体不同，其追求的投资效益也不尽相同。

（3）投资资金。投资资金有两种来源，一是投资者自己的收入，二是通过各种途径借来的钱。

（4）投资客体。投资客体即投资对象、标的物。投资客体具有多样性，可以将资金直接投入建设项目形成固定资产和流动资产，也可以是有价证券及其他对象。

（5）投资方式。投资方式指资金运用的形式与方法。投资可以运用多种方式，主要包括直接投资与间接投资、产业投资与证券投资等。

2．不动产投资

不动产投资是指投资者为了获取预期不确定的收益而将现期的一定资金转化为不动产的经济行为。

二、不动产投资的特性

与一般投资相比，不动产投资具有其自身的特点。

（一）不动产投资对象的不可移动性

不动产投资对象是不动产，土地及其地上建筑物都具有固定性和不可移动性。不仅地球上的位置是固定的，而且土地上的建筑物及其某些附属物一旦形成，也不能移动。

（二）不动产投资的高投入性

不动产业是一个资金高度密集的行业，投资一宗不动产项目，少则几百万元，多则上亿元的资金。这主要是由不动产本身的特点决定的。一是土地开发的高成本性。由于土地的位置固定，资源相对稀缺程度较高，以及其具有不可替代性，土地所有者在出售和出租土地时就要按照土地预期的生产能力和位置、面积、环境等特点，作为要价的依据，收取较高的报酬；同时作为自然资源的土地，不能被社会直接利用，必须投入一定的资本进行开发，所有这些因素都使土地开发的成本提高。二是房屋建筑的高价值性。房屋的建筑安装成本，通常也高于一般产品的生产成本，这是由于房屋的建筑安装要耗费大量的建筑材料和物资，需要有大批技术熟练的劳动力、工程技术人员和施工管理人员，要使用许多大型施工机械。此外，由于建筑施工周期一般较长，占用资金量较大，需要支付大量的利息成本。再加上在不动产成交时，由于普遍采用分期付款、抵押付款的方式，不动产的投入资金回收缓慢，因此，也增加了房屋建筑物的成本量。三是不动产经纪运作中交易费用高。一般而论，不动产开发周期长、环节多，涉及的管理部门及社会各方面的关系也多。这使得房地产开发在其运作过程中，包括广告费、促销费和公关费都比较高，从而也增大了不动产投资成本。

（三）不动产投资的长周期性

不动产投资过程要经过许多环节，从土地使用权的获得、建筑物的建造，一直到建筑物的投入使用，最终收回全部投资资金需要相当长的时间。一是因为不动产投资不是一个简单的购买过程，它要受到不动产市场各个组成部分的制约，如受到土地投资市场、综合开发市场、建筑施工市场、不动产市场的限制，其中特别是房屋的建筑安装工程期较长。投资者把资金投入不动产市场，往往要经过这几个市场的多次完整的运动才能获得利润。二是由于不动产市场本身是一个相当复杂的市场，其复杂性不是单个投资者在短期内所能掌握的。所以，一般投资者必须聘请专业人员来进行辅助工作，才能完成交易。这样，又会增加一定的时间。三是如果不动产投资的部分回收是通过收取不动产租金实现的，由于租金回收的时间较长，这样更会使整个不动产投资回收期延长。

（四）不动产投资的高风险性

由于不动产投资占用资金多，资金周转期又长，而市场是瞬息万变的，因此投资的风险因素也将增多。加上不动产的低流动性，不能轻易脱手，一旦投资失误，房屋空置，资金不能按期收回，企业就会陷于被动，甚至债息负担沉重，导致破产倒闭。

（五）不动产投资的强环境约束性

一座城市客观上要求有一个统一的规划和布局。不动产是一个城市的构成部分，并且具有不可移动性。因此，城市的功能分区、建筑物的密度和高度、城市的生态环境等都构成不动产的外在制约因素。不动产投资必须服从城市规划、土地规划、生态环境规划的要求，把微观经济效益和宏观经济效益、环境效益统一起来。只有这样，才能取得良好的投资效益。

（六）不动产投资的低流动性

不动产投资成本高，不像一般商品买卖可以在短时间内快速完成。不动产交易通常要一个月甚至更长的时间才能完成，投资者一旦将资金投入不动产买卖中，其资金很难在短期内变现。所以不动产投资项目资金的流动性和灵活性都较低。

三、不动产投资的形式

（一）直接投资

不动产直接投资是指投资者直接参与不动产开发或不动产购买过程并参与有关的经营活动，包括从购地开始的开发投资和建成后的置业投资两种方式。

1. 开发投资

不动产开发投资是指投资者从获得土地使用权开始，经过项目策划、规划设计和施工建设等过程获得不动产商品，然后将其推向市场，转让给新的投资者或使用者，并通过转让过程收回投资、实现开发商收益目标的投资活动。

根据不同的划分依据，不动产开发投资有不同的类型。

（1）依据投资对象划分。依据投资对象，不动产开发投资可分为地产开发投资和房产开发投资。地产开发投资是以土地开发为主，利用土地的买卖差价和土地开发后出售或出租来获取投资收益的不动产开发与经营活动；房产开发投资包括住宅不动产投资、商业不动产投资和工业不动产投资等。其中，商业不动产投资的对象包括写字楼、商场、旅馆、酒店和各种娱乐设施等，这类不动产主要以出租为主，投资回报较高，通常是不动产投资的热点。

（2）依据投资收益实现方式划分。依据投资收益实现方式，不动产开发投资可分为不动产出售、不动产出租（租赁）、不动产自营和不动产混合型经营等形式。不动产出售是不动产所有权（房屋所有权、土地使用权）的一次性出售，这类不动产项目以预售或开发完成后出售的方式取得收入、回收开发资金以及获取开发收益，达到盈利的目的；不动产出租是不动产使用权的转移，它以预租或开发完成后出租的方式取得收入、回收开发资金以及获取开发收益，达到盈利的目的；不动产自营是指不动产项目开发完成后，以自行经营的方式取得收入、回收开发资金以及获取开发收益，达到盈利的目的；不动产混合型经营是指以预售、预租或开发完成后出售、出租、自营的各种组合方式得到收入、回收开发资金、获取开发收益，以达到盈利的目的。

2. 置业投资

不动产置业投资是指投资者通过购买增量不动产或者存量不动产满足自身生产经营的需要，或者通过转售不动产给其他置业投资者获得转售收益，或者通过租赁不动产给他人获得租赁收益的行为。这类投资的目的一般分为两类：一是满足自身生活居住或生产经营的需要，即自用；二是将购入的不动产出租给最终的不动产使用人，以获取较为稳定的经常性收入。

（二）间接投资

不动产间接投资主要是指将资金投入与不动产相关的金融市场的行为。不动产间接投资者不需要直接参与不动产投资管理。具体投资方式包括发放不动产抵押贷款，购买不动产开发企业债券、股票，购买不动产投资信托基金和不动产抵押贷款证券等。

第二节　不动产投资的价值观念

一、现金流量

（一）现金流量的概念

如果我们把某项房地产投资活动看作一个独立的系统，那么一定时期各时间点上实际发生的资金流出或流入就叫作现金流量。其中，流出系统的资金叫作现金流出，流入系统的资金叫作现金流入，现金流出与现金流入之差称为净现金流量。

（二）现金流量图

现金流量图是用以反映投资项目在一定时期内资金运动状态的简化图，即把经济系统的现金流量绘入一个时间坐标图，表示出各现金流入、流出与相应时间的对应关系。

以横轴为时间轴，向右延伸表示时间的延续，轴上的每一刻度表示一个时间单位，两个刻度之间的时间长度称为计息周期，可取年、半年、季度或月等。横坐标轴上"0"点，通常表示当前时点，也可表示资金运动的时间始点或某一基准时刻。为了简化计算，公认的习惯是将现金流量的代数和看成在计算周期期末发生，称为期末惯例法。

相对于时间坐标的垂直箭线代表不同时点的现金流量。现金流量图中垂直箭线的箭头，通常是向上者表示正现金流量，向下者表示负现金流量。某一计息周期内的净现金流量，是指该时段内现金流量的代数和，如图6.1所示。

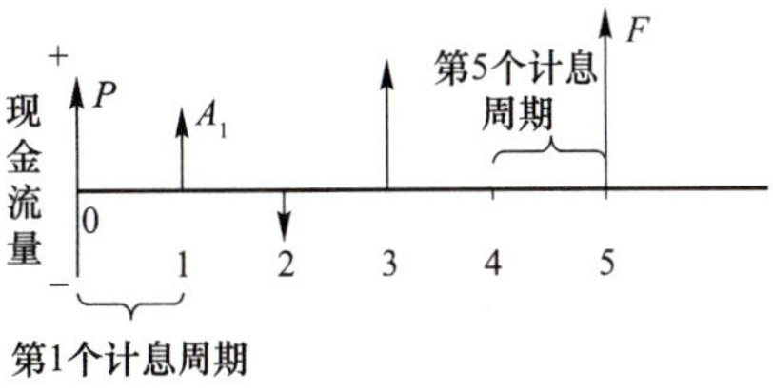

图 6.1　现金流量图

二、货币的时间价值

货币的时间价值,也称为资金的时间价值,同样数额的资金在不同时间点上具有不同的价值,不同时间发生的等额资金在价值上的差别称为资金的时间价值。货币具有时间价值并不意味着货币本身能够增值。投资者进行不动产投资决策时需要考虑的因素是多方面的,其中货币时间价值是重要因素之一。

举例来说,如将1 000元存入银行,假设存款年利率为6%,那么在1年后得到本利和为1 060元。经过1年而增加的60元,就是在1年内出让这1 000元货币的使用权而得到的报酬。也就是说,这60元就是1 000元在1年中的时间价值。

三、利息的计算

货币时间价值的计算,其实质是对其中所发生的利息增值的测算。根据计息方式的不同,可分为单利和复利两种,其中又以复利方法在实践中得到更广泛的应用。

(一)单利法

单利是计算利息的一种方法。按照这种方法,在借(贷)款或投资活动过程中,不管时间多长,由本金所产生的利息均不加入本金重复计算利息。本金指借(贷)款的原本金额,也称为母金或期初金额。利息指借款人付给贷款人超过本金部分的金额,利用单利方法计算得到的利息称为单利利息。

(二)复利法

每经过一个计息期,将本期所得利息加入本金计算下期利息,逐期滚算,即前面提到的"利滚利"。

第三节 不动产投资项目财务评价

不动产投资项目财务评价是指投资分析人员从项目财务的角度出发,考察项目的获利能力,判断投资项目的财务可行性。

一、财务评价的内容

项目财务评价的内容主要包括三方面,即盈利能力分析、清偿能力分析和财务生存能力分析。

(1)盈利能力分析。盈利能力分析是指运用静态或动态分析方法,计算一系列反映项目财务盈利水平的静态指标或动态指标,据以考察项目建成后的盈利水平。

（2）清偿能力分析。清偿能力是通过项目计算期内各年的财务状况以及投资借款偿还期来反映的。项目的清偿能力分析包括三方面内容，一是整个项目的投资回收能力，即项目建成后，需要多长时间才能收回全部投资，这是投资者关心的主要问题之一；二是项目资金的流动性分析，即项目在营运过程中所面临的财务风险程度及偿债能力的大小，这是项目有关各方都非常关心的问题；三是项目的清偿贷款能力。

（3）财务生存能力分析。财务生存能力主要是通过考察项目计算期内各年的资金余缺情况来反映的，即投资项目的各期累计盈余资金不应该出现负值（资金缺口）。财务生存能力是进行开发经营的必要条件。

二、财务评价的方法

项目财务评价有多种方法，按是否考虑资金的时间价值，项目财务评价的方法可分为静态分析和动态分析方法。静态分析又称作非贴现分析，这类方法的特点是不考虑货币时间价值，主要评价指标包括内部收益率、净现值、投资利润率、投资利税率和资本金利润率等。动态分析又称作贴现分析，这种方法是将项目生命周期内不同时间出现的各种收益及成本均做贴现处理，并在现值基础上对其进行比较分析，主要评价指标包括全部投资回收期、借款偿还期、资产负债率、流动比率、速动比率等。

三、财务评价的基本报表

财务评价的基本报表又称基本财务报表，主要有现金流量表、损益表、资金来源与运用表及资产负债表。

（一）现金流量表

项目现金流量表是最重要的基本财务报表，该表以项目作为一个独立的系统，把项目在计算期内以现金或实物形式支付的费用（现金流出）和以现金或实物形式取得的收入（现金流入）尽列其中，以反映项目经济活动的全过程。

1. 全部投资现金流量表

项目全部投资现金流量表不分资金来源，以全部投资作为计算基础，用以计算全部投资所得税前及所得税后内部收益率、净现值及投资回收期等评价指标，考察项目全部投资的盈利能力。

2. 资本金现金流量表

项目资本金现金流量表是考虑资金来源，从投资者角度出发，以投资者投入的资本金为主要分析对象，计算由资本金带来的内部收益率和净现值等指标。

3. 投资各方现金流量表

当不动产项目涉及多个投资者时，应编制投资各方现金流量表。该表以投资者各方为基础，计算投资者各方的净现值、内部收益率等评价指标，反映各方投资者投入资本的盈利能力。

（二）损益表

损益表是反映项目计算期内各年的利润总额、所得税及税后利润分配情况，用以计算投资利润率、投资利税率和资本金利润率等指标。

（三）资金来源与运用表

资金来源与运用表反映项目计算期内各年的资金盈余或短缺情况，用于选择资金筹措方案，制定适宜的借款及偿还计划，为编制资产负债表提供依据，并用于计算借款偿还期。

（四）资产负债表

资产负债表反映项目计算期内各年末资产、负债和所有者权益的增减变化及对应关系，以考核项目资产、负债和所有者权益的结构是否合理，用以计算资产负债率、流动比率和速动比率，进行清偿能力分析。

第四节 不动产投资风险管理

风险无处不在，如果没有很好的风险管理措施，不动产投资者会被可能发生的损失困扰，其担忧可能会使其终止某些不动产开发与经营活动或者是改变其经营方式。因此精确而有效的风险管理是不动产投资者最经济、最有效地处理各种意外损失的重要途径。不动产投资风险管理是不动产投资者采用科学的方法，对投资过程中存在的风险进行预测、识别、分析和评价，选择最佳风险管理措施，保证以较低的耗费最大限度地降低风险损失，获得安全保障的过程。

一、不动产投资风险的特征

不动产投资风险具备客观性、不确定性、可测性、损益双重性和相关性等特征。

（1）客观性。不动产投资风险的客观性是指不动产投资的风险是不以人的意志为转移而客观存在的。

（2）不确定性。不动产投资风险的不确定性源于不动产投资过程中各种客观条件变化的不确定性。

（3）可测性。不动产投资风险的可测性是指人们可以通过对以往发生的类似风险事件的统计资料进行分析，对某种风险发生的概率及其所造成的经济损失做出主观上的估计，从而对未来可能发生的风险进行预测和衡量。

（4）损益双重性。不动产投资风险的损益双重性是指不动产投资的风险与收益是相伴而生的，即投资风险越高，投资者期望回报越高。一般的投资者都是风险回避型。

（5）相关性。不动产投资风险的相关性是指不动产投资者所面临的风险结果与其投资行为和决策是紧密相连的。

二、不动产投资风险的分类

（一）按照风险的性质分类

按照风险的性质，不动产投资风险可分为静态风险和动态风险。

（1）静态风险。静态风险主要是指由于自然灾害和意外事故带来的风险，自然灾害如台风、地震、海啸等，意外事故如火灾、盗窃等。

（2）动态风险。动态风险主要是指由于投资者自身的经营状况和市场变动等因素引起的风险，如投资者决策失误的风险、居民住房需求偏好变化的风险等。

（二）按照风险的效应分类

按照风险的效应，不动产投资风险可分为纯粹风险和投机风险。

（1）纯粹风险。纯粹风险是指只有损失机会而无获利机会的风险，如火灾、地震、盗窃等风险，这类风险只会造成损失，而不会带来任何风险收益，这种风险是所有投资者都想要规避的。

（2）投机风险。投机风险与纯粹风险相对应，是指那些既有损失的可能，又有获利机会的风险。

（三）按照风险的来源分类

按照风险的来源，不动产投资风险可分为社会风险、政策风险、经营风险和市场风险等。

（1）社会风险。社会风险是指人文社会环境等因素的变化对不动产投资的影响。

（2）政策风险。政策风险是指各级政府有关不动产投资政策的各种变化给投资者带来的损失。

（3）经营风险。经营风险是指由于不动产开发项目经营管理者的决策失误而使不动产项目的实际结果偏离期望结果的可能性。

（4）市场风险。市场风险是指由于不动产投资的市场状况变化不确定给投资者带来的风险。市场风险主要有购买力风险、流动性风险和利率风险三种。购买力风险是指由于社会物价总水平的上涨，投资者未来的实际收益减少的风险，因此购买力风险的发生和大小是与通货膨胀率的高低相联系的。流动性风险是指将商品兑换为现金时由于折价而导致资金损失的风险，也称为变现风险。利率风险是指利率变化给不动产投资项目带来的风险。

（四）按照风险的发生时间分类

按照风险的发生时间，不动产投资风险可分为投资前期的风险、开发建设期间的风险和租售阶段的风险。

（1）投资前期的风险。不动产开发投资前期的风险是指投资计划实施前期的风险。

（2）开发建设期间的风险。不动产开发建设期间的风险是指从不动产项目正式动工到交付使用这一阶段的风险。

（3）租售阶段的风险。不动产租售阶段的风险主要包括租售时机风险与租售合同风险。租售时机的选择直接关系到不动产的销售价格,从而影响投资者的利润。租售合同风险是指因合同签订不当,在合同履行过程中给投资者造成经济损失。

三、不动产投资风险的分析方法

(一)头脑风暴法

头脑风暴法又称专家会议法,由美国人奥斯本于 1939 年首创,它是通过组织专家集体决策来激发更多创新想法的方法。头脑风暴法首先要确定一个明确的议题,确定参加会议的人数,一般以 8～12 人为宜,可略有增减,确保每个人都有发言机会,人数过少会影响新思维的激发,人数过多会影响每个人发言次数。

头脑风暴法要遵循三方面的原则:一是创造自由气氛,让所有人畅所欲言;二是在讨论过程中绝对不可以对任何人的意见做出批评,所有评价均放在会后进行;三是追求数量,想法越多,有创造性的想法就可能越多。

(二)德尔菲法

德尔菲法是美国著名咨询机构兰德公司于 20 世纪 50 年代初发明的。该方法采用匿名发表意见的方式,即专家之间不互相讨论,不发生横向联系,只与调查人员发生关系,通过多轮调查专家对问卷所提问题的看法,经过反复征询、归纳、修改,最后汇总成专家基本一致的看法,作为预测的结果。

(三)盈亏平衡分析法

盈亏平衡分析法是研究不动产投资项目成本与收益之间平衡关系的方法。其研究的内容主要是在一定的市场和生产能力条件下,分析产量、成本和收入之间的相互关系,找出项目盈利与亏损的临界点,即盈亏平衡点。以此了解不确定因素允许变化的最大范围,寻求最大盈利的可能性。

(四)敏感性分析法

在项目执行或经营过程中,当不确定因素发生变化时,项目的经济效益会发生相应变化,其变化的大小反映了不确定因素的敏感程度,选取敏感性强的因素来预测项目效益的变动幅度,即敏感性分析。

(五)概率分析法

当不确定因素的变动值偏离正常值较大,并常具有偶然性时,盈亏平衡分析和敏感性分析难以对项目的变动度进行测定,需要运用概率分析的方法进行预测。

四、不动产投资风险的控制

(一)风险预防

风险预防是不动产投资者在不动产投资风险发生前采取某些措施,以消除或减少引致风险损失的各项风险因素，实现降低风险损失发生的概率，减小风险损失的作用。它在整个不动产投资过程中的各个阶段都有广泛的应用价值。

（二）风险回避

风险回避是指不动产投资者通过对不动产投资风险的识别和分析，判断不动产投资的风险大小，选择那些风险小的项目或者放弃那些风险大的项目。

（三）风险自留

风险自留是指不动产投资者预期某些风险无法避免时，以其自身的财力（包括自有资金和借入资金）来承担未来可能的风险损失的方法。

（四）风险转移

风险转移是指不动产投资者将其风险损失转嫁给他人承担，包括保险型风险转移和非保险型风险转移。

（五）风险组合

风险组合即通过多项目投资来分散风险，这种方法是将许多类似的，但不会同时发生的风险集中起来考虑，从而能较为准确地预测未来风险损失发生的状况，并使这一组合中取得风险收益的部分补偿发生风险损失的部分。可以采取投资于不同类型的项目组合和投资于不同区域的项目组合。

第七章 不动产金融

房地产金融是不动产金融的主要组成部分,是在房地产开发、流通和消费过程中所进行的筹资、融资以及相关金融服务的一系列金融活动的总称。房地产金融一般以银行和非银行金融机构作为金融服务主体,以房地产为特定服务对象。房地产金融的具体形式有房地产贷款、房地产保险、房地产信托、房地产典当等。

第一节 个人住房贷款

个人住房贷款是房地产贷款的重要形式。房地产贷款的含义一般包括两个层面:一是指贷款的用途是房地产的贷款,如将贷款用于房地产开发或房屋改造、修缮,用于购买或租用房地产;二是指房地产抵押贷款,即以房地产为担保发放的贷款,该贷款可能用于房地产,也可能用于其他方面,例如某公司以房地产作抵押向银行申请贷款,用于公司经营。按照贷款用途,房地产贷款一般涉及两类:房地产开发贷款和个人住房贷款。房地产开发贷款是指金融机构向房地产开发企业发放的用于地产、房产(包括住房、商业用房和其他房产)开发建设的中长期项目贷款。个人住房贷款是指金融机构向自然人发放的用于购买、建造和大修各类型住房的贷款。不动产经纪人主要接触的是个人住房贷款业务。

一、个人住房贷款概述

(一)个人住房贷款的特点

个人住房贷款有别于其他个人贷款,主要有以下几个特点。首先,个人住房贷款对象仅限于自然人,而不包括法人。个人住房贷款申请人必须是具有完全民事行为能力的自然人。其次,个人住房贷款期限长,通常为10~20年,最长可达30年。最后,个人住房贷款多数是以所购住房抵押为前提条件发生的资金借贷关系,还款方式绝大多数采取分期还本付息的方式,这种方式俗称"按揭"。

微课:个人住房贷款

(二)个人住房贷款的主要参与者

在个人住房贷款中,除了贷款人、借款人外,往往还包括担保(保险)人、服务机构和政府部门等。

担保(保险)人包括担保自然人、担保机构和保险机构。担保自然人是指借款人的亲属、朋友等，跟借款人有关系并具备一定条件，能够在借款人能力不足的情况下提供担保还款义务。担保机构和保险机构包括各类担保公司、保险公司，它们通过提供房地产贷款担保和保险，为贷款人防范贷款风险提供保障。

服务机构是指为房地产贷款当事人提供专业服务的不动产经纪机构、房地产估价机构和律师事务所等。不动产经纪机构可代为办理个人住房贷款、不动产抵押登记等手续。贷款人在发放抵押贷款前一般均要求对抵押房地产的价值进行评估，房地产估价机构负责评估抵押房地产的价值。律师事务所主要为抵押贷款提供法律服务，如起草借款合同或协议、受托人与借款人签订借款合同或协议、处理违约贷款的法律事务等。

政府部门主要是指办理房屋买卖、抵押合同网签的房地产管理部门，进行不动产抵押登记的不动产登记中心等。

（三）个人住房贷款的种类

1. 按贷款性质划分

根据贷款性质，个人住房贷款分为商业性个人住房贷款、住房公积金贷款和个人住房组合贷款。

（1）商业性个人住房贷款。商业性个人住房贷款是指商业银行用其信贷资金向购买、建造和大修各类型住房的个人所发放的自营性贷款。

（2）住房公积金贷款。住房公积金贷款是指由各地住房公积金管理中心运用归集的住房公积金，委托银行向购买、建造和大修各类型住房的住房公积金缴存职工发放的住房贷款。

（3）个人住房组合贷款。个人住房组合贷款是指借款人申请个人住房公积金的贷款额不足以支付购房所需资金时，其不足部分向银行申请商业性个人住房贷款，个人住房公积金贷款和商业性个人住房贷款两者的组合，称为组合贷款。其中，个人住房公积金贷款部分按住房公积金贷款利率执行，商业性个人住房贷款部分按商业性个人住房贷款利率执行。

2. 按贷款所购住房交易形态划分

按贷款所购住房交易形态划分，个人住房贷款可以分为一手房贷款和二手房贷款。

（1）一手房贷款。一手房贷款是指贷款机构向符合条件的个人发放的、用于在新建商品房市场上购买住房的贷款。

（2）二手房贷款。二手房贷款是指贷款机构向符合条件的个人发放的、用于在存量住房市场上购买住房的贷款。

二、个人住房贷款构成要素

（一）首付款比例

首付款比例是指个人首付的购房款占所购住房总价的百分比。国家信贷政策对不同时期首付款比例有明确规定，具体首付款比例由银行业金融机构根据借款人的信用状况和还款能力等合理确定。

2016年2月2日，中国人民银行（以下简称"央行"）、中国银行业监督管理委员会（以下简称"银监会"）发布《关于调整个人住房贷款政策有关问题的通知》，在不实施"限购"措施的城市，居民家庭首次购买普通住房的商业性个人住房贷款，原则上最低首付款比例为25%，各地可向下浮动5个百分点；对拥有1套住房且相应购房贷款未结清的居民家庭，为改善居住条件再次申请商业性个人住房贷款购买普通住房，最低首付款比例调整为不低于30%。在此基础上，央行、银监会各派出机构应按照"分类指导、因地施策"的原则，加强与地方政府的沟通，结合当地不同城市实际情况自主确定辖区内商业性个人住房贷款的最低首付款比例。银行业金融机构应结合各省级市场利率定价自律机制确定的最低首付款比例要求以及本机构商业性个人住房贷款投放政策、风险防控等因素，并根据借款人的信用状况、还款能力等合理确定具体首付款比例和利率水平。对于实施"限购"措施的城市，个人住房贷款政策按原规定执行，即购买首套自住房且套型建筑面积在90 m^2 以上的家庭（包括借款人、配偶及未成年子女，下同），贷款首付款比例不得低于30%；对贷款购买第二套住房的家庭，贷款首付款比例不得低于50%。

（二）贷款成数

贷款成数又称贷款价值比率，是指贷款金额占抵押住房价值的比率。银行一般有最高贷款成数的规定。各贷款银行在不同时期对贷款成数要求不尽相同，一般有最高贷款成数的规定。贷款成数一般最高不得超过住宅价值的80%。

（三）偿还比率

贷款人通常将偿还比率作为考核借款人还款能力的一个指标。偿还比率一般采用房产支出与收入比，是指借款人的月房产支出占其同期收入的比率。房产支出与收入比＝（本次贷款的月还款额＋月物业服务费）/月均收入。目前大多数银行都对个人住房抵押贷款规定了最高偿还比率，根据银监会规定，应将房产支出与收入比控制在50%以下（含50%），即给予借款人的最高贷款金额不使其分期偿还额超过其家庭同期收入的50%。

（四）贷款额度

贷款额度是指借款人可以向贷款人借款的限额。理论上，在个人住房贷款中，贷款的数额应为所购住房总价减去首付款后的余额。但在实际中，贷款人一般会用不同的指标，对借款人的贷款金额做出限制性规定，如规定贷款金额不得超过贷款机构规定的某一最高金额等。

（五）贷款利率

贷款利率是指借款期限内利息数额与本金额的比例。我国的利率由中国人民银行统一管理，银行贷款利率参照中国人民银行制定的基准利率，实际合同利率可在基准利率基础上下一定范围内浮动。

个人住房贷款基准利率由央行统一规定，金融机构根据商业原则通过调整贷款利率浮动区间自主确定贷款利率水平。个人住房贷款期限在1年以内（含1年）的，实行合同利率，遇法定利率调整，不分段计息；贷款期限在1年以上的，遇法定利率调整，于下年1月1日开始，按相应利率档次执行新的利率规定。

（六）贷款期限

贷款期限是指借款人应还清全部贷款本息的期限。贷款期限由贷款人和借款人根据实际情况商定，但一般有最长贷款期限的规定，如个人住房贷款期限最长为30年。贷款人在为借款人确定还款年限时一般以其年龄和房龄作为基础，年龄越小，其贷款年限越长，年龄越大，贷款年限则较短；房龄越短，其贷款年限越长，房龄越长，贷款年限则较短。通常情况下，借款人年龄与贷款期限之和不得超过65～75周岁。个人二手房贷款的期限不能超过所购住房土地使用权的剩余年限。

（七）还款方式

目前我国个人住房贷款的偿还方式主要有等额本息还款法和等额本金还款法两种。不同的还款方式，对借款人借款后的现金流要求是不同的，采用等额本息还款法时，各期还款压力是一样的；采用等额本金还款法时，借款初期的还款压力较大，以后依次递减。不动产经纪人员在帮助客户制定贷款方案时，应充分考虑客户的储蓄、收入水平、家庭开支以及家庭理财状况，进行综合考虑，还贷的方式一般由借款客户自己选择，不动产经纪人员应向借款人介绍等额本金和等额本息两种还贷方式的区别，为贷款客户提供参考意见。例如等额本息适合教师、公务员等收入稳定的工薪阶层；等额本金适合那些前期能够承担较大还款额的借款人群。

（八）担保方式

个人住房贷款必须提供担保，担保方式有抵押、质押、保证三种方式，且以所购住房抵押担保为主。在办理房屋抵押权登记前，贷款机构普遍还要求提供阶段性保证担保，对商品房期房贷款，一般由所购住房的开发商或担保机构提供保证担保，而对二手房贷款，一般由担保机构承担阶段性保证的责任。

三、个人住房贷款办理流程

（一）申请条件

各金融机构规定的个人住房贷款申请条件有所差异，一般情况下借款人需具备以下条件：
(1) 具有完全民事行为能力的自然人；
(2) 具有城镇常住户口或有效居留身份；
(3) 有稳定合法的经济收入，信用状况良好，具有还款能力和意愿；
(4) 具有真实合法有效的购买（建造、大修）住房的合同或协议；
(5) 有所购买（建造、大修）住房全部价款一定比率的自筹资金作为首付款；
(6) 有贷款人认可的资产作为抵押或质押，或有足够代偿能力的单位或个人作为保证人；
(7) 贷款人规定的其他条件。

（二）贷款流程

1. 贷款申请

借款人要申请商业性个人住房贷款，首先需要向贷款银行提出贷款申请。受理贷款时，必须由主贷人、共有人、配偶同时到场亲笔在贷款申请及相关贷款文件上签字。

2. 贷款审批

贷款银行收到借款人的资料后，从个人信用、抵押物价值和借款人的条件等方面进行贷款审查。借款人的信用状况主要通过全国和地方个人的征信系统了解，若借款人有不良信用记录的，将不会通过贷款的审查；若借款人已发生借贷的数额达到一定的限额将被视为高额风险贷款，可能做出减少贷款额度甚至无法获得审批通过的审贷意见。抵押物的价值主要通过房地产估价机构给出评估价格，贷款银行一般会按评估价与实际交易价两者中较低值的 60% 或 70% 确定贷款金额。除此之外，贷款银行还会审查借款人的收入及财产证明、贷款的额度、婚姻状况及配偶的认可等方面。

3. 签订借款合同

对通过贷款审批的，借款人将与贷款人签订借款合同或住房抵押贷款合同。借款合同一般包括借款种类、币种、用途、数额、利率、期限和还款方式等条款。合同正本一式三份，分别由贷款方、借款方、保证方各执一份。

4. 抵押登记

到所购住宅所在地的不动产登记机构办理抵押登记，银行取得不动产抵押登记证明。

5. 贷款发放

目前，银行发放贷款有两种方式：即当贷款银行获得房地产交易中心出具的抵押登记申请的收件收据后由有资质的担保公司担保，即可放款；另一种是在贷款银行获得不动产抵押登记证明后发放贷款，这种方式风险更小，但交易效率会受一定影响。

6. 偿还贷款

借款人按照借款合同约定的还款方式、还款日期、还款金额按月偿还贷款。通常首期还款的时间和金额需要特别注意，一般银行会向借款人提供一个还贷专户（由还贷人按时存入，银行定时划款）。首期还贷的时间一般为发放贷款后次月的 20 日前，数额按照实际发放贷款的时间确定，因此，首月还贷的数额和时间以银行的还款计划表为准。

7. 结清贷款、注销登记

最后一期贷款还完，借款人须到贷款银行办理结清贷款手续，取回不动产抵押登记证明。抵押人和抵押权人持不动产抵押登记证明和银行出具的抵押注销、银行结算清单等材料，到房屋所在地不动产登记机构办理抵押权注销登记。

四、个人住房贷款计算

（一）首付款计算

借款人在购买新建商品房贷款和二手房贷款时，首付款的计算有较大区别。办理新建商品房个人住房贷款时，首付款按照购买时的合同价格作为参考，并根据个人贷款次数和个人贷款的信誉度进行多方面的审核来确定首付款比例，按照确定的比例计算首付款数额。办理二手房个人住房贷款时，以二手房评估价格和成交价格较低的数值作为参考，并根据个人贷款次数、房龄、贷款年限、个人贷款的信誉度进行多方面的审核来确定首付款比例，按照确定的比例计算首付款数额。

（二）贷款金额计算

在个人住房贷款中，借款金额一般为所购住房总价减去首付款后的余额。即贷款金额＝

所购住房总价－首付款数额。

贷款人一般会用不同的指标，对借款人的贷款金额做出限制性规定，例如：
（1）贷款金额不得超过某一最高金额；
（2）贷款金额不得超过按照最高贷款成数计算出的金额；
（3）贷款金额不得超过按照最高偿还比率计算出的金额。

当借款人的申请金额不超过以上所有限额的，以申请金额作为贷款金额；当申请金额超过以上任一限额的，以其中的最低限额作为贷款金额。

（三）月还款额计算

目前，最常用的还款方式有等额本息还款法和等额本金还款法。等额本息还款法，即借款人每月按相等的金额偿还贷款本息，其中每月贷款利息按月初剩余贷款本金计算并逐月结清。等额本金还款法，即借款人每月按相等的金额（贷款金额/贷款月数）偿还贷款本金，每月贷款利息按月初剩余贷款本金计算并逐月结清，两者合计即每月的还款额。

1. 等额本息还款方式的月还款额计算

等额本息还款法，即借款人每月按相等的金额偿还贷款本息，其中每月贷款利息按月初剩余贷款本金计算并逐月结清。由于每月的还款额相等，因此，在贷款初期每月的还款中，剔除按月结清的利息后，所还的贷款本金就较少，每月所还的贷款利息就较多。这种还款方式，实际占用银行贷款的数量更多、占用的时间更长从而便于借款人合理安排每月的生活和进行理财，适合于预期收入在未来整个贷款期间比较稳定的借款人。

等额本息还款方式的月还款额计算公式为

$$A=P\frac{i(1+i)^n}{(1+i)^n-1}$$

式中　A——月还款额；

　　　P——贷款金额；

　　　i——贷款月利率；

　　　n——按月计算的贷款期限。

【例 7-1】 王某向某银行申请商业性个人住房贷款 100 万元，贷款年利率为 6%，贷款期限为 15 年，采用按月等额本息还款方式还款。张某的月还款额为多少？

【解】已知：贷款金额 $P=1\,000\,000$ 元，贷款月利率 $i=6\%/12=0.5\%$，按月计算的贷款期限 $n=15\times12=180$（月）。王某的月还款额计算如下：

$$A=P\frac{i(1+i)^n}{(1+i)^n-1}$$

$$=1\,000\,000\times\frac{0.5\%\times(1+0.5\%)^{180}}{(1+0.5\%)^{180}-1}$$

$$=8\,439（元）$$

所以，王某每月的还款额为 8 439 元。

2. 等额本金还款方式的月还款额计算

等额本金还款法是在还款期内把贷款数总额等分，每月偿还同等数额的本金和剩余贷款在该月所产生的利息，这样由于每月的还款本金额固定，而利息越来越少，贷款人起初还款压力较大，但是随时间的推移每月还款数也越来越少。也便于根据自己的收入情况，确定还贷能力。这种还款方式支出的总和相对于等额本息利息可能有所减少，但刚开始时还款压力较大。这种还款方式，比较适合工作正处于高峰阶段的人，或者是即将退休的人。

等额本金还款方式的月还款额计算公式为

$$A_t = \frac{P}{n} + \left[P - \frac{P}{n}(t-1)\right]i$$

式中　A_t——第 t 月的还款额；

　　　P——贷款金额；

　　　n——按月计算的贷款期限；

　　　i——月利率。

【例 7-2】　周某欲购买一套住宅，总价款为 80 万元人民币。周某交付了 40 万元首付款，剩余 40 万元向银行申请个人住房贷款。周某选择了等额本金的还款方式，月利率为 0.68%，贷款年限为 10 年。问周先生第 1 月和第 60 月分别应还款多少？

【解】　已知：贷款金额 $P = 400\,000$ 元，贷款月利率 $i = 0.68\%$，按月计算的贷款期限 $n = 10 \times 12 = 120$（月）。周某第 1 个月的月还款额计算如下：

$$A_1 = \frac{P}{n} + \left[P - \frac{P}{n}(t-1)\right]i$$

$$= \frac{400\,000}{120} + \left[400\,000 - \frac{400\,000}{120} \times (1-1)\right] \times 0.68\%$$

$$= 6\,053（元）$$

周某第 60 个月的月还款额计算如下：

$$A_{60} = \frac{P}{n} + \left[P - \frac{P}{n}(t-1)\right]i$$

$$= \frac{400\,000}{120} + \left[400\,000 - \frac{400\,000}{120} \times (60-1)\right] \times 0.68\%$$

$$= 4\,716（元）$$

所以，周某第 1 月的还款额为 6 053 元，第 60 月的还款额为 4 716 元。

五、个人住房贷款担保

（一）个人住房贷款担保的方式

目前，很多购房人都会选择通过个人住房贷款买房，但在申请个人住房贷款时，银行会要求借款人提供担保。购房人通常在了解有哪些担保方式的基础上，根据自身的实际情况来选择适合自己的担保方式。个人住房贷款一般采纳以下四种担保方式：

（1）抵押贷款。抵押贷款是指贷款银行以借款人或第三人提供的符合规定条件的财产作为抵押物而向借款人发放贷款的方式。

（2）质押贷款。质押贷款是指借款人或第三人将符合规定条件的应享受的利益凭证交由贷款银行占有，贷款银行以应该享受的利益作为贷款担保而向借款人发放贷款的方式。

（3）保证贷款。保证贷款是指贷款银行以借款人提供的有代为清偿能力的法人或个人作为保证人而向其发放贷款的方式。

（4）抵押（质押）加保证贷款。抵押（质押）加保证贷款是指贷款银行在借款人或第三人提供抵押（质押）的基础上，同时要求借款人提供符合规定条件的保证人作为贷款担保而向借款人发放贷款的方式。

在房地产交易活动中，抵押是购房人常用的担保方式。不动产经纪人应掌握一些关于房地产抵押的基本知识。

（二）抵押权的含义

抵押权是担保物权，是就提供担保的特定财产优先变价受偿的权利，它以支配标的物的交换价值，确保债权清偿为目的，具有优先受偿的担保作用。抵押权是为担保债的履行而存在的，自然须以债权人以外的他人财产为标的物。因此，抵押权的标的物以债务人或者第三人的财产为限。抵押权是不转移标的物占有的物权。抵押权的核心内容在于取得抵押物的交换价值，以该交换价值担保债的履行，而不在于取得或者限制物的使用价值。因此，抵押权的设定与存续，无须转移标的物的占有。抵押权设定后，抵押人仍然可以使用、收益抵押物，并可依法处分抵押物。

1．抵押权的设立

既然抵押是债务人为保证完全履行债务所采用的一种担保形式，那么设定抵押，既需要债务人提出此种方式，又需要债权人愿意接受这种方式，只有双方当事人达成合意方可设定抵押，所以设定抵押权是双方当事人的合意行为，也是当事人之间的一种合同行为。《民法典》明确规定不动产物权的设立、变更、转让和消灭，经依法登记，发生效力；未经登记，不发生效力。房地产抵押未经登记的，不发生物权效力，对抵押物不具有优先受偿权。

2．不得抵押的财产

《民法典》规定下列财产不得抵押：

（1）土地所有权；

（2）耕地、宅基地、自留地、自留山等集体所有的土地使用权，但法律规定可以抵押的除外；

（3）学校、幼儿园、医院等以公益为目的的事业单位、社会团体的教育设施、医疗卫生设施和其他社会公益设施；

（4）所有权、使用权不明或者有争议的财产；

（5）依法被查封、扣押、监管的财产；

（6）法律、行政法规规定不得抵押的其他财产。

3．抵押权的实现

抵押权的优先受偿效力是指抵押权人在债务人到期未能清偿债务时，可依法律规定就抵押物优先变现而获得清偿的法律效力。抵押权的优先受偿性表现在以下三个方面：一是与债务人的其他普通债权人相比，抵押权人就抵押物变现的价款有优先受偿的权利；二是在同一标的物上存在多个抵押权时，顺序在先的抵押权人有优先于顺序在后的抵押权人就抵押物变现价款受清偿的权利；三是在债务人受破产宣告时，成立在前的抵押权人有优先受偿权，仍可以从抵押物所卖得的价款中优先受偿。

（三）房地产抵押的一般规定

1. 享受优惠政策房地产抵押规定

以享受国家优惠政策购买的有限产权的房地产抵押的，其抵押额以房地产权利人可以处分和收益的份额为限。

2. 不同性质企业的房地产抵押规定

（1）国有企业、事业单位法人以国家授予其经营管理的房地产抵押的，应当符合国有资产管理的有关规定。

（2）以集体所有制企业的房地产抵押的，必须经集体所有制企业职工（代表）大会通过，并报其上级主管机关备案。

（3）以中外合资企业、合作经营企业和外商独资企业的房地产抵押的，必须经董事会通过，但企业章程另有约定的除外。

（4）以股份有限公司、有限责任公司的房地产抵押的，必须经董事会或者股东大会通过，但企业章程另有约定的除外。

（5）有经营期限的企业以其所有的房地产抵押的，所担保债务的履行期限不应当超过企业的经营期限。

3. 不同类型房地产抵押规定

（1）以具有土地使用年限的房地产抵押的，所担保债务的履行期限不得超过土地使用权出让合同规定的使用年限减去已经使用年限后的剩余年限。

（2）以共有房地产抵押的，抵押人应当事先征得其他共有人的书面同意。

（3）预购商品房贷款抵押的，商品房开发项目必须符合房地产转让条件并取得商品房预售许可证。

（4）以已出租的房地产抵押的，抵押人应当将租赁情况告知抵押权人，并将抵押情况告知承租人，原租赁合同继续有效。

（5）企、事业单位法人分立或合并后，原抵押合同继续有效。其权利与义务由拥有抵押物的企业享有和承担。抵押人死亡、依法被宣告死亡或者被宣告失踪时，其房地产合法继承人或者代管人应当继续履行原抵押合同。

（四）房地产抵押的主要类型

1. 一般房地产抵押

一般房地产抵押是指为担保债务的履行，债务人或者第三人不转移房地产的占有，将该房地产抵押给债权人的行为。债务人不履行到期债务或者发生当事人约定的实现抵押权的情形，债权人有权就该房地产优先受偿。

2. 在建工程抵押

在建工程抵押是指抵押人为取得在建工程继续建造资金的贷款，以合法方式取得的土地使用权连同在建工程的投入资产，以不转移占有的方式抵押给贷款银行作为偿还贷款履行担保的行为。

3. 预购商品房贷款抵押

预购商品房贷款抵押是指购房人在支付首期规定的房价款后，由贷款金融机构代其支付其余的购房款，将所购商品房抵押给贷款银行作为偿还贷款履行担保的行为。各地的住房公积金中心为支持住房消费也提供政策性的低息贷款，但通常是与金融机构合作，委托其代办放贷、收贷等工作。

4. 最高额抵押

最高额抵押是指为担保债务的履行，债务人或者第三人对一定期间内将要连续发生的债权用房地产提供担保的行为。债务人不履行到期债务或者发生当事人约定的实现抵押权的情形，抵押权人有权在最高债权额限度内就该担保财产优先受偿。最高额抵押权设立前已经存在的债权，经当事人同意，可以转入最高额抵押担保的债权范围。

最高额抵押担保的债权确定前，部分债权转让的，最高额抵押权不得转让但当事人另有约定的除外。最高额抵押担保的债权确定前，抵押权人与抵押人可以通过协议变更债权确定的期间、债权范围以及最高债权额，但变更的内容不得对其他抵押权人产生不利影响。

第二节　住房公积金制度与住房公积金贷款

我国的住房公积金制度是在学习和借鉴新加坡经验的基础上，于1991年率先在上海实行，后逐步在全国推广的政策性住房金融形式。国务院1999年颁布了《住房公积金管理条例》，并在2002年和2019年进行了修订。住房公积金制度是一种社会性、互助性、政策性的住房社会保障制度，有利于筹集、融通住房资金，大大提高了职工的商品房购买能力。

一、住房公积金制度概述

（一）住房公积金的概念与性质

住房公积金，是指国家机关、国有企业、城镇集体企业、外商投资企业、城镇私营企业及其他城镇企业、事业单位、民办非企业单位、社会团体（以下统称单位）及其在职职工缴存的长期住房储备金。

视频：住房公积金制度与住房公积金贷款

工资性是住房公积金的本质属性，是住房分配货币化的重要形式。单位按照职工工资的一定比例为职工缴存住房公积金，实质是以住房公积金的形式给职工增加了一部分住房工资，从而达到促进住房分配机制转换的目的。《住房公积金管理条例》规定，职工个人缴存的住房公积金和职工所在单位为职工缴存的住房公积金，属于职工个人所有。

（二）住房公积金的特点

1. 强制性

根据《住房公积金管理条例》及相关规定，凡在职职工及其所在单位都应开设公积金账户并按规定的缴存基数、缴存比例按月缴存住房公积金。

2. 互助性

住房公积金涵盖了城镇所有在职职工，包括国家机关、国有企业、城镇集体企业、外商投资企业、城镇私营企业及其他城镇企业、事业单位、民办非企业单位、社会团体及其在职职工。住房公积金把个人较少的钱集中起来，形成规模效应。缴存住房公积金的人都具有使用住房公积金的权利，有房的人帮助无房的人，暂时不买房的人帮助当前买房的人，所有职工互帮互助，可以达到改善居住条件的目的。

3. 专用性和保障性

住房公积金只能用于职工的住房消费，而且具体用于何种形式的住房消费和投资，往往还有具体规定。在保证住房公积金提取和贷款的前提下，经住房公积金管理委员会批准，住房公积金管理中心可以将住房公积金用于购买国债。住房公积金的增值收益除了提取贷款风险准备金和住房公积金管理中心的管理费用外，还可以用于建设廉租房的补充资金。

（三）住房公积金制度的作用

1. 有利于刺激职工住房有效需求，促进住房商品化的实现

改变原有的无偿分配、低租金使用的住房制度，形成新的住房机制，逐步实现住房商品化，这是住房制度改革的要求，但是相对于现在的房地产市场，中国城镇职工的住房购买力明显不足，而住房公积金的建立为解决住房问题找到了一条捷径。因为住房公积金制度通过个人努力、国家和单位支持，以长期储蓄的形式，不仅能为职工购房准备好一笔相当规模的首期付款，同时，由于公积金的来源稳定、成本较低，发放长期、低利率的政策性抵押贷款成为可能。因此住房公积金制度不仅能够提高住房的支付能力，刺激职工住房的有效需求，而且能加快住房商品化的实现。

2. 有利于筹集建房资金，扩大建房规模，从而提高职工居住质量

我国几十年的实践表明，要较好地解决广大城镇居民的住房问题，单纯依靠国家投资和企业投资是远远不够的。目前我国人均居住面积相对较小，若要尽快改善居民的住房条件，需要庞大的投资规模，客观上也需要多种融资渠道并行。而住房公积金制度的建立能够较好、较快地解决住房建设资金问题，扩大筹资数额，而且住房公积金筹资成本低，因而降低了住房建设成本。全面推广公积金制度之后，每年归集的住房公积金总额将达到数千亿元，这将是城镇建房资金的最重要的来源。

3. 有利于推动住房货币化进程，促进住房信贷机制的完善

通过单位资助职工建立住房公积金，把实物分配全部转化为职工货币工资收入，有利于推进住房分配的货币化进程，在很大程度上能调动职工生产积极性，增强职工个人购房能力，加快实现住房商品化。同时通过住房公积金的积蓄，为实施个人住房长期抵押贷款提供了资金保证，有利于住房信贷机制的完善。

4. 有利于优化家庭消费结构，抑制通货膨胀

在低租金制度下，住房消费占居民生活消费的比重过低，居民将用于住房的消费转向住房以外的消费领域，不仅严重扭曲了住房结构，致使住宅产业及其相关产业的发展停滞不前，而且使不合理的社会消费资金加大，增加通货膨胀的压力。建立住房公积金，就是

强制性地使居民的住房支出维持一个合理的比例，有利于整个国民经济的协调运行，促进国民经济健康发展，这也是广大居民的根本利益所在。

二、住房公积金的缴存、提取和管理

（一）住房公积金的缴存、归集和查询、对账

1. 住房公积金的缴存

（1）缴存对象。国家机关、国有企业、城镇集体企业、外商投资企业、城镇私营企业及其他城镇企业、事业单位、民办非企业单位和社会团体及其在职职工都应按月缴存住房公积金。2017年12月，住房和城乡建设部等部委办发文明确在内地（大陆）就业的港澳台同胞，均可按照《住房公积金管理条例》和相关政策缴存住房公积金。

（2）缴存基数。缴存基数是职工本人上一年度月平均工资，缴存基数不得高于职工工作地所在设区城市统计部门公布的上一年度职工月平均工资的3倍。具体标准由各地根据实际情况确定。职工单位对职工缴存住房公积金的工资基数每年核定一次。

（3）缴存比例。缴存比例是指职工个人按月缴存（或职工单位按月资助职工缴存）住房公积金的数额占职工上一年度月平均工资的比例，职工和单位缴存比例均不应低于5%。具体缴存比例由住房公积金管理委员会拟订，经本级政府审核后，报省、自治区、直辖市人民政府批准后执行。

（4）月缴存额。住房公积金月缴存额为职工本人上一年度月平均工资分别乘以职工和单位住房公积金缴存比例后的和，即住房公积金月缴存额=（职工本人上一年度月平均工资职工住房公积金缴存比例）+（职工本人上一年度月平均工资 × 单位住房公积金缴存比例）。

（5）住房公积金的补缴。如果单位职工住房公积金因故未缴纳，则应进行补缴。另外，一部分职工提取住房公积金后需要归还复缴时，也通过补缴办法缴存住房公积金。

2. 住房公积金的归集

住房公积金的归集是指住房公积金管理中心作为住房公积金管理的法定机构，依据《住房公积金管理条例》和政府授予的职权，将职工个人按照比例缴存的及其所在单位按照规定比例为职工缴存的住房公积金，全部归集于管理中心在受委托银行开立的住房公积金专户内，存入职工个人账户，并集中管理运作的行为。

3. 住房公积金的查询和对账

住房公积金管理中心要为每一位缴存住房公积金的职工发放住房公积金的有效凭证。职工个人可以直接到住房公积金管理中心或受委托银行查询个人住房公积金缴存情况，也可以通过住房公积金磁卡、电话、网络系统查询。每年6月30日结息后，住房公积金管理中心要向职工发送住房公积金对账单，与单位和职工对账。职工对缴存情况有异议的，可以向住房公积金管理中心和受委托银行申请复议。

（二）住房公积金的提取和使用

1. 住房公积金的提取

住房公积金的提取，是指缴存职工因特定住房消费或丧失缴存条件时，按照规定把个

人账户内的住房公积金存储余额取出的行为。住房公积金的提取是有限制条件的，这与缴存住房公积金的长期性和互助性直接关联。职工提取住房公积金有两类情况：

（1）职工住房消费提取。

①职工购买、建造、翻建、大修自住住房的；

②偿还购房贷款本息的；

③房租超出家庭工资收入规定比例的；

④在缴存城市无自有住房且租赁住房的，2015年1月，住房和城乡建设部、财政部、中国人民银行印发《关于放宽提取住房公积金支付房租条件的通知》，明确租房提取条件。职工连续足额缴存住房公积金满3个月，本人及配偶在缴存城市无自有住房且租赁住房的，可提取夫妻双方住房公积金以支付房租。

（2）职工丧失缴存条件的提取。当缴存条件丧失时，职工可以提取其住房公积金，同时注销该职工住房公积金账户：

①离、退休的；

②完全丧失劳动能力并与单位终止劳动关系的；

③出境定居的；

④职工死亡或者被宣告死亡的，职工的继承人、受遗赠人可以提取职工住房公积金账户内的存储余额；无继承人也无受遗赠人的，职工住房公积金账户内的存储余额纳入住房公积金的增值收益。

2. 住房公积金的使用

职工个人住房公积金的使用是指职工个人在其住房公积金缴存期间，依法使用住房公积金的行为。

职工对住房公积金的使用具体表现在申请个人住房贷款。缴存职工在购买建造、翻建、大修自住住房时，可以向住房公积金管理中心申请住房公积金贷款。个人住房贷款是住房公积金使用的中心内容和主要形式。

（三）住房公积金的管理

1. 住房公积金管理的基本原则

住房公积金管理的基本原则是"住房公积金管理委员会决策、住房公积金管理中心运作、银行专户存储、财政监督"，目的是保障住房公积金的规范管理和安全运作，维护住房公积金所有人的合法权益。

2. 住房公积金管理的要求

地方有关人民政府财政部门应当加强对本行政区域内住房公积金归集、提取和使用情况的监督，并向本级人民政府的住房公积金管理委员会通报。

住房公积金管理中心在编制住房公积金归集、使用计划时，应当征求财政部门的意见。住房公积金管理委员会在审批住房公积金归集、使用计划和计划执行情况的报告时，必须有财政部门参加。

住房公积金管理中心编制的住房公积金年度预算、决算，应当经财政部门审核后，提交住房公积金管理委员会审议。住房公积金管理中心应当每年定期向财政部门和住房公积金管理委员会报送财务报告，并将财务报告向社会公布。住房公积金管理中心应当依法接受审计部门的审计监督。

住房公积金管理中心应当督促受委托银行及时办理委托合同约定的业务。受委托银行应当按照委托合同的约定，定期向住房公积金管理中心提供有关的业务资料。

三、住房公积金贷款

（一）住房公积金贷款的含义与特点

1. 住房公积金贷款的含义

住房公积金贷款，也称委托行住房公积金贷款，是指贷款银行受住房公积金管理中心的委托，以住房公积金为资金来源，向缴存住房公积金的职工发放的，定向用于购买、建造、翻建、大修自有住房的专项住房消费贷款。职工购买的自有住房包括商品住房、经济适用住房、私产住房、集资建造住房、危改还迁住房、公有现住房。

2. 住房公积金贷款的特点

住房公积金贷款与商业性个人住房贷款的不同点主要表现在以下五个方面：

（1）贷款主体不同。住房公积金贷款的主体是住房公积金管理中心。职工申请住房公积金贷款的，需要先向住房公积金管理中心提出贷款申请，再由住房公积金管理中心委托的银行发放住房公积金贷款。商业性个人住房贷款的主体是各商业银行，借款人需直接向发放贷款的商业银行提出贷款申请，由银行对借款人的条件进行审核。

（2）贷款对象不同。商业性个人住房贷款的对象是经资信考察合格，具有还款能力的自然人；住房公积金贷款的对象除具备商业性贷款所要求的条件外，还必须是正常、足额缴存公积金满一定时间的在职职工，或者是缴存了住房公积金的单位的离退休职工。

（3）贷款资金来源不同。商业性个人住房贷款资金来源是各商业银行的自营资金，而住房公积金贷款资金的来源是职工个人及所在单位缴存的住房公积金。

（4）贷款利率不同。住房公积金贷款实行低存低贷的原则。所谓"低存低贷"，是指职工和单位缴存住房公积金和申请住房公积金贷款时，实行低利率，其存贷款利率较之普通商业银行存贷款业务的利率要低。

（5）贷款风险承担主体不同。商业性个人住房贷款的风险由发放贷款的商业银行承担，住房公积金贷款风险由确定发放贷款的住房公积金管理机构承担。

（二）住房公积金贷款的申请条件

满足条件的职工在购买、建造、翻建、大修自住住房时可以住房公积金贷款。各地住房公积金管理部门规定的住房公积金贷款申请条件有一定差异，一般应具备的基本条件如下：

（1）具有城镇常住户口或有效居留身份；

（2）按时足额缴存住房公积金并具有个人住房公积金存款账户；

（3）有稳定的经济收入，信用良好，有偿还贷款本息的能力；

（4）有合法、有效的购买、大修住房的合同、协议以及贷款行要求提供的其他证明文件；

（5）有当地住房公积金管理部门规定的最低额度以上的自筹资金，并保证用于支付所购（大修）住房的首付款；

（6）有符合要求的资产进行抵押或质押，或有足够代偿能力的法人、其他经济组织或自然人作为保证人；

（7）符合当地住房公积金管理部门规定的其他借款条件。

（三）住房公积金贷款的办理流程

1. 一手房住房公积金贷款流程

（1）提出申请。借款申请人需提出书面贷款申请，并提交有关资料，由贷款银行受理后交住房公积金管理部门或直接向住房公积金管理部门申请，等待住房公积金管理部门审批。

（2）签订合同，开立存款账户。借款申请经住房公积金管理部门审批通过后，由贷款银行通知借款人签订借款合同和担保合同，选用委托扣款方式还款的借款人，须在贷款银行开立储蓄卡或信用卡扣款账户。

（3）办理抵押登记。签订合同后，应根据国家和当地法律法规办理抵押登记手续，抵押登记费用由借款人负担。

（4）支用贷款。借款人在贷款银行填制贷款转存凭据，贷款银行按借款合同约定，将贷款资金一次或分次划入售房人在贷款银行开立的售房款账户内，或将贷款资金直接转入借款人在贷款银行开立的存款账户内。

（5）按期还款。借款人按借款合同约定的还款计划和还款方式，委托贷款银行分期扣款，或到贷款银行柜面按期归还贷款本息。

（6）贷款结清。在贷款到期日前，借款人如提前结清贷款，须按借款合同约定提前向贷款银行或住房公积金管理部门提出申请，由住房公积金管理部门审批。贷款结清后，借款人从贷款银行领取"贷款结清证明"，取回抵押登记证明文件，并持贷款银行出具的"贷款结清证明"到原抵押登记部门办理抵押登记注销手续。

2. 二手房住房公积金贷款流程

二手房住房公积金贷款流程与一手房住房公积金贷款流程基本相似，其流程为（1）咨询→受理申请→"中心"审批→办理《不动产权属证书》的过户→与贷款银行签订借款合同、抵押合同→不动产登记部门办理抵押登记→贷款资金转账至卖方账户→借款人按月还款→还清贷款，注销抵押登记。

第三节　房地产保险

保险是指投保人根据合同约定，向保险人支付保险费，保险人对于合同约定的可能发生的事故因其发生所造成的财产损失承担赔偿保险金责任，或者当被保险人死亡、伤残、疾病或者达到合同约定的年龄、期限时承担给付保险金责任的商业保险行为。房地产业也存在风险，房屋从设计、生产到销售、分配、使用，每个环节都面临风险，都有可能发生损失，风险与损失可以通过购买保险加以转移。

一、房地产保险概述

(一)房地产保险的概念

房地产保险就是以房屋及其相关利益和责任为保险标的的保险。需要说明的是,房地产是房产与地产两种财产的总称,包括房与地两方面。土地是一种天然形成的自然产物,一般不存在灭失、损毁等风险,因此房地产保险的标的只能是房屋及其相关利益与责任。

微课:房地产保险

房地产保险按风险潜在损失所涉及的客体即保险的对象可以分为房地产财产保险、房地产责任保险、房地产人身保险、房地产信用保险和保证保险。由于房地产责任风险、信用风险危及的对象主要是财产与人身两类,从广义上来说,房地产保险按保险对象划分为房地产财产保险和房地产人身保险,且以房地产财产保险为主。

房地产保险承保的都是具有潜在损失的风险,但不是所有具有潜在损失的房地产风险都由保险人来承保。保险人承保的是纯粹风险,并且要符合如下条件:风险必须具有偶然性和意外性,风险的发生不会使所有的保险标的都发生损失,风险必须具有可测定性。风险还必须是导致较大的经济损失以及承保该风险符合社会公共利益。房地产保险只承保符合条件的可保风险。

(二)房地产保险的作用

保险不但通过分担损失和经济补偿的基本职能起到社会稳定器的作用,而且还能通过筹集大量资金发挥金融中介的作用。房地产保险作为整个保险业的一个重要组成部分,也正是通过这一作用来推动房地产业、保险业以及国民经济的发展。

1. 抵御意外不幸,实现经济补偿

在房地产业中,始终面临着"天灾人祸"的威胁。房地产保险可以使人们在房屋及其相关利益遭受损失后获得经济补偿。

2. 推动我国保险业的全面发展

我国保险业起步较晚,还存在着广大人民群众的保险意识不强、保险技术落后、保险险种开办不全、保险人才匮乏、保险市场尚未发育规范等问题。而且我国保险险种发展极不平衡,就拿财产保险来说,机动车辆险占了业务的绝大部分比重,而有关房地产领域的保险险种发展相对薄弱。加强房地产保险的发展,有利于保险业全面发展。

3. 搞活房地产市场,促进房地产业的发展

搞活房地产市场是加速我国房地产业发展的重要手段。要搞活房地产市场,必须促进符合资格的企业和个人积极参与市场竞争。但由于房地产一般经济价值较大,物质体积较大,投资也相应较大,资金周转较慢,参加市场竞争的企业和个人所冒的风险就相对大一些。而通过开展房地产保险业务,如提供房地产工程保险,房地产开发经营企业团体人身意外伤害保险等就可以使房地产开发经营企业和有关个人最大限度地降低参与房地产市场的风险,同时增强其承受市场竞争风险的能力,而这都是有利于促进房地产业发展的。

4. 促进对外开放,改善投资环境

随着我国的对外开放程度不断提高,外商在华投资房地产开发、从事置业投资将会进一步增加，是否有适当的房地产保险等配套服务是影响外商投资环境的重要方面。如果没有良好的房地产保险等保险配套服务，许多外国大公司在进入中国市场从事房地产等投资时就会犹豫甚至放弃，办好了房地产保险等险种，可以促进对外开放的进一步发展和投资环境的进一步改善。

二、房地产保险的构成要素

房地产保险的构成要素是房地产保险运行的必备条件，主要包括房地产保险基金、房地产投保人、房地产保险人、房地产保险关系人、房地产可保风险、房地产保险合同等部分，此外，还涉及房地产保险的辅助人。

（一）房地产保险基金

保险基金是指专门从事风险经营的保险机构，根据法律或合同规定，以收取保险费的办法建立的、专门用于保险事故所致经济损失的补偿或人身伤亡的给付的一项专用基金，是保险人履行保险义务的条件。

保险基金的建立是保险人履行赔偿义务的重要物质基础，是房地产保险业务经营的必要条件。房地产保险基金是房地产保险公司向投保人收取的保险费，或称保险付款的总和，是专为应付意外事故的损失而做经济补偿之用的特殊资金。保险费的多少主要根据房地产的保险金额、保险费率及保险期限来确定。

（二）房地产投保人

房地产投保人是指对保险房地产具有保险利益，与保险人订立保险契约，并交纳保险费的人，可以是法人，也可以是公民自然人。房地产投保人必须是被保险房地产的所有人或经营管理人，或者是对保险房地产有利害关系的人。房地产投保人具有以下义务：

（1）按期如数交纳保险费；
（2）被保险房地产一旦出险，如实向保险人报告发生危险的情况；
（3）在房地产保险中，投保人应当及时维护被保险房地产的安全，并接受保险人对房地产安全的监督和合理建议，切实做好安全防灾工作；
（4）房地产保险范围内事故发生后，投保人应及时通知保险人；
（5）当事故发生时，投保人应积极采取措施，以防止损失的扩大；
（6）如果投保人将房地产出售或转让给第三人，当保险责任范围内的自然灾害和不幸事故发生而造成经济损失时，如按合同规定，需要通知保险人的，应及时通知。

投保人有权按保险契约向保险人索赔，获得约定的保险赔偿。

（三）房地产保险人

房地产保险人即与房地产投保人订立保险契约，收取保险费和在房地产出险后负责赔偿的人，如房地产保险公司以及承办保险业务的银行等金融机构。

房地产保险人的义务如下：
（1）在约定的保险事故发生后，承担赔偿责任，支付按照合同规定并进行调查后审定的损失费，叫作保险赔偿，又称理赔；

（2）当保险事故发生后，保险人应该立即履行对投保人承担的义务，查勘现场，并根据损失的实际情况，核算并确定经济补偿金额予以赔偿；

（3）积极开展保险房地产的防损工作，及时检查房地产可能发生的危险隐患，予以消除。

房地产保险人的权利如下：

（1）按照合同收取保险费，这是保险人最基本的权利；

（2）保险人有要求房地产投保人按合同履行义务的权利；

（3）有适当灵活使用保险金的权利。

（四）房地产保险关系人

1. 被保险人

房地产被保险人是指其房屋等财产或者人身受保险合同保障，享有保险金请求权的人，房地产投保人可以为被保险人，其特征如下：

（1）被保险人是受保险合同保障的人。在财产保险合同中，被保险人是对保险财产具有保险利益的人，如所行权人、经营管理人、使用人、抵押权人等；在责任保险合同中，被保险人是对他人遭受的财产损失或者身体伤害负有赔偿责任的人；在人身保险合同中，被保险人是对自身的生命和健康安全获得保险保障的人。

（2）被保险人享有保险金请求权。既然被保险人是受保险合同保障的人，那么当合同约定的保险事故发生时，被保险人就享有赔偿和支付保险金的请求权；如果被保险人在约定的保险事故中死亡，则由其指定的受益人或者继承人享有保险金请求权。但是，如果投保人与被保险人不是同一人时，投保人则不享有请求权。

被保险人除具备上述特征外，《中华人民共和国保险法》规定，投保人不得为无民事行为能力的人投保，以死亡为给付保险金条件的人身保险，保险人也不得承保。也就是说，无民事行为能力的人不能作为上述人身保险的被保险人，但父母为未成年的子女投保除外。

2. 受益人

受益人也称保险金受领人，是指房地产人身保险合同中由被保险人或者投保人指定的享有保险金请求权的人。房地产投保人、房地产被保险人可以为受益人。受益人的特征如下：

（1）受益人必须由被保险人或者投保人在投保时指定，并在保险合同中予以载明；投保人与被保险人不是同一个人时指定受益人，须经被保险人同意。受益人如未指定，被保险人自己或其继承人即受益人。

（2）受益人独立享有保险金领取资格。

（3）受益人权利的行使时间必须在被保险人死亡之后。

（4）受益人领取的保险金归其独立享有，不能作为被保险人的遗产处理。

（五）房地产保险的可保风险

可保风险是指符合承保人承保条件的特定风险。尽管保险是人们处理风险的一种方式，它能为人们在遭受损失时提供经济补偿，但并不是所有破坏物质财富或威胁人身安全的风险,保险人都承保。中国现阶段风险时期均衡理论的实施条件尚不成熟,各保险企业应谨慎运用弱化的可保条件来承保风险,以免造成保险经营的不稳定。

保险是减少风险的一种有效手段,但并不是所有风险都可以通过购买保险方式转嫁给投保人。保险人承保的风险是有一定条件和一定范围的,房地产保险的可保风险条件有以下几点:

(1)风险必须是偶然的。指风险导致的损失具有不确定性,既有发生的可能性,又不是必然发生的。就某一具体的保险标的物而言,什么时候发生损失,以及发生损失后损失的程度,人们都无法事先预知。

(2)风险导致的损失必须是意外的。意料之中的损失是不能保险的,如房屋折旧,另外,被保险人故意行为造成的损失也是不予承保的,如被保险人故意或唆使他人纵火。

(3)风险属于纯粹风险,而不是投机风险。投机风险是指那些风险发生的后果既有损失机会又有获利可能的风险,如房地产经营本身既有赚钱的可能也有亏损的可能,房地产市场价格波动,也会使有的人亏本或获利;纯粹风险是指那些只有损失的机会而无获利可能的风险,如房屋遭受火灾、水灾等。保险承保的风险必须是纯粹风险。

(4)风险必须是大量的。同类标的物均有遭受同类风险损失的可能性。大数法则是保险赖以建立的数理基础,大量同类风险的发生,才可能使保险费率制定建立在可靠的数理统计基础上,也就是说,风险具有宏观的确定性与微观上的不确定性。

(5)风险损失必须是能以货币衡量的、较大损失。保险本身实际上是经济上的风险转移行为,不能明显地表现为经济损失的风险,不能以货币衡量的风险,造成损失轻微的风险,是无法承保和投保的。房地产风险种类众多,但只有符合以上条件的特定的、可保的风险才能以保险责任的形式,反映在各种保险的条款之中,保险人只对保险责任范围内的风险事故或约定事件所遭受的损失负责。

(六)房地产保险合同

1. 保险合同的含义

保险合同又称保险契约,是保险关系得以产生的依据,具体是指投保人支付规定的保险费,保险人对保险标的因保险事故所造成的损失,在保险金额范围内承担赔偿责任,或者在合同约定期限届满时,承担给付保险金义务的协议。

2. 房地产保险合同的特点

房地产保险合同除具有一般合同的共性外,还有自己的特点:

首先,房地产保险合同是附合合同,即保险合同不是由保险人和投保人充分商议之后才达成的。通常情况下,保险合同的内容,即主要条款是由保险人事先制定的,投保人只要表示愿意接受,就是双方意思表示一致,保险合同即告成立。只有在对特殊标的投保时,双方才对保险合同的主要条款进行商议。房地产保险合同是要式合同,即保险合同的成立必须履行法定的方式,采取法定的保险合同。

其次,房地产保险合同是射幸合同。射幸也叫利益机会,对于投保人来说,交纳保险费后,在保险合同有效期间发生保险事故,他可以从保险人处得到数倍于保险费的保险赔偿或保险金;对于保险人而言,如果没有发生保险事故,则只接受保险费,不用承担赔偿或支付保险金。由于保险事故或者给付保险金的发生具有不确定性,所以投保人和保险人的利益的取得或者丧失就是一种机会。因此,保险合同是射幸合同,也叫机会性合同。

3. 房地产保险合同的内容

(1) 保险人名称和住所。

(2) 投保人、被保险人名称和住所,以及人身保险的受益人的名称和住所。

(3) 保险标的。保险标的是指保险载明的特定的投保对象,它是确定保险关系和保险责任的依据。

(4) 保险金额和保险价值。保险标的金额即保险金额,是指当事人约定在保险事故发生后,保险人负责赔偿的最高限额,它既是保险人赔付的依据,又是计算保险费的基础,一般是通过对保险房地产的估价确定的。房地产投保当时的实际价值就是保险价值,保险人和投保人在保险价值内,根据投保人对该标的物存在的利益程度和保障愿望,确定保险金额,作为保险保障的最高限额。比如,一幢价值100万元的别墅,如投保100万元,则是足额投保,如投保50万元则是部分投保,假设在一次火灾中别墅损失80%,则前者可获赔80万元(100万元×80%),后者获赔40万元(50万元×80%)。在保险合同中,对于保险标的的有关事项,如位置、结构、构造、面积等,必须按合同要求详细填写。

(5) 保险费。保险费是房地产投保人为请求保险人对其保险的物业及利益承担保险风险而支付的与保险责任大小相适应的价金。房地产保险费一般以千元为单位,即每千元房屋保险金额交纳若干元保险费,它根据具体的保险范围、保险责任以及险种来确定。如一套价值50万元的商品房全额投保,保险费为1元/千元保额,则1年应交保险费500 000×1元/千元保额=500元。另外,也可采取保险储金形式来交纳保险费,即在投保时存一笔储金,保险期满,保险公司只退还储金的本金,相当于以储金的利息做保险费。

(6) 保险责任。保险人所承担的风险项目在房地产保险合同中称为保险责任,或叫责任条款。责任条款列明保险人承担的风险种类,叫保险风险。保险标的因保险风险而遭损害,叫保险事故或保险事件。保险责任就是当保险事故发生时,根据保险房地产的损害程度,保险人在保险金额限度内应负的经济赔偿责任。

(7) 保险期限。保险期限是指房地产保险合同的成立和终止时间,保险合同从生效到终止日的期间。在这一期间内发生的保险事故,保险人负经济责任。为了确保保险合同的效力,投保人和保险人双方在订立房地产保险合同时,必须对期限达成协议,在房地产保险合同中载明。房地产保险期限一般为一年,但也有长期和短期保单。

(8) 违约责任。房地产保险在合同中明确规定违约责任是相当重要的。因为房地产保险合同是最大诚信合同,双方当事人任何一方不履行义务的行为,都会造成种种不利后果,所以房地产保险合同应把违约责任列入。房地产保险合同的订立一般先由投保人到保险公司提出申请,填写投保单,交清保险费,然后由保险公司发给保险单或保险凭证,这时保险合同即告成立。

4. 房地产保险合同订立的原则

(1) 最大诚信原则。最大诚信原则是指保险合同的双方当事人在签订和履行保险合同时,必须保持最大限度的诚意,双方都应遵守信用,互不欺骗和隐瞒,投保人应向保险人如实申报保险标的的主要风险情况,否则保险合同无效。

在房地产保险中,基本诚信原则要求如下:

①投保人必须陈述报告实质性的重要事实。

投保人在申请投保时,必须向保险人陈述与危险情况有关的实质性重要事实:

a. 房屋权属、结构、性状等超出正常的情况和存在的危险因素；

b. 说明保险人所负责任较大的事实；

c. 有关申请本人的事实，并确实具有可保利益。

一般陈述报告事实应在订立保险合同之前，但在保险单转期时，或在保单有效期内，如所保危险情况有所改变也须如实、及时通告给保险人。

②保证条款的使用。保险人为慎重起见，常在保险单上列有保证条款，要求被保险人遵守。如在为一般房屋投保时，要求房屋内不准堆放危险品，以及投保后仍须加强安全管理、防灾、减灾等。

③违反诚信原则将使合同失效。如果投保人在投保单上填写的有关事项不符事实、有意隐瞒重要危险因素和事实，例如所投保房产是储藏易燃品的仓库，而填写为一般仓库，或者是在索赔时提供假证明，做虚伪陈述，以及在保险期内危险因素改变，或被保险标的不具有可保利益，而未及时通知保险人等情况，都属于违反诚信原则，从而破坏了保险合同的基础，致使合同失效。若中途发现时可以中止合同，更多情况是在索赔时才发现，这时可由保险人以拒付不保的形式不予履行合同。

（2）可保利益原则。可保利益原则又称可保权益原则。可保权益原则要求被保险人对所投保的保险标的拥有可保权益。

拥有权益是指客观存在的，对于一项财产具有某种法律承认的权利或利害关系，即假如财产安全，保险方就能得益，反之，如果财产遭受损毁，保险方便会蒙受损失。只有对财产具有这种利害关系，被保险人才能将财产投保，也只有如此，保险人才会接受投保，这种可以进行保险的权益就叫可保权益。

例如，某人自己有一所房屋，如果房屋安全，他就可以居住，还可以出租，变卖房屋以获得利益；如果房屋被损毁，他便无法居住；还要另行花钱买房，经济上就受到损失。正是因为他和他的房屋存在利害关系，他才考虑房屋的安全，将房屋投保财产保险，而保险人也正因为他对这一房屋存在利害关系，具备了可保利益才给他以保障，允许他进行保险。凡是该人对该财产具有被法律承认的利害关系，那么，他对该项财产就具有可保权益。

在房产保险中保险所承保的是某一幢（套）房屋或与之相关联的利益；被保险人要求保险人保障的是他对投保标的所具有的利益。若所保房产与本人无关，而投保人在订立合同后故意使保险事故发生，从而获得保险赔偿，就要受到法律制裁。

（3）赔偿原则。房地产保险合同是赔偿性质的合同。当保险事故发生，投保的房产或有关利益遭受损失时，保险人应按合同规定的条款履行赔偿责任。赔偿的原则如下：

①保险人对赔偿金额有一定限度。

a. 以实际损失为限。保险人对被保险人损失的赔偿以实际损失为限，被保险人不能得到超过其实际损失的赔偿。在房产价格不断波动情况下，应以当时市场价格计算损失金额。如果所投房产保险是定值保险时，则可不论市场价格变动如何，均按合同中约定的价值计算赔偿金额。

b. 以保险金额为限。保险金额是保险合同当事人双方共同约定的保险赔偿金额的最高限度，赔偿金额只能小于或等于保险金额，不能大于保险金额。当以市场价格计算的实际损失金额与保险金额不等时，两者取其较低者。

c. 以可保利益为限。实际上可保利益的价值与最高实际损失价值以及保险金额是一致的，如房产受押人在发生房产保险范围内损失时，他的可保利益价值、最高实际损失价值、保险金额的最高限度都是他放出的抵押贷款的数额，因而他所能获得的保险赔偿最高限，也只能是相当于他所借出的款项。同理，对于承租房产的被保险人，他所能获得的保险金赔偿最高只能等于他的可保利益价值——租金的数额。

②保险人对赔偿方式可以选择。当被保险人的房产遭受保险责任损失时，保险人应对其所蒙受的实际损失（最高不超过保险金额）给予补偿，使被保险人在经济上恰好能恢复到保险事故刚发生以前的状态。保险人可以选择货币支付或修复原状或换置的方法予以赔偿。

③被保险人不能通过保险赔偿而获得额外的利益。房产保险的原则是只对其损失进行补偿。理赔时保险人要实地勘察、核算损失、合理补偿，不能使被保险人从保险中得到原来所没有的额外利益，为此还特别规定：

a. 在由第三者责任引起的保险事故中，保险赔偿要遵循权益转让原则；

b. 在重复保险中，保险赔偿要遵守重复保险分摊的原则，使得投保人对同一保险标的的损失从各方面（如多个保险人以及侵权行为人）所获得的补偿总额不致超过其实际损失。

坚持补偿原则确定赔偿金额，既可避免不合理地扩大保险人责任，破坏保险基金的平衡性，又可防止诱发投保人利用保险赔偿投机谋利的人为危险，否则保险业将无法正常经营。

（4）权益转让原则。权益转让原则又称代为求偿原则。当保险事故由第三方责任引起时，第三方对此应负有赔偿责任。如果被保险人从第三方那里获得了补偿，就相当于没有损失，因而不能再向保险人提出索赔要求；如果保险人应投保方申请并同意赔付其损失后，保险人就可以取代被保险人地位拥有向第三方索赔的法定权力，即代位求偿权。

被保险人将追偿权益转让给保险人，就等于他从任何方得到的赔偿和收益都得到转让（慈善性赠款除外），同时有义务协助保险人向第三方追偿。保险人获得追偿权益后，就享有被保险人享有的权益，但仅限于此。即从第三方追偿到的赔偿金额小于或等于保险赔偿金额时，则全归保险人，若追回金额大于保险赔付金额时，则超出部分应偿还给被保险人。如果保险人接受了被保险人的委付时，则保险人可以接受大于其保险赔付金额的收益。

权益转让原则可以避免被保险人在同一次损失中从保险方和事故责任方同时取得赔偿而获得额外利益。同时，可以防止事故责任方逃避本应承担的赔偿责任。

（5）重复保险分摊原则。投保人以一个保险标的同时向两家或两家以上保险公司投保同一危险，即构成重复保险，其保险金额往往超过保险标的的可保价值，因此在发生保险损失时，应根据保险赔偿原则，采取各保险人之间分摊保险赔偿金的办法，以防止被保险人从各方获得的总保险赔偿超过可保价值。例如，某间房屋价值50万元，房主向甲保险人投保该房屋的火灾保险，保险金额是40万元，同时向乙保险人投保该房屋的火灾保险，保险金额是20万元。该房主的行为就构成了重复保险。重复保险后，发生了灾害事故而遭受损失，被保险人从多个保险人那里获得的赔偿总值不能超过该保险标的的实际价值。

（6）近因原则。近因是指造成保险标的损失的最主要、最有效的原因。也就是说，保险事故的发生与损失事实的形成有直接因果关系。按照这一原则，当被保险人的损失是直接由于保险责任范围内的事故造成的，保险人才给予赔偿。这是因为现实中保险标的的损失是由多种风险事故同时或者连续发生造成的，而这些风险事故往往同时有被保风险、非保风险或除外风险。近因原则是判断保险人是否需要赔偿的标准。

（七）房地产保险的辅助人

房地产保险的辅助人，是指与保险合同的订立或履行有一定辅助关系的人，即保险代理人和保险经纪人，在国外还有保险公证人和体检医师等。

1. 保险代理人

保险代理人是根据保险人的委托，向保险人收取代理手续费，并在保险人授权的范围内代为办理保险业务的单位或者个人。保险代理人根据保险人的授权代为办理保险业务的行为，由保险人承担责任。同时，保险代理人所获得的有关订立保险合同的重要事项，视为保险人已获知。保险代理必须采用书面形式。保险人对保险代理人权限的限制，可以通过保险合同有关条款或者以口头形式或书面形式，向投保人明确。

2. 保险经纪人

保险经纪人是指基于投保人的利益，为投保人与保险人订立保险合同提供中介服务，并依法收取佣金的单位。保险经纪人的特点如下：

（1）保险经纪人的活动内容以提供订立保险合同的中介服务为限，保险经纪人既非保险人的代理人，也非投保人的代理人，而是为保险人和投保人之间订立保险合同牵线搭桥，但其出发点是为保障投保人利益。

（2）保险经纪人依法有权向保险人收取佣金。保险经纪人在办理保险业务中因为过错，给投保人、被保险人造成损失的，由保险经纪人承担赔偿责任。

保险经纪人应当具备金融监督管理部门规定的资格条件，并取得金融监督管理部门颁发的经营保险代理业务的许可证或者经纪业务的许可证，向工商行政管理机关办理登记，领取营业执照，并缴存保证金或者投保职业责任保险。

三、房地产保险的业务类型

根据房地产面临的风险以及保险标的性质的不同，房地产保险业务种类可划分为房地产财产保险、房地产责任保险、房地产人身保险和房地产信用保证保险。

（一）房地产财产保险

房地产财产保险是对房屋财产因意外事件造成的损失进行赔偿的保险，是由投保人或被保险人与保险人签订房屋财产保险合同，以一定的保险费支出来应对可能遭受的不确定性的损失发生，以实现风险转移的一种经济补偿制度。

1. 家庭房屋保险

家庭房屋保险包括普通房屋保险和房屋两全保险。前者采取交纳保险费的方式，保险期满后，不退还保险费，续保需重新办理保险手续；后者是采取交纳保险储备金的方式，保险期满后，无论保险期内被保险人是否得到保险赔偿，保险人都将投保人所交的保险储备金退还，具有储蓄和保障双重功能。

（1）保险标的范围。保险标的范围包括被保险人所有的房屋；投保人与保险人约定并在保单上注明的房屋，包括与他人共有的房屋、代他人看管的房屋、租赁的房屋等。正处于紧急状态的房屋和违章建筑不在保险标的范围之内。

（2）保险责任。家庭房屋保险的保险责任包括火灾、爆炸、雷击、冰雹、洪水、海啸、地面突然塌陷、崖崩、泥石流、雪灾、冰凌、龙卷风、空中运行物体坠落，外界建筑物和固定物体倒塌，暴风、暴雨以及因防止灾害蔓延或因施救、保护所采用必要的措施而造成保险房屋的损失，以及由此支付的合理费用。

（3）责任免除。责任免除包括战争、军事行为或暴乱、核辐射或污染、地震等不可抗力造成的一切损失；被保险人、房屋所有人、使用人、承租人、看管人及其家庭成员的故意行为和违法行为；保险标的因设计错误、原材料缺陷、工艺不善等内在的缺陷以及自然磨损造成的损失和产生的费用；属于不保房屋及其他不属于保险责任范围内的灾害事故损失；由于政府行为所导致的损失。

（4）保险期限。房屋普通险的保险期限为1年，房屋两全险的保险期限分为1年、3年、5年三种，以抵押贷款方式购买的产权房屋，保险期限与贷款合同期限相同，最长以30年为限。

（5）保险费率、保险金额。保险费率是根据各地的具体条件制定的，并以房屋的结构来区别，一般为1‰～3‰，单位集体投保的则给以优惠。保险金额为房屋单位售价乘以房屋总面积或按合理的评估价格确定，也可由双方约定一个价格。

2. 企业财产保险

企业的房产一般不作为单独的保险标的进行保险，而是和其他固定资产以及流动资产一并投保，其适用范围是指可以向保险人投保该保险种类的单位。企业财产保险适用于在我国境内注册的国有企业、集体企业、股份制企业、私营企业，在实务上也包括国家机关、事业单位和群众团体等。企业财产保险包括基本险和综合险两类。

（1）保险标的范围。

①属于被保险人所有或与他人共有而由被保险人负责管理的财产；

②属于由被保险人经营管理或替其他人保管的财产；

③具有其他有关法律承认的与被保险人有经济利害关系的财产等，如具有承租利益的房屋。

上述财产是否可以用于投保，主要是看保险标的与被保险人之间是否具有可保利益，即被保险人与保险标的之间是否存在某种利害关系。只有对保险标的存在可保利益，才可以投保。否则，即使投保，保险人也不会承担保险责任。

与有关法律、法规相抵触的房屋财产，如违章房屋、危险房屋、非法占有的房屋、限期拆除或限期改建的房屋等不在保险标的的范围之内。

（2）保险责任。

①企业财产保险基本险责任。企业财产保险基本险的责任包括由于火灾、爆炸、雷击、飞行物体及其他空中运行物体坠落以及为抢救保险标的和防止灾害蔓延，采取合理的、必要的措施而造成的保险标的的损失。当房屋发生保险事故时，为减少保险房屋损失，被保险人对保险房屋采取保护和整理措施而支付的必要的、合理的费用。

②企业财产综合险的责任。企业财产综合险的责任是在基本险基础上扩展的。除基本险的责任外，还包括暴雨、洪水、台风、暴风、龙卷风、雪灾、雹灾、冰凌、泥石流、崖崩、突发性滑坡和地面突然塌陷。

自然灾害和意外事故的内容有明确的规定，如地面突然塌陷仅指地壳因自然变异、地层收缩而发生的突然塌陷，因为地基不牢或未按施工要求所导致的保险房屋下沉、倒塌等损失，不属此保险责任。建筑物倒塌、倾倒造成保险房屋的损失，如果涉及第三方责任，被保险人可以从保险人那里取得赔偿，保险人从被保险人处获得权益转让，并向负有责任的第三方追偿。但对建筑物本身的损失，即使属于保险房屋，保险人也不负责赔偿。

（3）责任免除。企业财产保险基本险和综合险对于下列原因造成的财产保险标的的损失，保险人都不承担保险责任：

①战争行为、军事行动、武装冲突、罢工、暴乱、暴动。

②地震、核反应、核辐射和放射性污染。

③被保险人及其代表的故意行为或违法行为以及被保险人及其代表的纵容所致。

④财产保险标的遭受保险事故引起的各种间接损失。如旅馆的房租收入、被保险人与其他人签订的合同，因保险事故发生造成不能履行后需要承担的经济赔偿责任等。

⑤房屋本身的缺陷、自然损坏。

（4）保险金额。保险金额是最高赔偿限额。企业房屋保险的保险金额由被保险人自行确定，被保险人既可根据原始价值、原始价值加成数和重置价值确定，也可根据估价的方式或其他方式确定。至于企业的代保管房屋财产，一般应由被保险人自行估价或按照重置价值确定保险金额，并在保险单上特别列明。其保险价值按照出现时的重置价值或账面余额确定。

（5）赔偿处理。房屋保险标的在遭受保险事故后，在保险责任范围内的损失，保险人按以下方式确定赔偿金额。

①全部损失。受损房屋财产的保险金额高于或等于出险时的重置价值的，其补偿金额以不超过出险时的重置价值为限；受损房屋财产的保险金额低于出险时的重置价值，其补偿金额不得超过该项房屋财产的保险金额。

②部分损失。受损房屋财产的保险金额等于或者超过出险时的保险价值的，其补偿金额按照实际损失金额计算；受损房屋财产的保险金额低于出险时的重置价值的，除了企业房屋保险合同条款另有约定，应该根据实际损失或受损房屋财产恢复原状所需要的修复费用乘以保险金额与出险时的重置价值的比例计算。

（6）保险期限。企业财产保险的保险期限一般以不超过 1 年为限，保险责任一般以双方约定的起保日零时开始到期满日 24 时为止。期满后经协商可以续保。

3. 房屋建筑工程保险

房屋建筑工程保险承保房屋建筑工程在建造过程中因自然灾害和意外事故造成的损失。当前我国开办的保险业务有建筑工程一切险。建筑工程一切险主要是许多附加险，如第三者责任保险、工程预期利润损失保险等，另有多种适应工程项目特点的特约条款。

（二）房地产责任保险

1. 房地产公众责任保险

（1）房屋所有人、出租人和承租人责任保险。承保房屋所有人、出租人和承租人在行使该房屋所有权和使用权过程中产生的场所责任风险。目前我国开办的公众责任保险就是承保商业性房地产所有人、出租人和承租人的场所责任保险。

（2）承包人责任保险。适用于房屋建筑、修理工程等承包人，承保被保险人在进行合同项下的工程或其他作业造成对第三者的损害赔偿责任。此险种房屋建筑部分也可纳入房屋建筑工程保险。目前我国开办的承包人责任保险主要是和建筑工程一切险或安装工程一切险一起投保的，称为建工险或安工险的第三者责任保险。

2. 房地产职业责任保险

职业责任保险主要是指医生、律师、会计师、建筑师等自由职业者因工作过失而造成他人人身伤亡和财产损失的赔偿责任。房地产职业责任保险是对房地产专业人员因工作上的疏忽或过失造成他人损害应承担的经济赔偿责任而提供的保险。房地产专业人员包括建筑师、工程师、监理工程师、房地产估价师等。

房屋建筑工程勘察设计责任保险可以归入此类保险。房屋建筑工程勘察设计责任保险的保险对象是经建设行政主管部门批准，取得相应资质证书并经工商行政部门注册登记依法成立的房屋建筑工程勘察设计单位。

房屋建筑工程勘察设计责任保险的保险责任为：在保险期限因勘察设计而造成房屋建筑工程重大质量事故应负的赔偿责任。具体包括由于设计的疏忽或过失而引发的房屋建筑工程质量事故造成下列损失或费用，依法应由被保险人承担经济赔偿责任的，在本保险期限内，由受害人首次向被保险人承担提出赔偿要求并经被保险人向保险人提出索赔申请时，保险人负责赔偿：房屋建筑工程本身的物质损失；第三者人身伤亡或财产损失。另外，事先经保险人书面同意的诉讼费用，保险人也负责赔偿。但这些赔偿一般有赔偿限额。发生保险责任事故后，被保险人为缩小或减少对受害人的经济赔偿责任所支付的、必要的、合理的费用，保险人也负责赔偿。

此险种的责任免除主要有被保险人故意不按现行标准进行的勘察设计、冒用持证单位名义进行的勘察设计、转让给其他单位或个人进行的勘察设计、不按国家规定的建设程序进行的勘察设计和不按规定越级承担的勘察设计以及工期拖延等所带来的损失。

此项责任保险的保险期限从被保险人接受勘察设计项目、签订合同开始，民用项目至竣工验收合格时终止，工业项目至正式投产时终止。如项目竣工后未按规定验收或试产，直接交委托方使用的，终止日在委托方使用起至半年为止。在保险期限内，由于被保险人勘察设计上的错误而造成工程质量事故导致赔偿责任，赔偿超过其免收的勘察设计费的50%者，超过部分由保险人负责，但保险人最高赔偿金额以不超过受损部分勘察设计费的150%为限。

此保险的保险金额为被保险人应收取的勘察设计费，费率一般规定为保险金额的2‰。

3. 房地产产品责任保险

房屋在使用过程中可能发生因其缺陷而造成用户或公众的人身伤亡或财产损失，依法应由开发商承担民事损失赔偿责任的风险。房地产开发商或销售商可以向保险公司投保产品责任险，将这种经济损害赔偿责任转嫁给保险人，一旦由于房屋责任事故给消费者或第三人造成人身伤害或财产损失，保险人承担依法应由房地产开发商或销售商负责的经济损失赔偿责任。

保险人所承担的产品责任风险，必须是房地产开发商或销售商销售或出租的供他人使用的房产，在使用过程中造成对消费者或者用户及他人的财产损失、人身伤亡所导致的经济赔偿责任，以及由此导致的有关法律费用。但以下几种情况除外：被保险房产本身的损失；非常状况下使用时造成的损害事故；被保险人故意违法建造、出售的房产所造成的损失；仍在建造，其所有权未转移到用户或消费者手中时发生的责任事故；根据合同或协议应由被保险人承担的其他人的责任等。

(三)房地产人身保险

在房地产领域中有关的人身保险业务主要有建筑工程团体人身意外伤害保险、住房抵押贷款寿险、房地产人身意外伤害保险。

1. 建筑工程团体人身意外伤害保险

建筑工程团体人身意外伤害保险的投保范围是,在建筑施工现场从事管理和作业,并与施工企业建立劳动关系的人员均可作为被保险人,以团体为单位,由所在施工企业或对被保险人具有保险利益的团体作为投保人,经被保险人书面同意,向保险公司投保此险种。

(1)保险责任。被保险人在从事建筑施工及与建筑施工相关的工作或在施工现场或施工期限指定的生活区域内,因遭受意外伤害并在180天内因同一原因身故,保险人按保险合同给付身故保险金,保险人对该被保险人的保险责任终止;或因遭受意外伤害并在180天内因同一原因身残,保险人按残疾程度给付保险金。

(2)保险期限。保险期限分为一年或根据施工项目期限的长度确定。自保险公司同意承保、收取保险费并签发保险单的次日零时起,至约定的工程项目预期验收合格日24时止。提前竣工的,保险责任自行终止,保险人对投保人按日计算退还未满期净保费。保险合同期满时工程仍未竣工的,投保人需申请办理续保,保险人审核同意并收取保险费后,保险期间将延续至续保约定的工程预期竣工验收合格日24时止。

(3)保险金额和保险费。保险金额由合同双方约定,但同一保险合同所承保的团体中每一被保险人的保险金额应该一致。保险费可以按被保险人人数或按建筑工程项目总造价或按建筑施工总面积计算,并一次交清。

建筑工程团体人身意外伤害保险虽然必须团体投保,但是保险金额按每一被保险人计算,当一次或累计给付的保险金达到保险金额时,保险人对该保险人的保险责任终止。

2. 住房抵押贷款寿险

住房抵押贷款寿险是保险公司向借款购房者提供的一种保额递减式人寿保险。购房者办理借款手续,同时办理人寿保险。在保单有效期内,如果被保险人死亡或完全残疾,则由保险公司代替家庭偿还购房者所欠的借款余额。这种保险的保额每年递减,以与借款者的贷款金额相称。购房者参加这一保险,可以用较低的保险费换取高额的保险保障,一旦被保险人在还款期间发生不幸,保险公司根据合同把贷款余额一次性全部付给按揭银行,使购房者免除后顾之忧。

目前我国开办抵押住房综合保险中包括住房抵押贷款寿险。

3. 房地产人身意外伤害保险

人身意外伤害保险是指被保险人遭受意外伤害事故造成死亡或永久致残,由保险人给付全部或一部分保险金额的一种保险。意外伤害指的是外来的、突然的、剧烈的、非本意的和明显使被保险人受到伤害的事件。人身意外伤害不承担人因患病残疾而给付保险金的义务。房地产领域内最需要保险保障的对象是施工单位的雇用人员。《中华人民共和国建筑法》第48条规定:"建筑施工企业应当依法为职工参加工伤保险费。鼓励企业为从事危险作业的职工办理意外伤害保险,支付保险费。"

人身意外伤害保险可附加意外伤害医疗保险和意外伤害住院补贴保险。

(四)房地产信用和保证保险

信用保险和保证保险承保的都是信用风险,即债务人不按规定履行义务而给债权人带来损失的可能。两者存在区别,信用保险是应债权人要求保证债务人信用的保险,具有一般保险的特征和原则,如信用保险只有两方当事人,即保险人和被保险人,承保的风险是第三方的信用,是投保人自己无法控制的、偶然的、意外的风险;保险人可行使代位求偿权等。保证保险是应债务人要求向债权人保证其信用的保险,并且保证保险合同具有以下特征:

第一,具有三方当事人,即保险人(保证人)、投保人(被保证人)和被保险人(权利人),变更和终止民事权利义务关系的协议自然涉及这三方。一般的保险合同是在投保人和保险人之间确定的,变更和终止民事权利义务关系的协议通常不涉及第三方。

第二,在被保险人即投保人未履行自己的义务时,由保险人代为补偿,然后,保险人有权向被保证人追回这笔赔付,即保证保险的赔付率为0%。为了保证日后能够做到这一点,保险人在提供保证时通常要求被保证人出具偿还保证书、第三方反担保或提供附属抵押品。

可见,保证保险是一种具有担保特征的特殊保险。房地产领域的信用保险和保证保险如下。

1. 工程合同保证保险

合同保证是保证被保证人将履行所有合同义务。在房地产开发项目中,工程合同保证保险主要有以下险种和保险责任:

(1)投标保证保险,承保工程所有人因中标人不签订承包合同而遭受的经济损失。在建筑工程公开招标中,要求投标人提供投标保证,以保证投标人得标后会签约。如果投标人得标后不签约,投标人将会选择另一个投标人,其出价一般要比原得标人高,保险人作为保证人将会支付这两者的差额。投标保证保险的金额一般是工程合同金额5%~20%。

(2)保证保险,承保工程所有人因承包人不能按时、按质、按量交付工程而遭受的损失。

(3)预付款保证保险,承保工程所有人因承包人不能履约而受到的预付款损失。

(4)维修保证保险,保证承包人在完工之后的一段时期内会纠正工程中的缺陷和调换质量有问题的材料。

2. 住房抵押贷款保证保险

住房抵押贷款保证保险是购买住房的借款人应银行的要求,为届时分期付款而向保险人寻求信用保证的一种保险。当保险事故发生,受益人(银行)遭受经济损失时,由保险人代为补偿。借款人对保险人为其向受益人支付的任何赔偿,有返还给保险人的义务。保险人承保的是借款人还款的信用,保险人必须审查被保证人的资信。

住房抵押贷款保证保险的投保人是经保险人认可的为购买住房而向贷款机构申请住房抵押贷款的借款人(包括法人和自然人);被保险人为向借款人提供住房贷款的贷款人,即贷款银行。

2001年11月,保险监督管理委员会公布了全国统一的个人抵押住房保险条款及收费标准。保险责任包括:一是被保证人因遭受意外伤害事故所致伤亡或伤残,而丧失全部或部分还贷能力;二是被保证人因经济收入减少而无法履行《个人住房抵押贷款合同》;三是因上述原因造成被保证人连续三个月未履行。

住房抵押贷款保证保险的保险金额由《个人住房抵押贷款合同》项下的借款额确定。

保险期限为该合同生效日零时起至借款人按照贷款合同规定还清全部贷款本息余额日 24 时终止。当发生保险责任范围内的事故，被保险人应向保险人提出书面索赔申请。经保险人核实后，在收到索赔申请的一个月内予以赔偿。

四、房地产保险的运作

房地产保险的运作通常包括投保与承保、防灾防损、索赔与理赔等环节。

（一）房地产保险的投保与承保

1. 投保程序

个人或企业参加房地产保险时，首先应与有关保险公司联系。与保险公司联系的渠道主要有两种：一是直接与保险人联系，二是通过中间人（代理人）与保险公司联系。

无论采用哪种方式，投保的程序主要分以下步骤：

（1）投保人填写投保单。投保人在投保时，必须向保险公司提供自身完整的、真实的材料。提供材料的方法就是填写保险公司提供的保险单。填写的主要内容有：投保人的姓名或单位名称、投保的财产项目、投保金额或最高赔偿额、保险开始生效日期和保险期限、特别约定、财产占有性质、投保人地址和财产坐落地址等。

投保单是投保人要约的凭证，构成保险合同的基础，投保人必须保证其填写的真实性。

（2）保险公司受理投保单。投保人将填写好的投保单交保险人或保险代理人，由其进行审核以决定接受或驳回投保单。

保险人在审核投保单时，如发现填写内容不符合规定或不清楚时，应及时与投保人联系，予以补充或更正。通过审核，要求做到：明确保险财产名称及项目；列清特约承保的财产；注意剔除不保的财产；明确保险金额或最高赔偿限额；保险财产地址清楚；保险费率正确，保险费计算准确；保险起讫期限清楚等。

当保险人经审核对投保人填具的投保单没有疑义决定承保后，将签发保险单；否则驳回投保单。

（3）保险人签发保险单。保险单是投保人与保险人双方确立保险合同的书面凭证，是保险人在接受投保人（被保险人）的申请经过签署交投保人收执的凭证。房地产保险单载明的事项主要有被保险人的姓名（单位名称）和住所（地址）；保险标的；保险责任，即指保险合同中规定保险人在约定保险事故发生时所应承担的赔偿责任（包括损害赔偿，责任赔偿，施救、救助费用，诉讼费用等）；保险金额或最高赔偿限额；保险费和保险费率；保险期限；保险公司或代理人的签名。

在保险有效期间内，被保险人或保险标的物可能因客观原因而发生一些变化，如保险财产的转让、保险金额的变更、占用性质变化等，这时双方就要对此进行协商，如需变更保险合同，应由被保险人提出书面申请，经保险人同意后出列批单并把批单贴在保险单上或在保险单上背书。保险单内容与批单有抵触时，以批单为准。

（4）保险费的交付。保险费是保险业务的价格。保险合同规定，投保方有在规定的期限内交纳保险费的义务，家庭财产保险一般是起保的当天一次交清保费；企业财产险可在签订合同之日起 15 日内按保险费率规定一次交清保费。除非双方有特别约定，否则保险人有权终止保险合同。保险方如终止合同，对终止前投保人欠交的保险费及利息，仍有权要求如数交足。

经过填具投保单，保险人处理投保单和同意承保并签发保险单后，保险合同即告成立。

2. 房地产保险的承保

承保是指投保人与保险人签订保险合同的过程。它是保险经营的重要环节，不仅反映保险经营管理的水平，也影响保险企业的经济利益和社会稳定。

承保工作的程序包括接受投保单、审核验险、接受委托、缮制单证等步骤。

（1）接受投保单。投保单是投保人申请购买保险的凭证，也是保险人签发保险单的依据。

（2）审核验险。保险人收到投保单后要严格审核。对财产保险，主要查验投保财产所处的环境、风险程度及防护措施等；对人身保险，要查验被保险人的健康状况、个人病史、年龄、性别、财务状况、职业、嗜好、居住环境等。

核保是保险人业务选择的关键，通过核保可以防止非可保风险的带入，去除不合格的保险标的，同时准确估计风险程度，提高承保质量。核保的内容主要包括审查投保人资格、审核投保标的、保险金额，确定保险费率，审核被保险人的信誉。

（3）接受委托。保险人通过验险后要做出承保或拒保或有条件承保的决定。拒保的，要解释清楚。

（4）缮制单证。这是承保的最后一个环节，应满足下列要求：单证相符；保险合同要素明确；数字准确；复核签章手续完备。

（二）房地产保险的防灾防损

保险的防灾防损，是指保险人与被保险人对所承保的保险标的采取各种技术组织措施，预防和减少灾害事故的发生及在保险事故发生后尽可能减少事故的损失。保险防灾防损是社会防灾防损的一部分，具有下列特点：

（1）防灾的主体是保险企业；

（2）防灾的对象是保险标的，其覆盖面较小；

（3）防灾的依据是保险合同的约定；

（4）防灾的手段是向投保人提出建议促使其整改，对不接受建议的被保险人只能解除合同或不予续保。

由于保险防灾防损是社会防灾防损的一部分，而且监督手段力度有限，所以保险防灾防损的首要工作是加强与社会防灾防损部门的联系和合作，进行防灾防损宣传，做好防灾措施的落实和经常检查，参与抢险救灾，及时处理不安全因素和事故宣传，拨付防灾防损费用等。

（三）房地产保险索赔与理赔

当保险标的物在保险有效期间内发生损失或损害时，被保险人可要求保险人按保险单的规定给予赔偿，这种要求对被保险人来讲称为索赔。保险人履行保险合同，处理被保险人提出的索赔要求，进行保险赔偿的工作称为理赔。索赔是被保险人的权利，理赔是保险人应尽的职责。

1. 被保险人的索赔程序

（1）发出出险通知。在损失发生时，被保险人要及时将事故发生的时间、地点、原因及其他有关情况，以最快方式通知保险人，以便其查勘。即被保险人有通知的义务。

（2）被保险人应设法避免损失进一步扩大。保险合同规定，保险财产发生保险事故时，被保险人应当积极施救，使损失减少至最低限度，即被保险人有施救义务。

（3）被保险人应保持损失现场的完整。保险事故发生后，损失现场是否完整，将影响损失金额的计算和保险人责任的确认。

（4）提供必要的索赔文件。不同的险种所要求的索赔文件有所不同。索赔文件一般包括保险单、原始单据（如企业账册、房屋产权证等）、保险事故情况报告、出险证明书及损失证明等材料。以公积金贷款定期寿险为例，索赔时应提供：保险单及贷款合同；被保险人贷款证明或收据；公安部门、县级以上公立医院或保险人认可的医疗机构出具的被保险人身故证明书，如被保险人是因意外事故宣告死亡，受益人须提供人民法院出具的宣告死亡证明书；被保险人户籍注销证明；其他证明。当被保险人或受益人所提供的资料文件不全时，保险人应通知其补齐。

（5）领取赔偿金。保险赔偿金额一经双方确认，被保险人即可领取赔偿金。但当赔偿涉及第三者责任时，被保险人还应该出具权益转让书，将向第三者追偿责任的权利，转让给保险人，并有义务协助保险人向第三者追偿。

（6）索赔的时效问题。保险合同对保险的索赔时效有一定的规定。不同的险种索赔时效不同。房屋财产保险和家庭财产保险中规定，被保险人从保险事故发生之日起三个月内不向保险公司提出索赔或不提供有关单证，或者从保险公司书面通知之日起一年内不领取应得的赔偿，即为自动放弃权益。

2. 保险人的理赔程序

（1）立案编号，现场查勘。

（2）审核保单。通常要审核以下几个方面的内容：事故是否在承保范围内致损；保险事故是否发生在保单的有效期内；已毁损的财产是否为被保险的财产；损失发生时被保险人的保险财产是否为被保险的财产；损失发生时被保险人对保险财产是否有可保利益等。

（3）损失核赔。即确定保险标的的实际损失，准确计算赔偿金额。

（4）给付赔偿金。保险赔偿金额一经保险合同双方确认，保险公司应在约定的时间内一次支付赔偿并结案。

（5）代位求偿权的取得。当保险财产发生保险责任范围内的损失，应当由第三方负责赔偿时，被保险人应向第三方索赔。如果被保险人向保险人提出赔偿请求时，保险人可按保险合同的有关规定先予以赔偿，但被保险人必须将向第三方追偿的权益转让给保险人，并协助保险人向第三方追偿。

第八章 不动产经纪信息的获取与利用

不动产经纪信息是反映不动产经纪并为不动产经纪服务的信息，通常包括房源信息、客源信息、市场信息、政策信息等。不动产经纪信息的获取和利用能力往往决定了不动产经纪机构和经纪人员市场竞争力的高低。特别是房源信息和客源信息更是不动产经纪机构和经纪人员开展业务所必须依托的重要资源，是不动产经纪机构和经纪人员赖以生存和发展的基础。

第一节 房源信息的获取与利用

房源是不动产经纪机构的"粮草"，如果没有房源或者房源不符合买方的需求，就不能实现交易，经纪业务也就无从谈起。尤其是在卖方市场条件下，房源的重要性体现得更加明显。因此，不动产经纪机构和经纪人员应重视房源的获取和利用。

一、房源与房源信息

（一）房源的含义

房源的含义包括两个层面。狭义的层面是指委托出售或者出租的住房、商业用房、办公用房、工业厂房等房屋。广义的层面不仅包括委托出售或出租的房屋，还包括委托方，即房屋的所有权人或使用权人及代理人。在不动产经纪服务中，一宗房地产要成为房源，一般需要具备两个条件：一是可以依法在市场上进行交易，即能够出租、转让或抵押；二是房屋权利人或使用人有交易的意愿，并采取了相应的委托行动。

微课：房源信息的获取与利用

（二）房源的属性

广义的房源通常具有三大属性，即物理属性、法律属性和心理属性。

（1）房源的物理属性是指房屋自身及周边环境的物理状态，如房屋的区位、建筑风格、面积、朝向、户型、新旧程度和配套设施等，它们形成了房源的使用价值，从而在一定程度上决定了房源的市场价值。房源的物理属性在交易过程中通常是固定不变的。

（2）房源的法律属性主要包括房源的合法用途及其权属状况。在我国房源的用途并不是固定不变的，经过城市规划管理部门的批准，房源的用途可以进行变更。房源的权属状况一般由特定的法律文件如不动产权权属证书、不动产登记证明等来反映。

（3）房源的心理属性是指委托人在委托过程中的心理状态。随着时间的推移、市场状况的变化，委托人的心理状态往往也会发生变化，从而对房源的一些要素产生影响，影响交易结果，其中挂牌价格是最容易受到影响的。

（三）房源信息的内容

房源信息的内容通常包括房地产权利人及委托人信息、房地产状况信息和挂牌要求等基本要素。

（1）房地产权利人信息主要包括业主的姓名、身份信息、联系电话、联系地址，有时为了更好地促成交易，还要了解业主的性格、职业、交易动机等。在签署房地产经纪服务合同时需要留下业主的身份证复印件，以保证信息的真实性。如果委托人不是房屋所有权人，还应要求委托人提供房地产所有权人的相关信息及经公证的授权委托书。

（2）房地产状况包括房屋的实物状况、产权状况、区位状况和物业管理状况等，如房地产的位置、权属证明材料、产权性质（如保障房、共有产权房、商品房等）、实际用途（出租、自住等）、面积、楼层、装修、朝向、家具电器、户型、停车位、物业管理收费标准及是否有银行抵押贷款等。为了更好地开展经纪业务，不动产经纪人员应进行房屋实地查看，详细调查和记录房地产状况的相关信息，编制《房屋状况说明书》。

（3）挂牌要求主要包括委托人确定的出售或出租价格，以及付款方式、交接日期、税费支付方式等。挂牌要求是动态的，即挂牌要求可能随着时间的推移，根据市场和供求关系的变化而发生变化。

二、房源信息的获取方式

房源信息的获取是不动产经纪人员的一项重要工作。房源信息不会凭空产生，不动产经纪人员必须深入了解搜集房源的渠道，掌握基本的搜集方法，进而获得丰富而有效的房源资料，为不动产经纪服务工作的顺利开展奠定基础。根据是否采用面对面沟通的方式，房源信息的获取方式可以分为直接开发方式和间接开发方式两种。

（一）直接开发方式

1. 门店开发

门店开发是指不动产经纪机构通过在社区附近设立门店来接待和服务上门咨询的业主从而获得房源。门店开发是最为普通的开发方式，其优点是采用面对面沟通方式容易获得客户信任，获得房源信息较全面，能为进一步服务做好铺垫；缺点是受众面有限，成本较高。采用门店开发方式时要注意，门店的形象也是影响门店开发的主要影响因素；当客户在门店外驻足，经纪人应在10秒内主动接待客户，递名片，询问需求，并尽可能让客户入店。

2. 商圈责任区精耕开发

责任区开发指经纪人特别选一社区或邻里为责任区，然后积极地针对此社区的每一户业主进行房源开发。采用此方法时，应做到：

（1）最好选择性质比较单纯的社区，即社区的房价差异很小，设计造型或品质也都类似，并且社区中的居民教育水平和收入比较接近；

（2）开发完或销售完一户房源时，顺便拜访左右或上下邻居，并争取与该房源所在的社区委员管理会或邻里保持联系（包括杂货店、小卖铺）。

3．业主自售房源开发

开发业主自售房源，对经纪人来讲是一大挑战。最大的困境在于无法取信业主。一般资深经纪人或中介公司可共证，只要经纪人能够拿出其他已开发或已销售房源的资料或合约，可适度减少此类业务的挑战性，最重要的是经纪人的沟通、说服、应对能力。经纪人须时时充实自己，从实务中获取经验，避免沟通障碍。

4．人际关系开发

人际关系开发的主要方式如下：

（1）老客户推荐。利用自己良好的服务赢得客户信任，主动寻求客户的转介绍是最有效的开发方式。

（2）物业开发。可通过熟人介绍、亲自拜访等方式与小区业务建立联系，尊重物业人员的工作习惯和工作规则，共同合作，互相体谅与尊重，以获得更多信息（包括物业服务人员、保安人员、清洁人员等）。经纪人要积极参加小区活动，以便实时获得相关信息，建立与客户、业主的良好关系。

（3）同事、同学、同乡、同好、邻居、家人及其他接触群体均是开发的基础。

（4）经纪人应主动传达一些关于经纪人本人及公司的信息，建立自己的专业经纪人形象。

5．展板开发

采用展板开发要注意以下内容：

（1）在展板房源排列上，应有一定规律性，便于客户有可比性；

（2）展板应放置在人流多和集中的地方，如小区口、超市入口等；

（3）配合展板作业，经纪人应做好工具准备，如名片、派报、工具夹等；

（4）经纪人在展板作业时，不得随意离开，在离开展板时，应让其他经纪人值班；

（5）当客户对展板房源驻足时，经纪人应主动咨询意见，有礼回答，同时向客户递名片，寻求联系方式，以便后期跟踪服务；

（6）经纪人做展板开发时，因与客户的沟通方式为面谈，所以应注意沟通的注意事项。

6．派单开发

派单开发除了用于展板开发与门店开发外，主要用于扫楼开发和随意开发。经纪人在派单开发时，应注意开发的效果，避免因针对性不强而导致大量派报流失和客户浪费现象。派单开发的沟通方式包括面谈、电话及信函，所以在派单的设计方面和面谈时应有相应的注意事项；在封闭式的社区里，派单效果明显；派单的字迹要清晰，每天派发。

7．房展会开发

在房展会开发房源时要注意以下内容：

（1）熟记重点推荐房源，根据客户需求的迫切性，尽可能形成带看；

（2）开发范围要尽可能大，包括现场和周边凡是允许的地方都是开发的地点；

（3）在展会结束后，经纪人要主动联络客户，以期成为客户最为信赖的职业顾问。

8．其他方式开发

（1）通过小区内挂红布条或小区公共栏中发帖来吸引客户；

（2）陌生拜访，划定小区或商圈范围，逐户拜访；

（3）重点精耕楼盘蹲点，要长期、坚持不懈地经营；
（4）同业开发或者与装修公司等相关方合作。

（二）间接开发方式

1. 网络开发

网络开发的具体方式如下：
（1）经纪人可以利用目前的网络平台收集相关的房源信息和客源信息；
（2）经纪人应保证在第一时间与公司外网的客户联系，确保对客户服务的及时性；
（3）经纪人应重视公司外网的推荐房源，并保证信息的完整性和及时性。

2. 广告开发

广告开发时要注意以下内容：
（1）应选择在当地发行量最大、属于大众阅读层次、消费者最爱阅读的报纸上刊登广告，以保证广告效果。
（2）经纪人应每天关注各种报纸、网络媒体中出现的本商圈房源信息，同时检核本商圈房源。
（3）广告开发之后，经纪人应换电话与客户沟通，控制沟通时间在5分钟之内。

3. 电话开发

在获知目标客户的电话号码后，逐个拨打电话，把重点放在对方愿与经纪人建立良好友谊，以及公司可为之提供免费服务上（房屋免费评估等），然后咨询其物业资料。电话拜访的优点是比较省力且可联系的人较多、不受地点的限制、不受天气影响、花费的时间较少。缺点是在一定程度上受到时间的限制，比如上班时间不宜打扰；只能通过声音传达信息，容易遭到拒绝，客户印象不深刻。

4. 户外广告或横幅开发

在一些特定的地方悬挂户外广告或横幅，以吸引并获得业主的房源信息，比如在电梯口广告位、社区公告栏、社区车辆出入口的拦车杆、专门的广告位或LED屏幕投放广告，还有在一些允许悬挂横幅的显眼位置悬挂广告横幅。

5. 群发邮件、信息开发

通过微信、QQ等群发工具或软件向目标客户群体群发邮件、信息以获得房源委托。优点是效率高、覆盖人群多、成本低、省时省力、不受地域和天气影响，缺点是容易被当成垃圾邮件或信息、有效性低、见效周期长，需要持续不断地定期发送。群发邮件或信息过程，应注意标题吸引人、信息真实、内容实用、图文并茂。

三、房源查勘与管理

房源查勘与管理包括房源查勘、编制房屋状况说明书、房源信息的储存、房源信息的共享、房源信息的维护以及更新等内容。

（一）房源查勘

房源查勘是不动产经纪机构获得委托后，不动产经纪人在业主或其代理人的带领下，亲临现场，实地查看房屋状况的活动。正所谓"百闻不如一见"，房源查勘有利于经纪人确认房屋真实存在，亲身感受房屋的区位、实物和物理管理情况。房源查勘也可以展示专业素养和职业能力，与客户建立良好关系，为后续经纪服务的开展奠定良好基础。房源查勘的内容主要包括房屋区位状况、房屋实物状况、物业服务状况和其他状况。

经纪人在进行房源查勘前，应做好相应准备工作：
（1）通过网络等途径对房屋做初步了解；
（2）提前与委托人约定房屋实地查看的时间；
（3）询问委托人房屋的具体详细位置；
（4）备好房屋实地查看的工具，如卷尺、测距仪、罗盘、空鼓锤、计算器、照相机等；
（5）备好《房屋状况说明书》。

经纪人在进行房源查勘时，可携带罗盘、皮尺等简单的测量工具，对房屋朝向、通道宽度等进行测量，并采用文字、数字记录、绘图、拍照等方式予以记录。查看完毕应当立即填写房屋现场查看表，及时、准确、全面记录查看的情况，并编制《房屋状况说明书》。

（二）编制房屋状况说明书

房屋状况说明书是发布房源信息的基础资料，是向客户介绍房屋基本情况的依据，编制房屋状况说明书是房地产经纪业务不可或缺的环节。《房地产经纪管理办法》第二十二条规定："房地产经纪机构与委托人签订房屋出售、出租经纪服务合同，应当查看委托出售、出租的房屋及房屋权属证书，委托人的身份证明等有关资料，并应当编制房屋状况说明书。经委托人书面同意后，方可以对外发布相应的房源信息。"

中国房地产估价师与房地产经纪人学会2017年发布了《房屋状况说明书》推荐文本。推荐文本分为房屋租赁和房屋买卖两个版本。《房屋状况说明书（房屋租赁）》包括房屋基本状况，房屋实物状况，房屋区位状况，配置家具、家电，房屋使用相关费用，需要说明的其他事项六部分。《房屋状况说明书（房屋买卖）》包括房屋基本状况、房屋产权状况、房屋实物状况、房屋区位状况、需要说明的其他事项五部分。

编制《房屋状况说明书》时要注意以下几点：
（1）根据亲自查看的情况，真实描述、详细记录房屋状况和信息；
（2）房屋产权状况、房屋交易信息，是房地产经纪人员根据房屋权利人提供的资料或说明编写的，但要到登记部门核实权益状况是否真实；
（3）房屋状况说明书应及时更新；
（4）房屋状况说明书编制及更新要经委托人签字确认，房地产经纪机构加盖公章后生效。

（三）房源信息的储存

随着互联网技术的发展，为了使房源信息的处理更为快捷，信息的传递更为通达，许多大型不动产经纪机构都会采用计算机联网系统来储存和管理房源信息。计算机联网系统具有超大容量的信息存储、自动化的信息处理和快速传输等特性，大大提高了房源信息处理的效率，也大大提高了不动产经纪机构的从业人员协同办公的意识，比如某个不动产经纪人员跟业主沟通后，把最新的情况写在备注里，通过联网系统，其他同事很快就可以了解到该信息。

(四)房源信息的共享

目前房源信息的共享方式主要有公盘制和私盘制两种模式,这两种模式各有优劣,适合不同规模、不同发展阶段的不动产经纪机构。不动产经纪机构应依据市场的现状及自身发展特点进行选择。

1. 公盘制

在公盘制模式下,房源的全部信息可以被共享区域内的所有不动产经纪人员查看,所有经纪人员均可与卖方客户取得联系。共享区域可大可小,可以是机构之间或者一个机构内部,也可以是一个机构内部指定区域之间。公盘制的优点是可以使每位经纪人的"生意面"达致最广,获得最广泛信息,工作效率得到提高。缺点主要是不利于激发房地产经纪人收集房源信息的积极性,房源信息较容易外泄,部分经纪人为了个人的利益,会出现"留盘"行为。目前国内较大的不动产经纪机构普遍采用公盘制,公盘制要求机构有较好的经纪人员管控能力、成熟的分佣体系和完善的信息系统。

2. 私盘制

在私盘制模式下,房源信息由接受业主(委托人)委托的不动产经纪人录入,其他经纪人只能看到房源的基本情况,业主的联络方式只有该接受委托的经纪人拥有。其他经纪人要联系该物业的业主(委托人),只有通过该经纪人。当其他经纪人促成交易后,该经纪人可分得部分佣金。私盘制的优点是注重对卖方(或出租方)客户隐私的保护,服务质量高,客户体验较好;缺点是工作效率低,成交速度较慢。

(五)房源信息的维护

实践中,房源信息特别是委托价格和租售状态随时会发生变化,时效性比较强,因此必须经常对房源信息进行维护和更新,以保证其有效性。一般来说,对房源信息的维护要注意以下两点:

(1)周期性访问。对房源进行周期性访问是保证房源信息时效性的重要手段。经纪人需要对自己所属房源进行定期的日常跟进维护,若不及时更新,如业主的联络方式、出售条件变化或又已委托其他同行出售和出租等,房源信息将会成为不准确的信息,因而房地产经纪人必须定期和业主保持联系,更新资料,这样才能保持其有效性和准确性。

(2)房源状态的更新。不动产经纪机构经常将房源状态分为有效、定金、签约、无效四种。随着时间的推移,业主(委托方)的出售或出租心态也会因某些事件的发生而产生变化,因此对房源的每一次访问,都应将有关信息记录下来,它可以反映业主(委托方)的心态变化,业主心态的变化最终会引起房源价格的变化。同时经纪人要根据每一次的房源带看结果及买卖(租赁)交易进程,录入相应的房源状态,从而实现房源信息的及时更新与循环利用。

四、房源信息的推广

对房源信息进行营销推广可以增加房源曝光度,吸引客户或者同行的关注,从而提高房源售出的可能性。

（一）房源信息的推广渠道

1. 内部推广

内部推广是指将委托物业在销售团队内部不动产经纪人之间进行推广。内部推广的方式主要如下：

（1）利用信息管理软件的邮件、公告功能将重点房源信息及时推送给其他经纪人，推送频次视实际情况及房源紧急程度而定，业主急售房源可以加大推送频次。

（2）利用聊天工具（QQ、微信、飞信、内部 OA 软件等）建立自己内部的业务交流群，快速将房源信息推送给内部交流群的每位同事。

（3）通过每天或每周的业务会议（早会、例会等），将重点房源在会议上向其他经纪人推介。

（4）通过不动产经纪机构内部的培训活动、联谊活动、市场活动、文体活动等场合认识更多同事并推广房源信息。

内部推广工作一般操作简单，方便快捷，见效迅速，有可能在短时间内获得有效客户，而且营销成本比较低。

2. 外部推广

外部推广是指各类直接面向市场大众的房源推广工作。外部推广有利于不动产经纪人在最短时间内扩大房源的推广面。外部推广的渠道主要如下：

（1）门店橱窗广告；

（2）网络广告，如专业存量房门户网、不动产经纪机构自营网络平台、自媒体工具，如微博、论坛、SNS 网站、微信朋友圈、App 等；

（3）平面媒体广告，如电视、报纸、杂志、户外广告等；

（4）直投广告，主要是宣传册和广告单页；

（5）其他推广方式，比如房展会、房地产高峰论坛、大型商业洽谈会、社交团体活动、学培训活动等。

外部推广将大大提高房屋销售的成功率，并提高其销售速度。

（二）房源信息发布的相关要求

1. 房源信息发布的基本要求

根据《房地产经纪管理办法》的规定，不动产经纪人在发布房源信息前，需征得委托人书面同意，要在签订房地产经纪服务合同、核验房源产权、房屋实地查看后才能发布房源信息。房源信息要全面真实。房源信息要全面是指房源信息必须包含必要的内容，即必要的房屋状况信息和租售价格信息。房源信息要真实是指房源信息内容要符合依法可以租售、租售意思真实、房屋状况真实、租售价格真实、租售状态真实五个标准。

2. 房地产广告发布的相关规定

房地产广告的内容要符合《中华人民共和国广告法》（以下简称《广告法》）和《房地产广告发布规定》的相关规定。

（1）房地产预售、销售广告，必须载明以下事项：房地产开发企业名称；房地产经纪机构代理销售的，载明该机构名称；预售或者销售许可证书号。

（2）房地产广告不得含有风水、占卜等封建迷信内容。

（3）房地产广告中对价格有表示的，应当清楚表示为实际的销售价格。

（4）房地产中表现项目位置，应以从该项目到达某一具体参照物的现有交通干道的实际距离表示，不得以所需时间来表示距离。

（5）房地产广告中不得利用其他项目的形象、环境作为本项目的效果。

（6）房地产广告中不得出现融资或者变相融资的内容，不得含有升值或者投资回报的承诺。

（7）房地产广告中不得含有广告发布人能够为入住者办理户口、就业、升学等事项的承诺。

（8）房地产广告中涉及物业服务内容的，应当符合国家有关规定；涉及未实现的物业服务内容，应当在广告中注明。

（9）房地产广告中涉及的交通、商业、文化教育设施及其他市政条件等，如在规划或者建设中，应当在广告中注明。

《房地产广告发布规定》规定，下列情形的房地产不得发布房地产广告：

（1）在未经依法取得国有土地使用权的土地上开发建设的；

（2）在未经国家征用的集体所有的土地上建设的；

（3）司法机关和行政机关依法裁定、决定查封或者以其他形式限制房地产权利的；

（4）预售房地产，但未取得该项目预售许可证的；

（5）权属有争议的；

（6）违反国家有关规定建设的；

（7）不符合工程质量标准，经验收不合格的；

（8）法律、行政法规规定禁止的其他情形。

第二节 客源信息的获取与利用

有了房源，还必须找到合适的购买者或者承租者，才能实现交易。特别是在买方市场条件下，客户总是显得稀缺，客源的开发尤其重要。一个不动产经纪机构拥有的客源信息越多，其竞争力就越强。

一、客源与客源信息

（一）客源的含义

客源是对房地产有现实需求或潜在需求的客户。这里的需求包括以获得房地产产权为目的的购买需求，也包括以暂时获得房地产使用权为目的的租赁需求。

要成为不动产经纪机构的有效客源，一般要满足两个条件：

（1）需求意向相对明确。需求意向包括需求类型（购买或租赁）、购买动机、房地产地段、户型、面积、楼层、朝向、价格、付款方式等信息。

（2）要有购房资格以及购（租）房支付能力。

微课：客源信息的获取与利用

(二)客源信息的内容

客源信息是指客源包含的对不动产经纪机构和经纪人员有用的信息。客源信息一般包括以下内容:

(1)客户基础资料。

①个人客户资料包括客户姓名、性别、年龄、籍贯,家庭地址、电话、传真、E-mail、家庭人口、子女数量、年龄、入学状况,行业、工作单位、职务,教育程度等;

②机构团体客户资料包括机构名称、机构办公地址、机构经营范围、机构营业区域、法定代表人、经营期限、联系电话、联系人等。

(2)客户需求状况。包括客户的购房动机;客户对房屋用途、区位、房型、面积、建成年份或新旧程度方面的需求;如果目标房地产是住宅,需要调查客户对卧室、浴室、层高、景观、朝向的需求意向;客户特别需求,如车位、通信设施、是否有装修;房屋价格要求,包括单价和总价、付款方式、贷款方式、按揭成数等;配套条件的要求,如商场、会所、学校、交通条件(是否需要临近地铁站口)等。

(3)交易记录。委托交易的编号、时间;客户来源;推荐记录、看房记录、洽谈记录、成交记录;有无委托其他经纪企业或经纪人等。

二、客源信息的获取方法

不动产经纪人只有不断地挖掘和积累客源,才能创造好的经纪效果。为了提高客源信息的获取能力,经纪人应掌握一些常用的客源开发方法。

(一)门店招揽法

门店招揽法是利用门店吸引客户主动上门咨询从而获取客户的方法。在店铺门口张贴房源单,让有需要的客户自动上门,这是一些经纪机构最常用的一种方法。这种方法简单易行,成本低,而且上门客通常意向较强,信息较有效。门店招揽法不但需要门店具有较高的知名度和丰富的房源信息,更为关键的是房地产经纪人应积极、热情地做好接待工作。只有让上门的客人感到满意,他才可能成为真正的客户。

(二)广告揽客法

广告揽客法就是利用广告吸引客户。不动产经纪机构可以在当地电视广播媒体、报纸杂志等媒介上发布房源信息,通过发布的房源信息吸引潜在客户,从而获得客源。相比其他揽客方式,广告揽客时效性强,效果直接,但成本相对较高。房地产经纪机构和房地产经纪人要探索适合特定地域市场、特定客户的有效广告方式,以提升广告效果。

(三)互联网揽客法

目前,随着互联网特别是移动互联网的快速发展,互联网揽客方式成为经纪人开发客户主要形式。互联网开发客户的优势是更新速度快,时效性强;劣势在于当前网上信息量大,信息难以突出,客户识别难度大,需要对客源信息进行有效的分析才能找出适合潜在客户的房源。互联网开发客户的渠道主要如下：

①付费的房源信息发布平台；

②免费的公共网络信息发布平台，如 QQ 空间、微信、博客、微博、论坛都具有个人主页功能，除了可以记录经纪人的工作、生活、心得之外，还可以发布有关房地产相关的资讯；

③经纪机构门户网站，经纪人可以在本不动产经纪机构的门户网站发布广告与房源信息，引客户主动电话联系或者上门拜访。

（四）讲座揽客法

讲座揽客法是指通过向社会团体和特定人群举办讲座来发展客源的方法。这种方法尤其适用于社区宣传，可以发展某个社区的客户。通过讲座，不但可以培养客户对房地产经纪人的信赖，同时能够在潜在客户群中传播房地产信息和知识，减少未来客户在交易过程中遇到的问题。

（五）客户介绍揽客法

客户介绍揽客法即"老客带新客"，就是通过客户之间的连锁介绍来寻找更多的新客户。客户介绍是一种非常有效的开拓客源的方法，而且成本低，见效快。经纪人依托信赖建立了稳固的客户关系网后，客户常常会免费为经纪人介绍新客户。因此，一个服务质量高、业务素质好、从业时间长的不动产经纪人，资源积累越多，客源也就源源不断。

（六）人际关系揽客法

人际关系揽客法是指以自己认识的人及亲朋好友为基础，形成人际网络使他们为自己介绍客户的揽客方法。人际网络揽客法不受时间、场地的限制，是每个房地产经纪人自己就可以操作的方式。不动产经纪人必须培养自己的交际沟通能力，不断结识新朋友，维护老朋友，以自己的人格魅力争取他们的支持，介绍新客户。

（七）交叉合作揽客法

经纪人每天与人打交道，他们拥有一张强有力的人际关系网，这是一份很有利的资源。你是某个行业、某种产品、某家企业的销售人员，但你同时是其他众多行业、众多产品、众多企业的销售人员的客户。你身边的销售人员也一样，和他们共同探讨互相合作之事，或要求他们在合适的场合推荐你的产品和服务，当然，你也要为对方做同样的服务以作为回报。不同行业的销售人员不存在业务上的竞争，并且能够更好地进行互补。除此之外，还可以互相学习推销的经验与技巧，以便更好地开拓业务。

（八）个人广告揽客法

房地产已经成了广告业的大客户之一，各种房地产广告遍布大街小巷，但是不动产经纪人的个人广告凤毛麟角。经纪人可以巧妙地运用个人广告宣传自己，如印制一盒自己的名片，告诉别人自己的职业和所能提供的服务或者所能提供的帮助，制作一些精美的卡片，在节假日邮寄给那些准备购房的客户，这样既能够给他们一个惊喜，又能够很好地宣传自己。

（九）其他揽客法

会员揽客法是指通过成立客户俱乐部或客户会的方式吸收会员并挖掘潜在客户的方法。这种方法通常是大型不动产经纪机构或房地产开发企业为会员提供的特别服务和享受某些特别权益，如服务费打折等方式吸引准客户入会。

团体揽客法是以团体如公司或机构为对象的客户开发方法。经纪机构利用与团体的公共关系发布信息，宣传公司从而争取客户的委托。这种方法通常和讲座揽客法、服务费打折、提供特别服务的方式一并使用。

三、客源信息的管理

客源信息的管理包括客源信息的鉴别、客源信息的储存和共享、客源信息的维护和更新等内容。

（一）客源信息的鉴别

客源信息的鉴别是对客源信息的准确性、真实性、可信性进行分析并对客源信息进行挑选和剔除，去伪存真。

客源信息的鉴别应注意这样几点：核实委托人的真实性以及联系方式的准确性；需要确认客户是否具有购买自主权，是否有购房资格，是否是本人买房，能不能最终决定；需要确认客户的购买意愿，客户是否只是随便看看；了解客户的购买能力与其需求是否匹配。

（二）客源信息的储存和共享

一般情况下，不动产经纪人员在取得客源委托后，通常需要在不动产经纪机构规定的时间内将其录入客户管理系统进行储存。在录入客源信息时，需要注意将客户的联系方式以及需求的面积、价格、区域等一一进行核实，准确录入各项信息，这样才能保证客源信息的完整性、真实性、唯一性。

客源信息共享是不动产经纪人获得客户信息后与本机构其他经纪人员分享的行为。客源信息共享的范围通常不大，一般是在3～4人组成的小内部共享。客源信息共享的好处是可以及时跟进客户需求的变化，提高成交效率。

（三）客源信息的维护和更新

不动产经纪人应对自己的客源进行日常跟进维护，若不及时更新，如客户的联络方式、客户需求变化等，客户信息只会成为过时而无用的信息，因而不动产经纪人员必须定期和客户保持联系，更新资料，这样才能保持其有效性和准确性。对客源信息的维护中有一个容易被不动产经纪人忽视的问题，那就是陈旧的客户信息并不意味着没有价值，比如原本购买意愿不强的客户由于结婚或者生育而急需购房，因此一个成功的经纪人要善用旧的客户信息，通过对旧客户信息的不断维护，挖掘出其中可能蕴藏着的新价值。

四、客源信息的利用

客源信息是不动产经纪机构和不动产经纪人员的宝贵资源，只有合理利用才能发挥其价值，促成交易。客源信息的利用主要是通过对客户信息的深入分析、对客户的持续跟进，将潜在客户变为签约客户和成交客户。

（一）分析了解客户

1. 客户分类

对客户分类可以采取多种方法。方法不同，分出的客户类型也就不同。例如，按群体性质可以将客户分为游客、居民区客户、写字楼客户、机关客户等；按年龄可分为青年客户、中年客户、老年客户等；按社会地位可分为工薪阶层、知识分子、高管、企业主等；按区域可分为本地人、外地人、外籍人、港澳台同胞等；按动机可分为投资、自住、商住两用、馈赠、自我满足等；按购买次数可分为新客户、老客户等。

2. 客户因素分析

细分客户群体之后，还要分析各群体自身的客观因素，这样有助于针对不同客户采取不同的推销手段。客户因素如下：

（1）家庭结构。家庭结构在很大的程度上决定了客户需不需要买房、需要买多大的房，如果客户暂时还是单身，那就很可能只是储备客户了。

（2）决定权。决定权在谁的手上，意味着你的工作核心就是谁。因为拥有决定权的人才是买房的真正主人，把他的工作做好了，交易也就会很快达成。

（3）经济实力。经济实力决定了客户所买房的档次。在中国，孩子的教育是第一位，如果可以给孩子提供一个好的教育环境，就有希望与这个客户达成交易。

（4）喜好。客户爱好决定客户所买房的类型。如果手中只有几套处于密集闹市区的房子，而眼前的客户又好静，那还是省点力气想别的办法或另寻目标。

3. 摸清客户性格

了解客户性格有助于经纪人采取不同的客户应对方案。客户性格一般有理智型、贪婪型、吝啬型、刁蛮型、关系型和综合型，其应对方式应有所不同（表8.1）。

表8.1 客户性格及应对方式

性格类型	特点说明	应对方式
理智型	工作细心、办事理智、有原则、有规律，选择供应商不掺杂关系与感情色彩	直观展现产品的优劣势，坦诚、直率地与其交谈
贪婪型	关系复杂，做事目的性强，压价厉害，质量与服务要求高	保持心灵沟通，给对方安全感、保密感，保证质量、价格与服务
吝啬型	重视价格多于质量	说明产品特点与企业的优势，突出物美价廉的特点
刁蛮型	不苛求于价格与质量，表现得很有信誉与实力，埋设陷阱，干扰操作，然后把握住漏洞	理智、主动，不被表象迷惑，按程序操作
关系型	先有朋友关系后有业务交往	原则分明，态度明确
综合型	老到，社会经验丰富，关系网复杂	以静制动

(二)做好房客匹配,形成有效带看

(1)配对原则。经纪人应首先挑选客户需求的区域内房源,如果区域内没有合适房源,在同类型商圈内寻找房子配对。其次,在配对的时候,可以把客户预算房价上浮 5%~8% 的范围内寻找并配对。

(2)房客配对步骤。

①分析客源对房屋需求的刚性条件,即客户对求购或求租的房屋要求必须满足的条件。例如,有的客户购房是为了子女入学,那首先要满足学区这一刚性条件;有的客户买房是为了改善居住空间,那首先要满足房屋面积这一刚性条件。

②分析客源对房屋需求的弹性条件,弹性条件需要根据客户的家庭成员构成、家庭成员的爱好、工作地点等条件去深入分析。例如对于老年人家庭,公园附近的房屋可能更满足其需求。

③分析客源自身限制条件,客源自身的限制条件包括付款方式、可承受的首付款、可负担的月供,购房和贷款资格等,经纪人员要根据这些限制条件推算出其可交易的房屋类型、交易总价款等。

④筛选适合的房源。

⑤向客户推送适合的房源信息,如果客户表示满意,可预约带看的时间。

(三)定期跟踪回访客户

(1)持续有效地跟进和联系。不动产经纪人不要轻易放弃一个客户资源,应定期和客户联系,了解客户最新的需求动态,定时向客户提供最新房地产市场动态和咨询,消除客户疑虑。尽管也许最终的成交率是 10% 或 20%,但必须为那 10% 或 20% 的客户成交而与 90% 或 80% 的潜在客户联系,没有 100% 的争取就没有 10% 或 20% 的成交。

(2)与客户建立朋友般的关系。人们总是喜欢同他们熟识并信赖的人做生意,房地产经纪人应真诚相待,热忱服务,让客户相信与你相处是安全的、愉快的;找到彼此共同的兴趣爱好,产生共鸣;多为客户利益着想,树立良好的个人品牌——热情、自信、敬业。

第三节 不动产经纪信息的线上管理与利用

一、不动产经纪信息计算机管理系统

(一)不动产经纪信息计算机管理系统的主要类型

1. 数据管理的信息系统

数据管理的信息系统把现有房源信息、销售合同、费用凭证、需求客户等都以一定的数据格式录入到计算机里,以数字的形式保存起来,可以随时查询,实现企业内部信息的数字化,并可通过局域网连接互联网来实现企业与外部信息的交流。

2. 具有流程控制功能的信息系统

具有流程控制功能的信息系统把企业已经规范的一些流程以软件程序的方式固化下来，使得流程所涉及岗位员工的工作更加规范高效，可减少人为控制和"拍脑袋"的管理行为，同时也能提升客户满意度。比如客户前来付款，财务人员打开信息系统，输入客户的名称和交易代码，就可以直接显示该客户的详细交易信息，如何时前来咨询、何时登记、何时签订合同等信息，并且显示出该客户已付多少、本次支付金额，以及下次需支付金额和时间等信息，而这些都是通过不同岗位的信息得到的。

3. 类似具有辅助决策功能的信息系统

类似具有辅助决策功能的信息系统通过对那些信息化的原始数据进行科学的加工处理，运用一定的计算模型，起到对管理和决策的支持作用。比如说成本和费用控制是每个管理者都重视的内容，但以前人们只能在每个月报表出来后才知道哪里超了、哪里省了，那是事后控制。运用信息化手段，第一层面的工作完成后，也就是每笔费用、销售都录入计算机以后，就可以清晰地归纳各科目费用，可以按岗位、按部门、按项目来汇总。同时可以对那些关键控制的费用或费用率给出一个计划值（这个计划值是根据历史数据和增长规律，通过专业的标准模型拟合出来的），并计算实际发生值与计划值的差额，一旦超标立即报警，或停止授权，这样就可以对这些费用进行实时控制。

（二）使用不动产经纪信息计算机管理系统的必要性

不动产经纪机构每天都接到大量的房源和客源信息，并且每天都需要对这些信息进行查询、跟进，很难想象成千上万条房源信息如何用纸张或黑板来记录。计算机系统在保存大量资料方面有着其固有的优势，在资料查询方面具有准确、方便、快捷的特点，同时，计算机系统可以通过数据备份和恢复的方式来保证数据的安全性。目前，专业的房地产中介软件可以提供房源客源管理、跟进管理、加密房管理、任务分派、广告管理、业务交流、成交业绩等管理功能。

目前虽然许多不动产经纪机构已经拥有公司网站，对外发布自己的房源信息，树立企业形象，而中介业务管理软件主要基于公司内部管理，包括房源、客源、跟进、成交任务、计划、统计等企业日常经营管理。目前，深圳、广州、上海的大中型不动产经纪机构都同时拥有两套系统：在"网上"通过网站向外发布房源信息，在"网下"通过业务管理软件来进行公司的日常经营管理，两者相辅相成，共同构建企业的信息化系统。

（三）不动产经纪信息管理系统使用的一般流程

1. 信息采集

信息采集包括对房源信息的采集和对客源信息的采集。大量信息的采集为经纪人后期的工作提供了必要的物质基础。本章第一节和第二节详细介绍了房源和客源信息的获取渠道，经纪人可利用上述渠道采集房源和客源的信息。

2. 信息录入

通过各种形式获取的不动产经纪信息，信息本身的内容、形式各种各样，而且信息本身的真假也具有不确定性。这给后期的整理、录入带来了很大的难度。所以要对采集来的房地产信息进行整理、电话核实后再录入不动产经纪信息系统。对房源信息录入需要注意：经纪人应全力跟进信息的准确性，对房源地址、联系电话、房东姓名、面积、房屋属性、建筑年代、楼层及户型认真进行填写，以保证所录入房源信息的真实有效性。对客源信息进行录入需要注意：要将客户的有效联系方式以及需求的面积、价格、区域等一一进行核实，准确录入各项信息，这样可以较为准确地为客户匹配相应的房源。

3. 信息审核

信息审核包括对房源信息的审核和对客源信息的审核。经纪人在录入客源信息时，相同的联系方式在系统中是可以通用的。即多个经纪人可以将同一个客户分别录入自己的系统中，同时对此客户进行跟踪。根据目前实际的需要以及信息制度的规定，在不动产经纪信息管理系统中录入的房源具有唯一性，因此对房源信息要进行两次审核。第一次是对房屋详细地址的审核，相同地址的房源不能重复录入，后者录入时，系统会自动提示有相同房源地址存在，此时该套房源就没有录入成功。第二次是对有相同联系方式的审核，同一个电话已经录入过一套房源，再录入房源时，系统会自动提示有相同联系方式存在。此时该套房源就进入人工审核，信息部门将根据实际情况对此房源做出审核，若通过就会在房源信息里显示，即该套房源已录入成功。若未通过则说明此套房源未录入成功。

4. 信息维护

经纪人不仅要做到采集信息、录入信息，更重要的是要做到对自己信息的维护。为了保持信息的时效性和准确性，某不动产经纪机构规定：一套房源录入后，一般要求在两天之内完成实地勘察，7天内完成第一次电话回访，售房源有效期为两个月，租房源有效期为一个月，超期未回访会自动失效。在客源信息方面一般要求求购客户信息隔天回访，求租客户信息每天跟踪回访。回访后，在不动产经纪信息管理系统中的"房源维护"模块里选中要修改的房源信息，单击上面的"修改"按钮，对要修改的项目依次进行更改，更改完毕后单击"保存"按钮。对房源回访时，要单击"房源维护"里的"回访"按钮，在回访日志里将要回访的内容添加进去。

5. 信息配对

信息配对准确与否，直接关系到经纪人的个人业绩。一名优秀的经纪人，在此环节上应该运用技巧，勤于思考，善于总结，勇于实践。这是经纪人挑战高薪的关键之所在。经纪人要每天第一时间对新上的房源进行浏览，从中选出适合自己客户的房源，及时致电至房源门店对该套房源的核心信息进行问询，并以最快的速度与客户进行联系。

6. 信息稽查

为了更大限度地促使信息共享，提高信息资源的利用率，对门店的信息未及时上报、恶意保留、恶意抢单、信息泄露、拒报房源等信息违规行为，不动产经纪机构应规定相应的处罚措施。

7. 信息分成

为充分保证房源方的利益，在签订一份售房合同后，由信息部对成交分成进行审核，信息部将本着公平、公正的原则，依照信息制度的规定做出审核。同时信息部将成交的房源改为内部成交，此时该房源处于失效状态。成交方按照信息部审核的结果，将业绩在系统财务报表中，划成给房源方。

8. 信息失效

经纪人在回访的过程中，要将已经成交的房源与客源信息进行失效。在不动产经纪信息管理系统中的操作具体如下：在"房源维护"模块里，选中待失效的房源，单击"修改"按钮，将界面里的房源状态改为"失效"，单击"保存"按钮。此时该房源处于失效状态。对客源信息的修改，在"客源信息"模块里，直接单击待修改信息后的"修改"按钮，将界面里的客源状态改为"失效"，单击"保存"按钮。此时就完成了对该客源信息的失效。

二、不动产经纪业务的网络化运作

（一）不动产经纪业务网络化

在网络时代，传统不动产经纪业务受到冲击，迫使不动产经纪机构创新求变，由此不动产经纪业务网络化应运而生。传统的不动产经纪机构在与网络结合时具有明显的优势：一是传统的不动产经纪机构具有坚实的业务基础，如客户的详细资料、通畅的销售渠道、在实践中积累起来的对市场的敏锐分析能力等；二是聚集了大量拥有丰富专业知识的人才，这是经纪机构最重要的资产，也是嫁接新经济后最快升值的资源。

不动产经纪业务网络化是指以不动产经纪机构为单元，通过基于计算机、数字媒介、智能手机及其他智能终端的互联网络及信息系统相互联系，并逐渐实现其沟通运作方式的虚拟化和交互化，最终带动整个行业的沟通运作方式向互联网转移的趋势及过程。在这个过程中一方面不动产经纪机构开设了网上门店，开发了 App，开通了微信公众号，不动产经纪人可以利用"三维城市地图、视频"等先进的技术提供大量及时更新的、丰富的房源信息，呈现自己的电子名片，并通过店铺留言和网民实现沟通；另一方面各大房地产专业网站和知名门户网站也开设了房地产频道，提供形式多样的房地产相关指数，如房地产景气指数、中原城市指数等，有些网站还为不动产经纪人提供网上虚拟地盘，即赋予某个特定的经纪人某个特定区域的版主地位，由该经纪人负责对该区域的房源、区域环境等信息进行维护，同时相应地授权给予该经纪人优先在该区域的版面上重点推介自己的房源。因此不管是二级还是三级市场，消费者都无须四处出击，只需单击鼠标便可轻松了解市场行情，更方便、更全面地获取楼盘信息，进行充分的比较，节省收集资料的时间。

同时不动产经纪业务网络化也带来便利的网上成交，能大大减少消费者的交易成本。不动产交易涉及的环节很多、税费繁杂，传统的交易方式往往让消费者大费周折。网络技术能简化整个购房过程，通过网上选房下单、电子转账支付房款、访问行政机构的网上窗口等方法，可以简化手续、节约时间、降低交易费用。此外，在不动产经纪网络化模式的辅助下，还将大大减低开发商的劳动力成本、咨询成本、推广成本、项目失败的风险成本。全方位网络化策略，将成为传统不动产经纪机构跟上时代发展和确保持久竞争地位的信心来源。

（二）经纪人工作辅助系统

在经纪人的日常工作中，需要进行各种案头工作，如客户购房能力评估、贷款还款额计算、对外发布信息的文件（如房型图、房源视频等）制作，目前一些专业化的软件为不动产经纪人提供了丰富的信息化辅助工具，大大方便了不动产经纪人，如某软件为不动产经纪人提供了 5 大类 20 多种辅助工作，工作内容如下：

（1）制作类。包括视频制作、全景图制作、房源介绍制作（单页、多页）、房型图制作、网上门店制作、地图集成等。

（2）计算类。包括购房能力评估、等额本息还款计算、提前还款计算、等额本金还款计算、个人住房公积金贷款计算、税费计算等。

（3）发布类。包括网站发布器、报纸发布器、短信发布器、邮件发布器等。

（4）文本类。包括通信录、记账本、工作日志（计划安排人）、文本工具（公文秘书）、辅助决策（置业顾问）等。

（5）其他。包括业务提醒、钥匙管理、聊天工具、房源搜索器等。

此外，不动产经纪机构的管理人员，也可以借助一些专业化的不动产经纪管理辅助系统，对门店、机构进行管理，如门店经理通过门店管理辅助系统，对店内的房源、客源和各经纪人的业务进展情况进行监控，借助系统的统计功能对门店的业务、经营情况进行分析，利用系统的业务流程管理功能进行审批、发布指令等管理程序，通过系统向上级部门报告门店的相关业务、经营信息和重要文件。

一些专业网站还通过提供网上交流工具（类似 MSN、QQ），为其注册不动产经纪"虚拟"的社交图，为不动产经纪人与同行进行信息交流、开展合作开辟了新的渠道。房地产专业网站的海量信息及其搜索、定制功能，也为不动产经纪人获取房地产市场、政策、宏观经济等相关信息提供了一条更方便、快捷和精准的渠道。

（三）不动产电子商务

不动产电子商务是指以网络为基础进行的不动产商务活动，包括商品和服务的提供者、广告商、消费者、中介商等有关各方行为的总和。现阶段不动产电子商务涉及线上和线下两部分，只要在线上完成商品展示和交易意向达成，并通过不动产电子商务平台支付交易意向保证金的，均可看作不动产电子商务的行为，属于不动产电子商务范畴，即电子商务理念和技术在房地产业中的应用。应用范围已包括不动产材料采购、不动产营销业务、不动产中介、物业管理等领域。

目前，我国不动产经纪业内已出现专业性、开放性的不动产电子商务平台。不动产电子商务平台向不动产经纪机构、卖房者和买房者全面开放。不动产经纪机构与不动产电子商务平台签订合作协议后，即可登录不动产电子商务平台的后台，可将自己已接受经纪服务委托的新建商品房楼盘和存量房房源在不动产电子商务平台上发布。个人买房者也可以通过独家委托该平台，由平台向其推荐数名业绩优良的不动产经纪机构，买房者从中选定不动产经纪机构后，由不动产经纪机构将其欲出售的房源在平台上发布。买房者登录不动产电子商务平台后可选择不同议价方式的房源区（如出卖方报底价买房者竞价区、买房者自行报价出卖方选择买房者的议价区、出卖方报固定价买房者应价即成交的"一口价"区）选择房源。所有卖方和有意竞买的买方都需向不动产电子商务平台的支付宝支付保证金，线下签署认购合同后，不动产电子商务平台退还卖方的保证金，并将买方的保证金转入卖方的银行账户，从而大大提高了房源、客源的真实性，减少了交易双方悔约的可能性。

所有与不动产电子商务平台合作的不动产经纪机构都可以销售平台上所有的新建商品房和二手房。形成了一个楼盘或一套房源由众多不动产经纪机构及其人员同时销售的局面，买房者可以24小时随时上网了解房源信息，也可以就近到与不动产电子商务平台合作的门店了解电子商务平台上的任何房源，联系实地看房事宜，大大克服了不动产市场传统的信息不充分缺点。不动产电子商务平台上的房源一旦成交，卖方不动产经纪机构获得卖方的佣金，买方不动产经纪机构获得买方的佣金。因而形成了不动产经纪机构间的广泛合作，提高了不动产交易的效率。

第九章 不动产买卖

第一节 不动产买卖市场概述

要准确分析不动产市场现状,把握不动产市场未来发展趋势,首先要了解不动产市场的概念。

视频:不动产买卖市场概述

一、市场的概念

市场是社会分工和商品生产的产物,哪里有社会分工和商品交换,哪里就有市场。市场起源于古时人类对固定时段或地点进行交易的场所的称呼,狭义上的市场是买卖双方进行商品交换的场所。

随着经济的发展和社会的进步,市场也在不断地发展,特别是无形市场的诞生,使得商品交易已不再需要固定交易场所,交易甚至可以运用虚拟的网络来进行。因此,广义上的市场是指商品在流通过程中发生交换关系的总和。

二、不动产市场的概念

不动产是一种特殊的商品,不可移动性是其与劳动力、资本以及其他类型商品的最大区别。虽然不动产不可移动,但可以被某个人或单位拥有,并且能给拥有者带来利益,因此产生了不动产买卖、租赁、抵押等交易行为。

基于市场的定义,同样,不动产市场也包括狭义和广义两种内涵。从狭义上讲,不动产市场是指以不动产作为交易对象进行交易的场所;从广义上讲,不动产市场是指不动产这种特殊商品在流通过程中发生交换关系的总和。

三、不动产买卖市场的类型

根据不同的需要,可以从不同的角度对不动产交易市场进行分类。按交易流转次数划分,不动产交易市场可划分为不动产一级市场、二级市场和三级市场。根据不动产交易中不动产组成要素的不同,不动产交易市场可以划分如下几类:

(1)土地使用权交易市场。土地使用权交易市场是指国家对城市土地使用权的有偿有期限出让，以及获得土地使用权的使用者将获得的土地进行一定程度的开发后，将经过开发的土地使用权有偿转让的交易市场。

（2）房屋所有权交易市场。房屋所有权交易市场是指以货币交换方式取得房屋所有权等权利而形成的不动产交易市场，其流转方式主要包括买卖、租赁、抵押等。

（3）不动产融资市场。不动产融资市场是指通过银行等金融机构，用信贷、抵押贷款、房屋储蓄、发行股票、债券、期票，以及开发企业运用商品房预售方式融资等市场行为。

（4）不动产服务市场。不动产服务市场主要是指与不动产项目相关的不动产咨询、可行性论证、房地产估价、土地估价、房地产经纪、土地登记代理等中介服务形成的不动产市场。也包括为保证不动产项目正常运营而进行物业管理的活动，以及室内外装饰、维修、设计等活动的市场。

四、不动产买卖市场的参与方

房地产市场的参与者主要由市场中的买卖双方以及为其提供支持和服务的人员或机构组成。这些参与者分别涉及房地产的开发建设过程、交易过程和使用过程。

（一）卖方

卖方也称为不动产供给者，主要有政府、房地产开发企业和房屋所有权人。在我国，政府垄断了国有土地使用权出让的一级市场，当前的土地使用者也对有关土地的交易有着至关重要的影响。房地产开发商是以房地产开发经营为主体的企业，它们通过实施开发过程而获取利润。根据各企业资本的多少，国家又把开发企业划为不同的等级资质而进行管理。个人出售房地产的原因主要有房屋改善、投资变现等。

（二）买方

买方也称为不动产的需求者，任何单位和个人都可以成为不动产买方。消费者在房地产市场交易中的取向是"物有所值"，即用适当的货币资金，换取使用或拥有房地产的满足感或效用。但如果说市场上的买家，则主要包括自用型购买者和投资型购买者两种。购买能力是对自用型购买者的主要约束条件；而对投资型购买者来说，其拥有物业后所能获取的预期收益的大小往往决定了其愿意支付的价格水平。不动产需求又可以分为刚性需求、改善性需求、投资性需求、投机性需求等。

（三）专业顾问公司

不动产市场上的大多数买家或卖家不可能有足够的经验和技能来处理不动产生产、交易、使用过程中遇到的各种问题。因此，市场上的供给者和需求者很有必要在不同阶段聘请专业顾问公司提供服务。其中不动产经纪机构是房屋买卖的中间商。不动产经纪机构在房屋买卖中的作用主要是提供房源、客源、价格信息，促成交易，协助订立买卖合同，代办贷款、登记手续和房屋交验等。

房屋买卖的成交还需要其他专业机构的参与，如金融机构提供贷款服务，房地产估价机构提供抵押评估服务，律师事务所提供法律咨询服务，会计师提供经济核算工作等。

（四）不动产市场管理者

不动产市场管理者主要是各级政府行政主管部门和行业自律组织。全国性的不动产市场管理部门是自然资源部、住房和城乡建设部，全国性的不动产经纪行业自律组织是中国土地估价师协会和中国房地产估价师与房地产经纪人学会。

政府及政府机构在参与房地产运行的过程中，既有制定规则的权力，又有监督、管理的职能，在有些方面还会提供有关服务。开发商从购买土地使用权开始，就不断和政府的土地管理、城市规划、建设管理、市政管理、房地产管理等部门打交道，以获取投资许可证、土地使用权证、规划许可证、开工许可证、市政设施和配套设施使用许可、销售许可证和房地产产权证书等，作为公众利益的代表者，政府在参与房地产市场的同时，也对房地产市场其他参与者的行为发生着影响。

五、不动产市场的特征

不动产市场作为市场体系的组成部分，具有市场的基本规律，也会受价值规律、竞争规律、供求规律等的制约。但由于不动产本身的特性，不动产市场体现出一系列区别于一般商品市场的特征。

（一）不动产交易实质上是不动产权属的交易

一般商品是动产，其物权的设立和转让依照法律规定交付，而不动产物权设立、变更、转让是按照法律规定进行登记，因此不动产在交易中可以转移的不仅有实物还有其权属。不动产的权属变更是不动产市场流通的根本形式，其交易以一定的契约为依据，权利的取得必须以法律为依据方为有效，并按不动产管理及其市场管理等法律文件进行变更登记，使其权属变更得到法律确认。

（二）不动产市场供给的异质性

异质性，也称独特性、个别性。空间的唯一性决定了任何不动产都是独一无二的。除了空间位置的差异，不动产的个别性还包括利用程度的差异、权利的差异等。不动产市场客体的异质性，使得不动产市场上没有大量相同的不动产供给，加上不动产的不可移动性，使得不动产价格与不动产所处区位条件密切相关，区位往往对不动产价值起决定作用。不动产的异质性导致不同不动产之间不可能完全替代，因而不动产市场难以实现充分竞争，不动产价格不具有完全的可比性，因此要受交易对象和交易者个别因素的影响。

（三）不动产市场需求的多样性

不动产是人类生存、享受、发展的基本物质条件，为人类的生产、生活提供物质平台，是一种基本需求；同时，与市场供给的异质性相吻合，需求者购置不动产时通常有不同的目的和要求，因而需求具有多样性。

(四)不动产市场的垄断性

由于土地的有限性、不可再生性、位置固定性,以及不动产投资规模巨大,不动产市场具有高度的垄断性,从而导致不动产市场供给主体间的竞争不充分;特别是新建商品房市场,由于某一区域某个时间段的在售项目通常较少,往往只有一个或者几个房地产开发企业,容易形成区域垄断。

(五)不动产市场的地域性

不动产的不可移动性,决定了任何一宗不动产只能就地开发、利用或消费,并且要受制于其所在的制度政策、社会经济发展状况及相邻关系等。每个地区的收入水平、经济状况、地理环境和文化背景的差异,决定着各自不动产市场的结构、供求关系和价格水平的不同,因此不动产市场是一个地区性市场,不动产的供求状况、价格水平及价格走势等都是地区性的。因此,分析不动产市场形势时,要区分不同的城市或区域,一般可将一个城市视为一个市场。

(六)不动产市场的周期性

不动产业受到经济、社会发展、人口、政策影响以及房地产本身运行规律的制约,不动产市场会表现出起伏波动、循环的经济现象,表现为不动产业在经济运行过程中交替出现扩张与收缩两大阶段,复苏—繁荣—衰退—萧条循环往复的四个环节。不动产市场周期主要体现在不动产的价格、成交量、开发投资等指标的周期性变化上。

(七)不动产市场的耐久性

与其他商品相比,不动产寿命长久。首先,土地不因使用或放置而损耗、毁灭。其次,即便土地不是无限期所有,其所有权或使用权的年限也长达几十年甚至几百年。建筑物的寿命也长达几十年乃至上百年。

(八)不动产市场的投资数额大、回收周期长

与一般商品相比,不动产不仅单价高,而且总价值量很大,是国家和家庭的重要财产。一个房地产项目投资,少则数百万元,多则数亿元、数十亿元,因此不动产投资需要巨额资金。同时不动产项目在完成配套设施之前,不具有使用价值,只有全部建成之后,才能交付使用或销售收回资金,因此其回收期长。不动产开发产品单位价值高,建设周期长,负债经营程度高,不确定因素多,一旦决策失误,销路不畅,将造成大量开发产品积压,使企业资金周转不灵,导致企业出现经营困难,因此投资风险也大。

(九)不动产市场的双重属性

不动产首先是满足人们居住或生产经营场所需求的商品。不动产的供给量、价格、品质等对满足居民基本生活需求以及改善生活质量有显著影响,从这个角度而言,不动产是消费品。如果不动产用来出租获利以及增值转售等目的,则表现为投资品。

不动产作为消费品或是投资品，实物形态并未发生变化，但所反映的经济和社会关系完全不同，适用的经济规律也大有差异。作为消费品，其供求通过价格规律来调节，价格与需求量呈反向变动，而作为投资品，其供求由预期收益水平的升降来调节，价格越上涨，人们对买房后获利的心理预期越强烈，需求就越旺盛，价格与需求量呈同向变动。

（十）易受限制和影响

由于不动产行业对国计民生影响重大，各国政府对不动产市场的干预较多，比如对土地用途、建筑高度、建筑密度、容积率、绿地率进行了明确规定。不动产作为房产和地产的复合体，本来产权关系就复杂，加上其不可移动性、使用周期的长期性、价格的巨额性以及建筑的密集性、相互之间及与周围环境的高度相关性等使得这种产权关系更加趋于复杂。因此，它要求有完备的法律、法规，以规范、协调各经济主体之间的权利关系，从而保证和促进不动产业的健康发展。

第二节　土地交易市场及其管理

一、土地交易市场及其分类

（一）土地交易市场

土地交易市场是土地在流通过程中发生的经济关系的总和。主体是土地买卖双方，客体是土地，主体之间的种种利益关系构成了市场。价格是市场的中心，土地市场也可以说是土地供求双方为确定土地交换价格而进行的一切活动或安排。在土地市场交换的有土地所有权，也有土地使用权、租赁权、抵押权等。各国制度与法律不同，土地市场交换的内容也有所不同。

微课：土地买卖及其流程

我国现阶段的土地制度为社会主义土地公有制，具体分为全民所有制和劳动群众集体所有制两种形式。因此，土地交易市场应包括城市土地交易市场和农村土地交易市场。当前，由于我国农村土地市场正处于起步发展阶段。因此，本节只讨论目前比较成熟的城市土地交易市场及其管理。

（二）土地交易市场的分类

根据不同的需要，按照不同的标准，从不同的角度对土地交易市场进行分类，主要包括按土地市场类型分类和按市场层次结构分类。

1. 按土地交易市场类型分类

土地根据使用情况可以有多种不同的用途，如可以用于居住、工业、物流、商业等。土地具有用途多样性的特点，土地市场也就包括各类用地的市场，主要包括住宅用地市场、商业用地市场和工业用地市场等类型。

土地用途的多样性表现在，对一块土地的利用，常常同时产生两个以上用途的竞争，并可以从一种用途转换到另一种用途。大多数情况下，土地不同用途之间的变换是比较困难的。除了土地使用要符合城市规划等规定外，工矿用地、建设用地一旦形成，再想改作农用就相当困难。

2. 按市场层次结构分类

（1）土地一级市场。土地一级市场，也称城镇国有土地使用权出让市场，由土地管理部门代表国家将土地使用权让与土地使用者，并由土地使用者支付土地出让金。

土地一级市场是指国家将一定期限内的土地使用权让与土地使用者而形成的市场，反映的是土地所有者和土地使用者之间的经济关系。由土地所有制性质所决定，土地一级市场是国家垄断的市场。目前，我国土地一级市场存在三种交易方式：出让、出租和入股，其中出让是最为常见的交易方式，它又包括协议、招标、拍卖和挂牌四种方式。

（2）土地二级市场。土地二级市场是指土地使用权人将剩余年限的土地使用权让与其他土地使用者而形成的市场，它是土地使用权出让后的再转让，反映的是土地使用者与土地使用者之间的经济关系。

土地二级市场的主要市场活动是开发商根据政府的有关规定和出让合同要求，对土地进行开发和建设，并将经过开发后的土地使用权连同地上定着物进行转让、出租、抵押等。土地二级市场是国家调控下的以市场调节为主的市场。

房地产二级市场也包括土地二级市场，即土地使用者将达到规定可以转让的土地，进入流通领域进行交易的市场。

（3）土地三级市场。土地三级市场，是购买房地产的单位和个人，再次将房地产转卖或转租的市场。也就是房地产再次进入流通领域进行交易而形成的市场。房地产三级市场也包括房屋的交换、抵押、典当等流通形式。

二、土地交易市场管理

土地交易市场管理是政府出于公共利益需要，对土地市场进行培育、管理、调控工作的总称。它包括建立土地估价制度，地价公告制度，土地限阶、土地收购储备制度，用于规范土地市场行为。

（1）国土资源部颁布的《土地储备管理办法》对土地储备的工作内容进行了定义，即土地储备是指县级（含）以上国土资源部主管部门为调控土地市场、促进土地资源合理利用，依法取得土地，组织前期开发、储存以备供应的行为。

土地储备制度的运作主要包括土地收购、土地储备和土地供应三个程序。

①土地收购。土地收购是指根据政府授权及其制订的土地储备计划，土地储备中心收购或收回城市范围内国有土地使用权的活动。其工作程序是申请收购、权属核查、征询意见、费用测算、方案报批、收购补偿、权属交更、交付土地。土地收购补偿费一般按被收购土地的开发成本计算。对于以出让方式取得的土地使用权，收购补偿费还应包括对土地使用权人已支付的土地出让金的补偿，但应扣除原土地使用权人已实际使用土地期间应付出的出让金部分。

②土地储备。对于进入土地储备体系的土地，在出让给新的土地使用单位以前，由土地储备中心负责组织前期开发和经营管理。

③土地供应。对进入土地储备体系的土地，由土地储备中心根据城市发展需要和土地市场需求制订土地供应计划，有计划地统一向用地单位供应土地。根据现行土地管理规定，储备土地的供应方式可分为招标拍卖挂牌出让和协议出让两种类型。

（2）土地使用权协议出让。协议出让国有土地使用权，是指国家以协议方式将国有土地使用权在一定年限内出让给土地使用者，由土地使用者向国家支付土地使用权出让金的行为。

《城市房地产管理法》第十三条规定："采取双方协议方式出让土地使用权的出让金不得低于按国家规定所确定的最低价。"相关文件规定出让国有土地使用权，除依照法律、法规和规章的规定应当采用招标、拍卖或者挂牌方式外，还可采取协议方式。协议出让最低价不得低于新增建设用地的土地有偿使用费、征地（拆迁）补偿费以及按照国家规定应当缴纳的有关税费之和；有基准地价的地区，协议出让最低价不得低于出让地块所在级别基准地价的70%。

（3）提前收回土地使用权的补偿制度。国家对土地使用者依法取得的土地使用权，在出让合同约定的使用年限届满前不收回；在特殊情况下，根据社会公共利益的需要，可以依照法律程序提前收回，并根据土地使用者使用土地的实际年限和开发土地的实际情况给予相应的补偿。

（4）土地价格申报制度。《城市房地产管理法》第三十五条规定："国家实行房地产成交价格申报制度。房地产权利人转让房地产，应当向县级以上地方人民政府规定的部门如实申报成交价，不得瞒报或者做不实的申报。"

（5）政府对土地使用权转移有优先购买权。《城镇国有土地使用权出让和转让暂行条例》第二十六条规定，土地使用权转让价格明显低于市场价格的，市、县人民政府有优先购买权。

（6）征收土地增值税。《中华人民共和国土地增值税暂行条例》规定，转让国有土地使用权、地上的建筑物及其附着物并取得收入的单位和个人，为土地增值税的纳税义务人，应当依照本条例缴纳土地增值税。土地增值税的征税范围包括国有土地、地上建筑物及其附着物。

（7）土地价格评估制度和土地估价人员资格认证制度。根据《城市房地产管理法》《土地管理法》，国家实行土地估价师资格认证制度，通过全国土地估价师资格考试，方可取得土地估价师资格。

土地价格评估应当遵循公正、公平、公开的原则，按照国家规定的技术标准和评估程序，对土地价格进行评估。

（8）城市地价动态监测。城市地价动态监测是政府宏观管理中土地市场动态监测制度的主要内容。地价作为土地市场运作的重要经济杠杆和价值判断标准，其在现实土地经济生活中的核心地位，在调节城市土地利用、优化土地资源配置等方面的作用日趋明显。它涉及土地出让、转让、出租、抵押、担保等产权交易活动，不仅是政府课税、产权管理的重要依据，也是企业投资和资产核定不可缺少的数据。

为了更好地了解市场地价状况和制定地价政策，从1999年开始，国土资源部（现自然资源部）即着手在全国各城市建立地价监测系统。通过该系统将各城市的地价变化情况传输至国土资源部，国土资源部依此及时制定相应的地价管理政策，同时，利用监测数据编制全国地价指数,并定期发布。目前,全国主要大城市已在自然资源部的帮助下,建立本市的地价监测系统。

第三节　房地产销售市场管理

房地产销售是指房屋所有权人将房屋所有权转让给房屋买受人,而买受人为此支付相应价款的行为。房地产销售需要在制度政策框架下开展。目前,我国相关的法律法规规定主要有《城市房地产管理法》《城市房地产转让管理规定》《城市商品房预售管理办法》等,这些法律法规对房屋销售的条件、主体资格、禁止行为等做了明确规定,不动产经纪业务中要严格遵守。

商品交易分为现货交易和期货交易,房地产作为商品也有现房销售和期房销售。

一、房屋销售概述

(一)新建商品房现售

商品现房销售是指房地产开发企业将竣工验收合格的商品房出售给买受人,并由买受人支付房价款的行为。

微课:房地产销售市场管理(上)

现房出售具有产权清晰,即买即住,可以对已存在的房屋进行选择等优点,但由于一次性付款数额大,或分期付款时间长,对买卖双方资金压力都很大。

(二)商品房预售

商品房预售也称房屋预售,楼花买卖,是指房地产开发企业与购房者约定,由购房者交付定金或预付款,而在未来一定日期拥有现房的房产交易行为。其实质是房屋期货买卖,买卖的只是房屋的一张期货合约。它与成品房的买卖已成为我国商品房市场中的两种主要的房屋销售形式。

由于商品房的预售不同于房屋的实质性买卖,真正的房屋交接尚未形成。国家因此加强了对商品房预售市场的规范。我国对商品房预售的条件资格及程序做了规定,而且要求在预售合同签订后向当地房地产管理部门办理登记备案手续。

商品房预售制加速了整个建设资金周转,提高了资金使用效率,降低了资金使用成本。此外,我国资本市场发展滞后,目前除银行贷款外基本没有其他可供选择的融资方式,实际上银行贷款成为房地产开发融资的重要手段。预售商品房相对于现售商品房有价格优势,这也是预售制度为消费者所接受的重要原因。

预售商品房销售行为与房屋实际交付行为之间存在一定的时间差,给部分开发商虚假宣传、改变规划、延期交房等不规范行为留下了空子,使消费者的合法权益得不到应有的保障。此外,商品房预售制度,对政府和银行的监管能力要求较高,预售制度中隐含的风险因素,客观上要求政府对开发行为,银行对资金和预售款使用行为具有较强的监管能力,管理成本也相对较高。

二、房屋销售管理

（一）新建商品房销售规定

根据《商品房销售管理办法》《关于进一步加强房地产市场监管完善商品住房预售制度有关问题的通知》《广告法》等的规定，新建商品房销售中的规定主要如下：

1. 商品房预售的基本条件

商品房预售应当达到下列条件：

（1）已交付全部土地使用权出让金，取得土地使用权证书。

（2）持有建设工程规划许可证和施工许可证。

（3）按提供预售的商品房计算，投入开发建设的资金达到工程建设总投资的25%以上，并已经确定施工进度和竣工交付日期。

（4）商品房预售实行许可制度。开发企业进行商品房预售，应当向房地产管理部门申请预售许可，取得《商品房预售许可证》。未取得《商品房预售许可证》的，不得进行商品房预售。

（5）预售许可的最低规模不得小于栋，不得分层、分单元办理预售许可。当前，部分城市把房地产开发建设完成主体结构封顶作为商品房预售的条件之一。

2. 商品房现售的基本条件

商品房现售应当符合下列条件：

（1）现售商品房的房地产开发企业应当具有企业法人营业执照和房地产开发企业资质证书。

（2）取得土地使用权证书或者使用土地的批准文件。

（3）持有建设工程规划许可证和施工许可证。

（4）已通过竣工验收。

（5）拆迁安置已经落实。

（6）供水、供电、供热、燃气、通信等配套基础设施具备交付使用条件，其他配套基础设施和公共设施具备交付使用条件或者已确定施工进度和交付日期。

（7）物业管理方案已经落实。

（8）房地产开发企业应当在商品房现售前将房地产开发项目手册及符合商品房现售条件的有关证明文件报送房地产开发主管部门备案。

3. 商品房销售的通用条件

（1）房地产开发企业不得采取返本销售或者变相返本销售的方式销售商品房。房地产开发企业不得采取售后包租或者变相售后包租的方式销售未竣工商品房。

（2）商品住宅按套销售，不得分割拆零销售。

（3）商品房销售时，房地产开发企业选聘了物业服务企业的，买受人应当在订立商品房买卖合同时与房地产开发企业选聘的物业服务企业订立有关物业服务的协议。

（4）房地产开发企业、房地产中介服务机构发布商品房销售宣传广告，应当执行《广告法》等有关规定，广告内容必须真实、合法、科学、准确。

（5）房地产开发企业、房地产中介服务机构发布的商品房销售广告和宣传资料所明示的事项，当事人应当在商品房买卖合同中约定。

（6）不符合商品房销售条件的，房地产开发企业不得销售商品房，不得向买受人收取任何预订款性质的费用，不得参加展销活动。

（7）商品房屋严格实行购房实名制，认购后不得擅自更改购房者姓名。

（8）商品房销售后，房地产开发企业不得擅自变更规划、设计。

（9）房地产广告的房源信息应当真实，面积应当标明为建筑面积或者套内建筑面积，并不得含有下列内容：升值或者投资回报的承诺；以项目到达某一具体参照物的所需时间表示项目位置；违反国家有关价格管理的规定；对规划或者建设中的交通、商业、文化教育设施以及其他市政条件作误导宣传。

4. 商品房销售代理的基本规定

房地产开发企业可以自行销售商品房，也可以委托房地产经纪机构代理销售。房地产开发企业委托中介服务机构销售商品房的，受托机构应当是依法设立并取得工商营业执照的房地产中介服务机构。房地产开发企业应当与受托房地产中介服务机构订立书面委托合同，委托合同应当载明委托期限、委托权限以及委托人和被委托人的权利、义务。

（1）受托房地产中介服务机构销售商品房时，应当向买受人出示商品房的有关证明文件和商品房销售委托书。

（2）受托房地产中介服务机构销售商品房时，应当如实向买受人介绍所代理销售商品房的有关情况。受托房地产中介服务机构不得代理销售不符合销售条件的商品房。

（3）受托房地产中介服务机构在代理销售商品房时不得收取佣金以外的其他费用。

（4）商品房不动产经纪人员应当经过专业培训，方可从事商品房销售业务。

房地产经纪机构不得分解收费项目和强制收取代书费、银行按揭服务费等费用。房地产经纪机构和执业人员不得炒卖房号，不得在代理过程中赚取差价，不得通过签订"阴阳合同"违规交易，不得发布虚假信息和未经核实的信息，不得采取内部认购、雇人排队等手段制造销售旺盛的虚假氛围。

5. 商品房交付基本条件

（1）房地产开发企业应当按照合同约定，将符合交付使用条件的商品房按期交付给买受人。未能按期交付的，房地产开发企业应当承担违约责任。

因不可抗力或者当事人在合同中约定的其他原因，需延期交付的，房地产开发企业应当及时告知买受人。

（2）房地产开发企业销售商品房时设置样板房的，应当说明实际交付的商品房质量、设备及装修与样板房是否一致，未做说明的，实际交付的商品房应当与样板房一致。

（3）销售商品住宅时，房地产开发企业应当根据《商品住宅实行住宅质量保证书和住宅使用说明书制度的规定》（以下简称《规定》），向买受人提供《住宅质量保证书》《住宅使用说明书》。

（4）房地产开发企业应当对所售商品房承担质量保修责任。当事人应当在合同中就保修范围、保修期限、保修责任等内容做出约定。保修期从交付之日起计算。

商品住宅的保修期限不得低于建设工程承包单位向建设单位出具的质量保修书约定保修期的存续期；存续期少于《规定》中确定的最低保修期限的，保修期不得低于《规定》中确定的最低保修期限。

非住宅商品房的保修期限不得低于建设工程承包单位向建设单位出具的质量保修书约定保修期的存续期。

在保修期限内发生的属于保修范围的质量问题，房地产开发企业应当履行保修义务，并对造成的损失承担赔偿责任。因不可抗力或者使用不当造成的损坏，房地产开发企业不承担责任。

（5）房地产开发企业应当在商品房交付使用前按项目委托具有房产测绘资格的单位实施测绘，测绘成果报房地产行政主管部门审核后用于房屋权属登记。

房地产开发企业应当在商品房交付使用之日起 60 日内，将需要由其提供的办理房屋权属登记的资料报送房屋所在地房地产行政主管部门。

房地产开发企业应当协助商品房买受人办理土地使用权变更和房屋所有权登记手续。

（6）商品房交付使用后，买受人认为主体结构质量不合格的，可以依照有关规定委托工程质量检测机构重新核验。经核验，确属主体结构质量不合格的，买受人有权退房；给买受人造成损失的，房地产开发企业应当依法承担赔偿责任。

6. 商品房销售违约责任

（1）未取得营业执照，擅自销售商品房的，由县级以上人民政府工商行政管理部门依照《城市房地产开发经营管理条例》的规定处罚。

（2）未取得房地产开发企业资质证书，擅自销售商品房的，责令停止销售活动，处 5 万元以上 10 万元以下的罚款。

（3）违反法律、法规规定，擅自预售商品房的，责令停止违法行为，没收违法所得；收取预付款的，可以并处已收取的预付款 1% 以下的罚款。

（4）在解除商品房买卖合同前，将作为合同标的物的商品房再行销售给他人的，处以警告，责令限期改正，并处 2 万元以上 3 万元以下罚款；构成犯罪的，依法追究刑事责任。

（5）房地产开发企业将未组织竣工验收、验收不合格或者对不合格按合格验收的商品房擅自交付使用的，按照《建设工程质量管理条例》的规定处罚。

（6）房地产开发企业未按规定将测绘成果或者需要由其提供的办理房屋权属登记的资料报送房地产行政主管部门的，处以警告，责令限期改正，并可处以 2 万元以上 3 万元以下罚款。

（7）房地产开发企业在销售商品房中有下列行为之一的，处以警告，责令限期改正，并可处以 1 万元以上 3 万元以下罚款。

①未按照规定的现售条件现售商品房的；

②未按照规定在商品房现售前将房地产开发项目手册及符合商品房现售条件的有关证明文件报送房地产开发主管部门备案的；

③返本销售或者变相返本销售商品房的；

④采取售后包租或者变相售后包租方式销售未竣工商品房的；

⑤分割拆零销售商品住宅的；

⑥不符合商品房销售条件，向买受人收取预订款性质费用的；

⑦未按照规定向买受人明示《商品房销售管理办法》《商品房买卖合同示范文本》《城市商品房预售管理办法》的；

⑧委托没有资格的机构代理销售商品房的。

（8）房地产中介服务机构代理销售不符合销售条件的商品房的，处以警告，责令停止销售，并可处以 2 万元以上 3 万元以下罚款。

（9）国家机关工作人员在商品房销售管理工作中玩忽职守、滥用职权、徇私舞弊，依法给予行政处分；构成犯罪的，依法追究刑事责任。

（二）存量商品房买卖规定

存量房是指已被购买或自建并取得所有权证书的房屋。存量房是相对于增量房而言的。增量房，就是指房地产开发商投资新建造的商品房，存量房是指已经投入使用的房地产，因此存量房一般是指二手房。存量房买卖是指通过办理房屋权属转移登记取得房屋所有权证的房屋的再次买卖。存量房的买卖程序是由买卖双方当事人签订房屋买卖合同，合同生效后的 30 日内，向房屋所在地的房地产交易中心办理转移登记。

1. 不能交易的规定

根据有关法律法规，不得交易的存量房屋主要有以下情况：

（1）房地产权利受限的房屋。司法机关和行政机关依法裁定，查封或者以其他形式限制房地产权利的房屋；已经列入拆迁公告范围的房屋，这几种房屋行政管理部门一般不予办理过户。

（2）权属有争议的房屋。房屋存在产权纠纷或者产权不明晰，房屋的产权最终属于谁还没有定论，因此不能买卖。

（3）产权共有的情况未获共有人同意的房屋。如继承人共有的、家庭共有的、夫妻共有的房屋，对此买受人应当和全部共有人签订房屋买卖合同。如果只是部分共有人擅自处分共有财产，买受人与其签订的买卖合同未在其他共有人同意的情况下一般是无效的。

（4）产权人无民事行为能力。房屋买卖双方的民事行为能力在合同的成立生效中起着至关重要的作用。在交易时，如果卖方为无民事行为能力人，比如未成年人、精神病患者，那么即便签订了购房合同，通常也是无效的。

（5）未依法登记领取权属证书的房屋。未依法登记领取权属证书的房地产，不得进行物权转让，房地产登记部门不予办理登记。房产证是证明房主对房屋享有所有权的唯一凭证，没有房产证的房屋交易时，对买受人来说有得不到房屋的极大风险。这种房屋有几种类型：

一是权属登记正在办理但尚未办完的商品房；

二是无法办理权属登记的房屋，如小产权房、属于违法违章建筑的房屋等；

三是尚未达到办理权属证书法定年限的房屋，如购买后未满 5 年的经济适用房屋；

四是未达到办理权属证书的其他条件的房屋，如以低于房改政策规定的价格购买且没有按照规定补足房价款的已购公房、未缴纳土地收益价款的经济适用房屋等。

（6）未解除抵押的房产。未还清银行贷款的房子叫抵押房。根据规定，必须是无抵押状态的房产才能办理过户。购买此类房子，买家需要先到银行办"解押"。

对于已抵押的房屋，在抵押人不能履行债务时，抵押权人有优先受偿权，为防止优先受偿权受损，未经抵押权人书面同意，已设定抵押的房屋不能买卖。

（7）法律、行政法规规定禁止转让的其他情形。

2. 共有房屋买卖规定

《民法典》第二百九十七条规定："不动产或者动产可以由两个以上组织、个人共有。

共有包括按份共有和共同共有。"

按份共有的各所有权人按照所有权份额享有对房屋的权利和承担义务。共同共有的所有权人对于房屋不分份额的享有平等的所有权。

处理按份共有关系的双方共有房屋产权时，按照两个所有者各自的份额，对房屋享有占有、使用、收益和处分的权利，并且也按份额分担义务。

按份共有的双方均有权将自己的份额分出或转让，但任何一方不经他方同意不得擅自处分房屋，且在同等条件下，另一方有优先获得权。

处理共同共有关系的双方房屋产权时，由于两个所有者对房屋都享有平等的所有权，承担共同的义务，在这种关系存续期间，任何一方擅自处分房屋均属无效。

当这种关系终止时，按照友好、协商的原则对房屋产权进行处理。有协议的，按照协议进行处理；无协议的，根据等分的原则进行处理。

3. 已出租房屋买卖规定

根据《中华人民共和国合同法》（以下简称《合同法》）、《商品房屋租赁管理办法》的规定，权属无争议、合法取得房屋产权证书的房屋均可以进行买卖交易，不受房屋是否出租的限制。也就是说，租出去的房子是可以卖的。

但是要注意两点：第一，出租人出卖租赁房屋的，应当在出卖之前3个月通知承租人，承租人享有以同等条件优先购买的权利。这就是承租人的优先购买权。如果出租人没有依法履行该义务，承租人可以主张该房屋买卖无效或赔偿损失。

第二，租赁物在租赁期间发生所有权变动的，不影响租赁合同的效力。这就是"买卖不破租赁"。也就是说，在租赁期间，出租人不能以卖房为由要求承租人搬走，承租人仍可在租房合同规定的期限内正常使用该房屋。当然如果之前有约定的从其约定，否则出租人将承担相应的违约责任。

（三）其他房屋买卖规定

除了商品房以外，已购公有房屋、经济适用房屋等政策性房屋在满足一定条件的情况下也可进行转让。

已购公有房屋和经济适用房屋，是指城镇职工根据国家和县级以上地方人民政府有关城镇房屋制度改革政策规定，按照成本价（或者标准价）购买的公有房屋，或者按照地方人民政府指导价购买的经济适用房屋。经济适用房屋包括安居工程房屋和集资合作建设的房屋。

已取得合法产权证书的已购公有房屋和经济适用房屋可以上市出售，但有下列情形之一的已购公有房屋和经济适用房屋不得上市出售：

（1）以低于房改政策规定的价格购买且没有按照规定补足房价款的；

（2）房屋面积超过省、自治区、直辖市人民政府规定的控制标准，或者违反规定利用公款超标准装修，且超标部分未按照规定退回或者补足房价款及装修费用的；

（3）处于户籍冻结地区并已列入拆迁公告范围内的；

（4）产权共有的房屋，其他共有人不同意出售的；

（5）已抵押且未经抵押权人书面同意转让的；

（6）上市出售后形成新的房屋困难的；

（7）擅自改变房屋使用性质的；

（8）法律、法规以及县级以上人民政府规定其他不宜出售的。

对于继承、赠予等方式取得的房屋，必须在办理合法手续后才能投入房地产交易市场。

城镇职工以成本价购买、产权归个人所有的已购公有房屋和经济适用房屋上市出售的，其收入在按照规定交纳有关税费和土地收益后归职工个人所有。

以标准价购买、职工拥有部分产权的已购公有房屋和经济适用房屋上市出售的，可以先按照成本价补足房价款及利息。原购房屋全部产权归个人所有后，该已购公有房屋和经济适用房屋上市出售收入，按照前述的规定处理。也可以直接上市出售，其收入在按照规定交纳有关税费和土地收益后，由职工与原产权单位按照产权比例分成。原产权单位撤销的，其应当所得部分由房地产交易管理部门代收后，纳入地方房屋基金专户管理。

购买经济适用房屋不满 5 年，不得直接上市交易，购房人因特殊原因确需转让经济适用房屋的，由政府按照原价格并考虑折旧和物价水平等因素进行回购。购买经济适用房屋满 5 年，购房人上市转让经济适用房屋的，应按照届时同地段普通商品房屋与经济适用房屋差价的一定比例向政府交纳土地收益等相关价款，具体交纳比例由市、县人民政府确定，政府可优先回购；购房人也可以按照政府所定的标准向政府交纳土地收益等相关价款后，取得完全产权。

三、房屋买卖合同

房地产商品与其他商品不同，房地产作为不动产在买卖房地产时必须签订合同。房屋买卖合同是规范房屋买卖行为的重要环节。

微课：房地产销售市场管理（下）

（一）商品房买卖合同的法律特征

（1）标的物在法律上呈现出复杂的形态。交易的房屋既可能是已建好的房屋，也可能是尚未竣工的房屋，而且包括建筑物和小区的公用设施、设备的所有权或使用权。

（2）标的物所有权的转移以登记为成立条件。《合同法》第一百三十三条规定，标的物的所有权自标的物交付时起转移，但法律另有规定或者当事人另有约定的除外。《民法典》第二百零九条规定，不动产物权的设立、变更、转让和消灭，经依法登记，发生效力；未经登记，不发生效力，但法律另有规定的除外。

（3）监管较为严格。由于土地房屋类不动产价值巨大，对国计民生影响很大，国家对房地产行政监管相对较为严格。如国家实行登记制度、推行合同示范文本、实行限购政策等。

（二）房屋买卖合同的特点

（1）房屋买卖合同标志着房屋所有权与土地使用权的转移。房屋买卖双方必须签订房屋买卖合同，这是与其他商品不同的。房地产买卖一经成立或完成，买卖双方就可以到房地产管理部门办理过户手续，买方交付购房款，领取房屋所有权证书，就可以行使对房屋占有、使用、收益、处分的权利。也就是说，房地产买卖合同一旦签订，就标志着房屋的所有权和土地的使用权发生转移。

（2）房地产买卖合同必须以书面的形式签订，并经房地产管理部门签证，才能具有法律效力。

（3）房地产买卖合同是买卖双方的有偿合同。双方当事人在地位上是平等的，既有一定的权利，也要承担一定的义务；双方的合法权益受到国家的法律保护。

（三）合同的主要内容

房地产开发企业应与购房者签订商品房买卖合同。根据《商品房销售管理办法》第十六条规定，商品房销售时，房地产开发企业和买受人应当订立书面商品房买卖合同。商品房买卖合同应当明确以下主要内容：

（1）当事人名称或者姓名和住所。商品房的出卖人一般是房地产开发企业，应注明其名称、法定代表人、工商登记号、住所及联系方式等基本情况。买受人如为法人或其他组织，同样予以注明。如为自然人，则应注明其姓名、身份证件号码、住所及联系方式等。

（2）商品房基本状况。一是要注明出卖人出售房屋的法律依据，包括土地使用权出让合同号、土地使用权证或建设用地批准证书号、建设用地规划许可证、建设工程规划许可证、施工许可证，如为预售商品房，还应明确其预售许可证号。二是要注明商品房的基本情况，包括具体位置、楼层、朝向、建筑面积及套内建筑面积等。其他装修、装饰等可由当事人自由约定。

（3）商品房的销售方式。目前商品房销售分为商品房现售和商品房预售。商品房现售，是指房地产开发企业将竣工验收合格的商品房出售给购房人，并由购房人支付房价款的行为。商品房预售，是指房地产开发企业将尚未竣工验收、正在建设中的商品房预先出售给买受人，并由买受人支付定金或房价款的行为。

（4）商品房价款的确定方式及总价款、付款方式、付款时间。商品房的价款包括单价与总价两种。总价可以按幢、套或单元计价，要特别注意约定当交付实际面积与合同约定的面积不一致时，怎么处理。单价是按商品房面积计价，可分为依建筑面积计价、依套内建筑面积计价和依使用面积计价三种方式。

商品房买卖合同的价款支付方式一般有三种：第一，以所购商品房抵押贷款的方式付款，也称按揭付款；第二，一次性付款；第三，分期付款。按揭付款方式，应明确约定买受人应支付的首期金额及支付时间与方式，向哪家银行申请贷款，如贷款申请不获批准时有关事项的处理等。如为一次性付款或分期付款方式，则应明确房款或各期房款的支付时间及方式。

（5）逾期付款的违约责任。结合目前通用的房款支付方式，购房者可能承担逾期付款的违约责任主要是出现在以一次性付款（含分批次付款）或者分期付款作为付款方式时，购房者应仔细阅读条款，并做好违约金的测算，及时安排好付款计划，尽量在签订合同的时候为自己留下调整的余地，否则合同一旦签订生效，就应该遵照执行。

（6）交付使用条件及日期。合同需明确商品房的交付时间与程序。通常由出卖人于合同约定日期前通知买受人前往商品房所在地接受交付，买受人则于交付使用通知送达后按约定或通知指定的日期接受交付。开发商未按期交房时应承担的违约责任，作为规定开发商履行合同义务时间的约定。购房者未按时收房的责任，购房者在接到开发商收房通知的时候，可能会由于各种各样的原因无法按时收房，但是从法律及合同约定来理解，购房者应按照合同约定接受房屋是一项双方一致同意的约定，购房者应当按照合同约定执行，否则应当承担违约责任。

对于虽然开发商发出通知，但是由于开发商原因，购房者无法或者不合适进行收房的，购房者要积极主动地提出异议，并且注意及时保管好对开发商提出异议的证据材料，否则开发商在追究购房者逾期接受房屋的违约责任的时候会很被动。

合同应对商品房应当具备的使用交付条件约定，主要为商品房应具备必要的验收文件，如建筑工程质量验收、消防验收、综合验收登记备案表等。买受人依照合同约定的交付使用条件对商品房进行验收。

（7）装饰、设备标准要求。由于商品房的正常使用有赖于各种公共配套条件的完善，因此合同对该部分应当予以明确约定。开发商关于商品房的装饰、设备标准以本合同附件的形式进行单独约定，一般主要内容包括外墙材料、电梯品牌、标准层、门、窗以及其他约定。购房人有权以配套设施设备不到位、未交付为由，拒绝收房。房地产开发企业在交付商品房时，无须提供基础设施设备、公共服务及其他配套设施符合规划标准的证明文件。所以举证的责任在购房人。

（8）商品房质量及保修责任。一般来说，房屋建筑工程的最低保修期有明确规定：地基基础工程和主体结构工程，为设计文件规定的该工程的合理使用年限；屋面防水工程、有防水要求的卫生间、房间和外墙面的防渗漏，为5年；供热与供冷系统，为2个采暖期、供冷期；电气管线、给排水管道、设备安装为2年；装修工程为2年。

在保修期内的保修责任由开发商承担（实际中施工方最终承担），在开发商未按照合同履行保修义务的时候，购房者可以自行维修，而向开发商主张修复费。

此外，在商品房销售过程中，政府还会统一收取商品房维修基金，该维修基金由开发商在办理房屋产权证之前向商品房维修基金管理部门缴纳，属于全体业主所有，其用于保修期满后小区公共设施的维修等用途。

（9）公共配套建筑的产权归属。对业主自用部位和共用部位进行约定，核心是确认共用部位和配套设施（例如，会所）的用途。由于共用部位确认了，房地产开发企业今后无法单方面变更。

（10）面积差异的处理方式。当事人可对房屋面积的差异做出约定，当事人没有约定的，依照最高人民法院的司法解释确定。

（11）办理产权登记有关事宜。产权登记从法律上来说是开发商履行合同内容的一项重要工作，因为我国采取不动产登记制度，不动产产权的确立必须以登记为条件，开发商必须完成产登记手续才能构成真正意义上的交房责任，否则购房者合法不动产所有权的权利存在极大的风险。

（12）前期物业服务。将前期物业服务主要事项载入商品房买卖合同，获得买受人认同，便于物业服务企业开展工作。在签订商品房买卖合同时，需向购房人出示《前期物业服务委托合同》和《临时管理规约》。

（13）解决争议的方法。合同在履行过程中发生的争议，由双方当事人协商解决；协商不成的，可以提交当地仲裁委员会仲裁或依法向人民法院起诉。争议解决条款，双方可以自行约定，其中仲裁采取一裁终审制。

（14）违约责任。出卖人的主要义务是提供合格的商品房，其主要的违约情形是未按合同约定的日期和标准交付商品房，承担的违约责任方式主要为实际履行、赔偿损失、修理或更换、解除合同。买受人的主要义务为付款并接受商品房，承担违约责任的方式是实际履行合同、赔偿相应损失和解除合同。

（15）双方约定的其他事项。合同未尽事项，可由双方约定后签订补充协议。但出卖人提供的作为合同补充内容的格式条款，不得与合同正文内容条款约定的内容相违背。

（四）计价方式

商品房销售可以按套（单元）计价，也可以按套内建筑面积或者建筑面积计价。

商品房建筑面积由套内建筑面积和分摊的共有建筑面积组成，套内建筑面积部分为独立产权，分摊的共有建筑面积部分为共有产权，买受人按照法律、法规的规定对其享有权利，承担责任。

（1）按套（单元）计价或者按套内建筑面积计价的商品房，买卖合同中应当注明建筑面积和分摊的共有建筑面积。

（2）按套（单元）计价的现售房屋，当事人对现售房屋实地勘察后可以在合同中直接约定总价款。

（3）按套（单元）计价的预售房屋，房地产开发企业应当在合同中附所售房屋的平面图。平面图应当标明详细尺寸，并约定误差范围。房屋交付时，套型与设计图纸一致，相关尺寸也在约定的误差范围内，维持总价款不变；套型与设计图纸不一致或者相关尺寸超出约定的误差范围，合同中未约定处理方式的，买受人可以退房或者与房地产开发企业重新约定总价款。买受人退房的，由房地产开发企业承担违约责任。

（五）误差的处理方式

按套内建筑面积或者建筑面积计价的房屋，当事人应当在合同中载明合同约定面积与产权登记面积发生误差的处理方式。

合同未做约定的，按以下原则处理：

（1）面积误差比绝对值在 3% 以内（含 3%）的，据实结算房价款。

（2）面积误差比绝对值超出 3% 时，买受人有权退房。买受人退房的，房地产开发企业应当在买受人提出退房之日起 30 日内将买受人已付房价款退还给买受人，同时支付已付房价款利息。买受人不退房的，产权登记面积大于合同约定面积时，面积误差比在 3% 以内（含 3%）部分的房价款由买受人补足；超出 3% 部分的房价款由房地产开发企业承担，产权归买受人。产权登记面积小于合同约定面积时，面积误差比绝对值在 3% 以内（含 3%）部分的房价款由房地产开发企业返还买受人；绝对值超出 3% 部分的房价款由房地产开发企业双倍返还买受人。

面积误差比 =（产权登记面积 – 合同约定面积）/ 合同约定面积 ×100%

因规划设计变更造成面积差异，当事人不解除合同的，应当签署补充协议。

按建筑面积计价的，当事人应当在合同中约定套内建筑面积和分摊的共有建筑面积，并约定建筑面积不变而套内建筑面积发生误差以及建筑面积与套内建筑面积均发生误差时的处理方式。

（六）变更规划和设计的规定

房地产开发企业应当按照批准的规划、设计建设商品房。商品房销售后，房地产开发企业不得擅自变更规划、设计。

经规划部门批准的规划变更、设计单位同意的设计变更导致商品房的结构形式、户型、空间尺寸、朝向变化，以及出现合同当事人约定的其他影响商品房质量或者使用功能情形的，房地产开发企业应当在变更确立之日起10日内，书面通知买受人。

买受人有权在通知到达之日起15日内做出是否退房的书面答复。买受人在通知到达之日起15日内未做书面答复的，视同接受规划、设计变更以及由此引起的房价款的变更。房地产开发企业未在规定时限内通知买受人的，买受人有权退房；买受人退房的，由房地产开发企业承担违约责任。

（七）商品房买卖合同示范文本

为进一步规范商品房交易行为，保障交易当事人的合法权益，切实维护公平公正的商品房交易秩序，贯彻《合同法》《民法典》等法律法规和部门规章，住房和城乡建设部、工商总局对《商品房买卖合同》（GF—2000—0171）进行了修订，制定了《商品房买卖合同（预售）示范文本》（GF—2014—0171）、《商品房买卖合同（现售）示范文本》（GF—2014—0172）。

新版合同分为两个版本，即《商品房买卖合同（预售）示范文本》和《商品房买卖合同（现售）示范文本》，分别针对商品房预售和商品房的现房买卖。示范文本主要采取了章节式体例，包括封面、章节目录、说明、专业术语解释和合同主条款及附件，并对合同相关条款进行归类，使整体框架更为清晰，突出了其示范性。《商品房买卖合同（预售）示范文本》分为十章，共二十九条主条款内容和十一个合同附件。《商品房买卖合同（现售）示范文本》分为八章，共二十六条主条款内容和十二个合同附件。新版合同允许各地在合法合规的前提下，结合地方情况调整合同内容。也就是说新版合同不再强调全国统一，而是作为各地指导。各地可以根据新版内容完善各自的执行版本，而不是绝对适用新版。

以往购房者和开发商常因为商品房预售时的承诺与最终交房时的标准不一致而产生纠纷，新版合同可以避免纠纷，为消费者维权增加凭据，更注重买房人权益保障。

新版合同更加注重买房人权益的保障，细化了业主对建筑物专有和共有部分享有的权利，还对小区内车位、车库、会所等配套设施的所有权归属、室内空气质量、建筑隔声标准等问题，引导买卖双方自行约定。

同时，增加了房屋交付前买受人查验房屋环节，明确出卖人的保修责任和最低保修期限，在预售合同中新增了商品房预售资金监管条款，明确出卖人应将出售商品房的全部房价款存入预售资金监管账户，有效防范交易风险。

出卖人与买受人可以针对合同文本中没有约定或者约定不明确的内容，根据所售项目的具体情况在相关条款后的空白行中进行补充约定，也可以另行签订补充协议。双方当事人可以根据实际情况决定本合同原件的份数，并在签订合同时认真核对，以确保各份合同内容一致；在任何情况下，出卖人和买受人都应当至少持有一份合同原件。

四、房屋买卖主体资格

房屋买卖属于民事活动，民事主体具备房屋买卖的主体资格。但由于房屋买卖行为复杂，涉及金额较大，房屋买卖应当由具有完全民事行为能力的人办理或代为办理。

（一）一般主体要求

房屋买卖双方当事人应当具有完全民事行为能力。房屋买卖行为复杂，涉及标的金额较大，法律一般禁止限制民事行为能力人和无民事行为能力人参与，所签房屋买卖合同无效，除非事先经法定代理人同意，或者事后经法定代理人追认。

（二）特殊主体要求

为了维护房屋交易秩序，现行法律和政策对房屋买卖当事人设定了一定条件和限制，必须符合特定要求。在商品房现售中，房地产开发企业作为房屋出卖方必须具有法人营业执照、资质证书、土地使用权证书、土地使用批文、规划许可证和施工许可证等。

在商品房预售中，预售方除具备上述条件外，还应当持有预售许可证和确定施工进度与交付日期。商品房出卖方如违反上述要求，就会被认为不符合签订房屋买卖合同的主体资格，应当宣告合同无效，赔偿买受方因此而遭受的损失。

此外，政府确认的城市低收入家庭才符合主体资格有权购买经济适用房，仅本单位的职工符合主体资格有权购买单位自管公房，机关、学校和部队等单位经批准才符合主体资格有权购买城市私房等。

五、新建商品房买卖流程

新建商品房代理销售是指房地产开发企业开发建设的许可预（销）售的商品房，委托具有房地产经纪资格的房地产中介服务机构代理销售或委托房地产中介服务机构以包销的形式销售商品房的行为。商品房代理销售包括代销和包销两种形式。

根据《商品房销售管理办法》的规定，房地产开发企业可以自行销售商品房，也可以委托房地产中介服务机构销售商品房。

（一）项目承接

房地产销售代理方式按委托人对代理人授权的大小，可分为代销和包销。

代销是指委托人在同一地区和期限内，可选定一家或几家代理商作为一般代理人，根据代销的实际数量按协议规定的办法付给佣金，委托人可直接与该地区的买主成交，其直接成交部分，不向代理商支付佣金。

商品房包销，包销人承担销售剩余商品房的购买义务。

在签订房地产销售代理合同时，确定代销或是包销，对房地产经纪机构来说是至关重要的。不同的代理方式，房地产经纪机构承担的风险责任也不同。如选择包销，则要以合同的形式明确约定房地产经纪机构对包销范围内的房屋自定销售价格，允许其赚取高于开发商给予的销售基价之上的那部分溢价,并对其不能在包销期限内售出的房屋承担相应经济责任。

(二)前期准备工作

1. 市场研究

(1)购房者研究。随着我国房屋制度的改革,个人购房制度已成为必然趋势,每一个具体的消费者都将是开发商的利润和不动产经纪人员收入的来源,当今的购房消费者越来越理性和专业,他们对房地产行业的一些专业术语耳熟能详。如何把握消费者的需求心理及消费特征,就需要对购房者进行仔细的研究、分析。对消费者的研究和分析主要包括以下几个方面:

①目标客户群体的分析。根据项目开发定位、价格定位、目标客户群体定位来推敲本小区的主力客户群体的职业类别、年龄范围、月均收入、文化品位、购房需求等,根据主力客户群体的共同特征来规范自己的语言、仪表、行动等,以便博得他们的好感。

②具体消费者的分析。根据来访消费者的举动、言行、仪表、态度,迅速分析总结购房消费者的决策特点、购房喜好、购房的欲望、购房的决心,针对不同的购房消费者,施展不同的诱导方法,因人施策,以便于达到让消费者购房的目的。

③随从者的分析。往往有决心买房的消费者,在看房时,会带一些亲戚朋友,他们或是和消费者的关系比较亲密,或是在购房方面比较专业。当局者迷,旁观者清,这些随从者掌握一定的决策权,他们的意见对消费者显得尤为重要,注意随从者,观察并分析随从者的言谈、举止,让随从者先认同产品,可以达到事半功倍的效果。

(2)产品的研究。产品的研究目的在于知己,产品的研究分为内部和外部,内部包括项目的概况,即主要有项目的地理位置、项目的占地面积、项目容积率、项目的覆盖率、项目的绿化率、车位数、项目的规划(几栋多层公寓、几栋别墅)、项目园林景点、项目的每款户型结构、项目的售价;外部包括项目的环境、交通状况(周边的道路情况,公交车的班数、起止时间、间隔时间)、商业设施(附近的购物商场名称、营业时间、购物环境、商品价格、饮食娱乐的名称、营业时间、服务内容、消费价位、到达方式)、教育机构(小学、中学、大学,每一所学校的规模、在校人数、学校知名度)。

(3)市场分析。市场分成大环境和小环境。政治、经济、社会、法规及有关方面组成大环境,会影响购房者心态。政治不稳定,经济不景气,都将影响市场和资金的流通,从而打击房价。小环境指个案的环境、地点、屋况、附近房价,可均衡产品的市场供需。

(4)竞争产品的分析。竞争产品分析的目的是知彼,竞争产品主要是指本项目 1 km 范围内,与本项目具有可比性的楼盘,竞争产品的分析内容与本项目的分析内容大体相同。

2. 项目研究

(1)充分了解本项目房屋的优缺点、大小环境且能说服客户,使客户心动。客户心动的原因有房屋合乎需求;客户喜欢该房屋;价值大于价位,也就是物超所值。针对缺点,应拟订"答客问",将缺点转化为优点。

(2)搜寻针对房屋优缺点、市场环境及经济形势、政治经济形势资料,寻找说服客户言语,做出"答客问"。当个案推出时,往往要召集所有人员进行交流,一般每周或每两周集合所有不动产经纪人员,交流情况,等客户上门时,人人能对答如流。

售屋前,针对附近有竞争的房屋的优缺点做比较,在客户提出问题时能立即作答。

屋况分析表的内容包括物业地址、项目名称、咨询电话、建筑风格、付款方式、建筑面积等明细表，一有客户提问，业务人员立即可以回答。如屋况分析表没有做到仔细完整，就会有矛盾或偏差出现。

环境分析表内容包括公共交通、公共建筑、学校、菜市场等，如财位、对面房屋是否过高，是否面对大树、电线杆、屋角、死巷、刀壁等。

3. 制定销售计划

根据委托合同，按照项目销售时间及进度，可将房地产销售分为预热期、公开销售期、持续在售期和尾盘销售期。不同时期要求完成的销售工作和销售量有所不同，特别是从项目资料准备到办理预售许可证，再到最后真正进入销售状态，工作内容和性质有所不同，必须制定销售工作计划表，按计划推进各项工作。

4. 准备销售资料

购房者在购房时通常会要求房地产开发商和销售商提供齐全的"五证""两书"，这也是法律对销售方的基本要求。

五证：《国有土地使用证》《建设用地规划许可证》《建设工程规划许可证》《建设工程施工许可证》《商品房销售许可证》。

两书：《住宅质量保证书》《住宅使用说明书》。

销售文件包括价目表、销控表、购房须知、商品房预售合同、相关贷款资料、印刷媒体的制作等。

5. 布置销售现场

接待中心至工地现场沿线景观美化；接待中心风格定位、设计、施工和室内布置；接待中心室外空间企划、设计、布置；放置标识牌、广告围板、各类旗帜、灯光照明、引导看板；样板间和其他促销活动现场的选址、设计和布置。

交通位置图、区域环境图、鸟瞰图、透视图的绘制；墨线图、家具配置图的绘制；建筑模型的制作；室内室外灯光选择和灯箱制作；接待中心销售道具的布置与安排；接待中心销售道具使用注意事项。

（三）销售过程

1. 销售过程中应掌握的技巧

有关项目的所有资料、情况应牢固，包括价格表、起价、均价、最高价，都应做到心中有数，甚至银行的按揭系数也熟记于心。在回答客户和其他咨询者的提问时，做到胸有成竹、从容不迫、对答如流，向客户充分展示不动产经纪人员的优秀业务技能，使客户对不动产经纪人员刮目相看，给其留下深刻印象。不动产经纪人员的自身素质和业务水平直接体现发展商和代理商的形象。

在回答提问时，特别是涉及一些数据时，尽量避免使用诸如"好像""也许""大概"之类的词语，应该给客户一个准确、明了、详细但不重复的回答。一个朝气蓬勃、充满自信、反应灵活、机智幽默、业务熟练、值得信赖的不动产经纪人员，留给客户的印象将是极其深刻的，它能为客户带来愉悦感、满足感、安全感。不动产经纪人员的成功也就近在咫尺。

对销售项目周边的楼盘、环境、公共配套设施有一个详尽的了解。作为一个成功的不动产经纪人员，应该想客户所想，急客户所需；对客户现时、将来的想法或需求，应该尽量地去揣摩。

如果能够先行一步，替客户着想，把客户的事情当自己的事情去办，替客户的考虑比客户本身的考虑更全面周到，这不但能给客户带来意外的惊喜，也会使客户心存感激。因此，市场调查，应尽量详尽周密，争取细致入微。

比方说对周围学校的了解，不应仅仅局限在学校的数量、名称。客户所关心的是哪些学校最好，它的师资力量如何、教学质量怎么样、毕业升学率有多高、教育设施是否完备、总体质量如何等。如果销售人员已经了解了这些情况，并把自己所了解到的内容详尽地告知客户，就能帮客户省却很多的麻烦。客户是否真正想要了解这方面的问题并不重要，重要的是销售人员在告诉客户，销售人员和公司是真正为客户着想，是在尽力把对客户的服务做得最好。客户是否会觉得楼盘买得放心、买得舒心？这些细枝末节的东西，虽然烦琐，给销售人员带来更多的工作量，但不要忘记，一个细节往往可以成一事，也可败一事。所以，不辞辛苦，亲自调查研究，充分掌握现有的材料，这将是成功的坚强基石。

个人素质的提高绝非旦夕之功，它要靠平时的积累。并非文化程度高，就代表着个人素质高，文化程度低就代表个人素质低。其实，商道即人道，一个成功的不动产经纪人员，也应该是一个成功的人。如果在待人接物、为人处世上做到家，即使文化程度不是很高，同样可以赢得别人的尊敬。因此，在营销工作中，礼貌、热情、大方、不卑不亢、不急功近利是对不动产经纪人员的最基本要求。不动产经纪人员必须尊重客户，但同样也要赢得客户的尊重。

不动产经纪人员的举止、谈吐、仪表风度。不动产经纪人员在接待来访的客户，与客户进行交谈时，要特别注意自己的仪表风度以及言谈举止，要给客户留下一个良好的第一印象。在穿着方面，以庄重大方为原则，要给客户以稳重可靠的感觉，不要进行一些前卫的穿着打扮。在与客户交谈时，要注意及时调整自己的语调、语速，不要过快、过急，要让客户听得清楚、听得舒服。在客户面前，不要跷二郎腿，不要晃腿，也不要在客户眼前晃来晃去，但也不要显得过于拘谨。

在售楼处接待客户。不动产经纪人员每日上班的第一件工作是整理售楼处，如要求卫生清洁、办公桌和其他家具整洁，以及文件、售楼资料整齐。售楼处室内外要始终保持干净整洁。办公桌要时刻保持整洁，不该让客户看到的资料，一定要妥善保管，售楼资料要及时进行清理。保持室内空气的清新，有条件可以在室内喷洒一些香水，这往往能使人心情舒畅愉快。严禁在室内吸烟（客户除外）。夏季空调开放时，使室内外温差保持为5 ℃～10 ℃。售楼处要备一些卷筒纸或面巾纸，以备客户使用。售楼处可以准备一些茶叶，夏季可以准备凉茶，这样也不至于茶叶的浪费。当客户登门时，第一件事就是请客户落座，天气寒冷时为其泡上一杯热茶，或者在天气炎热时，为其递上一杯冰水。

2. 说服客户的技巧

（1）断言的方式。不动产经纪人员如果掌握了充分的商品知识及确实的客户情报，在客户面前就可以很自信地说话。不自信的话是缺乏说服力量的。有了自信以后，不动产经纪人员在讲话的尾语可以做清楚的、强劲的结束，由此给对方确实的信息。如"一定可以使您满意的"。此时，此类语言就会使客户对介绍的商品产生一定的信心。

应用断言的方式时，不动产经纪人员必须注意以下几点：

①态度委婉。由于要直接驳斥客户的意见，为了避免触怒或引起不快，不动产经纪人员要真诚，语气要诚恳、面容要微笑，切勿怒颜责备客户。

②针对问话。在客户的异议以问话表示时，应用此法最为有效，因为它给予对方一种肯定自信的感觉。

③对固执己见、气量狭小的客户最好不用这种方法，因为这类客户会认为不动产经纪人员不尊重自己，从而产生争执。

④勿伤自尊。处理客户异议时，最忌伤害客户自尊。

（2）反复强调。不动产经纪人员讲的话，不会百分之百地都留在对方的记忆里。而且，很多时候就连强调的部分也只是通过对方的耳朵而不会留下任何记忆的痕迹，很难如人所愿。因此，想强调说明的重要内容最好能反复说出，从不同的角度加以说明。这样，就会使客户相信并加深对所讲内容的印象。

（3）适当转化。即不动产经纪人员利用客户异议作为说服客户购买的理由。换句话说，客户异议一经不动产经纪人员的巧妙转化，可以变成反击客户的武器，使客户作茧自缚，陷入自设陷阱之中，被不动产经纪人员说服。如下例：

客户："抱歉，我财力有限，现在没钱买。"

不动产经纪人员："先生，您可别这么说，现在房价上涨这么快，赶早不赶晚呀！"

（4）要学会当一个好听众。在销售过程中，尽量促使客户多讲话，自己转为一名听众，并且必须有这样的心理准备，让客户觉得是自己在选择，按自己的意志在购买，这样的方法才是高明的销售方法。强迫销售和自夸的话只会使客户感到不愉快。必须有认真听取对方意见的态度，中途打断对方的讲话而自己抢着发言，这类事要绝对避免，必要时可以巧妙地附和对方的讲话，有时为了让对方顺利讲下去，也可以提出适当的问题。

（5）提问的技巧。反问巧答法是不动产经纪人员化解客户真实异议时的制胜要素，适时对客户发问，能引导客户思考，化解其异议。不动产经纪人员在应用这种技巧时，先将异议转为发问，用来启发客户的自省能力，如果客户有所领悟，便能自己说服自己；若不能领悟，不动产经纪人员再反问巧答，举证说明，消解其异议。

（6）利用资料。熟练准确运用能证明自己立场的资料。一般来讲，客户看了这些相关资料会对房屋更加了解。不动产经纪人员要收集的资料不限于平常公司所提供的内容，还有通过拜访记录，对批发商、同业人士、相关报道的内容也相应加以收集、整理，在介绍时，拿出来利用，或复印给对方看。

（四）签约阶段

1. 签订认购协议书

《房屋认购协议书》是商品房买卖双方在签署预售合同或买卖合同前所签订的文书，是对双方交易房屋有关事宜的初步确认。

《房屋认购协议书》是开发商承诺在一定期间内保证不将房屋卖给除认购人以外的第三人，认购人则保证将在此期间内遵循协议约定的条款与不动产经纪机构就买房事项进行商谈。这种认购行为的主要特征是买卖双方约定的为将来订立合同而谈判的义务，而并非最终达到签约。

《房屋认购协议书》中一般确认认购人打算购买的商品房的位置、朝向、楼层、房价及签订《商品房买卖合同》的时间。认购人在购房前作为签订《商品房买卖合同》的保证，向开发商支付一定数额的定金。

认购书并不是一定要签订的,购房者可直接与开发商就商品房买卖合同及合同全部附件(包括补充协议)等内容进行协商,双方达成一致意见后直接签订商品房买卖合同。

2. 签订买卖合同

在认购协议书约定时间内,不动产经纪机构应与协助购房人签订商品房买卖合同。房地产经纪人员应协助做好以下事项:

(1) 在商品房认购协议规定时间内预约客户办理《商品房买卖合同》签订手续,并提醒客户应携带的书面材料;

(2) 查验客户《商品房认购协议》及定金收据,审核客户身份证、户口本、婚姻证明以及其他相关资料;

(3) 带领客户交纳购房款。一次性付款则交纳全款,抵押贷款则交纳首付款并办理银行按揭贷款;

(4) 在具备网上签订合同条件的城市,通过网签系统填写商品房买卖合同有关内容,并正式打印合同,不具备网上签订条件的地区,则事先准备好商品房买卖合同;

(5) 就购房事项向购房人进行说明,包括解释《商品房买卖合同》有关条款、应纳税费明细等。

(五)商品房交验阶段

商品房交验是指按照《商品房买卖合同》约定,出卖人将经竣工验收合格的商品房按约定的时间移交给买受人,买受人检查商品房、完善接收手续并领取商品房钥匙的控制权转移过程。商品房交付通常分为集中交付和零星交付。

商品房交付前移交是指房地产开发公司在交付业主前将具备移交条件的商品房移交予物业公司,并对移交区域与物业公司进行交底,物业公司接收并完善移交记录的过程。

六、存量房买卖流程

存量房买卖可以自行成交,也可以通过经纪机构居间成交。存量房卖方代理业务流程包括以下九个环节:

(1) 接待客户。业主与房地产经纪人通过前期初步沟通后,如果业主对房地产经纪机构的企业资质、房地产经纪人专业水平比较信任,房地产经纪人就可以与房屋业主建立密切的联系。

(2) 收集物业信息。房地产经纪人通过与业主面谈和房地产勘察,收集与业主和房地产有关的信息,并编制《房屋状况说明书》。

(3) 洽商议价。房地产经纪人通过描述当前的区域市场状况,协助业主确定一个符合自身需要的、有竞争力的房屋出售价格。

(4) 签署独家委托书。房地产经纪人给业主(卖方委托人)推荐专业的、可执行的营销方案。当业主足够信任房地产经纪人后,房地产经纪人要与业主签署《房地产销售独家委托书》。如果房地产经纪人需要将出售房源信息在公开媒体上发布,需要经过委托人的书面同意后才能进行。

(5) 寻找与筛选购房人。房地产经纪人结合自身的客户资料,积极地为业主寻找合适的购房人,并在规定的时间内将有购房意向的客户清单反馈给业主。

(6)展示房地产。约购房意向较迫切的购房人查勘房源,在此过程中,房地产经纪人要做好陪购房人看房前的准备、安排看房路线、专业化展示房地产,并征询客户意见,解决客户的疑虑。

(7)磋商成交。房地产经纪人要站在业主的立场上,通过专业的营销手段,推销业主委托的房源,直至最后成交。

(8)交易达成。买卖双方协商一致后,房地产经纪人需协助或代理业主与购房人签订房屋交易买卖合同。

(9)物业交验。交易双方在房地产经纪人的协助下,进行物业交验及其他事项,至此,整个交易才算完全结束。房地产经纪人与业主结算佣金和相关费用。

存量房居间经纪业务在业务流程方面与上述代理业务基本相似,但由于居间业务更多的是撮合交易双方达成业务,所以在流程上存在一些特殊的地方。

首先,在客户接待环节,房地产经纪人的服务对象不仅包括买方,而且包括卖方,房地产经纪人的职责是促成买卖双方交易的顺利完成。而代理业务中,房地产经纪人可能只接待一方客户,或者买方客户,或者卖方客户。

其次,居间业务与代理业务相比多了配对、撮合这一步骤。配对是指将合适的房源和合适的客户进行匹配,为买方选择符合其需求的房屋,为卖方选择对应的购买对象。然后房地产经纪人要尽力撮合买卖双方达成交易,房地产经纪人的立场是同时为交易双方服务。

最后,在签订合同环节,居间业务签订的是房屋居间委托合同,由交易双方和房地产经纪人三方共同签署,而通常情况下,交易双方将各负担一半的佣金。

第四节 不动产买卖环节税费

不动产税属于财产税的范畴,财产税是以财产为征税对象,并对财产进行占有、使用或收益的主体缴纳的一类税。土地管理法是指对国家运用法律和行政的手段对土地财产制度和土地资源的合理利用所进行管理活动予以规范的各种法律规范的总称。《中华人民共和国土地管理法》于1986年6月25日经第六届全国人民代表大会常务委员会第十六次会议审议通过,1987年1月1日实施。此后,该法又经过了三次修改。

经过多次税改和调整,我国已初步构建起了围绕不动产各个征税环节的税收体系。

一、不动产交易环节的课税

(一)土地增值税

土地增值税是指转让国有土地使用权、地上的建筑物及其附着物并取得收入的单位和个人,以转让所取得的收入为计税依据向国家缴纳的一税赋,不包括以继承、赠与方式无偿转让房地产的行为。

微课:不动产买卖环节税费

1. 纳税人和征税范围

土地增值税的纳税人，是指转让国有土地使用权、地上建筑物及其他附着物，并取得收入的单位和个人。除依法准予免税者外，纳税人必须依法向国家缴纳土地增值税。不包括通过继承、赠与等方式无偿转让房地产的行为。

土地增值税的征税范围为有偿转让国有土地使用权及地上建筑物和其他附着物产权所取得的增值额。土地增值额即纳税人转让房地产取得的收入，减去法定扣除项目金额后的余额。

法定扣除项目金额如下：

（1）纳税人取得土地使用权支付的金额。
（2）开发土地的成本费用。
（3）新建房及配套设施的成本、费用，或者旧房及建筑物的评估价格。
（4）与转让房地产有关的税金。
（5）税法规定的其他扣除项目。

2. 计税依据和税率

计税依据是指有偿转让国有土地使用权及地上建筑物和其他附着物产权所取得的增值额。增值额是指转让房地产取得的收入减除规定的房地产开发成本、费用等支出后的余额。

规定的扣除项目有取得土地使用权所支付的金额，开发土地的成本、费用，新建房及配套设施的成本、费用，或者旧房及建筑物的评估价格与转让房地产有关的税金，财政部规定的其他扣除项目。纳税人建造普通标准住宅出售，增值额未超过扣除项目金额20%的，免征土地增值税；增值额超过扣除项目金额20%的，应就其全部增值额按规定计税。

土地增值税实行四级超率累进税率：

（1）增值额未超过扣除项目金额50%的部分，税率为30%。
（2）增值额超过扣除项目金额50%、未超过扣除项目金额100%的部分，税率为40%。
（3）增值额超过扣除项目金额100%、未超过扣除项目金额200%的部分，税率为50%。
（4）增值额超过扣除项目金额200%的部分，税率为60%。

（二）契税

契税是指土地使用权和房屋所有权发生变更时，就当事人所定契约按转移价格的一定比例向新业主（产权承受人）所征的一次性税收。它是对房地产产权变动征收的一种专门税种，属于财产税类。

契税在土地使用权和房屋所有权发生转移时，由承受人缴纳。在我国房地产权利发生转移的方式有如下几种：

（1）土地使用权出让；
（2）土地使用权转让（包括出售、赠与、交换）；
（3）房屋买卖；
（4）房屋赠与；

（5）房屋交换。

对于《民法典》规定的法定继承人，包括配偶、子女、父母、兄弟姐妹、祖父母、外祖父母，继承土地、房屋权属，不征收契税。此外，房地产权利以下列方式转移的，视同土地使用权转让、房屋买卖或者房屋赠与，征收契税：

（1）以房地产作价投资入股的。

（2）以房地产抵债的。

（3）以获奖方式承受房地产的。

（4）以预购方式或者预付集资建房款方式承受房地产的。

1. 契税的纳税人

契税的纳税人是房地产权利转移的承受人，包括土地使用权出让、转让的受让人；房屋的购买人、受赠人；以交换的形式转移土地使用权或房屋所有权，交换价格不相等的，多交付货币、实物、无形资产或者其他经济利益的一方为纳税人；以划拨方式取得土地使用权的，经批准转让房地产时应由房地产转让者补缴契税，其计税依据为补缴的土地使用权出让金或者土地收益。

2. 契税的计税依据

契税的计税依据依房地产权属转移的方式不同，分为以下几种：

（1）房地产成交价格：土地使用权出让价格、土地使用权转让价格和房屋的买卖价格。

（2）核定价：以土地使用权赠与、房屋赠与的方式转移房地产权利的。

（3）房地产交换的价差：当双方当事人以土地使用权交换、房屋交换的形式转移房地产权利时，以房屋、土地使用权交换价格的差额为计税依据。

3. 契税的税率

我国的契税实行比例税率，现为 1% ~ 5%，具体税率由地方规定。

相应地，契税应纳税额 = 计税依据 × 税率

财政部、国家税务总局、住房和城乡建设部发布《关于调整房地产交易环节契税、营业税优惠政策的通知》，自 2016 年 2 月 22 日起，对个人购买家庭唯一住房，面积为 90 m^2 及以下的，减按 1% 的税率征收契税；面积为 90 m^2 以上的，减按 1.5% 的税率征收契税。对个人购买家庭第二套改善性住房，面积为 90 m^2 及以下的，减按 1% 的税率征收契税；面积为 90 m^2 以上的，减按 2% 的税率征收契税。不过，二套房优惠政策，京沪广深四地暂不实施。

（三）印花税

印花税是对因商事活动、产权转移、权利许可证照授受等行为而书立、领受的应税凭证征收的一种税。凡在我国境内书立、领受税法规定的应税凭证的单位和个人为印花税的纳税人。

我国的印花税实行比例税率和定额税率两种税率。比例税率适用于房地产产权转移书据，税率为万分之五，房屋租赁合同税率为千分之一。定额税率适用于房地产权利证书，包括房屋所有权证和土地使用证，其税率均为每件 5 元人民币。

（四）城市维护建设税及教育费附加

新建商品房的销售人在需要征收增值税的情况下，按应缴纳增值税的一定比例缴纳城

市维护建设税和教育费附加。

城市维护建设税是对从事工商经营，缴纳增值税、消费税的单位和个人征收的一种税，它是一种附加税。

城市维护建设税按照纳税人所在地实行差别税率：市区税率为7%，县城、建制镇税率为5%，其他地区税率为1%。

应纳税额计算公式：

应纳税额＝计税依据×适用税率＝实际缴纳的增值税、消费税税额×适用税率

教育费附加，凡缴纳消费税、增值税的单位和个人，需缴纳教育费附加。

附加率按3%记收。

教育费附加的应纳税额＝实际缴纳的增值税、消费税税额×3%

（五）增值税

自2016年5月1日起，在全国范围内全面推开营业税改征增值税试点，建筑业、房地产业、金融业、生活服务业等全部营业税纳税人，纳入试点范围，由缴纳营业税改为缴纳增值税。根据《财政部、国家税务总局关于全面推开营业税改征增值税试点的通知》，对于非一线城市，个人购买不足2年的房屋对外销售的，按照5%的征收率全额缴纳增值税；个人将购买2年以上（含2年）的房屋对外销售的，免征增值税。

北、上、广、深四个一线城市，个人购买不足2年的房屋对外销售的，按照5%的征收率全额缴纳增值税；个人将购买2年以上（含2年）的非普通房屋对外销售的，以销售收入减去购买房屋价款后的差额按照5%的征收率缴纳增值税；个人将购买2年以上（含2年）的普通房屋对外销售的，免征增值税。

（六）企业所得税

房地产所得税是对房地产在经营、交易过程中，就其所得或增值收益课征的税收。它属于收益税类，是房地产税制中的一个重要组成部分。

房地产所得税的课税对象是房地产转让所得、房地产租赁所得和房地产投资所得。

我国征收房地产所得税对内资企业、外资企业和个人分别适用不同的办法。

在中国境内的居民企业，应当就生产、经营所得和其他所得依法缴纳企业所得税，适用统一的比例税率25%。具体到房地产行业而言，必须就其来源于土地或房地产的所得（净收益）缴纳企业所得税。非居民企业所得应缴纳企业所得税的，适用税率为20%。

（七）个人所得税

房产个税是指房产交易过程中由税务机关征收的个人所得税。一般存在于存量房交易过程中由卖方个人缴纳的利得税，新房卖方是开发商，不存在销售环节的个人所得税。

出卖人转让存量房以其转让收入额减除财产原值和合理费用后的余额为应纳税所得额，按20%税率缴纳个人所得税。个人转让房屋，按照"财产转让所得"项目缴纳个人所得税。对个人转让自用5年以上，并且是家庭唯一生活用房取得的所得，继续免征个人所

得税。对房屋转让所得征收个人所得税时，以实际成交价格为转让收入。

个别一线城市为了避免缴纳个人所得税而利用阴阳合同（自然资源部门过户登记价格修改为原购价），这样过户之间就没有存在差额，也不存在个人所得税，现在大部分地方政府实行评估价过户就是为了打击阴阳合同。

二、房屋买卖环节费用

（一）住宅专项维修资金

住宅专项维修资金是专项用于住宅共用部位，共用设施设备保修期满后大修、中修及更新、改造的资金。

商品住宅的业主、非住宅的业主按照所拥有物业的建筑面积交存住宅专项维修资金，每平方米建筑面积交存首期住宅专项维修资金的数额为当地住宅建筑安装工程每平方米造价的5%～8%。

直辖市、县人民政府建设（房地产）主管部门应当根据本地区情况，合理确定、公布每平方米建筑面积交存首期住宅专项维修资金的数额，并适时调整。

出售公有房屋的，按照下列规定交存住宅专项维修资金：

（1）业主按照所拥有物业的建筑面积交存住宅专项维修资金，每平方米建筑面积交存首期住宅专项维修资金的数额为当地房改成本价的2%。

（2）售房单位按照多层住宅不低于售房款的20%、高层住宅不低于售房款的30%，从售房款中一次性提取住宅专项维修资金。

（二）交易手续费

房地产交易手续费是指由政府依法设立的，由房地产主管部门设立的房地产交易机构为房屋权利人办理交易过户等手续所收取的费用。

新建居住房屋买卖2元/m^2，由转让方承担；存量居住房屋买卖4元/m^2，交易双方各承担50%。居住房屋交换4元/m^2，由支付差价方按差额面积缴纳。居住房屋抵债4元/m^2，交易双方各承担50%。

非居住房屋交易手续费：按非居住房屋建筑面积收取，每宗交易手续费最高不得超过2万元。其中，新建非居住房屋买卖9元/m^2，由转让方承担；存量非居住房屋买卖18元/m^2，交易双方各承担50%。非居住房屋交换18元/m^2，由支付差价方按差额面积缴纳。非居住房屋抵债18元/m^2，交易双方各承担50%。

（三）评估费

新房在交易过程中，不要求必须对房屋进行评估。在存量房买卖中，需对房屋进行估价的情形一般为以下几种。

1. 确定交易价格

交易双方为确定合理的交易价格，可以委托评估事务所进行评估，避免交易双方因对房产价值不了解，而影响交易的正常进行。

2. 缴纳房产税费

交易后申报成交价时，如主管部门认为其低于市场价值，会委托具有专业评估机构对该房产评估，并以评估的价格作为缴纳税费的依据。

3. 房产保险

房地产保险估价，分为房地产投保时的保险价值评估和保险事故发生后的损失价值或损失程度评估。

4. 申请银行贷款

申请贷款时，银行为确定抵押物的担保价值需对抵押人抵押的房地产进行估价。借款者为了证实其拥有的房地产价值，确定其可能获得的贷款金额，也会委托估价机构对自己的房地产价值进行评估。

5. 解决房产纠纷

发生纠纷时，可委托具有权威性的专业房地产评估机构对纠纷案件中涉及有争议的房地产价值进行科学的鉴定，以协议、调解、仲裁、诉讼等方式解决纠纷提供参考依据。

（四）房屋公积金贷款担保费

房屋公积金贷款担保费，是指经公积金管理中心确认的房屋置业担保有限公司作为保证人，为住房公积金个人购房贷款的借款人，向各地方公积金管理中心提供连带责任保证，当借款人不履行住房公积金贷款偿还义务时，由担保公司按照相关规定和住房公积金购房担保借款合同的约定，偿还住房公积金贷款债务的行为。

不同地区公积金房贷担保费收费标准不同。另外，若借款人提前还款，部分地区还规定退还借款人担保费。

（五）公证费

买房时的公证费主要指卖方或买方到现场办理相关房产过户手续时需要涉及的一项流程，买方公证费和手续费一般分以下几种情况：

（1）在存量房交易过程当中，如一方为境外人，则买卖合同必须经过公证，进行公证后才可以生效，有境外人的客户如果不经公证则无法送交易，所以境外人办理相关房屋买卖必须办理买卖合同公证手续。

（2）委托其他人或中介公司到场为其办理相关手续，由于手写委托书交易无法确认其真实性，交易一般会要求无法亲自到场的当事人出具公证后的委托书方为其办理相关的过户手续。

（3）境外人购房如果需要进行贷款则其贷款合同必须经过公证处公证生效，只有在公证处进行公证后的贷款合同，交易才会被接受办理并办理他项权利证。

房屋转让公证费收费标准如下：

标的额 50 万元以下部分，收取比例为 0.3%，按比例收费不到 200 元的，按 200 元收取；

50 万元至 500 万元部分，收取 0.25%；

500 万元至 1 000 万元部分，收取 0.2%；

1 000 万元至 2 000 万元部分，收取 0.15%；

2 000 万元至 5 000 万元部分，收取 0.1%；

5 000 万元至 10 000 万元部分，收取 0.05%；

10 000 万元以上部分，收取 0.01%。

（六）登记费

《国家发展改革委、财政部关于不动产登记收费标准等有关问题的通知》（发改价格规〔2016〕2559 号）规定：

（1）住宅类不动产登记收费标准。规划用途为住宅的房屋（以下简称住宅）及其建设用地使用权申请办理下列不动产登记事项，收费标准为每件 80 元。

①房地产开发企业等法人、其他组织、自然人合法建设的住宅，申请办理房屋所有权及其建设用地使用权首次登记；

②居民等自然人、法人、其他组织购买住宅，以及互换、赠与、继承、受遗赠等情形，住宅所有权及其建设用地使用权发生转移，申请办理不动产转移登记；

③住宅及其建设用地用途、面积、权利期限、来源等状况发生变化，以及共有性质发生变更等，申请办理不动产变更登记；

④当事人以住宅及其建设用地设定抵押，办理抵押权登记（包括抵押权首次登记、变更登记、转移登记）；

⑤当事人按照约定在住宅及其建设用地上设定地役权，申请办理地役权登记（包括地役权首次登记、变更登记、转移登记）。

廉租住房、公共租赁住房、经济适用住房和棚户区改造安置住房所有权及其建设用地使用权办理不动产登记，登记收费标准为零。

（2）非住宅类不动产登记收费标准。办理下列非住宅类不动产权利的首次登记、转移登记、变更登记，收取不动产登记费，收费标准为每件 550 元。

①住宅以外的房屋等建筑物、构筑物所有权及其建设用地使用权或者海域使用权；

②无建筑物、构筑物的建设用地使用权；

③森林、林木所有权及其占用林地的承包经营权或者使用权；

④耕地、草地、水域、滩涂等土地承包经营权；

⑤地役权；

⑥抵押权。

按照《民法典》规定，不动产登记费按件收取，不得按照不动产面积、体积或者价款的比例收取。按照房屋登记收费的标准，房屋登记收费标准为 80 元；非住房房屋登记收费标准为每件 550 元。房屋登记一套为一件；非住房登记的房屋权利人按照规定申请并完成一次登记的为一件。房屋登记收费标准中包含一本房屋权属证书费，但每增加一本加收证书工本费 10 元。

（七）房地产经纪服务佣金

房屋买卖通过房地产经纪机构成交的，还需交纳一笔佣金。目前，我国佣金为单向收费，即购房人向房地产经纪机构支付。房地产经纪服务收费各地根据当地市场发育实际情况确定。

目前，大部分地方服务佣金按照房屋真实成交价的 0.5%～2.5% 收取。

第十章 不动产租赁

第一节 不动产租赁市场概述

一、不动产租赁的含义

通常意义的不动产租赁指的是房屋租赁,即房屋所有权人作为出租人将其房屋出租给承租人使用,由承租人向出租人支付租金的行为。房屋租赁是不动产市场中的一种主要交易形式。在租赁市场上,业主或业主的代理人为了某种利益,授权租用者在规定的期限内占用不动产的权利时,租赁便产生了。

微课:不动产租赁市场概述

不动产租赁是商品交换的一种形式,其核心问题是租金问题。即不动产所有权人作为出租人把标的物在一定时期内的使用权一次或多次出租给承租人,承租人按照双方约定的期限和数额,向出租人支付房租作为购买一定时期的不动产使用权的行为。其中,出租人是房屋的供应者,承租人是房屋的需求者,房租是双方商品交换的价格。物业所有权人是为获得经济收入而出让物业的使用权,而使用权人则是为使用物业而以协商租金为代价向所有权人或经营者承租物业。租赁合同规定了业主和租户双方的责任,租户只拥有暂时的物业占有权,而没有所有权。

除房屋租赁外,不动产租赁包括对土地、房产和其他不动产的租赁行为。房地产租赁属于财产租赁的一种。

不动产租赁的基本特征如下:

(1)不动产租赁是诺成、有偿、双务、要式的民事法律行为。租赁的成立,以双方当事人意思表示达成一致为准,不需实际交付房地产,此为"诺成";承租人取得房地产的使用权,必须按照法律规定或者双方约定向出租人交纳租金,此为"有偿",这一点使房地产租赁与房地产借用相区别;出租人负有按约定将房地产交付承租人使用的义务,承租人负有按约定向出租人交付租金的义务,此为"双务",这一点使之与房地产赠与相区别;房地产租赁一般应采取书面租赁合同形式,并且须经有关行政管理部门登记,此为"要式"。

(2)不动产租赁中的出租人必须是对特定的房地产享有所有权或使用权的人,即必须享有进行出租的处分权能。承租人取得的只能是房地产的使用权,而不是所有权,这一特征使之与房地产买卖相区别。

(3)不动产租赁的标的是特定的房地产,包括地产和房产。在我国,地产租赁只存在国有土地使用权租赁这一种形式，房产租赁形式则相对较多。

（4）不动产租赁具有期限性。期限的长短依法律规定或当事人约定，如国有土地使用权租赁期限就受到法律规定的国有土地使用权出让期限制约，私房租赁期限则一般由双方当事人自行约定。

二、不动产租赁市场的类型

（一）土地租赁

随着土地使用制度改革的深化，我国国有土地有偿使用的方式存在两种：一是国有土地租赁；二是国有土地使用权出租。

1. 国有土地租赁

土地租赁是某一土地的所有者与土地使用者在一定时期内相分离，土地使用者在使用土地期间向土地所有者支付租金，期满后，土地使用者归还土地的一种经济活动。

2. 国有土地使用权出租

国有土地使用权出租是指土地使用者将土地使用权单独或者随同地上建筑物、其他附着物租赁给他人使用，由他人向其支付租金的行为。原拥有土地使用权的一方称为出租人，承担土地使用权的一方称为承租人。

国有土地使用权出租不是单一的出租土地，而是出租人将土地使用权连同地上建筑物及其他附着物租赁给承租人使用、收益，承租人以支付租金为代价取得对土地及地上建筑物、其他附着物的使用及收益的权利。出租人和承租人的租赁关系由双方通过订立租赁合同确定。

国有土地使用权出租的标的物具有复合性，即不仅包括土地使用权，还包括土地上的建筑物及其他附着物。土地出租一般是同房屋租赁结合在一起的。

由于在国有土地使用权出租中，土地使用权及地上建筑物、其他附着物所有权不发生转移，承租人以支付租金为代价取得对土地及地上建筑物、其他附着物一定期限使用的权利，期限通常较短，投资相对较少，方便灵活，出租人则通过承租人支付的租金收回投资，因而土地使用权出租十分普遍，具体形式也有多种多样，如商业柜台出租、各种铺面出租和房屋出租等，都包含着土地使用权的出租。

3. 国有土地租赁与国有土地使用权出租的区别

实质上国有土地租赁和国有土地使用权出租之间存在以下主要区别：

（1）各自所处的土地市场不同。国有土地租赁属于土地一级市场。国有土地租赁是指市、县人民政府将国有土地使用权在一定期限内出租给土地使用者，由土地使用者支付租金的行为。而国有土地使用权出租属于土地二级或者三级市场。

（2）法律关系主体不同。国有土地租赁的主体是土地所有者与土地使用者。国有土地使用权出租是在土地使用者之间进行，其主体——出租人是通过划拨、出让（或转让）取得土地使用权的受让人；承租人为取得一定年限的土地及地上建筑物、其他附着物的全部或者一部分的使用权，并定期向出租人支付租金的行为主体。

（3）土地使用者的权益不同。相关法律法规规定："国有土地租赁，承租人取得承租土地使用权。承租人在按规定支付土地租金并完成开发建设后，经土地行政主管部门同意或根据租赁合同约定，可将承租土地使用权转租、转让或抵押。承租土地使用权转租、转让或抵押，必须依法登记。"

承租土地使用权的转让。承租人转让土地租赁合同的，租赁合同约定的权利义务随之转给第三人，租赁合同经更名后继续有效。

可见国有土地租赁和国有土地使用权出租虽然字面相差无几，但无论是从内涵或是外延上看都各有特点，只有认清这些独特之处，才能确保在相关过程中的权益。

（二）按房屋用途划分

从租赁的角度，不同类型的房产如住宅、商场、写字楼、工业厂房、仓库等有其经营管理的共性，本章主要介绍住宅租赁市场。

1. 住宅租赁市场

房地产可划分为住宅和非住宅两类。房屋租赁是指出租人（一般为房屋所有权人）将房屋出租给承租人使用，由承租人向出租人支付租金的行为。世界发达国家房屋拥有率多为50%～65%，也就是说，在相对成熟的市场化体系中，有1/3～1/2的人口将通过租赁方式解决房屋问题。随着我国城市化进程的放缓，城市房屋租赁市场拥有较大发展空间，当前我国房屋租赁市场处于快速发展阶段。

2. 非住宅租赁市场

非住宅用房租赁，是指以生产、经营及其他活动为目的的房屋租赁。它包括以下两类：

（1）生产性用房，如工业、交通运输业务等部门的厂房、车间等；

（2）经营性用房，如各类公司、银行、旅社、饮食服务等用房。

非住宅用房租赁的内容法律没有特别规定，因而非住宅用房的租赁比住宅用房的租赁自由得多，可以由双方当事人按市场行情协商确定租金和违约金标准。

（三）按照租赁来源划分

1. 个人房屋供给

我国居民个人出租房屋在房屋租赁市场上占比达80%以上，是市场房屋供给的最大来源。

2. 保障性租赁房供给

我国的保障性租赁房主要由政府主导建设，目的是为城市中低收入群体提供租赁性房屋保障，有着保障性、专业性、租赁性和政策支持性等特点。随着城镇房屋制度改革的深化，房屋供应体系不断完善，保障性房屋已成为房屋供应体系中的重要组成部分。

保障性租赁房不是归个人所有，而是由政府或公共机构所有，用低于市场价或者承租者承受起的价格，向新就业职工出租，包括一些新的大学毕业生，还有一些从外地迁移到城市工作的低收入群体。

3. 机构租赁供给

发达国家的机构租赁行业有着服务品质高、租赁关系稳定、交易流程规范等优点，在城市租赁地产市场中扮演重要角色，有着较高的市场占有率，对比成熟市场，我国的机构化租赁在未来有着巨大的成长空间。

机构租赁的经营模式有分散式和集中式两种。分散式租赁机构一般通过租约从个人业主手中获取房源，扮演着"二房东"的角色，并不直接提供房源，而是对房屋进行标准化的配套设施改造，通过集中租赁平台出租给租客。集中式机构租赁通常会新建租赁物业，或者对空置的办公楼、废旧厂房进行整体改造，为房屋租赁市场提供增量房源。租赁机构获得整个物业的运营权，在统一品牌和标准下进行改造和家具装潢后提供给租客，通常还会向租客提供家政和物业等增值性服务。相对而言，分散式机构租赁的经营模式有着轻资产化的优点，而集中式经营模式享有更高的收益率。

（四）按租赁期长短划分

1. 短期租赁市场

短期租赁是相对于普通房屋租赁而言的，其特点就是能够短期租住，按日计租，即近年兴起的"短租房"，又名"日租公寓""日租房"，是将房屋短期出租给客人的一种租赁形式，传统意义上我们称之为"家庭旅馆"。

与普通租赁相比，短期租赁具有三大特点：

一是租期灵活，租用房屋时间按日计算，个别比较高档的短租房要求租客至少租用一周以上，也远远少于普通租赁为期半年的"短租期"；

二是生活便利，短租房屋一般需配备居家所需要的各类生活用品，租客可以像住在自己家里一样洗衣、做饭、上网；

三是价格，入住费用与同等级服务的酒店收费相比要低50%以上。短期租赁可以为旅游、出差、探亲访友等提供方便价低的家庭式居住服务，所以越来越受到人们的欢迎。虽然日常管理较烦琐，但是按日出租，能得到按月出租三倍以上的收益。

我国在线短租行业运营模式分为三种：商对客（B2C）模式、个人对个人（C2C）模式以及个人对商对个人（C2B2C）模式。B2C模式有房源品质好、服务水平有保证、设施完善、安全性强等优势，代表平台有途家；C2C模式有运营成本低、延展性强、便于扩张、盈利性强等优势，代表平台有Airbnb、小猪、蚂蚁短租等；C2B2C模式有平台可干预房源品质、服务并建立信用体系，有助于促成交易的优点，代表平台有自如、Xbed等。

2. 长期租赁市场

房屋长租市场的租赁时间一般为半年到几年不等，长租市场是传统的房屋租赁市场。目前国家倡导的长租公寓，是由公司统一和业主签订租赁合同，经过装修后再分租给客户。

国家对长租房政策首先体现在土地政策方面，国家鼓励各地通过新增土地来建设租赁房，并且在新建商品房项目中配建租赁房，通过多种形式来增加租赁房源的供应。

其次在金融政策方面，国家要求加大对房屋租赁企业的金融支持力度，政策上鼓励开发性金融等银行业金融机构加大对租赁房屋项目的信贷支持力度，并为租赁企业提供长期贷款和金融解决方案。

最后关于运营政策，当前房屋租赁企业在实际运营中存在着各种各样的难题，而针对房屋租赁企业遇到的这部分问题，各地要建立快速审批通道，不断探索实施并联审批。

房屋长租市场的主要产品是长租公寓。长租公寓有以下特点：

（1）个性鲜明。长租公寓在装修设计上个性非常鲜明，是针对特定的群体推出的，很好地抓住了这部分群体的房屋需求。长租公寓现在发展渐趋成熟，也有多个房产大品牌在做。比较专业的公司做长租公寓，在装修设计以及售后方面都是有保障的，在长租公寓里，装修不会千篇一律，每个房间争取有不一样的特点，时尚、个性、低沉、温馨等，可以随意挑选。

（2）服务完善。长租公寓由专门的公司负责管理，不会像某些出租房屋，一旦房子出现了问题，就找不到人负责，甚至还需要自己花钱来修理。在服务上，长租公寓也做得很好，比如很多上班族，经常加班，好不容易休息又不想把休息时间浪费在打扫卫生上。如果住在长租公寓里面，长租公寓会定期派清洁工上门打扫，不需要自己费心。

长租公寓，一般都会在自己的范围内设置属于自己的社交场所，如咖啡厅、酒吧、餐吧、游泳池等，以减少人们社交的成本。

（3）节约开支。如果是自己租房子或者是买房子，很多家具和家电都是需要自己购买的，找私人租房子的话，打算添个家电，又担心不知什么时候退租，家电难带走。但是在长租公寓里面的话就不会出现这样的问题，在公寓里，不仅装修个性，租客可以按照自己的喜好选择喜欢的房间，同时家电也很齐全。

三、房屋租赁的特征

房屋租赁作为一种特定的商品交易的经济活动形式，它具有以下特征。

（一）房屋租赁让渡的是物业使用权而不是所有权

房屋租赁不论时间长短和租金高低，始终不发生所有权的转移。在整个租赁期内，出租物业所有权始终属于业主，承租人拥有的只是使用权。"两权分离"关系通过租赁契约加以明确和肯定，出租人让渡物业使用权获得租金收入，承租人以交纳租金为代价获得物业使用权。

（二）租赁价格相对稳定

房屋租赁实际是物业所有权人或授权管理物业的物业服务企业以获租金为代价将物业使用权零星、分期和有偿出让的一种形式。城市房屋租赁市场相对于房屋买卖市场而言是一个"蓄水池"，部分闲置的房屋能够通过房屋租赁市场而获得充分利用。租赁市场中房屋的供给量又容易通过房屋买卖市场进出，所以总体上说，与房屋买卖价格相比，房屋租金能够保持一个比较稳定的水平。

（三）交易更为频繁

房屋出租在城市、城市郊区乃至乡镇，都是十分普遍的现象，且呈现出快速发展的态势。随着房价的攀升，个人出租房屋取得的收益也是水涨船高，有很大比例的人群由于家庭、工作等方面的原因，以及经济利益的驱使，为让房屋增值、保值提前把房屋购买下来，将房屋出租。房屋租赁市场显现出交易更为频繁的特点。

（四）房屋的租赁关系是一种经济的契约关系

一是一种契约行为，即必须以租赁双方的协议或合同为依据，约定租赁期限用途、价格和修缮责任等。

二是房屋租赁必须充分体现租赁双方权利和义务对等的原则。房屋租赁合同必须明确物业双方的权利和义务，并真正体现权利与义务的对等与一致。出租人有按期收取租金、监督承租人合理使用物业，以及收回出租物业等权利，同时要承担保障承租人合法使用物业，并对物业进行日常维护保养的义务；承租人有合法使用承租物业，要求居住安全以及承租物业优先购买和续租等权利，同时承担按期交纳房租，对物业妥善使用等义务。

三是标的物的所有权和使用权的暂时性分离，占有权和使用权的临时性转移。因此，在房屋租赁期间，即使出租房屋的所有权发生转移，原租赁的合同关系依然有效，房屋的所有权人必须尊重承租人的合法权益。

四是违约必须承担法律责任。除了承担民事责任外，有的出租房屋管理规定中还规定了具体的"罚则"。

四、房屋租赁经纪业务

房屋租赁业务是房地产经纪人员的主要业务之一。房屋租赁经纪业务一般按以下流程进行：搜寻租赁房屋的房源和客源信息→实地看房→洽谈租赁合同→签订房屋租赁合同→支付房租和押金→交验房屋→房屋租赁合同备案。在寻找房源和实际看房过程中，房地产经纪人员不仅要注意房屋自身状况、产权情况，也要注意考察房屋周边环境，比如住宅周边商业、购物、娱乐、交通是否便利；住宅屋内设施是否齐全、状况是否良好及有无安全隐患等。

（一）存量房租赁居间业务

存量房租赁居间业务是撮合交易双方达成交易，是指房屋租赁中介机构以居间人的身份向委托人报告订立房屋租赁合同或者提供订立房屋租赁合同的媒介服务，并由委托人支付报酬的整个活动过程。房屋租赁居间包括房屋出租居间和房屋承租居间。房屋租赁中介机构作为居间人，只以自己的名义为委托人报告订立房屋租赁合同的机会或提供订立房屋租赁合同的媒介服务，并不具体代表其中任何一方。因此，居间人没有代为订立房屋租赁合同的权利。

在客户接待环节，房地产经纪人员的服务对象不仅包括承租方，而且包括出租方，经纪人的职责是促成租赁双方交易的顺利完成。

在房屋租赁价格谈判及租赁合同签订环节，房地产经纪人同时代表了出租方与承租方的利益，而不是只站在单方（出租方或承租方）的立场，积极撮合租赁双方达成交易。居间业务签订的是房屋居间委托合同，由交易双方和房地产经纪机构三方共同签署。

居间人取得报酬必须具备两个要件：第一，所介绍的合同，必须成立；第二，合同的成立，与居间人的介绍有因果关系。只有两者同时具备，委托人才负有支付报酬的义务。

（二）存量房出租和承租代理业务

存量房出租是指房地产经纪机构接受房屋出租人的委托，以出租人的名义代理出租房屋，并在出租人授权范围内与承租人签订房屋租赁合同，房地产经纪机构在出租人授权范围内所实施的一切民事行为的法律后果均由出租人承担。

房地产经纪人要注意对与承租者需求匹配房屋信息的搜集，考察承租人的支付能力。大体包括客户接待、房屋租赁代理业务洽谈、房屋查验、信息收集与传播、陪同看房、房屋租赁价格谈判及租赁合同签订、佣金结算七个步骤。

承租代理是指房地产经纪机构接受房屋承租人的委托，以承租人的名义代理承租房屋，并在承租人授权范围内与出租人签订房屋租赁合同，房地产经纪机构在承租人授权范围内所实施的一切民事行为的法律后果均由承租人承担。在实践中，房屋出租代理比较常见，而房屋承租代理则不太多。

房屋租赁代理为盘活存量房屋资源，为市民和流动人口提供充裕房源起到积极的作用。

五、房屋租赁合同

房屋租赁合同，是指房屋出租人和承租人双方签订的关于转让出租房屋的占有权和使用权的协议。其内容是出租人将房屋交给承租人使用，承租人定期向出租人支付约定的租金，并于约定期限届满或终止租约时将房屋完好地归还给出租人。房屋租赁合同按用途分为两大类：居住用和商用。

租房合同是一种承诺合同，也就是说，合同一经签订，即对双方当事人具有法律约束力，出租人不仅应按时交付作为标的物的房屋，而且交付的房屋应符合约定的使用目的。

租房合同中的出租人一般是房屋的所有人，但并不限于所有人。承租人经出租人同意，可以将租赁物转租给第三人。承租人转租的，承租人与出租人之间的租赁合同继续有效，第三人对租赁物造成损失的，由承租人赔偿。

房地产经纪机构和房地产经纪人员的主要工作就是促成房地产交易。当租赁双方签订了房屋租赁合同后，这就标志着房地产经纪工作取得重要进展，房地产经纪机构也就可以收取经纪服务的佣金。

（一）房屋租赁合同的特征

房屋租赁合同属于财产租赁合同的一种重要形式，与一般财产租赁合同相比具有如下特征。

1. 房屋租赁合同是不动产租赁合同

以租赁物的种类为标准，租赁合同可以分为动产租赁合同和不动产租赁合同。房屋租赁合同是以房屋为标的物的合同，属于不动产租赁合同。

2. 房屋租赁合同是移转房屋使用权的合同

房屋租赁合同与买卖合同的区别是不改变房屋所有权。后者是以移转物的所有权为目的。由于房屋租赁合同仅移转房屋的使用权，所以承租人仅能依合同约定对租赁房屋进行使用收益，而不得处分。在承租人破产时，租赁房屋不得列入破产财产，出租人有取回权。

3. 房屋租赁合同是诺成合同、双务合同、有偿合同

房屋租赁合同自双方当事人达成协议时成立，而不以房屋的交付为合同的成立要件，故是诺成合同而非实践合同。双方当事人互负权利义务，是双务合同。出租人出租房屋的目的在于获取租金，而承租人支付租金的目的在于获得房屋使用权，故租赁合同为有偿合同。

4. 房屋租赁合同具有临时性

房屋租赁合同让渡的是租赁房屋的使用权，故租赁期限不宜过长，否则将与临时让渡房屋使用权的目的不符，也容易因房屋返还产生争议。而且，租赁合同属于债权关系，与物权具有永久性不同，如租赁期限过长，也有害于租赁房屋的改良。因此，《民法典》第七百零五条规定："租赁期限不得超过二十年。超过二十年的，超过部分无效。租赁期间届满，当事人可以续订租赁合同；但是，约定的租赁期限自续订之日起不得超过二十年。"

5. 买卖不破租赁

为保护承租人的利益，法律确立了"买卖不破租赁"原则。根据该原则，在租赁期限内，租赁房屋的所有权发生变动的，原租赁合同对承租人和房屋受让人继续有效。我国《民法典》第七百二十五条规定，租赁物在承租人按照租赁合同占有期限内发生所有权变动的，不影响租赁合同的效力。

6. 承租人享有优先购买权

《民法典》第七百二十六条规定："出租人出卖租赁房屋的，应当在出卖之前的合理期限内通知承租人，承租人享有以同等条件优先购买的权利；但是，房屋按份共有人行使优先购买权或者出租人将房屋出卖给近亲属的除外。出租人履行通知义务后，承租人在十五日内未明确表示购买的，视为承租人放弃优先购买权。"

（二）房屋租赁合同的主要内容

租赁合同的内容一般包括租赁物的名称、数量、用途、租赁期限、租金及其支付期限和方式、租赁物维修等条款。

1. 房屋租赁双方当事人的情况

当事人是指房屋租赁的出租人和承租人。房屋租赁合同中要写明当事人的姓名或者名称、相应的身份证号、联系电话、当事人的住所等。

2. 租金支付

《民法典》第七百二十一条规定："承租人应当按照约定的期限支付租金。对支付租金的期限没有约定或者约定不明确，依据本法第五百一十条的规定仍不能确定，租赁期限不满一年的，应当在租赁期限届满时支付；租赁期限一年以上的，应当在每届满一年时支付，剩余期限不满一年的，应当在租赁期限届满时支付。"

第七百二十二条规定："承租人无正当理由未支付或者迟延支付租金的，出租人可以请求承租人在合理期限内支付；承租人逾期不支付的，出租人可以解除合同。"

第七百二十三条规定："因第三人主张权利，致使承租人不能对租赁物使用、收益的，承租人可以请求减少租金或者不支付租金。"

第七百一十九条规定："承租人拖欠租金的，次承租人可以代承租人支付其欠付的租金和违约金，但是转租合同对出租人不具有法律约束力的除外。次承租人代为支付的租金和违约金，可以充抵次承租人应当向承租人支付的租金；超出其应付的租金数额的，可以向承租人追偿。"

房屋租金及支付方式由出租人和承租人协商确定，在租赁期限内，出租人不得擅自提高房租。租金的付款方式大致有按年付、按半年付、按季付。如果一次付清较长期限的房租，租金会有一定优惠。但从承租人的经济承受能力角度考虑，按月或按季付款造成的经济负担相对较小。

支付租金，作为承租人主要的义务，在合同中必须明确约定清楚每期租金的支付时间、方式以及逾期未支付的违约责任。押金在法律上称为"租赁保证金"，主要用于抵冲承租人应当承担但未缴付的费用。押金应支付多少，应当按照租期长短、装修程度、家具家电数量和价值等因素来确定。对于出租人而言，押金数额越高，保障性能越强。

3. 租赁期限

房屋租赁期限，是指承租人使用出租人房屋的期限。

租赁期限六个月以上的，应当采用书面形式。当事人未采用书面形式，无法确定租赁期限的，视为不定期租赁。

出租人有权在签订租赁合同时明确租赁期限，并在租赁期满后，收回房屋。承租人有义务在房屋租赁期满后返还所承租的房屋。

4. 房屋具体情况和具体位置

租赁合同应写明房屋的确切位置；房屋面积；房屋装修情况，简要说明房屋的墙壁、门窗、地板、天花板、厨房和卫生间的装修情况；配备设施和设备，附属设施有电、网络、安防设备、照明设备、消防设备、监控设备等。简要列举房屋内出租人为承租人准备的家具、家用电器、厨房设备和卫生间设备等；房屋的产权及产权人，写明这套房屋为何种产权，产权人是谁，出租人与产权人的关系及是否得到产权人的委托出租房屋。

5. 租赁用途和房屋使用要求

承租人应当按照约定的方法使用租赁物。对租赁物的使用方法没有约定或者约定不明确，可以协议补充；不能达成补充协议的，按照合同相关条款或者交易习惯确定，仍不能确定的，应当根据租赁物的性质使用。

房屋用途主要说明以下两点：房屋是用于承租人自住、承租人一家居住，还是允许承租人或其家庭与其他人合住；房屋是仅能用于居住，还是同时可以有其他用途，如办公等。

承租人按照约定的方法或者根据租赁物的性质使用租赁物，致使租赁物受到损耗的，不承担赔偿责任。

承租人未按照约定的方法或者未根据租赁物的性质使用租赁物，致使租赁物受到损失的，出租人可以解除合同并请求赔偿损失。

6. 房屋和室内设施的安全性能

房屋和室内设施，承租人在租赁前应对房屋及其内部设施进行认真检查，保证自己今后能够正常使用。

承租人应当按照合同约定的租赁用途和使用要求合理使用房屋，不得擅自改动房屋承重结构和拆改室内设施，不得损害其他业主和使用人的合法权益。承租人因使用不当等原因造成承租房屋和设施损坏的，承租人应当负责修复或者承担赔偿责任。

承租人经出租人同意，可以对租赁物进行改善或者增设他物。承租人未经出租人同意，对租赁物进行改善或者增设他物的，出租人可以要求承租人恢复原状或者赔偿损失。

7. 房屋维修责任

根据《民法典》第七百一十二条规定："出租人应当履行租赁物的维修义务，但是当事人另有约定的除外。"

第七百一十三条规定："承租人在租赁物需要维修时可以请求出租人在合理期限内维修。出租人未履行维修义务的，承租人可以自行维修，维修费用由出租人负担。因维修租赁物影响承租人使用的，应当相应减少租金或者延长租期。因承租人的过错致使租赁物需要维修的，出租人不承担前款规定的维修义务。"

第七百一十四条规定："承租人应当妥善保管租赁物，因保管不善造成租赁物毁损、灭失的，应当承担赔偿责任。"

第七百一十五条规定:"承租人经出租人同意,可以对租赁物进行改善或者增设他物。承租人未经出租人同意,对租赁物进行改善或者增设他物的,出租人可以请求承租人恢复原状或者赔偿损失。"

在租赁合同中,租赁双方应约定维修责任,并规定越详细越好。

8. 物业服务,水、电、燃气等相关费用的交纳

物业服务,水、电、燃气等相关费用交纳人,在物业服务企业等相关单位登记的是房屋所有权人。但是在租赁期限内,享受物业服务,所消耗的水、电、燃气等的数量,又是承租人决定的。因此,在租赁合同中应当明确规定这些费用是由谁来承担。

9. 房屋状况变更

承租人应该爱护房屋和各种设施,不能擅自拆、改、扩建或增加。在确实需要对房屋进行变动时,要征得出租人的同意,并签订书面协议。

10. 租赁合同的变更和终止

如果在租赁过程中出租人和承租人认为有必要改变合同的上述各项条款,双方可以通过协商对合同进行变更。

11. 合同争议解决办法

合同争议又称合同纠纷,是指合同当事人之间对合同订立、履行等相关内容及对此产生的法律后果所产生的各种纠纷。凡是合同双方当事人对合同是否成立、合同成立的时间、合同内容的解释、合同的效力、合同的履行、违约责任,以及合同的变更、中止、转让、解除、终止等发生的争议,均应包括在合同争议之内。

争议解决方式一般分为四类: 一是争议发生后当事人双方自行协商解决。二是调解。当事人选择通过调解解决争议时,由第三人或者机构进行调解。三是提交仲裁机构仲裁。需要注意的是,提交仲裁机构仲裁的前提是房屋租赁双方当事人必须达成仲裁协议。房屋租赁双方当事人可以在房屋租赁合同中将选择仲裁作为合同的条款之一。如果房屋租赁双方当事人没有达成仲裁协议,在房屋租赁合同中也没有约定产生纠纷可以选择仲裁方式解决,一方当事人申请仲裁的,仲裁委员会不予受理。四是向人民法院提起诉讼。

上述四种方式是《合同法》规定的解决合同争议的方式,至于当事人选择什么方式来解决其合同争议,取决于当事人自己的意愿,其他任何单位和个人都不得强迫当事人采用哪种解决方式。

对于解决的方式,当事人双方可以在签订合同时就选择,并把选择出的方法以合同条款形式写入合同,也可以在发生争议后就解决办法达成协议。

在解决合同争议过程中,任何一方当事人都不得采取非法手段,否则将依法追究违法者的法律责任。

合同争议的解决应当首先寻求通过非诉讼方式解决争议的途径。

(三)签订房屋租赁合同的注意事项

1. 出租人是不是房屋的产权人

承租人需要注意签订合同之人是不是房屋的产权人,如果不是,则可能存在着代理关系或者转租关系。若存在代理关系的,需要有产权人委托签约人的授权委托书原件;若存在转租关系的,则需要产权人同意转租的书面证明文件原件,并在合同中约定如产权人同

意转租的书面证明文件不真实时,转租人应承担何种责任。

2. 租金和押金的支付

在如何支付租金和押金的问题上,具体几个月支付一期租金由各人自身状况决定,在合同中必须约定清楚每期租金的支付时间和方式,以及逾期未支付的违约责任。需要提醒的是,无论是支付租金还是押金,如果通过银行划账方式支付,最好直接划入产权人名下的账户,并留好相关划款凭证,以此进一步控制资金风险。

3. 违约责任的约定

合同应当根据不同的违约情形,约定不同的违约责任。如果出租人逾期交付房屋,或者租期结束承租人逾期退租的,可约定每日按高于租金标准收取违约金;如果出租人擅自收回房屋,或者承租人擅自退租的,可约定一次性承担较高的违约金,也可以约定支付未使用租期的租金作为违约金。此外,对于家具、家电等附属设施、设备的维修义务也应当在合同中明确约定。

4. 合同对转租应进行特别约定

《民法典》第七百一十六条规定:"承租人经出租人同意,可以将租赁物转租给第三人。承租人转租的,承租人与出租人之间的租赁合同继续有效;第三人造成租赁物损失的,承租人应当赔偿损失。承租人未经出租人同意转租的,出租人可以解除合同。"

第七百一十七条规定:"承租人经出租人同意将租赁物转租给第三人,转租期限超过承租人剩余租赁期限的,超过部分的约定对出租人不具有法律约束力,但是出租人与承租人另有约定的除外。"

第七百一十八条规定:"出租人知道或者应当知道承租人转租,但是在六个月内未提出异议的,视为出租人同意转租。"

第二节 不动产租赁管理规定

不动产租赁管理主要以房屋租赁为主。房屋租赁管理的主要依据是《城市房地产管理法》《商品房屋租赁管理办法》等法律法规,各地在房屋租赁管理上进行了有益的尝试,形成了一些具有地方特色的地方性法规或地方政府规章。

一、房屋出租条件

微课:不动产租赁管理规定

根据国家有关规定,房屋出租应当具备以下条件:
(1) 合法的房屋产权证。
(2) 房屋为共有产权的,有共有人同意租赁的证明。
(3) 将住宅或其他用房改作经营用房出租的,应提交规划和房管部门同意的证明。
(4) 将房管部门直管公房内的场地出租的,应提交经房管部门同意的证明。
(5) 住宅用房的租赁,应当执行国家和房屋所在城市人民政府规定的租赁政策。

（6）房屋能正常使用，符合使用安全标准。

《商品房屋租赁管理办法》第六条规定，有下列情形之一的房屋不得出租：

（1）属于违法建筑的；

（2）不符合安全、防灾等工程建设强制性标准的；

（3）违反规定改变房屋使用性质的；

（4）法律、法规规定禁止出租的其他情形。

二、房屋转租条件

房屋转租，是指房屋承租人将承租的商品房屋再出租的行为。

《合同法》第二百二十四条规定，承租人经出租人同意，可以将租赁物转租给第三人。承租人转租的，承租人与出租人之间的租赁合同继续有效，第三人对租赁物造成损失的，承租人应当赔偿损失。承租人未经出租人同意转租的，出租人可以解除合同。

转租的相关要求如下：

（1）从转租的前提来讲，转租必须征得出租人书面同意。

（2）从转租的客体上讲，转租的房屋是出租的房屋，它可以是承租房屋的全部，也可以是承租房屋的部分。

（3）从转租的收益来讲，转租人从转租中获得收益是无疑的。但原出租人是否也必须在转租中获得收益这将视具体情形而定，原出租人可以从中获取收益，但不是必须获得收益。

（4）转租成立后，转租人享有并承担转租合同规定的出租人的权利和义务，并且应当履行原租赁合同规定的承租人的义务。但出租人与转租双方另有约定的除外。

（5）从转租合同来讲，转租合同是原承租人，现转租人与承租人签订的房屋租赁合同。该房屋租赁合同虽然仅是双方的意思表示，但这份转租合同必须要经原出租人书面同意。转租合同的终止日期不得超过原租赁合同规定的终止日期，但出租人与转租双方协商约定的除外。

（6）转租期间，原租赁合同变更、解除或者终止，转租合同也随之相应变更、解除或者终止。

下列情形不得转租：

（1）承租人拖欠租金的；

（2）承租人在承租房屋内擅自搭建的；

（3）预租的商品房。

转租不得违背双方意愿，有问题，双方要共同讨论。

另外，租赁合同中未约定可以转租，且出租人不同意转租的，承租人也不能擅自转租。承租人擅自转租的，出租人可以解除与承租人的租赁合同。

三、房屋租赁合同备案

《城市房地产管理法》第五十四条规定："房屋租赁，出租人和承租人应当签订书面租赁合同，约定租赁期限、租赁用途、租赁价格、修缮责任等条款，以及双方的其他权利和义务，并向房产管理部门登记备案。"

《商品房屋租赁管理办法》第十四条规定："房屋租赁合同订立后三十日内，房屋租赁当事人应当到租赁房屋所在地直辖市、市、县人民政府建设（房地产）主管部门办理房屋租赁登记备案。房屋租赁当事人可以书面委托他人办理租赁登记备案。"

（一）房屋租赁登记备案材料

《商品房屋租赁管理办法》第十五条规定，办理房屋租赁登记备案，房屋租赁当事人应当提交下列材料：

（1）房屋租赁合同；
（2）房屋租赁当事人身份证明；
（3）房屋所有权证书或者其他合法权属证明；

转租直辖市、市、县人民政府建设（房地产）主管部门规定的其他材料。

房屋租赁当事人提交的材料应当真实、合法、有效，不得隐瞒真实情况或者提供虚假材料。

（二）房屋租赁登记备案证明

《商品房屋租赁管理办法》第十七条规定，房屋租赁登记备案证明应当载明出租人的姓名或者名称，承租人的姓名或者名称、有效身份证件种类和号码，出租房屋的坐落、租赁用途、租金数额、租赁期限等。

第十八条规定，房屋租赁登记备案证明遗失的，应当向原登记备案的部门补领。

第十九条规定，房屋租赁登记备案内容发生变化、续租或者租赁终止的，当事人应当在三十日内，到原租赁登记备案的部门办理房屋租赁登记备案的变更、延续或者注销手续。

四、房屋租赁的禁止行为

（一）出租人的禁止行为

（1）不得向未成年人和无身份证明的人出租房屋。
（2）用于出租的居住房屋应当具备基本的生活设施，符合安全要求，不能违反规定分割出租。出租房屋的，应当以原设计的房间为最小出租单位，人均租住建筑面积不得低于当地人民政府规定的最低标准。
（3）不得将不具备居住条件的非居住房屋出租他人居住。例如将厨房、卫生间、阳台和地下储藏室出租供人员居住；企事业单位、个人将非居住用房出租给他人居住使用，都是禁止行为。
（4）不得将经济适用房屋、廉租房屋出租或转租给他人使用。
（5）在房屋租赁合同期内，出租人不得单方面随意提高租金水平。

（二）承租人的禁止行为

（1）不能转租保障性房屋。
（2）不得违反租赁用途和使用要求使用房屋，承租的住宅不得储存易燃、易爆、有毒等危险物品。

（3）不得擅自改动房屋承重结构和拆改室内设施。应当按照房屋规划用途、结构、消防安全规定使用房屋，发现承租房屋存在安全隐患，应当及时告知出租人予以消除。

（4）不得妨碍相邻业主的日常生活，损害居住区环境。承租人因使用不当等原因造成承租房屋和设施损坏的，承租人应当负责修复或者承担赔偿责任。

（5）严禁利用出租房屋进行各类违法犯罪活动。

第三节　不动产租赁价格

一、不动产租金的内涵

租金是一种特殊的价格表现形式，是不动产所有权人或经营者分期让渡不动产使用价值的补偿。

微课：不动产租赁价格

租金的构成要素随着租赁种类、租赁条件的不同而有所区别。不同的租赁种类和租赁条件、租赁形式，其租金的构成要素也不尽相同，一般包括租赁资产的购置成本（包括运费、保险费等），租赁期间的利息费用和租赁资产的手续费、管理费、维修费、保险费及租赁资产的无形损耗和税收等。

经营租赁条件下，租金应考虑的构成要素有出租资产的折旧费、大修理费、日常维修费、租赁期间利息、保险费、税损以及出租方收取的手续费等。当事人可以根据房屋所在地的市场情况、房屋装修、新旧程度、楼层、朝向、设备情况、房屋坐落地址、周边环境等直接影响房屋使用价值的因素来确定租金。

房屋租金具体包括哪些内容，房屋租赁当事人应当在合同中明确约定。承租人在租金之外承担的费用，如物业服务费、水费、电费、燃气费、上网费、供暖费等应该明确，并做好相应数据的采集。

在房屋租赁实践中，出租人通常要求承租人交付一定金额（一般不超过三个月房租）的款项作为押金。押金用于保证承租人的行为不会对出租人利益造成损害，如果造成损害，可以此费用据实支付或另行赔偿。在租赁关系解除后，未发生房屋租赁合同中约定不退押金的情形的，承租人可以收回押金。我国法律未对押金做出规定，所以房屋租赁中的押金属于双方合意做出的约定。

二、影响房屋租金的主要因素

（一）房地产市场因素

1. 房屋租赁市场供求关系

租金，作为一种价格机制，反映的是租赁市场的供求关系，每一次租金涨跌的背后都是供求失衡的信号，只有实现动态的供求平衡，才能从根本上使价格稳定。

如果房源供给量大于租户需求量，租金会走低；如果房源供给量小于租户需求量，租金会走高。供给刚好满足需求，买方和卖方处于对等关系，房屋租金相对稳定。房屋租赁市场供给和需求之间相互联系、相互制约，共同形成房屋租赁的市场价格。

2. 房租与房价的关系

城市房地产市场是由两个相关的子市场共同组成：一个是房屋租赁市场；另一个是房屋买卖市场。房租与房价是衡量城市房地产市场运行质量的两个重要指标，两者成正相关关系。从房价对房租的影响来看，当房价上涨时，一方面，部分购房需求会转移至租房，以待时机等房价回调。另一方面，房价上涨会使有房者提高升值预期，继而提高房租。这些因素都会推动房租的上涨。反之，当房价下跌时，房租也会下跌。

3. 房租与居民收入水平的关系

随着人们居住观念的变化，租房和房租日益成为人们工作生活的重要组成部分。同消费水平一样，房租与居民收入水平有着千丝万缕的联系，就居民收入水平对房租的影响而言，城市的人均可支配收入增长，会直接提升城市的吸引力和竞争力，带来大量的流入人口，进而推动城市的房租上涨。反之，则会造成人口流失，城市的房租也会随之下跌。然而，当房租上涨或下跌时人均可支配收入并不必然上涨或下跌，即房租的变化与居民收入水平的变化并没有直接联系。

4. 淡季和旺季

相同房子，租房淡旺季是影响房租的因素。租房有淡季和旺季，淡季一般是在春节前一个月，旺季的租金一般会高于淡季租金。

（二）区位情况

区位因素是指促使区位地理特性和功能的形成和变化的原因或条件，这些原因和条件又被称为区位因子。区位因素根据本身的性质和状态，可分为自然因素、社会经济因素和技术因素。房屋区位是指一宗房地产与其他房地产或者事物在空间方位和距离上的关系。

不同的地段，商业水平、交通条件各有不同，这就造就了不同地段房租的不同。市区的房子肯定比郊区贵，靠近商业街、写字楼的房子租金要比僻静小区的房子租金高。

其中，居住的要求是周围环境和景观良好，居于其内又可保证一定的生活私密性。商业房地产的区位优劣，主要是看其繁华程度、临街状况、交通等。办公房地产的区位优劣，主要是看其商务氛围、交通等。工业房地产的区位优劣，通常需要视产业的性质而定。区位有利，房屋租赁价格必有趋高的倾向。

（三）周边环境及配套

房屋的租住者大多看重居住的舒适性和方便性，想要居住得舒适必须保证周边环境良好、配套齐全、交通便利，保证周围有便利店、超市、丰富的食肆和商场等设施，这样才能为居住者提供一个相对不错的生存环境。

物业管理水平和开发商水平也是影响居住质量的重要因素，因此，租住配套良好的住宅比租住普通住宅需要交纳更高的物业费。对于租客而言，如果不能提供贴心的物业管理服务、良好的安防环境和先进的配套设备，租金肯定不高。

(四)房屋状况

1. 出租房屋的位置

位置包括房地产所处的方位、距离、朝向,当为某幢房屋中的某层、某套时,所处的楼层也是位置因素。因楼层影响采光、视野、景观、噪声、安全,以及顶层是否可独享屋面使用权,地上一层是否可独享室外一定面积空地的使用权等。

有无电梯是影响住宅租金的重要因素。一般来说,没有电梯的传统多层住宅的中间楼层最优,低层次之,顶层最差。有电梯的中高层住宅,4层以下较劣。

对于住宅而言,朝向是很重要的位置因素。中国处在北半球,南向是阳光最充足的方位。对住宅的朝向对房租的影响,可细化后予以分析,例如分为南北向、南向、东南向、西南向、东西向、东向、西向、东北向、西北向、北向。

2. 实物因素

出租房屋的新旧程度以及面积、体积、开间等规模因素,对房屋租金都会有影响。同等级条件下,房屋越新,租金越高。而就规模而言规模过小或过大,都会降低其价值。但要注意不同用途、不同地区,对建筑规模的要求是不同的。建筑式样、风格、色调、可视性等,也会影响房租。

出租房室内家具和装修的情况也影响房租的高低,家具齐全的房子租金要比简单装修的房子租金高。对于租客来讲,家具齐全,精装的房子往往生活更舒适和方便,因此,租客更愿意选择租精装的房子。

3. 权益因素

出租房屋的所有权是单独所有还是共有,以及是否设有抵押权、地役权等,产权有无纠纷等,都会影响房屋租赁价格。

(五)租金的支付方式

在同一时间,租客租房的方式也会影响租金。通常情况下,房东为了稳定的租房收益,在租客长租或年付租金的情况下,会将房租优惠。长租使房东房屋空置的风险变低,租客年付租金可以缓解房东的资金压力,还可以获得不错的利息收益,因此房东更喜欢将房子租给稳定的租客。而对于租客来讲,长租并且愿意年付是和房东讨价还价的利器。

第四节 不动产租赁环节的税费

一、不动产租赁税收

房屋租赁税并不是一种独立的税种,它是对出租房屋应缴纳的几种税种的统称,包括了因出租房屋应缴纳的增值税、房产税、城市维护建设税、教育费附加、印花税、所得税等税种。房产税、城市维护建设税、教育费附加、印花税和所得税的法定征收机关是税务部门。

（一）增值税

增值税是以商品在流转过程中产生的增值额作为计税依据而征收的一种流转税，有增值才征税，没增值不征税。

我国 2011 年开始营业税改征增值税试点。依据国家税务总局公告 2016 年第 16 号《国家税务总局关于发布〈纳税人提供不动产经营租赁服务增值税征收管理暂行办法〉的公告》，首先应区分一般纳税人、小规模纳税人、其他个人，还应区分经营用房还是住房。

微课：不动产租赁环节的税费

1. 个人出租不动产

个人出租不动产（不含住房）按照 5% 的征收率计算增值税应纳税额，向不动产所在地主管税务机关申报纳税；个人出租住房，按照 5% 的征收率减按 1.5% 计算增值税应纳税额，也是向不动产所在地主管税务机关申报纳税。

个人出租住房的，应纳增值税税款 = 含税销售额 ÷（1+5%）×1.5%；

出租非住房（生产经营用房），应纳增值税税款 = 含税销售额 ÷（1+5%）×5%。

这里的个人，指个体工商户和其他个人。

自然人采取一次性收取租金的形式出租不动产，取得的租金收入可在租金对应的租赁期内平均分摊，分摊后的月租金收入不超过 3 万元的，可享受小微企业免征增值税优惠政策。

2. 小规模纳税人（单位和个体工商户）出租不动产

小规模纳税人出租不动产（不含个体工商户出租住房），按照 5% 的征收率计算增值税应纳税额；个体工商户出租住房，按照 5% 的征收率减按 1.5% 计算增值税应纳税额。

3. 一般纳税人出租不动产

一般纳税人出租其 2016 年 4 月 30 日前取得的不动产，可以选择适用简易计税方法，按照 5% 的征收率计算增值税应纳税额。不动产所在地与机构所在地不在同一县（市、区）的，纳税人应按照上述计税方法向不动产所在地主管税务机关预缴税款，向机构所在地主管税务机关申报纳税。不动产所在地与机构所在地在同一县（市、区）的，纳税人向机构所在地主管税务机关申报纳税。

一般纳税人出租其 2016 年 5 月 1 日后取得的不动产，适用一般计税方法计税。不动产所在地与机构所在地不在同一县（市、区）的，纳税人应按照 3% 的预征率向不动产所在地主管税务机关预缴税款，向机构所在地主管税务机关申报纳税。不动产所在地与机构所在地在同一县（市、区）的，纳税人应向机构所在地主管税务机关申报纳税。一般纳税人出租其 2016 年 4 月 30 日前取得的不动产选择适用一般计税方法计税的，按照上述规定执行。

4. 免征增值税情况

根据《国家税务总局关于小规模纳税人免征增值税政策有关征管问题的公告》（国家税务总局公告 2019 年第 4 号）第四条规定，《中华人民共和国增值税暂行条例实施细则》第九条所称的其他个人（个体工商户以外的"其他个人"），采取一次性收取租金形式出租不动产取得的租金收入，可在对应的租赁期内平均分摊，分摊后的月租金收入未超过 10 万元的，免征增值税。

（二）城市维护建设税

城市维护建设税是对从事工商经营，缴纳增值税、消费税的单位和个人征收的一种税，它是一种附加税。

城市维护建设税按照纳税人所在地实行差别税率：市区税率为7%，县城、建制镇税率为5%，其他地区税率为1%。

应纳税额计算公式：

应纳税额 = 计税依据 × 适用税率 = 实际缴纳的增值税、消费税税额 × 适用税率

（三）教育费附加

教育费附加，凡缴纳消费税、增值税的单位和个人，需缴纳教育费附加。附加率按3%记收。

教育费附加的应纳税额 = 实际缴纳的增值税、消费税、营业税税额 × 3%

（四）房产税

房产税是以房屋的价值为征税对象，按房屋的计税余值或房屋租金向房屋所有权人征收的一种财产税。

1. 房产税的课税对象和征税范围

房产税的课税对象是房屋的价值和房屋的租金。房产税的征税范围是城市、县城、建制镇和工矿区。

2. 房产税的计税依据

房产税采用从价计税，分为按计税余值计税和按租金收入计税两种。

以房价为计税依据实际上是以房产的余值为计税依据，规定："房产税依照房产原值一次减除10%至30%后的余值计算。"

以租金为计税依据主要使用于出租的房产。房产租金收入是指房屋所有权人出租房屋的使用权所得到的租金收入。

3. 纳税人

房产税的纳税人是房屋所有权人。其中房屋产权属于全民所有的，纳税人为房屋的经营管理者；房屋出典的，纳税人为承典人；房屋所有权人、承典人不在房屋所在地的，或者产权未确定以及租典纠纷未解决的，房产税由房产代管人或者使用人缴纳。

4. 房产税的税率

房产税实行比例税率，因计税依据不同而分为两种，依照房产计税余值计征的，税率为1.2%，依照房屋租金收入计征的，税率为12%。自2008年3月1日起，对个人出租房屋，不区分用途，按4%的税率征收房产税。对企事业单位、社会团体及其他组织按市场价格向个人出租用于居住的房屋，减按4%的税率征收房产税。房产税应纳税额的计算也分两种：

依照房产计税余值计算缴纳的应纳税额 = 房产计税余值 × 1.2% = 应税房产原值 ×（1- 扣除比例）× 1.2%

依照房产租金收入计算缴纳的应纳税额 = 租金收入 × 4%

5. 房产税的减免

根据《中华人民共和国房产税暂行条例》的规定，房产税的免税范围包括以下几种情况：

（1）国家机关、人民团体、军队自用的房产。
（2）宗教、寺庙、公园、名胜古迹自用的房产。
（3）由国家财政部门拨付事业经费的单位自用的房产。
（4）个人所有非营业用的房产。
（5）经财政部批准免税的其他房产。

（五）个人所得税

个人所得税是国家对本国公民、居住在本国境内的个人的所得和境外个人源于本国的所得征收的一种所得税。

在个人所得税法中，房屋租赁所获得的收入属于个人所得税征收内容的财产租赁所得，需要缴纳个人所得税，自2008年3月1日起，对个人出租住房取得的所得暂按10%的税率征收个人所得税。应纳税所得额根据两种情况计算，房租租赁所得的收入以一个月为单位进行计算：

月租金在800元（含）以下的免征个人所得税；

房租收入不超过4 000元的：应纳税所得额＝房租收入－准予扣除项目费用－修缮费用－800；

房租收入超过4 000元的：应纳税所得额＝［房租收入－准予扣除项目费用－修缮费用］×（1-20%）。

准予扣除的项目费用包括出租房产过程中缴纳的税金和教育费附加等。修缮费用一月（次）最多扣除800元，没有扣完的部分下月继续扣，扣完为止。

二、房屋租赁中介费用

房地产经纪服务收费实行政府指导价管理或市场调节价。实行政府指导价管理的，要制定合理的收费标准并明确收费所对应的服务内容等；实行市场调节价的，房地产经纪服务收费标准由委托和受托双方，依据服务内容、服务成本、服务质量和市场供求状况协商确定。

房地产中介服务费用要由房地产中介服务机构按收费标准统一收取，并开具发票，依法纳税。房地产中介服务收费实行明码标价制度，中介服务机构应当在其经营场所或交费地点的醒目位置公布其收费项目、服务内容、计费方法、收费标准等事项。

租房中介费一般是租客与房东各付月租金的一半，也就是说租客需要支付半个月的租金。但依各地惯例和租期长短而有所不同，有的全部由租客承担。

第十一章 不动产登记

第一节 不动产登记概述

土地、房屋、林地、草原、海域等不动产权利涉及千家万户，建立和实施不动产统一登记制度是当前一项重点改革任务，也是社会各界高度关注的话题。长期以来，我国一直采用不动产分别登记制度，这种人为将不动产分割开来，分别进行登记的方法，不但破坏了不动产的统一性，而且增加了不动产交易的风险，不利于权利人合法权益的保护，阻碍了市场经济的发展与完善。因此，国家提出实行不动产统一登记制度。

一、我国不动产登记制度的发展和演变

从中国不动产登记制度的形成与发展过程来说，中国在民国时期接受西方法制，已经正式建立了不动产登记制度，然而该制度主要是为土地私有制服务的。中华人民共和国成立初期，我们也曾建立起不动产登记制度，但随着社会主义改造的完成，我国在经济体制方面实行全面的公有制，登记制度失去了存在的基础，使该制度在我国一度中断30多年。

登记制度在我国虽然历史悠久，但真正意义上的作为物权公示手段的不动产登记制度却起步较晚，且一开始就服务于不动产行政管理的目的，带有浓厚的行政色彩，使该制度未能在维护交易便捷与安全方面发挥其应有的作用。

改革开放以后，不动产登记制度才逐渐恢复和发展。1986年，《土地管理法》颁布实施，重新建立了土地登记制度并日趋完善。1989年，国家土地管理局颁发了《土地登记规则》，规定了国有土地使用权、集体土地所有权和土地他项权利的登记。由于职能划分的原因，《土地登记规则》仅单纯规定了土地权利的登记，没有规定房屋产权登记。

房屋所有权的登记始于1986年2月印发的《城乡建设环境保护部关于开展城镇房产产权登记、核发产权证工作的通知》，1987年4月原城乡建设环境保护部发布了《城镇房屋所有权登记暂行办法》，对房屋所有权的登记进行了规定，没有涉及房屋他项权利的规定。

1990年12月，原建设部发布了《城市房屋所有权产权产籍管理暂行办法》，对城市房屋所有权及他项权利的登记做出了规定。1994年，《城市房地产管理法》和《中华人民共和国担保法》出台，对城市房地产的权属登记分别从管理的角度和抵押权登记的角度做出了规定。

1997年，原建设部制定颁布了《城市房屋权属登记管理办法》，对城市房屋的权属登记作了明确的规定，但仅涉及城市规划区范围内国有土地上的房屋权属登记，没有就其他

房屋产权的登记做出规定。

2007年3月,十届全国人大第五次会议通过了《中华人民共和国物权法》,该法规定了不动产登记制度。它在总结中国不动产登记实践经验的基础上,借鉴西方国家先进立法经验,对不动产登记的法律效力、不动产登记机构、登记程序、登记类型及登记错误的赔偿责任等重要问题做出了明确规定,确立了中国不动产登记的基本结构,为将来不动产登记法的制定,提供了整体架构和思路,标志着中国统一不动产登记制度的正式确立。《物权法》于2021年被《民法典》废止。

2015年3月1日《不动产登记暂行条例》正式落地实施,是我国物权法治建设具有重大意义的关键节点,该条例并于2019年进行了修订。

二、不动产范围和物权

(一)不动产范围

不动产,是指依照其物理性质不能移动或者移动将严重损害其经济价值的有体物,一般指土地以及房屋、林木等地上附着物。所谓动产,就是不动产之外的物,是指在性质上能够移动,并且移动不损害其经济价值的物,如电视机、书本等。土地一般是指宗地,是由权属界线封闭的地块或者空间。房屋是指土地上的房屋等建筑物及构筑物。林木一般是指人工种植在土地上的树木等。

(二)不动产物权

物权,是指权利人依法对特定的物享有直接支配和排他的权利。从物权的客体的不同形态上可以将物权区分为不动产物权、动产物权和权利物权。不动产物权是指以不动产为标的物的物权。即指以土地、房屋等不能移动的财产作为权利标的物权。不动产物权以登记为公示方法,包括所有权、地上权、地役权、永佃权、典权、抵押权6种。

不动产所有权是以不动产为其标的物,它是不动产所有人独占性地支配其所有的不动产的权利。不动产所有人在法律规定的范围内,可以对其所有的不动产进行占有、使用、收益、处分,并可排除他人的干涉。

地上权又称"借地权",是用益物权的一种,即在他人所有的土地上营造建筑物、工作物及种植林木的权利。它具有物权的性质和物权的一切法律特征,从而区别于作为债权的土地租赁。地上权的设定、变更和丧失,非经登记不生效力。在地上权存续期间,权利人有对土地的占有、使用和收益的权利,以及对地上权本身的处分权,设定地上权可以有偿,也可以无偿,在地上权终止时,地上权人有权收回其建筑或竹木,或向土地所有人取得补偿,但同时负有恢复土地原状的义务。

地役权是指按照合同约定,利用他人的不动产,以提高自己的不动产的效益的权利。他人的不动产为供役地,自己的不动产为需役地。《民法典》规定,设立地役权,当事人应当采取书面形式订立地役权合同。当事人要求登记的,可以向登记机构申请地役权登记;未经登记,不得对抗善意第三人。供役地权利人应当按照合同约定,允许地役权人利用其土地,不得妨害地役权人行使权利。

不动产抵押，是指以不动产为抵押标的物而设定的抵押。不动产抵押是最普遍的抵押形式，由于不动产的特殊性，抵押人不转移对其的占有即可达到担保的目的，因此在实践中受到社会的普遍欢迎。抵押权是针对财产的交换价值而设定的一种物权，它本质上是价值权，其目的在于以担保财产的交换价值确保债权得以清偿。故从抵押权的性质和目的的角度来看，抵押权是担保物权。

如果同一不动产存在着两个或两个以上的内容相互矛盾的物权时，首先，所有权人的权利要优先于抵押权人；所有权、抵押权作为物权优先于因合同而取得的其他债权。其次，登记的权利应优先于未登记的权利。权利均登记的，应当以登记的时间先后来确定应当确认和保护哪一项物权，登记在先的权利优先实现。另外，根据《民法典》的规定，在不动产上设立抵押权，必须登记，否则不发生效力。在登记的抵押权中，在前的抵押权要优先于在后的抵押权受偿。

需要注意的是，房屋租赁权不是物权，而是一种债权。因此，房屋租赁不需要到不动产登记机构登记。按照《城市房地产管理法》的规定，房屋租赁合同仅需要到房屋所在地房产管理部门办理房屋租赁合同备案。

三、不动产登记的概念和范围

（一）不动产登记的概念

不动产登记是指不动产登记机构依法将不动产权利归属和其他法定事项记载于不动产登记簿的行为。不动产登记是《民法典》中的一项重要制度。除法律另有规定的外，不动产物权的设立、变更、转让和消灭，经依法登记才能发挥效力。对不动产采取登记的方式将不动产物权的设立、转移、变更和消灭等情况在不动产登记簿上予以记录，达到物权公示的目的，以保护不动产权利人的权益。

2014年11月24日，国务院公布了《不动产登记暂行条例》，对不动产登记的范围、程序等做出了原则性规定，并于2019年进行了修订。

（二）不动产登记的范围

不动产登记又称为不动产物权登记，是权利人、利害关系人申请国家确定的职能部门将有关申请人的不动产物权的事项记载于不动产登记簿的行为。下列不动产权利，依照规定办理登记：

（1）集体土地所有权；
（2）房屋等建筑物、构筑物所有权；
（3）森林、林木所有权；
（4）耕地、林地、草地等土地承包经营权；
（5）建设用地使用权；
（6）宅基地使用权；
（7）海域使用权；
（8）地役权；

(9)抵押权;

(10)法律规定需要登记的其他不动产权利。

四、不动产登记的作用

(一)有利于保护不动产权利人合法财产权

市场经济本质就是产权经济,不动产统一登记制度就是不动产物权的确认和保护制度,明晰不动产物权是市场经济的前提和基础。通过不动产统一登记,进一步提高登记质量,避免产权的交叉或冲突,保证各类不动产物权的归属和内容得到最为全面、统一、准确的明晰和确认,以不动产登记较强的公示力和公信力为基础,有效地保护权利人合法的不动产财产权。

(二)有利于维护交易安全

不动产登记后,不动产上的物权归属和内容在不动产登记簿上准确地展现。不动产统一登记,可以促进不动产登记信息更加完备、准确、可靠,根据准确有效的信息来进行不动产交易,保障交易安全,为建立健全社会征信体系创造条件。不动产登记簿具有公信效力。即便不动产登记簿上记载的物权归属和内容与真实情况不一致,只要权利人、利害关系人没有申请更正登记或异议登记,善意登记簿记载的当事人不动产交易就应当得到保护。

(三)利于国家对不动产进行管理和宏观调控

不动产统一登记,可以最大限度地整合资源,减少政府行政成本,进一步厘清政府与市场关系,完善政府运行机制,发挥市场的积极作用。通过整合登记职能,减少办证环节,采取"一站式"服务等措施,节省登记费用,方便企业、群众申请和办理不动产登记。

不动产登记,可以集中采集、确定、掌握房地产的位置、权界、面积、建筑年代等信息,供相关机构、部门使用。不动产登记的信息能够为国家进行宏观调控,推行各种调控政策提供决策的依据。

五、不动产登记机构

(一)不动产登记机构设置

在 2015 年以前,不动产登记主要由不动产所在地的县级以上人民政府的相关不动产管理部门负责。涉及的部门主要有土地管理部门、房产管理部门、农业主管部门、林业主管部门、海洋行政主管部门、地质矿产主管部门。

《不动产登记暂行条例》第六条规定:国务院国土资源主管部门负责指导、监督全国不动产登记工作。县级以上地方人民政府应当确定一个部门为本行政区域的不动产登记机构,负责不动产登记工作,并接受上级人民政府不动产登记主管部门的指导、监督。

《不动产登记暂行条例》第七条规定了不动产管理机构:

不动产登记由不动产所在地的县级人民政府不动产登记机构办理；直辖市、设区的市人民政府可以确定本级不动产登记机构统一办理所属各区的不动产登记。

跨县级行政区域的不动产登记，由所跨县级行政区域的不动产登记机构分别办理。不能分别办理的，由所跨县级行政区域的不动产登记机构协商办理；协商不成的，由共同的上一级人民政府不动产登记主管部门指定办理。

国务院确定的重点国有林区的森林、林木和林地，国务院批准项目用海、用岛，中央国家机关使用的国有土地等不动产登记，由国务院国土资源主管部门会同有关部门规定。

(二) 不动产登记机构职责

不动产登记机构收到不动产登记申请材料，应当分别按照下列情况办理：

（1）属于登记职责范围，申请材料齐全、符合法定形式，或者申请人按照要求提交全部补正申请材料的，应当受理并书面告知申请人；

（2）申请材料存在可以当场更正的错误的，应当告知申请人当场更正，申请人当场更正后，应当受理并书面告知申请人；

（3）申请材料不齐全或者不符合法定形式的，应当当场书面告知申请人不予受理并一次性告知需要补正的全部内容；

（4）申请登记的不动产不属于本机构登记范围的，应当当场书面告知申请人不予受理并告知申请人向有登记权的机构申请。

不动产登记机构未当场书面告知申请人不予受理的，视为受理。

不动产登记机构受理不动产登记申请的，应当按照下列要求进行查验：

（1）不动产界址、空间界限、面积等材料与申请登记的不动产状况是否一致；

（2）有关证明材料、文件与申请登记的内容是否一致；

（3）登记申请是否违反法律、行政法规规定。

属于下列情形之一的，不动产登记机构可以对申请登记的不动产进行实地查看：

（1）房屋等建筑物、构筑物所有权首次登记；

（2）在建建筑物抵押权登记；

（3）因不动产灭失导致的注销登记；

（4）不动产登记机构认为需要实地查看的其他情形。

对可能存在权属争议，或者可能涉及他人利害关系的登记申请，不动产登记机构可以向申请人、利害关系人或者有关单位进行调查。

不动产登记机构进行实地查看或者调查时，申请人、被调查人应当予以配合。

登记申请有下列情形之一的，不动产登记机构应当不予登记，并书面告知申请人：

（1）违反法律、行政法规规定的；

（2）存在尚未解决的权属争议的；

（3）申请登记的不动产权利超过规定期限的；

（4）法律、行政法规规定不予登记的其他情形。

为保证登记机关更好地履行登记职责，《民法典》在规定登记机构应当履行的职责的基础上，又对其禁止从事的行为作出明确规定。

不动产登记机构登记错误给他人造成损害，或者当事人提供虚假材料申请登记给他人造成损害的，依照《民法典》的规定承担赔偿责任。

不动产登记机构工作人员进行虚假登记，损毁、伪造不动产登记簿，擅自修改登记事项，或者有其他滥用职权、玩忽职守行为的，依法给予处分；给他人造成损害的，依法承担赔偿责任；构成犯罪的，依法追究刑事责任。

伪造、变造不动产权属证书、不动产登记证明，或者买卖、使用伪造、变造的不动产权属证书、不动产登记证明的，由不动产登记机构或者公安机关依法予以收缴；有违法所得的，没收违法所得；给他人造成损害的，依法承担赔偿责任；构成违反治安管理行为的，依法给予治安管理处罚；构成犯罪的，依法追究刑事责任。

不动产登记机构、不动产登记信息共享单位及其工作人员，查询不动产登记资料的单位或者个人违反国家规定，泄露不动产登记资料、登记信息，或者利用不动产登记资料、登记信息进行不正当活动，给他人造成损害的，依法承担赔偿责任；对有关责任人员依法给予处分；有关责任人员构成犯罪的，依法追究刑事责任。

六、不动产登记的效力

《民法典》第二百零九条规定："不动产物权的设立、变更、转让和消灭，经依法登记，发生效力；未经登记，不发生效力，但是法律另有规定的除外。依法属于国家所有的自然资源，所有权可以不登记。"可见，不动产的变动，我国采用的是登记生效要件主义，即不动产物权的变动，除了有当事人意思表示的合意之外，还必须登记，不动产不登记就不发生物权变动的法律效力。主要包括如下几个方面：

一是物权变动的效力，一般来说，以法律行为发生的物权变动，都是从登记之日起发生物权变动的效果，凡是依法需要办理登记的，其不动产物权的变动，都需要依法办理登记，只有从办理登记时起才发生物权的设立和变动。《民法典》第二百一十四条规定："不动产物权的设立、变更、转让和消灭，依照法律规定应当登记的，自记载于不动产登记簿时发生效力。"

二是权利推定效力，是指登记记载的权利人应当被推定为法律上的权利人，在登记没有更正也没有异议登记的情况下，只能推定登记记载的权利人就是物权人。《民法典》第二百一十七条确认了此种登记的效力。

三是善意保护的效力。它是指登记记载的权利人在法律上被推定为真正的权利人，即便以后事实证明登记记载的物权不存在或存有瑕疵，对于信赖该物权的存在并已从事了物权交易的人，法律仍然承认其行为具有与真实的物权相同的法律效果。

第二节 不动产登记分类和程序

一、不动产登记的分类

不动产登记分类有多种方法。根据《不动产登记暂行条例》和《不动产登记暂行条例实施细则》，按照登记物的类型可分为土地登记、房屋登记、海域登记和林权登记。按照登记物权的类型可分为所有权登记、抵押权登记、地役权登记等。按照登记的业务类型可分为首次登记、变更登记、转移登记、注销登记、更正登记、异议登记、预告登记、查封登记等类型。我们通常讲申请办理某类不动产登记，一般采用"登记物的类型＋物权类型＋业务类型"的方式进行描述。

（一）按照登记物分类

不动产分为土地、海域及房屋、林木等定着物，登记也可以按照这种分类：

（1）土地登记是法定的土地登记机关按照规定程序将土地的权属关系、用途、面积、等级、价格等情况记录于专门簿册的一种法律行为，土地登记是国家依法对国有土地使用权、集体土地所有权、集体土地使用权和土地他项权利的登记。土地他项权利，是指土地使用权和土地所有权以外的土地权利，包括抵押权、承租权以及法律、行政法规规定需要登记的其他土地权利，土地登记分为初始土地登记和变更土地登记。初始土地登记又称总登记，是指在一定时间内，对辖区全部土地或者特定区域的土地进行的普遍登记；变更土地登记，是指初始土地登记以外的土地登记，包括土地使用权、所有权和土地他项权利设定登记，土地使用权、所有权和土地他项权利变更登记，名称、地址和土地用途变更登记，注销土地登记等。

（2）房屋登记是指房屋登记机构依法将房屋权利和其他应当记载的事项在房屋登记簿上予以记载的行为。在房屋登记办法中，对办理房屋登记一般程序等若干问题进行了系列规定，明确提出了房屋登记办法实施细则。具体包括房屋所有权登记、房屋抵押权登记、房屋异议登记、预购商品房预告登记。

（3）林权登记是县级以上地方人民政府或国务院林业主管部门，依据《中华人民共和国森林法》或《中华人民共和国农村土地承包法》的有关规定，按照有关程序，对国家所有的或集体所有的森林、林木和林地，个人所有的林木和使用的林地，确认所有权或者使用权，并登记造册，发放证书的行为。

（4）海域登记是指依法对海域的权属、面积、用途、位置、使用期限等情况以及海域使用权派生的他项权利所做的登记，包括海域使用权初始登记、变更登记和注销登记。

（二）按照登记的物权分类

（1）不动产所有权登记。不动产所有权登记是指不动产登记机构依法将不动产所有权及相关事项在不动产登记簿上予以记载的行为。房屋所有权系以房屋为其标的物，它是房屋所有人独占性地支配其所有的房屋的权利。房屋所有人在法律规定的范围内，可以对其所有的房屋进行占有、使用、收益、处分，并可排除他人的干涉。如发生房屋买卖、互换、赠与、继承、受遗赠、以房屋出资入股，导致房屋所有权发生转移的，当事人应当在有关法律文件生效或者事实发生后申请房屋所有权转移登记。

（2）不动产他项权利登记。不动产他项权利登记是指不动产登记机构依法将用益物权和担保物权等他项权利及相关事项在不动产登记簿上予以记载的行为。

①不动产用益物权登记包括土地承包经营权登记、土地租赁权登记、地役权登记、建设用地使用权登记、宅基地使用权登记等。

②不动产担保物权即抵押权登记，抵押权又分为土地抵押登记和房屋抵押登记。

（三）按业务类型分类

不动产登记业务的类型包括不动产首次登记、变更登记、转移登记以及注销登记；其他特殊的登记类型包括更正登记、异议登记、预告登记、查封登记等。

（1）首次登记是指不动产权利第一次记载于不动产登记簿，如实践中的初始登记。未办理不动产首次登记的，不得办理不动产其他类型登记。

（2）变更登记是指不动产物权的权利归属主体不变，只是不动产权利人的姓名或者不动产坐落等发生变化的情形。

（3）转移登记是指不动产所有权、抵押权等物权发生转移时进行的登记。例如：王某将房屋卖给李某，王某和李某应当向不动产登记机构申请办理转移登记。该房屋所有权由王某转移给李某所有。

（4）注销登记是指因法定或约定的原因使已登记的不动产物权归于消灭，或因自然的、人为的原因使不动产本身灭失时进行的一种登记。

不动产的注销登记无外乎房屋灭失和放弃所有权两种情形：

①房屋灭失。房屋灭失是指房屋因为倒塌或者被拆除而在物理形态上消灭。房屋作为登记的客体，是登记的前提和基础，一旦客体不复存在，房屋所有权也失去了依存的基础。房屋灭失后房屋上所设立的各种物权也随之消灭。根据《民法典》第二百三十一条规定，因合法建造、拆除房屋等事实行为消灭物权的，自事实行为成就时发生效力。

②放弃所有权。这是指房屋所有权人对所有权的抛弃。所有权是最完整的物权，具有物权的所有权能，其中包括处分权，对所有权的抛弃也是行使处分权的一种方式。放弃所有权应以登记后生效。当然，放弃房屋所有权是以不侵害他人的权利为前提的，如该房屋存在查封和他项权利的情况下，房屋所有权人称放弃所有权的，是不能为其办理房屋所有权注销登记的。

（5）更正登记一般是指登记机构根据当事人的申请或者依职权对登记簿的错误记载事项进行更正的行为。更正登记是对原登记权利的涂销，同时对真正权利进行登记。

《民法典》规定，权利人、利害关系人认为不动产登记簿记载的事项错误的，可以申请更正登记。不动产登记簿记载的权利人书面同意更正或者有证据证明登记确有错误的，登记机构应当予以更正。

（6）异议登记是指登记机构将事实上的权利人以及利害关系人对不动产登记簿记载的权利所提出的异议申请记载于不动产登记簿的行为，其法律效力是使登记簿所记载权利失去推定的效力。

《民法典》规定，不动产登记簿记载的权利人不同意更正的，利害关系人可以申请异议登记。登记机构予以异议登记的，申请人在异议登记之日起十五日内不起诉，异议登记失效。异议登记不当，造成权利人损害的，权利人可以向申请人请求损害赔偿。

（7）预告登记是为保全一项以将来发生的不动产物权为变动的请求权不动产登记。最常见的预告登记是预购商品房的预告登记。

（8）查封登记。查封登记是指不动产登记机构根据人民法院等提供的查封裁定书和协助执行通知书，将查封的情况在不动产登记簿上加以记载的行为。

被查封、预查封的房屋，在查封、预查封期间不得办理抵押、转让等权属变更、转移登记手续。

二、不动产登记程序

不动产登记程序主要有申请、受理查验、登簿发证。

（一）申请登记

申请不动产登记的，申请人应当填写登记申请书，并提交身份证明以及相关申请材料。申请材料应当提供原件。因特殊情况不能提供原件的，可以提供复印件，复印件应当与原件保持一致。当事人申请登记，应当根据不同登记事项提供权属证明和不动产界址、面积等必要材料。

处分共有不动产申请登记的，应当经占份额三分之二以上的按份共有人或者全体共同共有人共同申请，但共有人另有约定的除外。按份共有人转让其享有的不动产份额，应当与受让人共同申请转移登记。根据《不动产登记暂行条例》第十四条，因买卖、设定抵押权等申请不动产登记的，应当由当事人双方共同申请。

属于下列情形之一的，可以由当事人单方申请：

（1）尚未登记的不动产首次申请登记的；

（2）继承、接受遗赠取得不动产权利的；

（3）人民法院、仲裁委员会生效的法律文书或者人民政府生效的决定等设立、变更、转让、消灭不动产权利的；

（4）权利人姓名、名称或者自然状况发生变化，申请变更登记的；

（5）不动产灭失或者权利人放弃不动产权利，申请注销登记的；

（6）申请更正登记或者异议登记的；

（7）法律、行政法规规定可以由当事人单方申请的其他情形。

无民事行为能力人、限制民事行为能力人申请不动产登记的，应当由其监护人代为申请。

监护人代为申请登记的，应当提供监护人与被监护人的身份证或者户口簿、有关监护关系等材料；因处分不动产而申请登记的，还应当提供为被监护人利益的书面保证。

父母之外的监护人处分未成年人不动产的，有关监护关系材料可以是人民法院指定监护的法律文书、经过公证的对被监护人享有监护权的材料或者其他材料。

当事人可以委托他人代为申请不动产登记。

代理申请不动产登记的，代理人应当向不动产登记机构提供被代理人签字或者盖章的授权委托书。

自然人处分不动产，委托代理人申请登记的，应当与代理人共同到不动产登记机构现场签订授权委托书，但授权委托书经公证的除外。

境外申请人委托他人办理处分不动产登记的，其授权委托书应当按照国家有关规定办理认证或者公证。

当事人或者其代理人应当到不动产登记机构办公场所申请不动产登记。

不动产登记机构将申请登记事项记载于不动产登记簿前，申请人可以撤回登记申请。申请人申请不动产登记应当提交下列材料：

（1）登记申请书；

（2）申请人、代理人身份证明材料、授权委托书；

（3）相关的不动产权属来源证明材料、登记原因证明文件、不动产权属证书；
（4）不动产界址、空间界限、面积等材料；
（5）与他人利害关系的说明材料；
（6）法律、行政法规以及《不动产登记暂行条例实施细则》规定的其他材料。

不动产登记机构会在办公场所和门户网站公开申请登记所需材料目录和示范文本等信息。申请人应当对申请材料的真实性负责。当事人提供虚假材料申请登记，造成他人损害的，应当承担赔偿责任。因登记错误，造成他人损害的，登记机构应当承担赔偿责任。登记机构赔偿后，可以向造成登记错误的人追偿。

（二）受理申请

不动产登记机构收到不动产登记申请材料，应当分别按照下列情况办理：
（1）属于登记职责范围，申请材料齐全、符合法定形式，或者申请人按照要求提交全部补正申请材料的，应当受理并书面告知申请人；
（2）申请材料存在可以当场更正的错误的，应当告知申请人当场更正，申请人当场更正后，应当受理并书面告知申请人；
（3）申请材料不齐全或者不符合法定形式的，应当当场书面告知申请人不予受理并一次性告知需要补正的全部内容；
（4）申请登记的不动产不属于本机构登记范围的，应当当场书面告知申请人不予受理并告知申请人向有登记权的机构申请。

不动产登记机构未当场书面告知申请人不予受理的，视为受理。

（三）查验

不动产登记机构受理不动产登记申请的，应当按照下列要求进行查验：
（1）不动产界址、空间界限、面积等材料与申请登记的不动产状况是否一致；
（2）有关证明材料、文件与申请登记的内容是否一致；
（3）登记申请是否违反法律、行政法规规定。

属于下列情形之一的，不动产登记机构可以对申请登记的不动产进行实地查看：
（1）房屋等建筑物、构筑物所有权首次登记；
（2）在建建筑物抵押权登记；
（3）因不动产灭失导致的注销登记；
（4）不动产登记机构认为需要实地查看的其他情形。

对可能存在权属争议，或者可能涉及他人利害关系的登记申请，不动产登记机构可以向申请人、利害关系人或者有关单位进行调查。

不动产登记机构进行实地查看或者调查时，申请人、被调查人应当予以配合。

（四）登簿发证

对符合登记申请条件的，不动产登记机构应当予以登记，依法将各类登记事项准确、完整、清晰地记载于不动产登记簿。登记事项自记载于不动产登记簿时完成登记。不动产登记机构完成登记，应当依法向申请人核发不动产权属证书或者登记证明。

除涉及国家秘密的外，有下列情形之一的，不动产登记机构应当在登记事项记载于登记簿前进行公告：

（1）政府组织的集体土地所有权登记；

（2）宅基地使用权及房屋所有权，集体建设用地使用权及建筑物、构筑物所有权，土地承包经营权等不动产权利的首次登记；

（3）依职权更正登记；

（4）依职权注销登记；

（5）法律、行政法规规定的其他情形。

公告应当在不动产登记机构门户网站以及不动产所在地等指定场所进行，公告期不少于15个工作日。公告所需时间不计算在登记办理期限内。公告期满无异议或者异议不成立的，应当及时记载于不动产登记簿。

不动产以不动产单元为基本单位进行登记。不动产单元具有唯一编码。不动产登记机构应当按照国务院自然资源主管部门的规定设立统一的不动产登记簿。

不动产登记簿应当记载以下事项：

（1）拟予登记的不动产权利人的姓名或者名称；

（2）拟予登记的不动产坐落、面积、用途、权利类型等；

（3）提出异议的期限、方式和受理机构；

（4）需要公告的其他事项。

当事人可以持人民法院、仲裁委员会的生效法律文书或者人民政府的生效决定单方申请不动产登记。

有下列情形之一的，不动产登记机构直接办理不动产登记：

（1）人民法院持生效法律文书和协助执行通知书要求不动产登记机构办理登记的；

（2）人民检察院、公安机关依据法律规定持协助查封通知书要求办理查封登记的；

（3）人民政府依法做出征收或者收回不动产权利决定生效后，要求不动产登记机构办理注销登记的；

（4）法律、行政法规规定的其他情形。

不动产登记机构认为登记事项存在异议的，应当依法向有关机关提出审查建议。

不动产登记机构应当根据不动产登记簿，填写并核发不动产权属证书或者不动产登记证明。

除办理抵押权登记、地役权登记和预告登记、异议登记，向申请人核发不动产登记证明外，不动产登记机构应当依法向权利人核发不动产权属证书。

不动产权属证书和不动产登记证明，应当加盖不动产登记机构登记专用章。

不动产权属证书和不动产登记证明样式，由自然资源部统一规定。

申请共有不动产登记的，不动产登记机构向全体共有人合并发放一本不动产权属证书；共有人申请分别持证的，可以为共有人分别发放不动产权属证书。

共有不动产权属证书应当注明共有情况，并列明全体共有人。

不动产权属证书或者不动产登记证明污损、破损的，当事人可以向不动产登记机构申请换发。符合换发条件的，不动产登记机构应当予以换发，并收回原不动产权属证书或者不动产登记证明。

不动产权属证书或者不动产登记证明遗失、灭失，不动产权利人申请补发的，由不动产登记机构在其门户网站上刊发不动产权利人的遗失、灭失声明15个工作日后，予以补发。

不动产登记机构补发不动产权属证书或者不动产登记证明的，应当将补发不动产权属证书或者不动产登记证明的事项记载于不动产登记簿，并在不动产权属证书或者不动产登记证明上注明"补发"字样。

因不动产权利灭失等情形，不动产登记机构需要收回不动产权属证书或者不动产登记证明的，应当在不动产登记簿上将收回不动产权属证书或者不动产登记证明的事项予以注明；确实无法收回的，应当在不动产登记机构门户网站或者当地公开发行的报刊上公告作废。

不动产登记机构应当依法将各类登记事项准确、完整、清晰地记载于不动产登记簿。任何人不得损毁不动产登记簿，除依法予以更正外不得修改登记事项。

不动产登记机构应当自受理登记申请之日起30个工作日内办结不动产登记手续，法律另有规定的除外。

不动产登记费按件收取，不得按照不动产的面积、体积或者价款的比例收取。

登记申请有下列情形之一的，不动产登记机构应当不予登记，并书面告知申请人：

（1）违反法律、行政法规规定的；

（2）存在尚未解决的权属争议的；

（3）申请登记的不动产权利超过规定期限的；

（4）法律、行政法规规定不予登记的其他情形。

第三节　不动产权利登记

一、一般规定

根据《不动产登记暂行条例》和《不动产登记暂行条例实施细则》，不动产首次登记，是指不动产权利第一次登记。未办理不动产首次登记的，不得办理不动产其他类型登记，但法律、行政法规另有规定的除外。

市、县人民政府可以根据情况对本行政区域内未登记的不动产，组织开展集体土地所有权、宅基地使用权、集体建设用地使用权、土地承包经营权的首次登记。依照前款规定办理首次登记所需的权属来源、调查等登记材料，由人民政府有关部门组织获取。

不动产权利人可以向不动产登记机构申请变更登记的情形：

（1）权利人的姓名、名称、身份证明类型或者身份证明号码发生变更的；

（2）不动产的坐落、界址、用途、面积等状况变更的；

（3）不动产权利期限、来源等状况发生变化的；

（4）同一权利人分割或者合并不动产的；

（5）抵押担保的范围、主债权数额、债务履行期限、抵押权顺位发生变化的；

（6）最高额抵押担保的债权范围、最高债权额、债权确定期间等发生变化的；

（7）地役权的利用目的、方法等发生变化的；

(8）共有性质发生变更的；
(9）法律、行政法规规定的其他不涉及不动产权利转移的变更情形。

当事人可以向不动产登记机构申请转移登记的情形：
(1）买卖、互换、赠与不动产的；
(2）以不动产作价出资（入股）的；
(3）法人或者其他组织因合并、分立等原因致使不动产权利发生转移的；
(4）不动产分割、合并导致权利发生转移的；
(5）继承、受遗赠导致权利发生转移的；
(6）共有人增加或者减少以及共有不动产份额变化的；
(7）因人民法院、仲裁委员会的生效法律文书导致不动产权利发生转移的；
(8）因主债权转移引起不动产抵押权转移的；
(9）因需役地不动产权利转移引起地役权转移的；
(10）法律、行政法规规定的其他不动产权利转移情形。

当事人可以申请办理注销登记的情形：
(1）不动产灭失的；
(2）权利人放弃不动产权利的；
(3）不动产被依法没收、征收或者收回的；
(4）人民法院、仲裁委员会的生效法律文书导致不动产权利消灭的；
(5）法律、行政法规规定的其他情形。

不动产上已经设立抵押权、地役权或者已经办理预告登记，所有权人、使用权人因放弃权利申请注销登记的，申请人应当提供抵押权人、地役权人、预告登记权利人同意的书面材料。

二、集体土地所有权登记

根据《不动产登记暂行条例》和《不动产登记暂行条例实施细则》，集体土地所有权登记，依照下列规定提出申请：
(1）土地属于村农民集体所有的，由村集体经济组织代为申请，没有集体经济组织的，由村民委员会代为申请；
(2）土地分别属于村内两个以上农民集体所有的，由村内各集体经济组织代为申请，没有集体经济组织的，由村民小组代为申请；
(3）土地属于乡（镇）农民集体所有的，由乡（镇）集体经济组织代为申请。

申请集体土地所有权首次登记的，应当提交下列材料：
(1）土地权属来源材料；
(2）权籍调查表、宗地图以及宗地界址点坐标；
(3）其他必要材料。

农民集体因互换、土地调整等原因导致集体土地所有权转移，申请集体土地所有权转移登记的，应当提交下列材料：
(1）不动产权属证书；

（2）互换、调整协议等集体土地所有权转移的材料；
（3）本集体经济组织三分之二以上成员或者三分之二以上村民代表同意的材料；
（4）其他必要材料。

申请集体土地所有权变更、注销登记的，应当提交下列材料：
（1）不动产权属证书；
（2）集体土地所有权变更、消灭的材料；
（3）其他必要材料。

三、国有建设用地使用权及房屋所有权登记

根据《不动产登记暂行条例》和《不动产登记暂行条例实施细则》，依法取得国有建设用地使用权，可以单独申请国有建设用地使用权登记。依法利用国有建设用地建造房屋的，可以申请国有建设用地使用权及房屋所有权登记。

申请国有建设用地使用权首次登记，应当提交下列材料：
（1）土地权属来源材料；
（2）权籍调查表、宗地图以及宗地界址点坐标；
（3）土地出让价款、土地租金、相关税费等缴纳凭证；
（4）其他必要材料。

前款规定的土地权属来源材料，根据权利取得方式的不同，包括国有建设用地划拨决定书、国有建设用地使用权出让合同、国有建设用地使用权租赁合同以及国有建设用地使用权作价出资（入股）、授权经营批准文件。

申请在地上或者地下单独设立国有建设用地使用权登记的，按照上述规定办理。

申请国有建设用地使用权及房屋所有权首次登记的，应当提交下列材料：
（1）不动产权属证书或者土地权属来源材料；
（2）建设工程符合规划的材料；
（3）房屋已经竣工的材料；
（4）房地产调查或者测绘报告；
（5）相关税费缴纳凭证；
（6）其他必要材料。

办理房屋所有权首次登记时，申请人应当将建筑区划内依法属于业主共有的道路、绿地、其他公共场所、公用设施和物业服务用房及其占用范围内的建设用地使用权一并申请登记为业主共有。业主转让房屋所有权的，其对共有部分享有的权利依法一并转让。

申请国有建设用地使用权及房屋所有权变更登记的，应当根据不同情况，提交下列材料：
（1）不动产权属证书；
（2）发生变更的材料；
（3）有批准权的人民政府或者主管部门的批准文件；
（4）国有建设用地使用权出让合同或者补充协议；
（5）国有建设用地使用权出让价款、税费等缴纳凭证；
（6）其他必要材料。

申请国有建设用地使用权及房屋所有权转移登记的,应当根据不同情况,提交下列材料:
(1) 不动产权属证书;
(2) 买卖、互换、赠与合同;
(3) 继承或者受遗赠的材料;
(4) 分割、合并协议;
(5) 人民法院或者仲裁委员会生效的法律文书;
(6) 有批准权的人民政府或者主管部门的批准文件;
(7) 相关税费缴纳凭证;
(8) 其他必要材料。

不动产买卖合同依法应当备案的,申请人申请登记时须提交经备案的买卖合同。

具有独立利用价值的特定空间以及码头、油库等其他建筑物、构筑物所有权的登记,按照《不动产登记暂行条例实施细则》中房屋所有权登记有关规定办理。

四、宅基地使用权及房屋所有权登记

根据《不动产登记暂行条例》和《不动产登记暂行条例实施细则》,依法取得宅基地使用权,可以单独申请宅基地使用权登记。依法利用宅基地建造住房及其附属设施的,可以申请宅基地使用权及房屋所有权登记。

申请宅基地使用权及房屋所有权首次登记的,应当根据不同情况,提交下列材料:
(1) 申请人身份证和户口簿;
(2) 不动产权属证书或者有批准权的人民政府批准用地的文件等权属来源材料;
(3) 房屋符合规划或者建设的相关材料;
(4) 权籍调查表、宗地图、房屋平面图以及宗地界址点坐标等有关不动产界址、面积等材料;
(5) 其他必要材料。

因依法继承、分家析产、集体经济组织内部互换房屋等导致宅基地使用权及房屋所有权发生转移申请登记的,申请人应当根据不同情况,提交下列材料:
(1) 不动产权属证书或者其他权属来源材料;
(2) 依法继承的材料;
(3) 分家析产的协议或者材料;
(4) 集体经济组织内部互换房屋的协议;
(5) 其他必要材料。

申请宅基地等集体土地上的建筑物区分所有权登记的,参照国有建设用地使用权及建筑物区分所有权的规定办理登记。

五、集体建设用地使用权及建筑物、构筑物所有权登记

根据《不动产登记暂行条例》和《不动产登记暂行条例实施细则》,依法取得集体建设用地使用权,可以单独申请集体建设用地使用权登记。依法利用集体建设用地兴办企

业、建设公共设施,从事公益事业等的,可以申请集体建设用地使用权及地上建筑物、构筑物所有权登记。

申请集体建设用地使用权及建筑物、构筑物所有权首次登记的,申请人应当根据不同情况,提交下列材料:

(1)有批准权的人民政府批准用地的文件等土地权属来源材料;

(2)建设工程符合规划的材料;

(3)权籍调查表、宗地图、房屋平面图以及宗地界址点坐标等有关不动产界址、面积等材料;

(4)建设工程已竣工的材料;

(5)其他必要材料。

集体建设用地使用权首次登记完成后,申请人申请建筑物、构筑物所有权首次登记的,应当提交享有集体建设用地使用权的不动产权属证书。

申请集体建设用地使用权及建筑物、构筑物所有权变更登记、转移登记、注销登记的,申请人应当根据不同情况,提交下列材料:

(1)不动产权属证书;

(2)集体建设用地使用权及建筑物、构筑物所有权变更、转移、消灭的材料;

(3)其他必要材料。

因企业兼并、破产等原因致使集体建设用地使用权及建筑物、构筑物所有权发生转移的,申请人应当持相关协议及有关部门的批准文件等相关材料,申请不动产转移登记。

六、抵押权登记

根据《不动产登记暂行条例》和《不动产登记暂行条例实施细则》,对下列财产进行抵押的,可以申请办理不动产抵押登记:

(1)建设用地使用权;

(2)建筑物和其他土地附着物;

(3)海域使用权;

(4)以招标、拍卖、公开协商等方式取得的荒地等土地承包经营权;

(5)正在建造的建筑物;

(6)法律、行政法规未禁止抵押的其他不动产。

以建设用地使用权、海域使用权抵押的,该土地、海域上的建筑物、构筑物一并抵押;以建筑物、构筑物抵押的,该建筑物、构筑物占用范围内的建设用地使用权、海域使用权一并抵押。

自然人、法人或者其他组织为保障其债权的实现,依法以不动产设定抵押的,可以由当事人持不动产权属证书、抵押合同与主债权合同等必要材料,共同申请办理抵押登记。

抵押合同可以是单独订立的书面合同,也可以是主债权合同中的抵押条款。

同一不动产上设立多个抵押权的,不动产登记机构应当按照受理时间的先后顺序依次办理登记,并记载于不动产登记簿。当事人对抵押权顺位另有约定的,从其规定办理登记。

当事人应当持不动产权属证书、不动产登记证明、抵押权变更等必要材料,申请抵押权变更登记的情形:

（1）抵押人、抵押权人的姓名或者名称变更的；
（2）被担保的主债权数额变更的；
（3）债务履行期限变更的；
（4）抵押权顺位变更的；
（5）法律、行政法规规定的其他情形。

因被担保债权主债权的种类及数额、担保范围、债务履行期限、抵押权顺位发生变更申请抵押权变更登记时，如果该抵押权的变更将对其他抵押权人产生不利影响的，还应当提交其他抵押权人书面同意的材料与身份证或者户口簿等材料。

因主债权转让导致抵押权转让的，当事人可以持不动产权属证书、不动产登记证明、被担保主债权的转让协议、债权人已经通知债务人的材料等相关材料，申请抵押权的转移登记。

当事人可以持不动产登记证明、抵押权消灭的材料等必要材料，申请抵押权注销登记情形：
（1）主债权消灭；
（2）抵押权已经实现；
（3）抵押权人放弃抵押权；
（4）法律、行政法规规定抵押权消灭的其他情形。

设立最高额抵押权的，当事人应当持不动产权属证书、最高额抵押合同与一定期间内将要连续发生的债权的合同或者其他登记原因材料等必要材料，申请最高额抵押权首次登记。

当事人申请最高额抵押权首次登记时，同意将最高额抵押权设立前已经存在的债权转入最高额抵押担保的债权范围的，还应当提交已存在债权的合同以及当事人同意将该债权纳入最高额抵押权担保范围的书面材料。

当事人应当持不动产登记证明、最高额抵押权发生变更的材料等必要材料，申请最高额抵押权变更登记情形：
（1）抵押人、抵押权人的姓名或者名称变更的；
（2）债权范围变更的；
（3）最高债权额变更的；
（4）债权确定的期间变更的；
（5）抵押权顺位变更的；
（6）法律、行政法规规定的其他情形。

因最高债权额、债权范围、债务履行期限、债权确定的期间发生变更申请最高额抵押权变更登记时，如果该变更将对其他抵押权人产生不利影响的，当事人还应当提交其他抵押权人的书面同意文件与身份证或者户口簿等。

当发生导致最高额抵押权担保的债权被确定的事由，从而使最高额抵押权转变为一般抵押权时，当事人应当持不动产登记证明、最高额抵押权担保的债权已确定的材料等必要材料，申请办理确定最高额抵押权的登记。

最高额抵押权发生转移的，应当持不动产登记证明、部分债权转移的材料、当事人约定最高额抵押权随同部分债权的转让而转移的材料等必要材料，申请办理最高额抵押权转移登记。

债权人转让部分债权，当事人约定最高额抵押权随同部分债权的转让而转移的，应当分别申请下列登记：
（1）当事人约定原抵押权人与受让人共同享有最高额抵押权的，应当申请最高额抵押权的转移登记；

（2）当事人约定受让人享有一般抵押权、原抵押权人就扣减已转移的债权数额后继续享有最高额抵押权的，应当申请一般抵押权的首次登记以及最高额抵押权的变更登记；

（3）当事人约定原抵押权人不再享有最高额抵押权的，应当一并申请最高额抵押权确定登记以及一般抵押权转移登记。

最高额抵押权担保的债权确定前，债权人转让部分债权的，除当事人另有约定外，不动产登记机构不得办理最高额抵押权转移登记。

以建设用地使用权以及全部或者部分在建建筑物设定抵押的，应当一并申请建设用地使用权以及在建建筑物抵押权的首次登记。

当事人申请在建建筑物抵押权首次登记时，抵押财产不包括已经办理预告登记的预购商品房和已经办理预售备案的商品房。

前款规定的在建建筑物，是指正在建造、尚未办理所有权首次登记的房屋等建筑物。

申请在建建筑物抵押权首次登记的，当事人应当提交下列材料：

（1）抵押合同与主债权合同；

（2）享有建设用地使用权的不动产权属证书；

（3）建设工程规划许可证；

（4）其他必要材料。

在建建筑物抵押权变更、转移或者消灭的，当事人应当提交下列材料，申请变更登记、转移登记、注销登记：

（1）不动产登记证明；

（2）在建建筑物抵押权发生变更、转移或者消灭的材料；

（3）其他必要材料。

在建建筑物竣工，办理建筑物所有权首次登记时，当事人应当申请将在建建筑物抵押权登记转为建筑物抵押权登记。

申请预购商品房抵押登记，应当提交下列材料：

（1）抵押合同与主债权合同；

（2）预购商品房预告登记材料；

（3）其他必要材料。

预购商品房办理房屋所有权登记后，当事人应当申请将预购商品房抵押预告登记转为商品房抵押权首次登记。

第四节　不动产其他登记

一、更正登记

权利人、利害关系人认为不动产登记簿记载的事项有错误，可以申请更正登记。

权利人申请更正登记的，应当提交下列材料：

（1）不动产权属证书；
（2）证实登记确有错误的材料；
（3）其他必要材料。

利害关系人申请更正登记的，应当提交利害关系材料、证实不动产登记簿记载错误的材料以及其他必要材料。

不动产权利人或者利害关系人申请更正登记，不动产登记机构认为不动产登记簿记载确有错误的，应当予以更正；但在错误登记之后已经办理了涉及不动产权利处分的登记、预告登记和查封登记的除外。

不动产权属证书或者不动产登记证明填制错误以及不动产登记机构在办理更正登记中，需要更正不动产权属证书或者不动产登记证明内容的，应当书面通知权利人换发，并把换发不动产权属证书或者不动产登记证明的事项记载于登记簿。

不动产登记簿记载无误的，不动产登记机构不予更正，并书面通知申请人。

不动产登记机构发现不动产登记簿记载的事项错误，应当通知当事人在 30 个工作日内办理更正登记。当事人逾期不办理的，不动产登记机构应当在公告 15 个工作日后，依法予以更正；但在错误登记之后已经办理了涉及不动产权利处分的登记、预告登记和查封登记的除外。

二、异议登记

利害关系人认为不动产登记簿记载的事项错误，权利人不同意更正的，利害关系人可以申请异议登记。

利害关系人申请异议登记的，应当提交下列材料：
（1）证实对登记的不动产权利有利害关系的材料；
（2）证实不动产登记簿记载的事项错误的材料；
（3）其他必要材料。

不动产登记机构受理异议登记申请的，应当将异议事项记载于不动产登记簿，并向申请人出具异议登记证明。

异议登记申请人应当在异议登记之日起 15 日内，提交人民法院受理通知书、仲裁委员会受理通知书等提起诉讼、申请仲裁的材料；逾期不提交的，异议登记失效。

异议登记失效后，申请人就同一事项以同一理由再次申请异议登记的，不动产登记机构不予受理。

异议登记期间，不动产登记簿上记载的权利人以及第三人因处分权利申请登记的，不动产登记机构应当书面告知申请人该权利已经存在异议登记的有关事项。申请人申请继续办理的，应当予以办理，但申请人应当提供知悉异议登记存在并自担风险的书面承诺。

三、预告登记

有下列情形之一的，当事人可以按照约定申请不动产预告登记：
（1）商品房等不动产预售的；

（2）不动产买卖、抵押的；
（3）以预购商品房设定抵押权的；
（4）法律、行政法规规定的其他情形。

预告登记生效期间，未经预告登记的权利人书面同意，处分该不动产权利申请登记的，不动产登记机构应当不予办理。

预告登记后，债权未消灭且自能够进行相应的不动产登记之日起 3 个月内，当事人申请不动产登记的，不动产登记机构应当按照预告登记事项办理相应的登记。

申请预购商品房的预告登记，应当提交下列材料：
（1）已备案的商品房预售合同；
（2）当事人关于预告登记的约定；
（3）其他必要材料。

预售人和预购人订立商品房买卖合同后，预售人未按照约定与预购人申请预告登记，预购人可以单方申请预告登记。

预购人单方申请预购商品房预告登记，预售人与预购人在商品房预售合同中对预告登记附有条件和期限的，预购人应当提交相应材料。

申请预告登记的商品房已经办理在建建筑物抵押权首次登记的，当事人应当一并申请在建建筑物抵押权注销登记，并提交不动产权属转移材料、不动产登记证明。不动产登记机构应当先办理在建建筑物抵押权注销登记，再办理预告登记。

申请不动产转移预告登记的，当事人应当提交下列材料：
（1）不动产转让合同；
（2）转让方的不动产权属证书；
（3）当事人关于预告登记的约定；
（4）其他必要材料。

抵押不动产，申请预告登记的，当事人应当提交下列材料：
（1）抵押合同与主债权合同；
（2）不动产权属证书；
（3）当事人关于预告登记的约定；
（4）其他必要材料。

预告登记未到期，有下列情形之一的，当事人可以持不动产登记证明、债权消灭或者权利人放弃预告登记的材料，以及法律、行政法规规定的其他必要材料申请注销预告登记：
（1）预告登记的权利人放弃预告登记的；
（2）债权消灭的；
（3）法律、行政法规规定的其他情形。

四、查封登记

人民法院要求不动产登记机构办理查封登记的，应当提交下列材料：
（1）人民法院工作人员的工作证；
（2）协助执行通知书；

（3）其他必要材料。

两个以上人民法院查封同一不动产的，不动产登记机构应当为先送达协助执行通知书的人民法院办理查封登记，对后送达协助执行通知书的人民法院办理轮候查封登记。轮候查封登记的顺序按照人民法院协助执行通知书送达不动产登记机构的时间先后进行排列。

查封期间，人民法院解除查封的，不动产登记机构应当及时根据人民法院协助执行通知书注销查封登记。不动产查封期限届满，人民法院未续封的，查封登记失效。人民检察院等其他国家有权机关依法要求不动产登记机构办理查封登记的，参照本节规定办理。

第五节 不动产登记资料查询

一、不动产登记资料查询概述

不动产登记是以维护不动产交易安全与效率为目的的法律制度，因此，不动产登记信息应当是可以查询的。《不动产登记资料查询暂行办法》（以下简称本办法）规定权利人可以自己申请查询、复制登记资料，也可以委托他人查询、复制登记资料。

不动产登记资料包括以下内容：
（1）不动产登记簿等不动产登记结果；
（2）不动产登记原始资料，包括不动产登记申请书、申请人身份材料、不动产权属来源、登记原因、不动产权籍调查成果等材料以及不动产登记机构审核材料。

二、不动产登记资料查询一般规定

查询不动产登记资料，应当在不动产所在地的市、县人民政府不动产登记机构进行，但法律法规另有规定的除外。

查询人到非不动产所在地的不动产登记机构申请查询的，该机构应当告知其到相应的机构查询。不动产登记机构应当提供必要的查询场地，并安排专门人员负责不动产登记资料的查询、复制和出具查询结果证明等工作。申请查询不动产登记原始资料，应当优先调取数字化成果，确有需求和必要，可以调取纸质不动产登记原始资料。

（一）申请

不动产权利人、利害关系人申请查询不动产登记资料，应当提交查询申请书以及不动产权利人、利害关系人的身份证明材料。

查询申请书应当包括下列内容：
（1）查询主体；
（2）查询目的；
（3）查询内容；
（4）查询结果要求；

（5）提交的申请材料清单。

不动产权利人、利害关系人委托代理人代为申请查询不动产登记资料的，被委托人应当提交双方身份证明原件和授权委托书。

授权委托书中应当注明双方姓名或者名称、居民身份证号码或者统一社会信用代码、委托事项、委托时限、法律义务、委托日期等内容，双方签字或者盖章。

代理人受委托查询、复制不动产登记资料的，其查询、复制范围由授权委托书确定。

符合查询条件，查询人需要出具不动产登记资料查询结果证明或者复制不动产登记资料的，不动产登记机构应当当场提供。因特殊原因不能当场提供的，应当在5个工作日内向查询人提供。

查询结果证明应当注明出具的时间，并加盖不动产登记机构查询专用章。

有下列情形之一的，不动产登记机构不予查询，并出具不予查询告知书：

（1）查询人提交的申请材料不符合本办法规定的；
（2）申请查询的主体或者查询事项不符合本办法规定的；
（3）申请查询的目的不符合法律法规规定的；
（4）法律、行政法规规定的其他情形。

查询人对不动产登记机构出具的不予查询告知书不服的，可以依法申请行政复议或者提起行政诉讼。

（二）权利人查询

权利人是指不动产的登记权利人，即在不动产登记簿上记载的不动产物权的归属人，如房屋的所有权人、房屋的抵押权人、地役权人、建设用地使用权人等。不动产登记簿上记载的权利人可以查询本不动产登记结果和本不动产登记原始资料。

不动产权利人可以申请以下列索引信息查询不动产登记资料，但法律法规另有规定的除外：

（1）权利人的姓名或者名称、居民身份证号码或者统一社会信用代码等特定主体身份信息；
（2）不动产具体坐落位置信息；
（3）不动产权属证书号；
（4）不动产单元号。

不动产登记机构可以设置自助查询终端，为不动产权利人提供不动产登记结果查询服务。

自助查询终端应当具备验证相关身份证明以及出具查询结果证明的功能。

继承人、受遗赠人因继承和受遗赠取得不动产权利的，适用关于不动产权利人查询的规定。前款规定的继承人、受遗赠人查询不动产登记资料的，除提交本办法权利人的材料外，还应当提交被继承人或者遗赠人死亡证明、遗嘱或者遗赠抚养协议等可以证明继承或者遗赠行为发生的材料。

（三）利害关系人查询

利害关系人是指与登记的不动产具有法律上的利害关系之人，它不仅包括交易的当事人，也包括与登记权利人发生其他法律纠纷的第三人。

符合下列条件的利害关系人可以申请查询有利害关系的不动产登记结果：

（1）因买卖、互换、赠与、租赁、抵押不动产构成利害关系的；

（2）因不动产存在民事纠纷且已经提起诉讼、仲裁而构成利害关系的；

（3）法律法规规定的其他情形。

不动产的利害关系人申请查询不动产登记结果的，除提交申请规定的材料外，还应当提交下列利害关系证明材料：

（1）因买卖、互换、赠与、租赁、抵押不动产构成利害关系的，提交买卖合同、互换合同、赠与合同、租赁合同、抵押合同；

（2）因不动产存在相关民事纠纷且已经提起诉讼或者仲裁而构成利害关系的，提交受理案件通知书、仲裁受理通知书。

有买卖、租赁、抵押不动产意向，或者拟就不动产提起诉讼或者仲裁等，但不能提供本办法上述规定的利害关系证明材料的，可以提交申请规定材料，查询相关不动产登记簿记载的下列信息：

（1）不动产的自然状况；

（2）不动产是否存在共有情形；

（3）不动产是否存在抵押权登记、预告登记或者异议登记情形；

（4）不动产是否存在查封登记或者其他限制处分的情形。

不动产的利害关系人可以申请以下列索引信息查询不动产登记资料：

（1）不动产具体坐落位置；

（2）不动产权属证书号；

（3）不动产单元号。

每份申请书只能申请查询一个不动产登记单元。

不动产利害关系人及其委托代理人，按照本办法申请查询的，应当承诺不将查询获得的不动产登记资料、登记信息用于其他目的，不泄漏查询获得的不动产登记资料、登记信息，并承担由此产生的法律后果。

第六节　不动产产权证书

《民法典》规定："不动产权属证书是权利人享有该不动产物权的证明。"权利人申请登记，领取不动产权证书，表明了权利人的不动产权利可以得到法律的保护。权利人也能够根据证书记载的内容，及时地掌握自己的不动产财产状况，有效便捷地开展有关交易，保护和实现自己的不动产合法权益。不动产权证书对于保护权利人合法权益、规范登记行为等具有重要的意义。

不动产登记簿证包括《不动产登记簿》《不动产权证书》《不动产登记证明》等。其中，《不动产登记簿》是不动产登记的核心载体，由登记机构管理；《不动产权证书》相当于房产证，是权利人享有权利的法定凭证，由权利人持有，证书记载的事项应当与登记簿一致，不一致的，除有证据证明登记簿有错误的外，以登记簿为准；《不动产登记证明》用于证明不动产抵押权、地役权或者预告登记、异议登记等事项，相当于《他项权证》。

一、不动产产权证书填写内容

（一）二维码

登记机构可以在证书上生成二维码，储存不动产登记信息。二维码由登记机构按照规定自行打印。

（二）登记机构（章）及时间

盖登记机构的不动产登记专用章。登记机构为县级以上人民政府依法确定的、负责不动产登记工作的部门，如：××县人民政府确定由该县国土资源局负责不动产登记工作，则该县国土资源局为不动产登记机构，证书加盖"××县国土资源局不动产登记专用章"。

填写登簿的时间，格式为××××年××月××日，如2015年03月01日。

（三）编号

编号即印制证书的流水号，采用字母与数字的组合。字母"D"表示单一版证书。数字一般为11位。数字前2位为省份代码，北京11、天津12、河北13、山西14、内蒙古15、辽宁21、吉林22、黑龙江23、上海31、江苏32、浙江33、安徽34、福建35、江西36、山东37、河南41、湖北42、湖南43、广东44、广西45、海南46、重庆50、四川51、贵州52、云南53、西藏54、陕西61、甘肃62、青海63、宁夏64、新疆65。国家10，用于国务院国土资源主管部门的登记发证。数字后9位为证书印制的顺序码，码值为000000001～999999999。

（四）不动产权证书号：A（B）C不动产权第D号

"A"处填写登记机构所在省区市的简称。"B"处填写登记年度。"C"处一般填写登记机构所在市县的全称，特殊情况下，可根据实际情况使用简称，但应确保在省级范围内不出现重名。"D"处是年度发证的顺序号，一般为7位，码值为0000001～9999999。如苏（2015）徐州市不动产权第0000001号、苏（2015）睢宁县不动产权第0000001号。

国务院国土资源主管部门登记的，"A"处填写"国"。"B"处填写登记年度。"C"处填写"林"或者"海"。"D"处是年度发证的顺序号，一般为7位，码值为0000001～9999999。

（五）权利人

填写不动产权利人的姓名或名称。共有不动产，发一本证书的，权利人填写全部共有人，"权利其他状况"栏记载持证人；共有人分别持证的，权利人填写持证人，其余共有人在"权利其他状况"栏记载。

宅基地、家庭承包方式取得的承包土地等共有不动产，权利人填写户主姓名，其余权利人在"权利其他状况"栏记载。

（六）共有情况

填写单独所有、共同所有或者按份共有的比例。共有涉及土地、海域的，填写土地、海域使用权的共有情况。涉及土地、海域及其房屋、构筑物的，填写房屋、构筑物所有权的共有情况。

（七）坐落

填写宗地、宗海所在地的地理位置名称。涉及地上房屋的，填写有关部门依法确定的房屋坐落，一般包括街道名称、门牌号、幢号、楼层号、房号等。

（八）不动产单元号

为保证不动产单元编码的唯一性，以及更加方便地判断，将不动产单元号分为四段表示，第一段表示所在行政区划，第二段表示地籍区和地籍子区，第三段表示宗地号，第四段表示定着物编码。

（九）权利类型

根据登记簿记载的内容，填写不动产权利名称。涉及两种的，用"/"分开（"/"由登记机构自行打印）。如：集体土地所有权；国家土地所有权；国有建设用地使用权；国有建设用地使用权/房屋（构筑物）所有权；宅基地使用权；宅基地使用权/房屋（构筑物）所有权；集体建设用地使用权；集体建设用地使用权/房屋（构筑物）所有权；土地承包经营权；土地承包经营权/森林、林木所有权；林地使用权；林地使用权/森林、林木使用权；草原使用权；水域滩涂养殖权；海域使用权；海域使用权/构（建）筑物所有权；无居民海岛使用权；无居民海岛使用权/构（建）筑物所有权等。

（十）权利性质

国有土地填写划拨、出让、作价出资（入股）、国有土地租赁、授权经营等；集体土地填写家庭承包、其他方式承包、批准拨用、入股、联营等。土地所有权不填写。房屋按照商品房、房改房、经济适用住房、廉租住房、自建房等房屋性质填写。构筑物按照构筑物类型填写。森林、林木按照林种填写。海域、海岛填写审批、出让等。涉及两种的，用"/"分开（"/"由登记机构自行打印）。

（十一）用途

土地按《土地利用现状分类》（GB/T 2010—2017）填写二级分类房屋、构筑物填写规划用途。
涉及两种的，用"/"分开（"/"由登记机构自行打印）。

（十二）面积

填写登记簿记载的不动产单元面积。涉及宗地、宗海及房屋、构筑物的，用"/"分开（"/"由登记机构自行打印），分别填写宗地、宗海及房屋、构筑物的面积。
土地、海域共有的，填写宗地、宗海面积。共同共有人和按份共有人及其比例（共有的宗地、宗海，填写相应的使用权面积；建筑物区分所有权房屋和共有土地上建筑的房屋，填写独用土地面积与分摊土地面积加总后的土地使用面积）等共有情况在"权利其他状况"栏记载。

（十三）使用期限

土地上有房屋、构筑物的，由于房屋所有权无使用期限，因此只填写土地出让合同中记载的土地使用权起止日期，如"国有建设用地使用权××××年××月××日起××××年××月××日止"。海域上有构（建）筑物的，只填写海域使用权的起止日期，填写"海域使用权××××年××月××日起××××年××月××日止"。土地所有权以及划拨土地使用权、宅基地使用权等未明确权利期限的不填写。

（十四）权利其他状况

根据不同的不动产权利类型，可以分别填写以下内容。

1. 土地所有权

按照农用地、建设用地、未利用地三大类，可以依据最新土地调查成果或者勘测结果填写对应的面积。

2. 房屋所有权

（1）房屋结构：按照钢结构、钢和钢筋混凝土结构、钢筋混凝土结构、混合结构、砖木结构、其他结构六类填写。

（2）专有建筑面积和分摊建筑面积。

（3）房屋总层数和所在层：记载房屋所在建筑物的总层数和所在层。

（4）房屋竣工时间等。

3. 土地承包经营权

（1）发包方：填写土地承包合同的发包方全称。

（2）承包土地的实测面积。

（3）家庭承包方式的共有人情况：填写依法共同享有该证书所登记土地承包经营权的所有人员的姓名（性别、年龄、与户主关系）等情况。

4. 森林、林木所有权和使用权

记载主要树种、造林年度、小地名，以及依据《森林资源规划设计调查技术规程》（GB/T 26424—2010）确定的用途。

5. 海域使用权和无居民海岛使用权

（1）项目名称、项目性质。项目性质填写公益性或经营性等。

（2）用海方式及面积。

（十五）附记

记载设定抵押权、地役权、查封等权利限制或提示事项以及其他需要登记的事项。

（十六）附图页

附图反映不动产界址及四至范围的示意图形，不一定依照比例尺。附图应当打印，暂不具备条件的，可以粘贴。房地一体登记的，附图页要同时打印或粘贴宗地图和房地产平面图。

以张某某在北京市购置的一套新建商品房登记为例，内页填写范例如图 11.1 所示。

京（2015）××市不动产权第×××××××号

权利人	张某某
共有情况	房屋单独所有
坐落	北京市××小区10号楼606
不动产单元号	110××002002 GB00151 F00010002
权利类型	国有建设用地使用权／房屋所有权
权利性质	出让／商品房
用途	城镇住宅用地／住宅
面积	共有宗地面积 5 980.7 m²／房屋建筑面积 148.18 m²
使用期限	国有建设用地使用权××××年××月××起××××年××月××日止
权利其他状况	分摊土地使用权面积：15.93 m² 房屋结构：钢混 专有建筑面积：117.31 m²，分摊建筑面积：30.87 m² 房屋总层数：12层，所在层数：第6层 房屋竣工时间：××××年××月××日

图 11.1　不动产登记内页填写范例

二、收费标准

房地产经纪机构应当遵守价格法律、法规和规章规定，在经营场所醒目位置标明房地产经纪服务项目、服务内容、收费标准以及相关房地产价格和信息。房地产登记代办费用，应当在房地产经纪合同或委托代办合同中明确约定。房地产经纪人员应将代委托人缴纳的各种税费缴款凭证、发票交给委托人，据实结算。

1. 现行土地登记收费标准

土地登记费包括土地权属调查费、地籍测绘费和证书费。土地权属调查费和地籍测绘费按土地使用面积收取，如企业土地使用面积在 1 000 m²（含 1 000 m²）以下，每宗地收 100 元，每超过 500 m² 以内加收 40 元，最高不超过 4 万元。城镇居民房屋用地面积在 100 m²（含 100 m²）以下每宗地收 13 元，每超过 50 m² 以内加收 5 元，最高不超过 30 元。证书费每证 5 元，单位每证 10 元。

2. 现行房屋登记收费标准

房屋登记费按件向申请人收取，双方共同申请的登记，向房屋权利人一方收取登记费。房屋登记收费标准为每件 80 元；非住房房屋登记收费标准为每件 550 元。房屋登记一套为一件；非住房登记的房屋权利人按规定申请并完成一次登记的为一件。房地产主管部门按规定核发一本房屋权属证书免收证书费。向一个以上房屋权利人核发房屋权属证书时，每增加一本证书加收证书工本费 10 元。

单一版不动产权证书样本

参考文献

[1] 柴强. 房地产估价理论与方法[M]. 北京：中国建筑工业出版社，2017.

[2] 刘洪玉. 房地产开发经营与管理[M]. 北京：中国建筑工业出版社，2017.

[3] 赵庆祥，刘建利. 房地产经纪理论与实务[M]. 北京：中国建筑工业出版社，2019.

[4] 中国房地产估价师与房地产经纪人学会. 房地产经纪业务操作[M]. 3版. 北京：中国建筑工业出版社，2020.

[5] 殷世波. 房地产经纪[M]. 2版. 北京：科学出版社，2015.

[6] 滕宝红. 房地产中介门店店长365天管理笔记[M]. 广州：广东经济出版社，2014.

[7] 谢献春，吴大放. 不动产管理[M]. 北京：科学出版社，2015.

[8] 中国房地产估价师与房地产经纪人学会. 房地产经纪操作实务[M]. 北京：中国建筑工业出版社，2016.

[9] 叶剑平，曲卫东. 不动产估价[M]. 2版. 北京：中国人民大学出版社，2016.

[10] 崔发强，林玉坚. 房地产销售[M]. 北京：化学工业出版社，2009.

[11] 中国房地产估价师与房地产经纪人学会. 房地产经纪综合能力[M]. 2版. 北京：中国建筑工业出版社，2018.

[12] 葛春凤，李贵良. 房地产金融实务[M]. 3版. 武汉：武汉理工大学出版社，2018.

[13] 刘永胜. 房地产投资分析[M]. 北京：北京大学出版社，2016.

[14] 中华人民共和国住房和城乡建设部. GB/T 50291—2015 房地产估价规范[S]. 北京：中国建筑工业出版社，2015.

[15] 周小萍，毕继业，王军艳. 不动产估价[M]. 北京：北京师范大学出版社，2008.

[16] 陈建明. 中国超级购物中心投资开发指南[M]. 北京：经济管理出版社，2004.

[17] 蔡云. 教你成为商铺投资高手[M]. 北京：中国建筑工业出版社，2012.

[18] 陈建明. 商铺投资指南[M]. 北京：经济管理出版社，2003.

[19] 罗玮. 房地产法规[M]. 北京：北京理工大学出版社，2012.

[20] 沈建忠. 房地产基本制度与政策[M]. 北京：中国建筑工业出版社，2005.

[21] 邹晓燕. 房地产法律制度[M]. 北京：化学工业出版社，2010.

[22] 楼江. 房地产市场营销理论与实务[M]. 3版. 上海：同济大学出版社，2007.

[23] 董藩，丁宏，陶菲菲. 房地产经济学[M]. 2版. 北京：清华大学出版社，2017.

[24] 周小平，熊志刚，王军艳. 房地产投资分析[M]. 2版. 北京：清华大学出版社，2016.

[25] 中国房地产估价师与房地产经纪人学会. 房地产基本制度与政策[M]. 北京：中国建筑工业出版社，2017.

[26] 胡利明. 地产学基础概论[M]. 武汉：武汉大学出版社，2012.